湖北省学术著作
Hubei Special Funds for Academic Publications 出版专项资金

辨伪研究书系

文献辨伪研究

司马朝军　著

WUHAN UNIVERSITY PRESS
武汉大学出版社

图书在版编目(CIP)数据

文献辨伪研究/司马朝军著．—武汉：武汉大学出版社，2021.7(2024.3重印)
辨伪研究书系
湖北省学术著作出版专项资金资助项目
ISBN 978-7-307-22127-7

Ⅰ.文…　Ⅱ.司…　Ⅲ.文献—辨伪—研究—中国　Ⅳ.G256.22

中国版本图书馆 CIP 数据核字(2021)第 018227 号

责任编辑:朱凌云　　责任校对:李孟潇　　版式设计:马　佳

出版发行：**武汉大学出版社**　(430072　武昌　珞珈山)
(电子邮箱：cbs22@whu.edu.cn　网址：www.wdp.whu.edu.cn)
印刷：武汉邮科印务有限公司
开本:787×1092　1/16　印张:17.25　字数：417 千字　插页:2
版次:2021 年 7 月第 1 版　2024 年 3 月第 3 次印刷
ISBN 978-7-307-22127-7　定价:78.00 元

自　　序

孟子曰：“诵其诗，读其书，不知其人，可乎？是以论其世也，是尚友也。”前半句就是著名的“孟子之问”。“知人论世”成为中国传统学问研究最主要的方法，差不多就是“定海神针”，而辨伪学为此做出了艰辛而漫长的探索。设想一下，离开了辨伪学，传统学问就会地动山摇。一次次的疑古思潮往往掀起惊涛骇浪，又一次次化危为机，因为过度的疑古必然回归理性的辨伪。宋代如此，现代亦如此。若有“疑古时代”，则必然要走出“疑古时代”。

我们不仅要走出“疑古时代”，更要走出“蔑古时代”，走出“荒经时代”。“五四”以来的主要思潮除了“疑古”，还有更为严重的“蔑古”。当时集体失去文化自信，文化狂人往往以破坏为旨归。令人遗憾的是，至今没有完成文化重建工作。中国文化魂兮归来，必须恢复文化自信。我们近年的主要工作是正本清源，撰写《辨伪研究书系》，其中最后一项是编写《中国文献辨伪学史稿》，进而撰写多卷本《中国文献辨伪学通史》，总结历史的成败得失，扭转乾坤，“转识为智”。

庚子七夕记于上海文淙阁

目　录

上编　源流编

上编　源流编

明代以前辨伪学述论

文献辨伪学是研究辨伪历史以及辨伪方法的一门学科。辨伪有广、狭二义：从广义上说，包括辨伪书、辨伪篇、辨伪事、辨伪史、辨伪说、辨伪本等。从狭义上说，是指辨伪书、辨伪篇。本书以狭义的角度为主，兼及广义的角度。广义辨伪学可以称为“历史文化辨伪学”，狭义辨伪学可以称为“历史文献辨伪学”。

文献辨伪学起源于何时？迄今尚无定论。顾颉刚的《中国辨伪史略》从战国写起，认为“辨伪工作，萌芽于战国、秦、汉，而勃发于唐、宋、元、明，到了清代濒近于成熟阶段”①。黄云眉认为：“滥觞于唐代，历宋、明、清而渐成长川形态。”②杨绪敏认为先秦两汉南北朝是“疑古思想的萌芽及辨伪学初起时期”③。一般的倾向是承认辨伪学有漫长的发展历史。但也有人独持异议，认为明代以前没有什么辨伪学。

笔者不惮烦琐，曾遍检《四库全书》杂家类及其他相关部分，发掘出明代以前若干鲜为人知的辨伪学史料，本着“人详我略、人略我详”的原则，对明代以前的辨伪学史作一鸟瞰。

一、两汉时期的辨伪

(一)刘向、刘歆

第一个正式揭开文献辨伪学序幕的是西汉刘向(约前77—前6)。此前也有一些零星的辨伪，如孟子说：“尽信《书》不如无《书》，吾于《武成》取二三策而已矣！”(《孟子·尽心》)《淮南子·修务》云：“世俗之人多尊古而贱今，故为道者必托之于神农、黄帝而后能

① 顾颉刚：《中国辨伪史略》，《秦汉的方士与儒生》，上海古籍出版社1998年版，第248页。
② 黄云眉：《古今伪书考补证重印引言》，《古今伪书考补证》，齐鲁书社1980年版，第1页。
③ 杨绪敏：《中国辨伪学史》，天津人民出版社1999年版，第1页。

入说。乱世暗主高远其所从来，因而贵之。为学者蔽于论而尊其所闻，相与危坐而听之，正领而诵之。"又云："今取新圣人书，名之孔、墨，则弟子句指而受者必众矣。"司马迁就怀疑《司马兵法》的真实性："齐威王使大夫追论古者《司马兵法》，而附穰苴于其中，因号曰《司马穰苴兵法》。"又云："余读《司马兵法》闳廓深远，虽三代征发未能竟其义，如其文也。亦少褒矣！若夫穰苴区区为小国行师，何暇及《司马兵法》之揖让乎？"①正如顾颉刚所指出的，子贡、孟子、韩非、刘安等人虽然目光锐利，但只是考据学尚未成立时的一种直觉，并没有经过深刻的查考。至于切切实实做研究，要彻底看出古书的真相的，那必须待至古书已成为研究对象的时候起。②

刘向《别录》佚文涉及辨伪的内容，如《晏子叙录》云："又有颇不合经术，似非晏子言，疑后世辩士所为者，故亦不敢失，复以为一篇。"余嘉锡先生认为："凡一书之内，自分内外者，多出于刘向，其外篇大抵较为肤浅，或并疑为依托者也……原书篇章真赝相杂，乃为之别加编次，取各篇幅中之可疑者，类聚之以为外篇。"③

刘向集目录学、校勘学、版本学于一身，同时也是辨伪学之开山。刘歆（？—23）干父之蛊，共襄伟业，这决非偶然的巧合。因为目录学、校勘学、版本学三者均与辨伪学关系非同寻常。如目录学自身具有辨伪功能，它为辨伪提供有力佐证。同时辨伪学发展又促进了目录、校勘、版本三学向纵深发展。根据目录辨伪后来发展为辨伪学的不易之法，辨伪学的成果为目录学所吸收，将辨伪学家考定的伪书反映到目录著作中。唐智升《开元释教录序》云："夫目录之兴也，盖所以别真伪，明是非。"可谓一语道破天机。

辨伪学的成立需要三个条件：第一，一个知识广博的文献学家；第二，一部代表性辨伪著作；第三，一次全面性的文献整理活动。前两个条件固然重要，第三个条件更加不可缺少。只有搞一次全面性的文献整理活动，才有可能摸清家底，辨别真伪。只有到了刘向整理国家藏书，撰写《别录》，才满足所有条件。前乎此者，皆为辨伪之先驱，还没有独立的辨伪意识，更没有代表性作品；后乎此者，皆为辨伪之继承者。

众所周知，不能进行分类、编目、解题的目录学家绝不是合格的目录学家。同理，不能进行辨伪的目录学家绝不是高明的目录学家。目录学、校勘学、版本学与辨伪学在很长时期内都是文献学的组成部分，关系密切，彼此支撑，难以分割。传统学问以目录学为"航母战斗群"，而辨伪学只是"航母战斗群"中的"巡洋舰"，为之保驾护航。辨伪学家理所当然地成为"巡洋舰"上的"舰长"。

（二）班固

1. 班固其人

班固（32—92），字孟坚，扶风安陵（今陕西咸阳东北）人，东汉著名史学家、文学家。班固出身儒学世家，其父班彪、伯父班嗣皆为当时名家。作为史学家，《汉书》是继《史记》之后中国古代又一部重要史书，对后世断代史著作的编纂影响深远；作为辞赋家，班固是"汉赋四大家"之一，《两都赋》开创了京都赋的范例，列入《文选》首篇；由他执笔撰

---

① 《史记·司马穰苴列传》。

② 顾颉刚：《古籍考辨丛刊》第一集，社会科学文献出版社 2010 年版，第 2 页。

③ 余嘉锡：《古书通例》，上海古籍出版社 1998 年版，第 112 页。

成的《白虎通德论》，集当时经学之大成。

2.《汉书·艺文志》辨伪书目

《汉书·艺文志》以小注的形式保存了刘氏父子的辨伪成果，为后代目录学家所效法。现将涉及辨伪者一一条列如次：

(1)《论语》者，孔子应答弟子时人及弟子相与言而接闻于夫子之语也。当时弟子各有所记。夫子既卒，门人相与辑而论纂，故谓之《论语》。

(2)《太公》二百三十七篇。吕望为周师尚父，本有道者。或有近世又以为太公术者所增加也。

(3)《文子》九篇。老子弟子，与孔子并时，而称周平王问，似依托者也。

(4)《列子》八篇。名圄寇，先庄子，庄子称之。

(5)《大禹》二十七篇。传言禹所作，其文似后世语。

(6)《尉缭》二十九篇。六国时。刘向《别录》云缭为商君学。

(7)《吕氏春秋》二十六篇。秦相吕不韦辑智略士作。

(8)《神农》二十篇。六国时，诸子疾时怠于农业，道耕农事，托之神农。师古曰："刘向《别录》云疑李悝及商君所说。"

(9)《伊尹说》二十七篇。其语浅薄，似依托也。

(10)《鬻子说》十九篇。后世所加。

(11)《师旷》六篇。见《春秋》，其言浅薄，本与此同，似因托之。

(12)《务成子》十一篇。称尧问，非古语。

(13)《天乙》三篇。天乙谓汤，其言非殷时，皆依托也。

(14)《黄帝说》四十篇。迂诞依托。

(15)《封胡》五篇。黄帝臣，依托也。

(16)《风后》十三篇。图二卷。黄帝臣，依托也。

(17)《力牧》十五篇。黄帝臣，依托也。

(18)《鬼容区》三篇，图一卷。黄帝臣，依托。师古曰："即鬼臾区也。"

班固在《汉书·东方朔传》中开列了东方朔的全部著作，且称："凡刘向所录朔书具是矣，世所传他事皆非也。"当时作伪者喜欢将伪书依托东方朔之名，班固则以刘向《别录》为依据，将东方朔作品的真和伪划清了界限。

今按，有人通过翻检前人的著述以及对《汉书·艺文志》中序言的解读，认为班固所言"伪托"和今之"伪托"当为两个不同的含义，有可能与在道家类中同名的《伊尹说》《鬻子说》为一书两分，而不是伪托之作。①

(三)王充

1.王充其人

王充(27—约96)，字仲任，东汉会稽上虞(今浙江上虞县)人。六岁教书，恭愿仁

① 赵嘉：《〈汉书·艺文志〉中小说家类中"伪托"之意》，《河北北方学院学报》2011年第3期。

顺，礼敬具备，矜庄寂寥，有巨人之志。八岁出于书馆，书馆小僮百人以上，皆以过失袒谪，或以书丑得鞭。充书日进，又无过失。手书既成，辞师，受《论语》《尚书》，日讽千字。年二十二，始撰《论衡》。年二十八，入京师，受业大学，师事班彪。好博览而不守章句。家贫无书，常游洛阳市肆，阅所卖书，一见辄能诵忆，遂博通众流百家之言。三十二岁，归乡里，屏居教授。王充好论说，始若诡异，终有实理。以为俗儒守文，多失其真，乃闭门潜思，绝庆吊之礼，户牖墙壁，各置刀笔，撰《论衡》八十五篇，二十余万言。生平事迹详见《后汉书·王充传》《论衡·自纪》《王充年谱》。

2. 王充的文献辨伪

《论衡》中的《对作篇》，相当于《论衡》的自序，此篇关于《论衡》的写作宗旨，交代得十分明白，如说："是故《论衡》之造也，起众书并失实，虚伪之言胜真美也。""故《论衡》者，所以铨轻重之言，立真伪之平，非苟调文饰辞，为奇伟之观也。其本皆起人间有非，故尽思极心，以讥世俗。"又说："今《论衡》就世俗之书，订其真伪，辨其实虚""《论衡》实事疾妄"。可见《论衡》是针对世上的伪书妄说而发的。《论衡》的批判锋芒，主要指向当时盛行的谶纬。对于俗儒穿凿附会的传记，乃至圣人凭空立说的经书，也抱怀疑的态度，根据事实加以检验。《自纪篇》云："伤伪书俗文多不实诚，故为《论衡》之书。"可见《论衡》是针对世上的伪书妄说而发的，《论衡》所辨，以伪事、伪说为主，但也涉及伪书。《论衡》主旨即为一部"广义文化辨伪学"。

孙钦善先生从"集中解驳谶纬及今文经学所宣扬的天人感应迷信邪说""离经叛道，辨儒家圣贤立说之伪""不从俗说，考辨群书真伪""实事求是的多种辨伪方法"四个方面介绍王充的辨伪成就。①

吴有定《王充的辨伪观念与实践》认为，两汉时期，作伪成风，伪书迭出。王充对虚妄之书及其产生有其独特的见解，他认为世俗"好奇怪""信虚妄"的习性是滋生伪书的土壤，而作伪者无原则地投世俗之所好而随意夸大、杜撰是伪书产生的直接要因；伪书直接导致世俗"是非不定"，贻害无穷，因此对伪书应当清除务尽。为了消灭华伪之文，进而实现"纯诚之化"的理想，王充坚决与"虚妄之传"针锋相对，勇于辨伪的实践。王充的辨伪，既有对伪事伪说的考辨，也有对伪书的考辨②。

今按，杜恕(197—252)《笃论》曰："日给之华，与奈相似也，奈结实而日给零落；虚伪之言，与真实相似也，虚败改而真实成。"此论可与《论衡》互证。

(四)马融

1. 马融其人

马融(79—166)，字季长，扶风郡茂陵县(今陕西省兴平市)人。将作大匠严之子。为人美辞貌，有俊才。初，京兆挚恂以儒术教授，隐于南山，不应征聘，名重关西，马融从其游学，博通经籍。恂奇融才，以女妻之。永初二年，大将军邓骘闻融名，召为舍人，非其好也，遂不应命，客于凉州武都，汉阳界中。会羌虏飙起，边方扰乱，米谷踊贵，自关以西，道殣相望。马融既饥困，乃悔而叹息，谓其友曰："古人有言：'左手据天下之图，

① 孙钦善：《王充与辨伪》，《北京大学学报》1985年第5期。

② 吴有定：《王充的辨伪观念与实践》，《韶关学院学报》2012年第5期。

右手刎其喉，愚夫不为。’所以然者，生贵于天下也。今以曲俗咫尺之羞，灭无赀之躯，殆非老、庄所谓也。”故前往应召。四年，拜为校书郎中，诣东观典校秘书。是时邓太后监朝，邓骘兄弟辅政。而俗儒世士，以为文德可兴，武功宜废，遂寝蒐狩之礼，息战陈之法，故猾贼从横，乘此无备。马融以为文武之道，圣贤不坠，五才之用，无或可废。元初二年，上《广成颂》以讽谏。颂奏，忤邓氏，滞于东观，十年不得升职。因兄子丧，自劾归。太后闻之大怒，遂令禁锢之。太后崩，安帝亲政，召还郎署，复在讲部。史称“融才高博洽，为世通儒，教养诸生，常有千数。涿郡卢植，北海郑玄，皆其徒也。善鼓琴，好吹笛，达生任性，不拘儒者之节。居宇器服，多存侈饰。尝坐高堂，施绛纱帐，前授生徒，后列女乐，弟子以次相传，鲜有入其室者”。尝欲训《左氏春秋》，及见贾逵、郑众注，乃曰：“贾君精而不博，郑君博而不精。既精既博，吾何加焉！”但著《三传异同说》。注《孝经》《论语》《诗》《易》《三礼》《尚书》《列女传》《老子》《淮南子》《离骚》。其文集已佚，明人辑有《马季长集》。唐代时配享孔子，宋代时被追封为扶风伯。扶风马氏源远流长，至现代有大儒马一浮。

2. 马融的文献辨伪

(1)关于《尚书·泰誓》的真伪问题

马融对当时流行的《尚书·泰誓》进行了辨伪：

> 《泰誓》后得，案其文似若浅露。又云“八百诸侯不召自来，不期同时，不谋同辞”，及“火复于上，至于王屋，流为雕。五至，以谷俱来，举火”。神怪，得无在子所不语中乎！又《春秋》引《泰誓》曰：“民之所欲，天必从之。”《国语》引《泰誓》曰：“朕梦，协朕卜，袭于休祥，戎商必克。”《孟子》引《泰誓》曰：“我武惟扬，侵于之疆；取彼凶残，我伐用张，于汤有光。”孙卿引《泰誓》曰：“独夫受。”《礼记》引《泰誓》曰：“予克受，非予武，惟朕塞考无罪。受克予，非朕文考有罪，惟予小子无良。”今文《泰誓》皆无此语。吾见书传多矣，所引《泰誓》而不在《泰誓》者甚多，弗复悉记；略举五事以明之，亦可知矣。(《尚书注疏》卷十引)

明儒朱睦㮮云：

> 伏生二十八篇无《泰誓》。武帝时，伪《泰誓》出，先儒马融辈疑之，谓其文浅露不类，非惟不似古文，亦不似伏生之今文也。吾又见昔人所引用《泰誓》白鱼入于王舟，有火于王屋流为乌及他云云，而不在今本，或又有一《泰誓》也。按，汤、武俱以征伐而有天下，然汤之辞裕，武之辞迫。汤之数桀也恭，武之数纣也傲，以此知《泰誓》非当时本文也。①

顾颉刚认为马融所作的一篇否定《尚书·泰誓》的文字可算做考据性的辨伪的第一声，他加以解释说：

① 朱睦㮮：《五经稽疑·伪泰誓》。

> 《泰誓》是汉武帝时所谓新发见的一篇周初的书，当时立于学官，取得国定本教科书的地位。但它在经典上的权威竟不能鼓起马融的信仰，反给他举出两项理由来反对：第一，其中太多神话，不合于孔子选《尚书》的标准；第二，古书中所引的《泰誓》都不曾见于这一篇里。前一项理由很有商量的余地，因为古人本来相信神话（实际上这是秦、汉间人派定周为火德，故有“火复于上”及“举火”的符瑞）；后面一项却是颠扑不破的坚强证据。《左传》《国语》《孟子》《荀子》《礼记》都是孔子以后的书，如果《尚书》百篇确出孔子所定，武帝时发见的《泰誓》又确为其中的一篇，那么左丘明、孟轲、荀卿等所引的《泰誓》之文便不该不在里头，为什么在这一本中都看不见？这本《泰誓》的文字为什么又绝不见引于先秦诸子？这分明是两篇文章，一篇是战国时存在着的，一篇是西汉时伪造的。①

马融首先指出其文浅露多怪，接着从辑佚的角度对今文《秦誓》展开证伪，其辨伪在方法论上极具意义，即据佚文证伪。

今按，近人蔡介民先后发表《礼记成书之时代》《礼记成书时代再考》（见《新东方》1940年第1、5期），认为《礼记》一书文义糅驳，泾渭合流，既非成于一时，亦非出于一手。考其时代，实非西汉以前之书。班固前已有类似今之《礼记》之礼学丛书，不过内容繁驳不纯，《汉志》《隋志》等所谓《古礼记》《古文记》者，即为此书。至于东汉末马融、卢植等重加删定，益简蠲繁，以成今之四十九篇之《礼记》。

（2）关于《忠经》的真伪问题

《忠经》旧题东汉马融撰、郑玄注。这是一部系统阐释古代忠德思想的文献。该书宋前公私目录均未著录，明末以后，学者怀疑是后儒伪作，清代针对该书的成书时代问题展开了一系列探讨，但至今争议仍存。当前学术界对《忠经》的研究多关注其当代社会价值和内容的解读，对其成书时代问题及与该书相关的目录学归属、版本和价值等问题鲜有深入探讨者。《忠经》的成书时代问题，学术界主要形成三种说法：东汉说、唐代说、宋代说。争论集中于唐、宋两个时期，《忠经》的作者学界亦有分歧，有东汉马融说、唐居士马融说、海鹏说三种看法。王博凯《忠经成书时代及相关问题研究》（陕西师范大学2016年硕士学位论文）在前贤研究的基础上从多个视角对其成书时代问题作一考证，通过综合分析，认为其成书于宋初的可能性最大。我们认为，《忠经》是根据《孝经》影撰出来的。通常说“移孝作忠”，先有《孝经》，再影撰出《忠经》。要之，《忠经》断非东汉马融所撰，马融因为在经学上的崇高地位与巨大影响，成为被托者。

（五）郑玄

1. 郑玄其人

郑玄（127—200），字康成，北海高密人。少好学，长八尺余，须眉美秀，姿容甚伟。玄少为乡啬夫，得休归，尝诣学官，不乐为吏，父数怒之，不能禁。遂造太学受业，师事京兆第五元先，始通《京氏易》《公羊春秋》《三统历》《九章算术》。又从东郡张恭祖受《周官》《礼记》《左氏春秋》《韩诗》《古文尚书》。西入关，因涿郡卢植之介，师事马融。马融

① 顾颉刚：《古籍考辨丛刊》第一集，社会科学文献出版社2010年版，第3页。

门徒四百余人，升堂进者五十余生。马融素骄贵，郑玄在门下，三年不得见，乃使高业弟子传授于郑玄。郑玄日夜寻诵，未尝怠倦。会马融集诸生考论图纬，闻郑玄善算，乃召见于楼上，郑玄因从质诸疑义，问毕，辞归。马融喟然谓门人曰："郑生今去，吾道东矣。"郑玄自游学，十余年乃归乡里。家贫，客耕东莱，学徒相随已数百千人。及党事起，乃与同郡孙嵩等四十余人俱被禁锢，遂隐修经业，杜门不出。时任城何休好《公羊》学，遂著《公羊墨守》《左氏膏肓》《穀梁废疾》；郑玄乃发《墨守》，针《膏肓》，起《废疾》。何休见其文而哀叹曰："康成入吾室，操吾矛，以伐我乎！"初，中兴之后，范升、陈元、李育、贾逵之徒争论古今学，后马融答北地太守刘瑰，及郑玄答何休，由此古学遂大明于天下。郑玄病重，自知不起，以书戒其子益恩曰："吾家旧贫，为父母群弟所容，去厮役之吏，游学周、秦之都，往来幽、并、兖、豫之域，获觐乎在位通人、处逸大儒，得意者咸从捧手，有所受焉。遂博稽六艺，粗览传记，时睹秘书纬术之奥。年过四十，乃归供养，假田播殖，以娱朝夕。遇阉尹擅势，坐党禁锢，十有四年，而蒙赦令，举贤良方正有道，辟大将军三司府。公车再召，比牒并名，早为宰相。惟彼数公，懿德大雅，克堪王臣，故宜式序。吾自忖度，无任于此，但念述先圣之元意，思整百家之不齐，亦庶几以竭吾才，故闻命罔从。而黄巾为害，萍浮南北，复归邦乡。入此岁来，已七十矣。宿素衰落，仍有失误，案之礼典，便合传家……其勖求君子之道，研钻勿替，敬慎威仪，以近有德。显誉成于僚友，德行立于己志。若致声称，亦有荣于所生，可不深念邪！可不深念邪！吾虽无绂冕之绪，颇有让爵之高。自乐以论赞之功，庶不遗后人之羞，末所愤愤者，徒以亡亲坟垄未成，所好群书率皆腐敝，不得于礼堂写定，传与其人。日西方暮，其可图乎！家今差多于昔，勤力务时，无恤饥寒。菲饮食，薄衣服，节夫二者，尚令吾寡恨。若忽忘不识，亦已焉哉！"门人相与撰玄答诸弟子问《五经》，依《论语》作《郑志》八篇。遍注《周易》《尚书》《毛诗》《仪礼》《礼记》《论语》《孝经》《尚书大传》《中候》《乾象历》，又著《天文七政论》《鲁礼禘义》《六艺论》《毛诗谱》《驳许慎五经异义》《答临孝存周礼难》。郑玄质于辞训，通人颇讥其繁。至于经传博通审悉，称为纯儒，齐、鲁间宗之。论曰："自秦焚《六经》，圣文埃灭。汉兴，诸儒颇修艺文；及东京，学者亦各名家。而守文之徒，滞固所禀，异端纷纭，互相诡激，遂令经有数家，家有数说，章句多者或乃百余万言，学徒劳而少功，后生疑而莫正。郑玄括囊大典，网罗众家，删裁繁诬，刊改漏失，自是学者略知所归。王父豫章君每考先儒经训，而长于玄，常以为仲尼之门不能过也。及传授生徒，并专以郑氏家法云。"后世以郑学为汉学之正宗，实则混合古今之学术，折中今文古文，经学之统绪至此遂混而为一。

2. 郑玄的文献辨伪

(1)关于《礼记·月令》的真伪问题

郑玄《三礼目录》据职官、时事辨《礼记·月令》非周公所作：

> 《月令》第六，名曰"月令"者，以其纪十二月政之所行也。本《吕氏春秋》十二月纪之首章也，以礼家好事抄合之，后人因题之，名曰《礼记》，言周公所作，其中官名、时事多不合周法。①

① 孔颖达：《礼记正义》卷十四引郑玄《三礼目录》。

郑玄发现“其中官名、时事多不合周法”，这是很硬的证据。

(2)关于《周礼》的真伪问题

郑玄、林孝存等人还围绕《周礼》之真伪展开过争辩。《四库全书总目》云：“《周官》初出，林孝存虽相排击，然先后二郑咸证其非伪。”①

(3)关于《孝经郑注》的真伪问题

历代对此争议极大，根据舒大刚教授《孝经郑注真伪诸说平议》(《儒藏论坛》2012年卷)的研究，大致经历四个时期：(一)南朝到唐代的怀疑期，这一时期的怀疑以陆澄和刘知幾为代表，陆澄从“注文不类他经”立说，刘知幾以“不见著录”为论，但是他们都忽略了许多反证，举证不全面，因而没有说服力。(二)从清初至乾隆时，朱彝尊、余萧客、王谟、陈鳣、臧庸、袁钧等人，依据古注旧疏，广泛辑佚，使学人初识《孝经郑注》；与此同时，日本学人也对《孝经郑注》的辑佚和恢复作出了努力，并取得多项成绩。(三)嘉庆初年，日本冈田挺之从《群书治要》辑出的《孝经郑注》传入中国，引起中国学人对日传《孝经郑注》真伪的热烈讨论。在相持不休的状况下，一批中国学人，如黄奭、洪颐煊、严可均、孙季咸、皮锡瑞、龚道耕等，又回过头来综理旧文，他们在前人辑佚基础上，继续旁征博引，钩稽沉溟，使《孝经郑注》辑佚工作达到当时最高水平。但是由于资料仍然是一鳞片爪，证据不足，《孝经郑注》真伪和是否郑玄所撰，仍然处于疑信之间。(四)清末敦煌遗书发现后，在尚残存的30余件《孝经》文献中，赫然发现了10余件郑氏《孝经》及其《序》《注》，为《孝经郑注》的恢复提供了最原始也最为完整的祖本。

二、魏晋南北朝隋唐时期的辨伪

(一)刘勰

1. 刘勰其人

刘勰(约465—520)，字彦和，东莞莒人。天监中兼东宫通事舍人，迁步兵校尉，兼舍人如故，后出家为沙门，改名慧地。事迹具《南史》本传。生活于南北朝时期的南朝梁代，中国历史上的文学理论家、文学批评家。晚年在山东莒县浮来山创办(北)定林寺。虽任多种官职，但其名不以官显。著有《文心雕龙》。复旦大学杨明教授撰《刘勰评传》(南京大学出版社2001年版)。

2. 刘勰的文献辨伪

刘勰对当时流行的李陵、班婕妤的五言诗进行考辨，其结论为：“至成帝品录，三百余篇，朝章国采，亦云周备。而辞人遗翰莫见五言。所以李陵、班婕妤见疑于后代也。”②

清初著名学者毛先舒《诗辩坻》卷四“竟陵诗解驳议”云：

> 苏、李赠答，苏端明疑其伪作，友夏以为伪作必出一手，今苏澹李警，当是两人，似已。然此为汉调，故不待澹、警之辨也。且以两家诗较之，宜李澹而苏警也。

① 《四库全书总目》卷二三，《周官辨非》提要。

② 刘勰：《文心雕龙·明诗》。

刘彦和云："成帝品录三百余篇，而辞人遗翰，罕见五言，所以李陵、班婕妤见疑于后代。"则梁世已有是论，不始于苏。盖苏诗稠塞，故不解苏、李之工；钟谭清约，故笃称其妙，两家亦各知其所近耳。

游国恩等主编《中国文学史》第二编第五章"五言诗的起源和发展"亦云：

文人的五言诗是东汉才有的，相传为西汉枚乘、李陵、苏武等人的五言诗都不可信，这只是前人的传闻。《玉台新咏》把《文选》所载《古诗十九首》中的"行行重行行"等八首和另一首古诗"兰若生春阳"题为枚乘所作，是没有根据的。所以钟嵘说："自王、扬、枚、马之徒，词赋竞爽，而吟咏靡闻。"(《诗品序》)这是为什么呢？因为从五言诗发展的趋势看来，枚乘的时代不可能出现这样优美的文人五言诗。《文选》又载苏武诗四首，李陵《与苏武诗》三首，其中抒写朋友夫妻离别之情，行役战场之苦，与苏李赠别的事无关；诗中所写"江汉""河梁""山海""中州"等语，更与苏、李二人当日的情事和行踪不合。显然是后人假托的，或者是众多的无名氏古诗的一部分，被讹传为苏、李的作品。至于其他诸书所载的苏、李诗，那就更不必说了。此外《古诗十九首》中的"明月皎夜光"一首，有人认为是汉武帝太初以前的诗，实是出于误解(详后)。《文选》又把乐府古辞的《怨歌行》题为班婕妤作，也有问题。而古乐府《白头吟》的"皑如山上雪"一首，或又以为卓文君作，更是不可靠的。所以刘勰说："成帝品录，三百余篇，朝章国采，亦云周备。而辞人遗翰莫见五言。所以李陵、班婕妤见疑于后代也。"(《文心雕龙·明诗》)可见齐梁时人已经不相信西汉时有文人五言诗了。

这两段论述正好可以用来解释印证刘勰的说法。

刘勰继前代之后，继续对《尔雅》的作者问题进行讨论，认为《尔雅》"孔徒之所纂"①。

(二)颜之推

1. 颜之推其人

颜之推(531—约597)，字介，生于湖北江陵，祖籍琅邪临沂。少时因不喜虚谈而自己研习《仪礼》《左传》，博览群书，为文辞情并茂，得到湘东王萧绎赏识，十九岁便被任为国左常侍；后于侯景之乱中险遭杀害，得王则相救而幸免于难，乱平后奉命校书；在西魏攻陷江陵时被俘，遣送西魏，受李显庆赏识，为弘农掌管李远的书翰；得知陈霸先废梁敬帝而自立后留居北齐并再次出仕，历二十年，官至黄门侍郎；北齐灭后被北周征为御史上士，北周被取代后仕隋，于开皇年间被召为学士。颜之推博学多识，著述甚丰，所著书大多已亡佚，今存《颜氏家训》《还冤志》，《急就章注》《证俗音字》《集灵记》有辑本。

2. 颜之推的文献辨伪

据《颜氏家训·书证篇》载：

① 范文澜：《文心雕龙注·练字第三十九》，人民文学出版社1962年版，第624页。

或问："《山海经》，夏禹及益所记，而有长沙、零陵、桂阳、诸暨，如此郡县不少，以为何也？"答曰："史之阙文，为日久矣。加复秦人灭学，董卓焚书，典籍错乱，非止于此。譬犹《本草》，神农所述，而有豫章、朱崖、赵国、常山、奉高、真定、临淄、冯翊等郡县名，出诸药物；《尔雅》，周公所作，而云'张仲孝友'；仲尼修《春秋》，而经书'孔丘卒'；《世本》，左丘明所书，而有燕王喜、汉高祖；《汲冢琐语》乃载秦望碑；《苍颉篇》，李斯所造，而云'汉兼天下，海内并厕，豨黥韩覆，畔讨灭残'；《列仙传》，刘向所造，而赞云'七十四人出佛经'；《列女传》亦向所造，其子歆又作颂，终于赵悼后，而传有更始韩夫人、明德马后及梁夫人嫕：皆由后人所羼，非本文也。"①

地名有时代特征，可以帮助断定著作时代。

颜之推还从人名、史实的角度指出了不少典籍如《尔雅》《春秋》《世本》《苍颉篇》《列仙传》《列女传》的矛盾之处，证明这些书籍之中有后人附益的成分。

（三）孔颖达

张西堂认为："唐人辨伪的风气，受之于三国、六朝而影响及于宋人，这其间的关系极显明而重要；不了解唐人的辨伪，对于宋人的辨伪书是不能获得深刻的认识的。尤其在经学史上，所谓两宋'经学变古时代'这样的大波澜，所以引起来的，更与唐人辨伪有关。为了明了宋人辨伪的来源，为了明了学术思想变迁的关系，我们对于唐人辨伪似乎应当相当的加以注意。"②下面我们以孔颖达、刘知幾、柳宗元等人为例。

1. 孔颖达其人

孔颖达(574—648)，字冲远，冀州衡水人。八岁从师学习，每日诵读千字。到成年后，明悉《周易》《尚书》《毛诗》《左传》《礼记》，擅长算术历法。同郡学者刘焯名扬海内，颖达上门求教，刘焯起初很轻视他，不以礼相待，等到颖达请教质疑答难问对，多出人意料，立即改变态度，以礼相待。孔颖达坚决告辞回家，刘焯本想留他共同磋商学问，他也没有答应，而是回家从事教学授徒的工作。隋炀帝大业初年(605)，颖达应举明经科获及第，授任河内郡博士。当时隋炀帝召集各郡儒学官吏到东都洛阳，命令他们与国子监的秘书学士一起论辩经学中的问题。颖达论难答对，舌战群儒，一举夺魁。当时颖达最年轻，先辈宿儒因被他驳倒羞愤怀恨，暗中派刺客谋害颖达，礼部尚书杨玄感把他藏匿在府中，幸免于难。不久颖达补太学助教。唐太宗平定王世充后，召颖达为秦府文学馆学士。武德九年(626)，授为国子博士。贞观初年(627)，封曲阜县男，转任给事中。当时太宗刚刚即位，留心各种政务，颖达多次进谏忠言，颇受太宗信任。太宗曾经问他说："《论语》说：'以能问于不能，以多问于寡，有若无，实若虚。'是说什么？"颖达回答说："圣人设施教化，是想使人因谦让而愈有光辉。自己虽然有才能，不骄傲自大，依旧向没有才能的人求访能做到的事。自己的才艺虽然多，仍然认为少，却向才艺少的人求教更多的。自己虽然有知识却像没有知识的人一样，自己的知识很充实却像知识空虚的人一样，不仅仅匹

① 颜之推：《颜氏家训·书证篇》。

② 顾颉刚：《古籍考辨丛刊》第一集，社会科学文献出版社2010年版，第20页。

夫庶人要这样，帝王的德行，也应该像这样，帝王内心蕴藏着神明，外表却需表现得沉静无为，使别人感到深不可测，度不可知。《易经》称这是‘以蒙养正，以明夷莅众’，如果处在极其尊贵的地位，炫耀聪明，凭才势压人，文过饰非拒不纳谏，那么上下就会感情隔阂，君臣之间就会思想相互背离，自古以来国家的灭亡，没有不是因为这样而造成的。”太宗非常满意他的回答。贞观六年(632)，擢国子司业，迁太子右庶子。与群儒到明堂议论礼历、经义，都采用他的意见。又与魏徵撰《隋史》，加位散骑常侍。贞观十一年(637)，与朝中贤德的人修订《五礼》。书成，晋爵为子，朝廷赏赐绢帛三百段。次年，拜国子祭酒，仍旧在东宫给太子讲学。孔颖达与颜师古、司马才章、王恭、王琰等群儒受诏命撰定《五经》义训，共一百八十卷，名叫《五经正义》。太宗下诏令说："卿等博识通达古今，经义名理详备广博，考证前辈儒家的不同学说，符合圣人精深的主张。确实是不朽的。"交给国子监施行，赐给颖达绢帛三百段。贞观十七年(643)，辞官归居，十八年，在凌烟阁上为他画像。二十二年，卒，太宗特许陪葬昭陵，赠封太常卿，谥号为宪。于志宁撰《孔颖达碑》，其文摩灭，然尚可读，有云："庭罗俎豆，幼习升降之仪；门列骖騑，少怀远大之操。□韬金匮，覃思迈于西河；学富石渠，沈研冠于东阁。词光翰苑，文丽彩虹，思极掞天，才华日□，蹈忠孝以行己，践仁信以立身。□汉皇之名珠，光映照车之宝；抱金山之美玉，价重连城之器。闻之者未面而虚□，见之者忘言而倾盖。可谓儒宗之镜□、学府之□□者焉。"①日人内藤虎次郎撰《孔冲远祭酒年谱》(钱稻孙译本刊于《国立北平图书馆馆刊》1930 年第 4 卷第 4 号)，申屠炉明教授撰《孔颖达评传》(南京大学出版社 2006 年版)。

2. 孔颖达的文献辨伪

张西堂辑录《唐人辨伪集语》，于《五经正义》中辑录 21 条，可知孔颖达怀疑《归藏易》《周易》《尚书》《周礼》《仪礼》和《礼记》中部分篇章的作者和时代问题。

(1)"《易》历三圣"辨

孔颖达通过史事的先后对于《周易・系辞》进行考辨：

> 其《周易・系辞》，凡有二说：一，说所以卦辞、爻辞并是文王所作。知者，案《系辞》云："《易》之兴也其于中古乎？作《易》者其有忧患乎？"又曰："《易》之兴也其当殷之末世，周之盛德邪？当文王与纣之事邪？"又，《乾凿度》云："垂皇策者牺，卦道演德者文，成命者孔。"《通卦验》又云："苍牙通灵，昌之成，孔演命，明道经。"准此诸文，伏羲制卦，文王系辞，孔子作《十翼》，《易》历三圣，只谓此也。故史迁云"文王囚而演《易》"，即是"作《易》者其有忧患乎"。郑学之徒并依此说。二，以为验爻辞多是文王后事。案：《升卦》六四"王用亨于岐山"，武王克殷之后，始追号文王为王，若爻辞是文王所制，不应云"王用亨于岐山"。又，《明夷》六五"箕子之明夷"，武王观兵之后，箕子始被囚奴，文王不宜豫言箕子之明夷。又，《既济》九五"东邻杀牛，不如西邻之禴祭"，说者皆云，"西郊谓文王，东邻谓纣"，文王之时，纣尚南面，岂容自言己德受福胜殷；又欲抗君之国，遂言东西相邻而已。又，《左传》韩宣子适鲁见《易象》，云"吾乃知周公之德"，周公被流言之谤，亦得为忧患也。

① 《全唐文》卷一四五。

验此诸说，以为卦辞文王，爻辞周公，马融、陆绩等并同此说，今依而用之。所以只言三圣，不数周公者，以父统子业故也。(《周易正义》卷一，《论卦辞爻辞谁作》)①

《周易·升卦·六四》中有“王用亨于岐山”，孔颖达据此推理：“武王克殷之后，始追号文王为王，若《爻辞》是文王所制，不应云‘王用亨于岐山’。”同理，《周易·明夷·六五》中记载了“箕子之明夷”之事，而这是武王观兵之后的事情，在孔颖达看来，文王在武王之前，不应预见此事。这都是据史实来判断。

(2)《尚书·泰誓》辨

孔颖达怀疑唐代《尚书·泰誓》并非汉代伏生所传：

《史记》及《儒林传》皆云伏生独得二十九篇以教齐、鲁，则今之《泰誓》非初伏生所得。案：《马融传》云：“《泰誓》后得。”郑玄《书论》亦云：“民间得《泰誓》。”《别录》曰：“武帝末，民有得《泰誓》书于壁内者，献之；与博士使读说之，数月，皆起传以教人。”则《泰誓》非伏生所传，而言二十九篇者，以司马迁在武帝之世，见《泰誓》出而得行，入于伏生所传内，故为史总之，并云伏生所出，不复曲别分析，云民间所得，其实得时不与伏生所传同也。但伏生虽无此一篇(宋本“一”作“三”)，而书传有八百诸侯俱至孟津、白鱼入舟之事，与《泰誓》事同。不知为伏生先为此说？不知为是《泰誓》出后，后人加增此语？案：王充《论衡》及后汉史，献帝建安十四年黄门侍郎房宏等说云：“宣帝泰和(毛本‘泰和’作‘本始’)元年，河内女子有坏老子屋得古文《泰誓》三篇。”《论衡》又云：“以掘地所得者。”今《史》《汉书》皆云伏生传二十九篇，则司马迁时已得《泰誓》，以并归于伏生，不得去宣帝时始出也。则云宣帝时女子所得，亦不可信。或者尔时重得之，故于后亦据而言之。《史记》云伏生得二十九篇，《武帝纪》载今文《泰誓》末篇，由此刘向之作《别录》、班固为《儒林传》不分明，因同于《史记》，而刘向云武帝末得之。《泰誓》理当是一，而古今文不同者，即马融所云“吾见书传多矣，凡诸所引，今之《泰誓》皆无此言”，而古文皆有，则古文为真亦复何疑。但于先有张霸之徒，伪造《泰誓》以藏壁中，故后得而惑世也。亦可今之《泰誓》，百篇之外，若《周书》之例，以于时实有观兵之誓，但不录入《尚书》，故古文《泰誓》曰：“皇天震怒，命我文考，肃将天威，大勋未集，肆予小子发以尔友邦冢君观政于商。”是也。(同上，《尚书序》“百篇之义，世莫得闻”疏)

第一，马融言“《泰誓》后得”，详见前文；第二，郑玄云“民间得《泰誓》”②；第三，《别录》云：“武帝末，民有得《泰誓》书于壁内者，献之；与博士使读说之，数月，皆起传以教人。”③第四，司马迁之所以没有言《泰誓》非伏生所传，是因为司马迁之时，见《泰誓》在伏生所传《尚书》之内，就想当然地认为是伏生所传《尚书》原本中所有，“不复曲别

① 顾颉刚：《古籍考辨丛刊》第一集，社会科学文献出版社 2010 年版，第 21 页。

② 孔颖达：《尚书正义·序》。

③ 孔颖达：《尚书正义·序》。

分析”①。此处，孔颖达根据同时代人对《泰誓》的记载、常理分析以及考辨篇目的变化来辨伪。

(3)《礼记·月令》辨

在疏解郑玄所注《礼记·月令》时，孔颖达列举了证据来解释郑玄所言《礼记·月令》中的“不合周法”之处：

> 按，吕不韦集诸儒士，著为《十二月纪》，合十余万言，名为《吕氏春秋》，篇首皆有《月令》，与此文同，是一证也。又周无太尉，唯秦官有太尉，而此《月令》云“乃命太尉”，此是官名不合周法，二证也。又，秦以十月建亥为岁首，而《月令》云“为来岁授朔日”，即是九月为岁终，十月为授朔，此是时不合周法，三证也。又，周有六冕，郊天迎气则用大裘，乘玉辂，建大常日月之章，而《月令》服饰、车旗并依时色，此是事不合周法，四证也。故郑云：“其中官名、时事多不合周法。”然按秦始皇十二年吕不韦死，二十六年并天下，然后以十月为岁首；岁首用十月时，不韦已死十五年，而不韦不得以十月为正。又云“《周书》先有《月令》”，何得云不韦所造？又，秦并天下立郡，何得云诸侯？又，秦以好兵杀害，毒被天下，何能布德施惠，春不兴兵？既如此不同，郑必谓不韦作者，以《吕氏春秋》十二月纪正与此同，不过三五字别；且不韦集诸儒所作，为一代大典，亦采择善言之事，遵立旧章，但秦自不能依行，何怪不韦所作也。(《礼记正义》“月令第六”疏)②

根据孔颖达的解释，首先，《吕氏春秋》中各篇篇首都有《月令》，而《礼记》中也有《月令》，这一巧合应该是有某种关联的；其次，周代无“太尉”一官职，而《月令》中有，此为官制不合周法；再次，秦时，以十月建亥为岁首，而《月令》中所言“为来岁授朔日”即是按照秦时的历法，此为历法不合周法；最后，《月令》中所言祭祀服饰车马等不合周法，此为礼俗不合。孔颖达从《礼记》与《吕氏春秋》的关系、官制、历法和礼俗等方面，考辨出《礼记·月令》并非周时所作。

(4)《管子》作者辨

孔颖达对《管子》一书的作者问题提出疑义。他说：“世有《管子》书者，或是后人所录，其言甚详……《外传·齐语》与《管子》大同，《管子》当是本耳。管子无治于高傒之言，鲍叔之美管子，其言非一，说者各记所闻，故不同耳。”③其在考辨《管子》非管仲作时，应该是参照了傅玄的观点。除此之外，他还提出《国语·齐语》④和《管子·小匡》十分相似，《管子》应该本自《国语》。此处，孔颖达就从比勘其他古籍上进行辨伪。

此外，对于《周礼》和《仪礼》，孔颖达认为：“自《正义》作而诸家之学始废，独疑《周

---

① 孔颖达：《尚书正义·序》。

② 孔颖达：《礼记正义》卷十四。

③ 顾颉刚：《古籍考辨丛刊》第一集，社会科学文献出版社 2010 年版，第 29~30 页。又见孔颖达《春秋左传正义》卷八。

④ 即前面提及的《外传·齐语》，《国语》又名《春秋外传》。

礼》《仪礼》非周公书，不为义疏。”①即孔颖达之所以不为《周礼》《仪礼》二书作疏解，是因为怀疑二书的作者不是周公。他认为“《归藏》伪妄之书，非《殷易》也”②。其他问题得失参半，不备述也。

(四)刘知幾

1. 刘知幾其人

刘知幾(661—721)，字子玄，彭城(今江苏徐州)人。幼年，父藏器为授《古文尚书》，业不进，及闻为诸兄讲《春秋左氏传》，辄能辨析所疑，以为书能如是，读之何难？由是通览群史，擢进士第。武后时官著作佐郎，转左史，曾以本官兼修国史，历中宗、睿宗，至玄宗立，又除著作郎，累官至左散骑常侍。开元九年(721)，遭贬，旋卒，享年六十一。刘氏《史通·自序》自述其幼年治史之次序云：

> 先君授以《左氏》，期年而讲诵都毕，于时年甫十有二矣……又读《史》《汉》《三国志》，既欲知古今沿革，历数相承，于是触类而观，不假师训，自汉中兴以降，迄乎皇家实录，年十有七，而窥览略周。洎年登弱冠，射策登朝，旅游京洛，颇积岁年，公私借书，恣情披阅，至如一代之史，分为数家。其间杂记小书，又竞为异说，莫不钻研穿凿，尽其利害……始在总角，读班、谢两汉，便怪前书不应有《古今人表》，后书宜为更始立纪，当时闻者以为童子何知，而敢轻议前哲，于是赧然自失，无辞以对。其后见张衡、范晔集，果以二史为非，其有暗合于古人者盖不可胜记。

所撰之书，实有多种，今传世者，惟有《史通》一书，即其研史精神之所寄也。刘氏自述作书之动机云：“凡所著述，皆欲行其旧议，而当时同作诸士，及监修贵臣，每与其凿枘相违，龃龉难入，故其所载削，皆与俗浮沉，虽自谓依违苟从，然犹大为史官所嫉。嗟乎，虽任当其职，而吾道不行，见用于时，而美志不遂，郁怏孤愤，无以寄怀，必寝而不言，嘿而无述。又恐没世之后，谁知予者，故退而私撰《史通》，以见其志。”

《新唐书》本传亦云：“子玄介直自守，累岁不迁，会天子西还，子玄自乞留东都，三年，或言子玄身史臣，而私著述，驿召至京，领史事。时宰相韦巨源、纪处讷、杨再思、宗楚客、萧至忠皆领监修，子玄病长官多，意尚不一，而至忠数责论次无功，又仕偃蹇，乃奏记求罢去，为至忠言五不可，至忠得书，怅惜不许。楚客恶其言诋切，谓诸史官曰，是子作书，欲置吾何地。始子玄修《武后实录》，有所改正，而武三思等不听，自以为见用于世，而志不遂，乃著《史通》内外四十九篇，讥评古今。”

刘氏之著《史通》，尝以扬雄《法言》、王充《论衡》、应劭《风俗通》、刘劭《人物志》、刘勰《文心雕龙》自况。其《自序》曰：“若《史通》之为书也，盖伤当时载笔之士，其义不纯，思欲辨其指归，殚其体统。夫其书虽以史为主，而余波所及，上穷王道，下掞人伦，总括万殊，包吞千有，自《法言》以降，迄于《文心》而往；固以纳诸胸中，曾不慸芥者矣。夫其为义也，有与夺焉，有褒贬焉，有鉴诫焉，有讽刺焉，其为贯穿者深矣，其为网罗者

① 朱彝尊：《经义考》卷二九六，影印文渊阁四库全书本，第680册第790页。

② 孔颖达：《春秋左传正义》卷三十。

密矣，其所商略者远矣，其所发明者多矣，盖谈经者恶闻服、杜之嗤，论史者憎言班、马之失，而此书多讥往哲，喜述前非，获罪于时，固其宜矣，犹冀知音君子，时有观焉。尼父有云，罪我者《春秋》，知我者《春秋》，抑斯之谓也。”

《四库提要》尝举其《疑古》《惑经》等篇，以为世所共诟。又如《六家篇》讥《尚书》为例不纯，《载言篇》讥《左氏》不遵古法，《人物篇》讥《春秋》不载由余、百里奚、范蠡、文种、公仪休、宁戚、穰苴，则直斥为谬妄，此盖出于儒者尊经之见，不足以服刘氏之心。此外所举，虽不无是处，究近毛举细故，有意吹求。惟谓“班固、陈寿为记言之奸贼，载笔之凶人，可以肆诸市朝，投畀豺虎”(《曲笔篇》)，则未免指斥太过，宋祁所谓“工诃古人”者，殆指此耳。特刘氏论史所长，初不在此，置之不论可也。

大抵论史之书，其途有二：一曰扬榷利病，一曰阐明义例。扬榷利病者，主于分析，阐明义例者，贵乎综合，二者相资，未可偏废。或谓《史通》一书，以扬榷利病为职志，盖善于用析，以演绎法为论列者。兹考本书《内篇》凡三十九篇，《外篇》凡十三篇，总为五十二篇，《内篇》之末三篇，曰《体统》，曰《纰缪》，曰《弛张》，皆亡佚已久，然《新唐书》本传，已云《史通》内外四十九篇，且考《内篇》之序，所亡三篇，皆在自序之后，颇为不伦，或本无此三篇，抑编者之错置欤？《外篇》之首，冠以《史官建置》《古今正史》二篇，古代之史家，即为史官，而史籍之精者悉为正史，子玄取古代之史官，及隋唐以往之正史，序而列之，以明源流所自，观其于《内篇》之首，即云自古帝王编述文籍，《外篇》言之备矣，编述必出于史官，文籍悉归于正史，由此可证此二篇之撰在前，而《内篇》之撰尚在后，否则其本末之序紊矣。次则总论诸史之体例，而首以《六家》《二体》：六家者，《尚书》家、《春秋》家、《左传》家、《国语》家、《史记》家、《汉书》家是也；二体者，纪传、编年是也。《春秋》《左传》则属于编年，《史记》《汉书》则属于纪传，此二体之权舆也。《尚书》则属于记言，《春秋》则义在记事，《史记》则开通史之规，《汉书》则为断代之祖，《左传》则以年分，《国语》又以国别，此六家之所以名也。至于正史之各类，一曰《本纪》，二曰《世家》，三曰《列传》，四曰《表历》，五曰《书志》，六曰《论赞》，七曰《序例》，各以一篇论之，又以《载言》一篇继于《二体》之后，为衍列传一体未竟之绪而作者也。寻《史通》全书，以《史官》《正史》《六家》《二体》四篇之包蕴为最富，盖内外篇之纲领，论史者之总枢也。盖非洞究源流，则史例无以明，所谓阐明义例，贵乎综合，诚亦莫大乎是，岂仅主于分析，以扬榷利病为职志哉！若夫自《题目》以下迄于《辨职》之二十五篇，则以扬榷利病为务，亦以分析见长，所谓以演绎法为论列者，其在是矣，《辨职》之后，复缀以《自叙》一篇，而《内篇》终焉。《外篇》则《史官》《正史》二篇而外，有若《惑经》《申左》二篇，则尚论古经传之得失，附于古人之诤友，而《疑古》一篇，又自曝其所见，以待论定，亦后来崔述《考信录》之滥觞也。《点烦》《杂说》以下，迄于《暗惑》七篇，皆为条举件系随手札记之作，本为《内篇》之遗，非刘氏精意之所寄，至《忤时》篇则为专载与萧至忠书而作，又本书之附录也。要之，刘氏论史，好指陈利病，言非一端，然非绝口不谈义例。或谓《内篇》皆论史家体例，辨别是非，《外篇》则述史籍源流，及杂评古人得失(出《四库提要》)，斯言也，大致得之。

2. 刘知幾的文献辨伪

(1)辨《孝经》非郑玄所注

《唐会要》卷七十七载，唐开元七年三月一日皇帝敕：“《孝经》《尚书》有古文本孔、郑注，其中旨趣颇多舛驳，精义妙理苦无所归，作业用心复何所适。宜令诸儒并访后进达解者，质定奏闻。"其月六日，诏曰："《孝经》者，德教所先，自顷以来，独宗郑氏；孔氏遗旨，今则无闻。又，《子夏易传》，近无习者；辅嗣注《老子》，亦甚甄明；诸家所传，互有得失，独据一说，能无短长！其令儒官详定所长，令明经者习读，若将理等，亦可并行。其作《易》者，并帖《子夏易传》，共写一部，亦详其可否，奏闻。"时议以为不可，遂停。

其年四月七日，刘知幾上《孝经老子注易传议》称：

> 今俗所行《孝经》，题曰"郑氏注"，爰自近古，皆云郑即康成，而魏、晋之朝无有此说。至晋穆帝永和十一年及孝武帝太元元年，再聚群臣，共论经义；有荀昶者，撰集《孝经》诸说，始以郑氏为宗。自齐、梁以来，多有异论：陆澄以为非玄所注，请不藏于秘省；王俭不依其请，遂得见传于时；魏、齐则立于学官，著在律令：盖由肤(《孝经正义》作虏)俗无识，故致斯讹舛。①

刘知幾认为《孝经》非郑玄所注，在前人疑辨的基础上提出了十二条证据：

> 据郑君自序云："遭党锢之事，逃难，注《礼》；党锢事解，注《古文尚书》《毛诗》《论语》；为袁谭所逼，来至元城，乃注《周易》。"都无注《孝经》之文，其验一也。郑玄卒后，其弟子追论师所著述及应对时人，谓之《郑志》；其言郑所注者，唯有《毛诗》《三礼》《尚书》《周易》，都不言郑注《孝经》，其验二也。又，《郑志》目录记郑之所注，五经之外，有《中候》《书传》《七政论》《乾象历》《六艺论》《毛诗谱》《答临硕难礼》《驳许慎异义》《释废疾》《发墨守》《箴膏肓》及《答甄子然》等书，寸纸片札，莫不悉载；若有《孝经》之注，无容匿而不言，其验三也。郑之弟子分授门徒，各述师言，更相问答，编录其语，谓之《郑志》(《孝经正义》志作记)，唯载《诗》《书》《礼》《易》《论语》，其言不及《孝经》，其验四也。赵商作郑先生碑铭，具称其所注笺驳论，亦不言注《孝经》，《晋中经簿》：《周易》《尚书》《尚书中候》《尚书大传》《毛诗》《周礼》《仪礼》《礼记》《论语》，凡九书，皆云郑氏注，名玄；至于《孝经》，则称"郑氏解"，无"名玄"二字，其验五也。《春秋演孔图》注云"康成注《三礼》《诗》《易》《尚书》《论语》，其《春秋》《孝经》别有评论"。宋均于《诗谱》云"我先师北海郑司农"，则均是玄之传业子弟也；师所著述，无容不知，而云《春秋》《孝经》唯有评论，非玄之所著，于此特明，其验六也。又，宋均《孝经纬注》引郑《六艺论》叙《孝经》云"玄又为之注。司农论如是，而均无闻焉，有义无辞，令予昏惑"。举郑之语而云无闻，其验七也。宋均《春秋纬》注云"玄为《春秋》《孝经》略说"，则非注之谓；所言"玄又为之注"者，泛辞耳，非事实；叙《春秋》亦云"玄又为之注"也，宁可复责以实注《春秋》乎？其验八也。后汉史书存于代者，有谢承、薛莹、司马彪、袁山松等，具为郑玄传者，载其所注，皆无《孝经》，其验九也。王肃《孝经传》首有司马宣王之奏，并奉诏令，诸儒注述《孝经》，以肃说为长；若先有郑书，亦应言及；而不言郑，其验十也。王肃注

① 刘知幾：《孝经老子注易传议》，《古籍考辨丛刊》第一集，中华书局1955年版，第15页。

书，发扬郑短，凡有小失，皆在《圣证》；若《孝经》此注亦出郑氏，被肃攻击最应烦多；而肃无言，其验十一也。魏晋朝贤辨论时事，郑氏诸注无不撮引；未有一言引《孝经》之注，其验十二也。凡此证验，易为考核。前世之学者不觉其非，乘彼谬说，竞相推举，诸解不立学官，此注独行于代。观夫言语鄙陋(《孝经正义》下有“义理乖谬”四字)，固不可示彼后来，传诸不朽。①

刘知幾的辨伪方法可以概括为五个方面：一是据本人《自序》及其碑铭证伪；二是据门人记录(如《郑志》《郑记》)证伪；三是据目录(如《郑志目录》《晋中经簿》)证伪；四是据引文证伪；五是据史书记载证伪。该文考证细密，在辨伪学史上达到了前所未有的高度。杰出的辨伪学家往往也是思想家，而缺少思辨力的匠人往往思想僵化，堕入非此即彼的泥淖，得出的往往是疑古甚至蔑古的错误结论。

(2)辨河上公《老子注》之伪

今俗所行《老子》，是河上公注。其序云：“河上公者，汉文帝时人，结草庵于河曲，乃以为号，以所注老子授文帝，因冲空上天。”此乃不经之鄙言，流俗之虚语。按《汉书·艺文志》：注《老子》者三家，河上所释无闻焉尔，岂非注者欲神其事，故假造其说耶？其言鄙陋，其理乖讹；岂如王弼所著，义旨为优。必黜河上公，升王辅嗣，在于学者，实得其宜。

除了“其言鄙陋，其理乖讹”八字，刘知幾没有提供证据。辨伪是谁主张谁举证，凭证据说话。证据充分，铁案如山；否则，不过乌龙而已。河上公《老子注》并非伪书，刘知幾的辨伪未免遭遇滑铁卢。

(3)辨《子夏易传》之伪

《唐会要》还记载刘知幾曾根据《汉书·艺文志》辨《子夏易传》为伪书：

又按《汉书·艺文志》，《易》有十三家，而无子夏作《传》者。至梁阮氏《七录》，而有《子夏易》六卷，或曰韩婴作，或曰丁宽作。然据《汉书·艺文志》，韩《易》有二篇，丁《易》有八篇，求其符合，则事殊隳刺者矣。岁越千龄，时经百代，其所著述，沈翳不行，岂非后来假凭先哲，亦犹石崇谬称阮籍，郑璞滥名周宝。必欲行用，深以为疑。②

刘知幾在辨伪方面多所发明，多达40条，兹不赘述，详见《唐人辨伪集语》。

耿天勤认为，刘知幾在唐代首倡辨伪，开风气之先，不仅考辨经史中的伪事、虚语，而且考辨各种伪说、伪书。其辨伪方法有：考察记事是否“合理”、有无矛盾，考察与可靠文献是否相乖，考察同时代的目录书有无著录，考察其语言、文体是否与时代相符，考

① 王溥：《唐会要》卷七七，中华书局1955年版，第1407页。

② 王溥：《唐会要》卷七七，中华书局1955年版，第1408页。

察多种有关材料是否一致。庶几近之。①

(五) 柳宗元

1. 柳宗元其人

柳宗元(773—819)，字子厚，唐代河东(今山西运城)人。杰出的诗人、哲学家、儒学家乃至成就卓著的政治家，唐宋八大家之一。著有《永州八记》等六百多篇文章，经后人辑为三十卷，名为《柳河东集》。因为他是河东人，人称柳河东，又因终于柳州刺史任上，又称柳柳州。与韩愈同为中唐古文运动的领导人物，并称“韩柳”。

2. 柳宗元的文献辨伪

柳宗元开考辨群书之先河。《四库全书总目》对柳宗元的《辨列子》《辨文子》《辨鬼谷子》三篇加以肯定。

柳宗元《辨列子》云：

> 刘向古称博极群书，然其录《列子》，独曰郑穆公时人；穆公在孔子前几百岁，《列子》书言郑国，皆云子产、邓析，不知向何言之如此?《史记》郑繻公二十四年，楚悼王四年，围郑，郑杀其相驷子阳，子阳正与列子同时。是岁，周安王三年，秦惠王、韩列侯、赵武侯二年，魏文侯二十七年，燕厘公五年，齐康公七年，宋悼公六年，鲁穆公十年；不知向言鲁穆公时，遂误为郑耶？不然，何乖错至如是！其后张湛徒知怪《列子》书言穆公后事，亦不能推知其时。然其书亦多增窜，非其实。要之，庄周为放依其辞，其称夏棘、狙公、纪渻子、季咸等，皆出《列子》，不可尽纪。虽不概于孔子道，然其虚泊寥阔，居乱世，远于利，祸不得逮乎身，而其心不穷，《易》之遁世无闷者，其近是欤！余故取焉。其文辞类《庄子》，而尤质厚，少为作，好文者可废耶！其《杨朱》《力命》，疑其杨子书，其言魏牟、孔穿，皆出列子后，不可信。然观其辞，亦足通知古之多异术也。读焉者慎取之而已矣！②

主要据被托者时代证伪。

柳宗元《辨文子》云：

> 《文子》书十二篇，其传曰：“老子弟子。”其辞时有若可取，其指意皆本老子；然考其书，盖驳书也。其浑而类者少，窃取他书以合之者多。凡孟、管辈数家皆见剽窃，峣然而出其类；其意绪文辞，叉牙相抵而不合。不知人之增益之欤？或者众为聚敛以成其书欤？然观其往往有可立者，又颇惜之。悯其为之也劳，今刊去谬恶乱杂者，取其似是者，又颇为发其意，藏于家。③

---

① 耿天勤：《刘知幾辨伪的贡献》，《山东师大学报》1992年第6期。按：张小乐《刘知幾辨伪探微》(《山东社会科学》1998年第4期)与此文高度相似，俟考。

② 柳宗元：《辨列子》，《古籍考辨丛刊》第一集，中华书局1955年版，第51页。

③ 柳宗元：《辨文子》，《古籍考辨丛刊》第一集，中华书局1955年版，第52页。

主要从校勘角度辨伪，通过与他书比勘，发现《文子》一书真中有伪。

柳宗元《辨鬼谷子》云：

> 《鬼谷子》要为无取。汉时刘向、班固录书，无《鬼谷子》。《鬼谷子》后出，而险盭峭薄，恐其妄言乱世难信，学者宜其不道。而世之言纵横者时葆其书。尤者晚乃益出《七术》，(《鬼谷子》下篇有《阴符七术》，谓《盛神法五龙》《养志法灵龟》《宝意法腾蛇》《分威法伏能》《散势法鸷鸟》《转圜法猛兽》《损兑法灵耆》七章是也。)怪谬异甚，不可考校。其言益奇，而道益狭，使人狙狂失守，而易于陷坠。幸矣，人之葆之者少。今元子又文之以《指要》。呜呼，其为好术也过矣！①

主要从著录和学术上证伪。

柳宗元《辨晏子春秋》云：

> 司马迁读《晏子春秋》，高之，而莫知其所以为书。或曰晏子为之，而人接焉，或曰晏子之后为之，皆非也。吾疑其墨子之徒有齐人者为之。墨好俭，晏子以俭名于世，故墨子之徒尊著其事，以增高为己术者。且其旨多尚同、兼爱、非乐、节用、非厚葬久丧者，是皆出墨子。又非孔子，好言鬼事，非儒、明鬼，又出墨子。其言问枣及古冶子等，尤怪诞。又往往言墨子闻其道而称之，此甚显白者。自刘向、歆，班彪、固父子，皆录之儒家中。甚矣，数子之不详也！盖非齐人不能具其事，非墨子之徒，则其言不若是。后之录诸子书者，宜列之墨家。非晏子为墨也，为是书者，墨之道也。

刘向之后，相当长的时间，人们并没有直接研究《晏子春秋》，而是坚信不疑地将其作为汉代之前可信赖典籍来解释词汇意义，说明地理和古代制度等。柳宗元的《辨晏子春秋》是《晏子春秋》研究史上非常重要的一篇文章，它不但对《晏子春秋》的作者和著作归属提出了自己的真知灼见，引起了人们的争论；而且其思维方法也富于启发，促进了人们对晏子和《晏子春秋》研究的深入。在《晏子春秋》研究史上，柳宗元第一次提出《晏子春秋》的作者是“墨子之徒有齐人者”，该著作的学派归属“宜列之墨家”。这个观点，无论其思想见解的新颖卓异，还是思维方法的富于启发，都是前无古人的。它启发人们不迷信前人的成见，不盲从权威，而是从作品的实际出发考察问题；同时，柳宗元也为人们指出了一条本着知人论世原则，从作品的思想倾向、反映的地域文化入手来探讨作品作者的非常可取的学术途径。柳氏上述观点，在后世学术界也引起了巨大的争论。②

《四部正讹》曾高度评价柳宗元在辨伪学上的贡献：“若抉邪摘伪，判别妄真，子厚之裁鉴良不可诬。所论《国语》《列御寇》《晏婴》《鬼谷》《鹖冠》，皆洞见肝膈，厥有功斯文亦不细矣。”③

---

① 柳宗元：《辨鬼谷子》，《古籍考辨丛刊》第一集，中华书局1955年版，第52~53页。

② 刘文斌：《〈晏子春秋〉研究史》，人民文学出版社2015年版，第36页。

③ 胡应麟：《四部正讹》，《古籍考辨丛刊》第一集，中华书局1955年版，第228页。

今按，《鹖冠子》自从被柳宗元斥为伪作以后，就很少受到关注，直到马王堆帛书《黄帝四经》的发现，才得到公正的评价，但其在先秦诸子中的归属仍颇有争议。该文从目录著作和《老子》《黄帝四经》《鹖冠子》中“道”的一脉相承的联系两方面考察，认为《鹖冠子》当属于道家。①

有人从文体研究、编纂者的思想背景、撰写手法三方面来论证《世兵》篇与《鹏鸟赋》都引用先秦秦汉的典籍，不能证明《世兵》篇抄袭《鹏鸟赋》；相反，两者所反映的思想却有共同的时代背景，且思想重点不同。另外，《世兵》篇前部分记载曹沫一事，与后部分内容无涉。通过考证曹沫一事，推论本篇写成于战国末期与汉初之间。②

3. 柳宗元的辨伪方法③

有唐一朝，已经有一批学者涉及辨伪的工作，柳宗元是成就比较突出的一位，他考辨的书目包括经书和子书两类。经书只有《论语》，子书包括《列子》《文子》《鬼谷子》《晏子春秋》《亢仓子》《鹖冠子》。柳宗元与韩愈并驾齐驱，其古文与韩愈各有千秋。韩愈评价儒家六经的时候，曾说过“《易》奇而法，《诗》正而葩”。笔者以为，韩文正而法，柳文奇而葩。韩文长于正面立论，文开一代之风气，学立一代之规模④；柳文擅于驳论，在品读诸子之文后，写出了意想不到的一组奇葩文章，由古文家一跃而为辨伪学家，这一点估计柳宗元本人也没有想到。

纵观柳宗元的辨伪方法，可以概括为以下几点：

第一，从历史事实的时间先后辨伪。在《辨列子》中，柳宗元称《列子》“其书亦多增窜，非其实”⑤，其中一个原因就是“其言魏牟、孔穿，皆出列子后，不可信”⑥，即书中出现了后于列子的史实。在《论语辨》中，柳宗元认为《论语》的作者可能是曾子弟子，而非孔子弟子。因为曾子是孔子最小的弟子，其去世时孔子的其他弟子已经都不在人世，但《论语》中记载了曾子死之事，柳宗元认为此可以作为《论语》作者是曾子弟子的一个证据。

第二，从语言、文风上辨伪。在《辨文子》中，柳宗元称《文子》“意绪文辞，叉牙相抵而不合”⑦，即整体语言文风太杂乱，因此怀疑是后人增益之书。同样的，他认为《鬼谷

---

① 赵子抄、李寅生：《鹖冠子的归属问题》，《长江大学学报》2009 年第 4 期。

② 杨兆贵：《〈鹖冠子·世兵篇〉非抄袭贾谊〈鹏鸟赋〉辨》，《中国文学研究》2009 年第 3 期。

③ 此段主要参考了苏金侠博士的博士论文中的有关部分，谨此致谢。今按：苏君的博士论文通过的第二年，江苏一家出版社居然出版了一本同名著作，而这本公开出版的书居然没有进入流通环节，无法见到原书，该出版社也不提供任何信息，在新时代居然出现了如此“新鲜事”，见所未见，闻所未闻，奇哉怪哉！

④ 《唐人辨伪集语》收录韩愈者仅 4 条，论《诗序》者二条，无甚特色，第三条自称：“虽然，学之二十余年矣！始者非三代、两汉之书不敢观，非圣人之志不敢存，处若忘，行若遗；俨乎其若思，茫乎其若迷。当其取于心而注于手也，惟陈言之务去，戛戛乎其难哉！其观于人，不知其非笑之为非笑也。如是者亦有年，然后识古书之正伪，与虽正而不至焉者，昭昭然白黑分矣，而务去之，乃徐有得也。”此处所谓“识古书之正伪”可能是指文风而论，与辨伪似乎无关。惟有第四条所谓“孟轲之书非轲自著”与辨伪学密切相关，八个字道破了先秦诸子皆非自著，可以称为“韩愈辨伪律”。

⑤ 柳宗元：《柳宗元集》卷四，中华书局 1979 年版，第 107 页。

⑥ 柳宗元：《柳宗元集》卷四，中华书局 1979 年版，第 108 页。

⑦ 柳宗元：《柳宗元集》卷四，中华书局 1979 年版，第 109 页。

子》"险盭峭薄，恐其妄言乱世难信"①，因此不足取；《鹖冠子》"尽鄙浅言也"，定非贾谊所作，此皆是从语言、文风辨伪的例子。

第三，从书中所用称谓辨伪。柳宗元认为，《论语》中记载孔子的其他弟子时皆以字称，而只有称曾子和有子时则称为"子"，以示尊敬。柳宗元认为，之所以称有子为"子"，是因为有子和孔子长相相似，孔子去世后，弟子们推举有子为师。因此，有子被尊称为"子"。而至于称"曾子"为"子"，则很可能是因为曾子弟子在编写《论语》时所为。

第四，通过比勘其他古籍辨伪。柳宗元认为《文子》"浑而类者少，窃取他书以合之者多；凡孟、管辈数家皆见剽窃，峣然而出其类"②。即通过比照《文子》和其他古籍的内容，柳宗元认为《文子》有抄袭《孟子》《管子》的内容，认为《文子》有可能是"众为聚敛以成其书"③，非一人所为。

第五，从前代目录学著作不录及后世之人不称引辨伪。柳宗元在《辨鬼谷子》中言"汉时刘向、班固录书无《鬼谷子》"④，在《辨亢仓子》中言"刘向、班固录书无《亢仓子》"⑤。在此两例中，柳宗元皆把目录学著作不录当作考辨古籍真伪的一个标准。在《辨鹖冠子》中，柳宗元称"太史公《伯夷列传》称贾子曰：'贪夫殉财，烈士殉名，夸者死权。'不称《鹖冠子》。迁号为博极群书，假令当时有其书，迁岂不见耶！"⑥此处则根据后世书目不录来证明《鹖冠子》并非贾谊作。

第六，从思想内容上辨伪。柳宗元的这一方法主要体现在对《晏子春秋》的考辨上，他认为《晏子春秋》的作者是"墨子之徒"，即墨家学派的后人，理由如下：墨家好俭，而晏子以俭名于世，因此墨子之徒就写了《晏子春秋》以"增高已术"；《晏子春秋》中尚同、兼爱、非乐、节用、非厚葬久丧的观念，都是出自墨子；其言鬼事、非孔子，也是出自墨子，因为墨子就有"非儒"和"明鬼"的主张。根据以上理由，柳宗元认为，"后之录诸子书者，宜列之墨家"⑦，即认为是墨家所作。

第七，根据常理辨伪。除了上述辨伪方法外，这一方法也经常被用于柳宗元的文献辨伪中。其在考辨《列子》时，认为其作者不是刘向所言郑穆公时人，而应该是鲁穆公时人，这可能是刘向的一个笔误。因为如果列子为郑穆公时人，那么其就会早于《列子》一书中提及的子产、邓析几百年，这就无法解释其著的《列子》之书中会有后于其几百年的子产、邓析之事这一现象。但如果换成是鲁穆公，一切便迎刃而解了。因为鲁穆公后于子产、邓析一百多年，如果列子是鲁穆公时人，其书中记载一百多年前的子产、邓析之事是很稀松平常的。据此，柳宗元怀疑是刘向笔误，误将鲁穆公写作郑穆公。

洪湛侯先生认为，柳宗元辨作者，辨时代，辨材料来源，有时还用旁证，作出论断⑧。郑良树先生评价柳宗元在辨伪学上的地位："是他，从西汉以来第一位专门为几部

① 柳宗元：《柳宗元集》卷四，中华书局 1979 年版，第 112 页。
② 柳宗元：《柳宗元集》卷四，中华书局 1979 年版，第 109 页。
③ 柳宗元：《柳宗元集》卷四，中华书局 1979 年版，第 109 页。
④ 柳宗元：《柳宗元集》卷四，中华书局 1979 年版，第 112 页。
⑤ 柳宗元：《柳宗元集》卷四，中华书局 1979 年版，第 115 页。
⑥ 柳宗元：《柳宗元集》卷四，中华书局 1979 年版，第 116 页。
⑦ 柳宗元：《柳宗元集》卷四，中华书局 1979 年版，第 114 页。
⑧ 洪湛侯：《中国文献学新编》，浙江大学出版社 2015 年版，第 309 页。

古籍写下一系列的辨伪文字；也是他，第一位将一系列古籍辨伪的文字从目录学、经学及注疏学独立出来，汇为一个完整的单位。”①郑氏前半部分的说法是对的，后半部分则有些拔高。

柳宗元在辨伪方面颇具原创性，发明了比勘证伪法、学术源流证伪法、称谓证伪法。毋庸讳言，柳宗元的辨伪还是有不足之处的，其辨伪往往是单维度的，甚至抓住片言只语即下结论，《四库全书总目》认为柳宗元“以单文孤证遽断其伪”，颇中其失矣。平心而论，柳宗元以发明辨伪方法为主，其辨伪之作还比较单薄，证据还不够充分。

三、宋代的辨伪

张富祥教授认为：

> 欧阳修在学术上的辨伪倾向，与北宋庆历年间经学上的变化也是相契合的。南宋道学家视为道学先驱的孙复、胡瑗、石介三人，他们的经学已与传统经学不同，其中石介尤以崇“道统”、排佛老、倡革新著称，而与古文运动颇多瓜葛。这时辨伪的工作尚未大行，可说还处在酝酿的阶段。而到了庆历以后，辨伪的主流折入经学，疑经疑圣遂成一时风气。②

由此可见，欧阳修的文献辨伪工作受到宋代前期疑经风气的影响。张西堂根据朱弁《曲洧纪闻》中的记载，认为欧阳修是受到韩愈、柳宗元的影响，从而“欧阳修对于韩、柳‘苦志探赜’‘至忘寝食’，无怪乎他也敢排《系辞》，疑《周礼》”③。同时，张西堂认为，“文学上，宋儒都很受唐人的影响，蛛丝马迹，处处可寻，更无怪乎辨伪的潮流在两宋要变本加厉了”④。

（一）欧阳修

《容斋随笔》卷四“张浮休书”条云：

> 张芸叟与石司理书云：“顷游京师，求谒先达之门，每听欧阳文忠公、司马温公、王荆公之论，于行义文史为多，唯欧阳公多谈吏事。既久之，不免有请：‘大凡学者之见先生，莫不以道德文章为欲闻者，今先生多教人以吏事，所未谕也。’公曰：‘不然。吾子皆时才，异日临事，当自知之。大抵文学止于润身，政事可以及物。吾昔贬官夷陵，方壮年，未厌学，欲求《史》《汉》一观，公私无有也。无以遣日，因取架阁陈年公案，反覆观之，见其枉直乖错不可胜数，以无为有，以枉为直，违法徇情，灭亲害义，无所不有。且夷陵荒远褊小，尚如此，天下固可知也。当时仰天誓心

① 郑良树：《古籍辨伪学》，学生书局1997年版，第5页。
② 张富祥：《宋代文献学研究》，上海古籍出版社2006年版，第248页。
③ 顾颉刚：《古籍考辨丛刊》第一集，社会科学文献出版社2010年版，第15页。
④ 顾颉刚：《古籍考辨丛刊》第一集，社会科学文献出版社2010年版，第15页。

曰：'自尔遇事不敢忽也。'是时苏明允父子亦在焉，尝闻此语。"

欧阳修虽为一代文豪，但其学问所得甚浅，时人讥笑他不读书。而辨伪学需要有极其广博的文史基础，惟有百科全书式的大学者才有可能把那些表面上毫不相关的东西联结起来，进而判断真伪。

1. 欧阳修的文献辨伪方法①

从辨伪方法来讲，欧阳修主要运用了以下几种：

(1)从书的传授源流辨伪

欧阳修始怀疑《河图》《洛书》之伪时，认为秦焚书后《六经》传授中断，自汉兴后，"久而后出，其散乱磨灭，既失其传，然后诸儒因得措其异说于其间"②。亦即，他认为《河图》《洛书》的流传中断已久，时人已经看不到其原来的样子，由此给汉代诸儒提供了"措其异说于其间"的机会。由此，欧阳修认为该书中有后人窜入的成分。

(2)从文风、思想内容上辨伪

欧阳修认为《尔雅》"非圣人之书。考其文理，乃是秦、汉之间，学《诗》者纂集说《诗》博士解诂之言"③，认为《文言》《系辞》"是繁衍丛脞之言也"④，因为"孔子之文章，《易》《春秋》是已。其言愈简，其义愈深，吾不知圣人之作繁衍丛脞之如此也！"⑤此处所言"文理"可以理解为文风。即一般而言，一时代的文章有一时代的文风，欧阳修认为《尔雅》一书的行文更像是秦汉间文字，而《文言》《系辞》则琐碎繁杂，不似圣人之文字。

此外，欧阳修还从思想内容上进行考辨。他认为"《河图》《洛书》，怪妄之尤甚者！"⑥，而《文言》《系辞》中的五种说法"自相乖戾，尚不可以为一人之说，其可以为圣人之作乎？"⑦在论及《诗序》时，其给出的理由是"子夏亲受学于孔子，宜其得《诗》之大旨，其言《风》《雅》有变、正，而论《关雎》《鹊巢》系之周公、召公；使子夏而序《诗》，不为此言也"⑧。此皆为欧阳修通过文章思想内容来辨伪。

(3)从逻辑上辨伪

此处所言的从"逻辑"上辨伪的"逻辑"其实更多指的是思辨。因为从广义来讲，每一种文献辨伪理论的背后都是以逻辑为前提的。

欧阳修对于《易传》的考辨，主要体现在其《易或问》和《易童子传》两部著作中。有人问，"《系辞》果非圣人之作，前世之大儒君子不论，何也？"⑨即有人认为，如果《系辞》真的不是圣人所作，为什么之前那么多的"大儒君子"从来没有提及过？对于该问题，欧阳修认为，"事固有出于谬妄之说，其初也，大儒君子以世莫之信，置而不论；及其传之久

① 此段主要参考了苏金侠博士的博士论文中的有关部分。
② 欧阳修：《文忠集》卷四三，影印文渊阁四库全书本，第1102册第334页。
③ 欧阳修：《诗本义》卷十，影印文渊阁四库全书本，第70册第252页。
④ 黄宗羲、全祖望：《宋元学案》卷四，中华书局1986年版，第195页。
⑤ 黄宗羲、全祖望：《宋元学案》卷四，中华书局1986年版，第195页。
⑥ 欧阳修：《文忠集》卷四三，影印文渊阁四库全书本，第1102册第334页。
⑦ 黄宗羲、全祖望：《宋元学案》卷四，中华书局1986年版，第196页。
⑧ 欧阳修：《诗本义》卷十四，影印文渊阁四库全书本，第70册第294页。
⑨ 欧阳修：《文忠集》卷十八，影印文渊阁四库全书本，第1102册第145页。

也，后世反以为更大儒君子而不非，是实不诬矣。由是曲学之士溺焉者多矣”①。欧阳修认为，“《系辞》非圣人作”在大儒君子看来是理所当然的事情，本来也是大儒君子不屑于置评的事情，到了后世，由于时代久远，后人反而以此为根据，认为君子大儒不对此书置否，便是认为该书为真。该种理论可谓荒谬。

(4)从引文辨伪

《文言》中有“‘元’者善之长也，‘亨’者嘉之会也，‘利’者义之和也，‘贞’者事之干也”②之语，而《春秋左氏传》中“鲁穆姜之道此言也，在襄公之九年，后十有五年而孔子生”③。由此，欧阳修认为，“左氏之传《春秋》也，固多浮诞之辞，然其用心亦必欲其书之信后世也，使左氏知《文言》为孔子作也，必不以追附穆姜之说而疑后世。盖左氏者不意后世以《文言》为孔子作也”④。此处，欧阳修从《春秋左氏传》中对《文言》引用情况来考辨《文言》非孔子作。

(5)从称谓上辨伪

在考辨《文言》时，欧阳修认为：

> 昔孔子门人追记其言，作《论语》，书其首必以“子曰”者，所以别夫子与弟子之言。又其言非一事，其事非一时，文联属而言难次第，故每更一事，必以“子曰”以起之。若《文言》者，夫子自作，不应自称“子曰”；又其作于一时，文有次第，何假“子曰”以发之！乃知今《周易》所载，非孔子《文言》之全篇也，盖汉之《易》师择取其文以解卦体，至其有所不取，则文断而不属，故以“子曰”起之也。⑤

通过比对《论语》和《文言》中的著述体例，欧阳修认为《文言》若是孔子所作，文中不应该出现“子曰”这一称呼。由此，欧阳修认为此非孔子所作。

以上的辨伪理论虽然按照分条列项的方式一一阐明，但实际上，不同辨伪方法之间的区分界限并没有那么明显。在考辨书目时，学者往往是将很多辨伪方法合而为一的。就拿欧阳修考辨《文言》非孔子作这一条来讲，其采用的辨伪方法既有从引文上辨伪，又有从逻辑推理、比勘古籍等方面来辨伪，但这里我只是把它们归在“从称谓辨伪”一类里，因为我们说具体采用了什么辨伪方法，主要是看其起核心作用的辨伪方法。

2. 欧阳修文献辨伪的得失

欧阳修号称“宋代疑古第一人”⑥，承前启后，继往开来，有得有失，应该一分为二地

---

① 欧阳修：《文忠集》卷十八，影印文渊阁四库全书本，第1102册第145页。

② 周振甫：《周易译注》，中华书局1991年版，第4页。

③ 欧阳修：《文忠集》卷十八，影印文渊阁四库全书本，第1102册第145页。

④ 欧阳修：《文忠集》卷十八，影印文渊阁四库全书本，第1102册第145页。

⑤ 欧阳修：《欧阳文粹》卷十三，影印文渊阁四库全书本，第1103册第746~747页。

⑥ 张骁飞：《宋代疑古第一人——欧阳修的疑古思想及辨伪成果》，河南大学硕士学位论文，2007年。该文通过分析欧阳修疑古思想的代表著作，来展示欧阳修的疑古辨伪成果，总结其辨伪方法。认为滋生他疑古思想的原因有：(1)宋代学人理性精神的增强；(2)佛教思想对宋人思想的影响；(3)雕版印刷的发展为文人读书提供的优厚条件；(4)韩、柳疑古思想对他的影响；(5)理性地审视经典是他疑古思想产生的直接因素之一；(6)以“致用”为目的的求实观念是他疑古思想产生的第二个因素。

看待。

(1)卓越贡献

首先，从考辨书目来讲，欧阳修考辨的书目中既有前人已经考辨过的书目，又有其首次考辨的书目，因此，既有对前代学者的继承，又有自己的开创部分。而且，其考辨的书目既泛且精。如相对于前代学者，其从文献学角度考辨的书目的总数属于比较多的，但同时，其又有专门考辨一书的著作——《易或问》和《易童子问》。

其次，从辨伪方法而言，对于前代已经涉足过的书目，欧阳修在考辨时往往能提出新的角度。如从文风上来考辨《尔雅》，欧阳修尚属首次；从逻辑上来考辨《系辞》非圣人所作的观点可谓具有开创性。在他之前，并没有学者利用此种方法来考辨古籍真伪。

再次，欧阳修在考辨时，既有辨伪亦有辨真。如对于《尔雅·释诂》和《本草》的考辨皆属于辨真。郑良树先生曾言："古籍辨伪学实际上应该包含来往的两条研究路线，不但要研究'真'书，也要考订'伪'书，是一门'真到伪''伪到真'双轨同时进行的学问。"①这一古籍辨伪学的任务可以恰当地阐释欧阳修文献辨伪的成就。

(2)不足之处

首先，对于有些文献，欧阳修虽然提出其真伪有可疑之处，但并没有指出其"伪"在何处，过于简略。如对于《归藏易》，欧阳修认为该书已经亡于夏、商时期，"汉初虽有《归藏》，已非古经。今书三篇，莫可究矣"②，但欧阳修并没有提出《归藏易》非古经的原因是什么。同样，欧阳修认为《周礼》一书为"不完之书也。其礼乐制度，盖有周之大法焉。至其考之于事，则繁杂而难行者多。故自汉兴，《六经》复出，而《周礼》独不为诸儒所取，至或以为黩乱不验之书"③。对于该书，欧阳修主要从内容方面提了一下该书比较驳杂，但主要是进行怀疑，并没有过多辨伪方面的信息。

其次，欧阳修主要局限于经部文献的辨伪④。从严格意义上讲，这并不能算作欧阳修文献辨伪的不足之处。因为对于欧阳修而言，其文献辨伪始于疑经。因此在文献考辨中倾向于经部文献，且其作为北宋首开风气者，即使不能面面俱到也无可厚非。

再次，疑古过勇。欧阳修《易童子问》对《十翼》的作者问题提出疑辨："《系辞》非圣人之作乎？曰：何独《系辞》焉？《文言》《说卦》而下，皆非圣人之作。"又称："邈然远出诸儒之后，而学无师授之传，其勇于敢为而决于不疑者，以圣人之经尚在，可以质也。"⑤他以《易》《春秋》与《十翼》对比，发现了一些不一致的地方，认为《十翼》中多"繁衍丛脞"之说。《四库全书总目》坚持《易经》为四圣所作说——伏羲画卦，文王作卦辞，周公作爻辞，孔子作《十翼》，故对欧阳修大加斥责。其实欧阳修之说似是而非，一是称谓证伪貌似正确，实则以今律古，不合古人著述之体。二是思想证伪亦缺乏发展观点。孔子乃古代一大思想家，其思想绝非一成不变，实际上他早年比较讲究实际，以《论语》为代表。但

① 郑良树：《古籍辨伪学·自序》，学生书局1997年版，第1页。

② 欧阳修：《欧阳文粹》卷十六，影印文渊阁四库全书本，第1103册第768页。

③ 欧阳修：《诗本义》卷十四，影印文渊阁四库全书本，第70册第292页。

④ 此主要是指欧阳修不涉及史部、子部和集部文献辨伪。

⑤ 欧阳修：《易童子问》卷三。

是他晚年好《易》，也为帛书《易传·要篇》所证实①。在孔子与《易》之关系问题上，欧阳修疑古过勇，一直影响到现代学者钱玄同，余波及于疑古派，造成了深远而恶劣的影响。按，关于《易传》的成书有三种观点：唐代以前普遍认为《易传》作于孔子的传统观点；宋人欧阳修以来认为《易传》是一部成书于战国以后、与孔子无直接关系的儒家经典的观点；近年来陈鼓应先生提出的《易传》不但成书于战国以后，而且是一部道家系统作品的观点。利用排除法可以对《易传》作于战国后的几种观点进行否定，《易传》成书应不晚于孔子，今本《易传》各部分都与孔子存在直接或间接的关系，但若夸大孔子的创作成分，便犯了以偏概全的错误。②

（二）朱熹

1. 朱熹的文献辨伪

朱熹是此一时期的代表性人物，他指出过："天下多少是伪书，开眼看得透，自无多可读。"③

朱熹继续对《古文尚书》辨伪。其功绩有二：一是直斥《尚书》孔安国传为伪，"孔《传》之依托，自朱子以来递有论辨，至国朝阎若璩作《古文尚书疏证》，其事愈明"④。二是辨《书序》之伪："《小序》决非孔门之旧；安国《序》亦非西汉文章。"⑤朱子辨《古文尚书》不够深入，又力主调停之说。一方面他发现了"《书》有于体，有极分晓者，有极难晓者"，"伏生书多艰涩难晓，孔安国壁中书却平易易晓"⑥；另一方面他又巧为弥缝："《尚书》诸命皆分晓，盖如今制诰是朝廷做底文字。诸诰皆难晓，盖是时与民下话，后来追录而成之。"朱熹为什么要这样做呢？原来宋明理学的基石——"虞廷十六字"，即"人心惟危，道心惟微，惟精惟一，允执其中"，语出《大禹谟》，亦在朱子的怀疑范围之内。从文献辨伪的角度，朱子怀疑《大禹谟》的真实性，但是，在义理层面，他又把《大禹谟》作为自己的理论基础。在这种两难选择中，朱子牺牲了考据，而成全了义理。朱子于《古文》尝窃疑之，独至《大禹谟》及十六字，则阐发不遗余力。他称："熹窃谓生于今世，而读古人之书，所以能别其真伪者，一则以其义理之所当否而知之，二则以其左验之异同而质之。未有舍此两涂而能直以臆度悬断之者也。"⑦这种"义理第一，考据第二"的双重标准反映出朱子辨伪学研究有其严重局限性⑧。阎若璩云："雨中已将十六字大肆发挥，只言其有依傍，非能凿空撰出者，不似郝氏并十六字亦骂倒，太武断矣。"⑨朱熹的辨伪面很宽，据白寿彝辑《朱子辨伪书语》可知其疑辨古书达四十余种。如他继刘敞、郑樵之后对

---

① 《帛书易传·要篇》，陈鼓应主编《道家文化研究》第三辑，上海古籍出版社 1993 年版，第 434~435 页。

② 郭沂：《易传成书与性质若干观点平议》，《齐鲁学刊》1998 年第 1 期。

③ 《朱子语类》卷八四。

④ 《四库全书总目》卷一一，《尚书正义》提要。

⑤ 朱熹：《晦庵先生文集》卷五四《答孙季和》。

⑥ 阎若璩：《古文尚书疏证》，上海古籍出版社 1987 年版，第 1265 页。

⑦ 《朱文公文集》卷三八。

⑧ 赵刚：《论阎若璩"虞廷十六字"辨伪客观意义》，《哲学研究》1995 年第 4 期。

⑨ 《四库全书》第 859 册第 555 页。

《诗序》提出怀疑，其《诗序辨说》专为考辨《诗序》真伪而作。他对《左传》《孝经》《孔丛子》《管子》《子华子》《归藏》《正易心法》《春秋繁露》《世本》《中说》《握奇经》《潜虚》《阴符经》《龙虎经》等古籍均有考辨。其辨伪方法被归纳为六条。朱子的辨伪成果多被《四库全书总目》吸收。

白寿彝所辑录的《朱熹辨伪集语》是朱熹辨伪之语的合集，属于资料性汇编，对于后人研究朱熹在文献辨伪方面的相关问题有很大作用。白寿彝在该书的《序》中对于朱熹辨伪的原因、方法也有比较深刻的阐述。钱穆《朱子的辨伪学》一文认为，朱熹的文献辨伪中，“最大胆，有系统，又关涉于学术最大者，厥为其对古经籍之辨伪”①。在该文中，钱穆具体分析了朱熹考辨《尚书》《书序》《诗序》《春秋左氏传》《礼记》等经部文献的过程，并通过朱熹的考辨之语，总结出朱熹文献辨伪的特点，如“朱子辨伪精神最伟大不可及处，在其辨及古经籍，而毫不为讳”②，“朱子对宋代人著作，凡所寓目，必辨其真伪不苟且放过”③。后来者对于朱子辨伪学多有论述，然未能后来居上，后出专精，略之可也。

陈振孙《直斋书录解题》卷三在评论《孝经刊误》时称，朱熹“抱遗经于千载之后，而能卓然悟疑辨惑，非豪杰特起独立之士，何以及此？后学所不敢仿效，而亦不敢拟议也”，此亦可以视为对朱熹的辨伪学的总体评价。

2. 朱熹辨伪书语评析

下面我们将朱熹辨伪书语列表一一加以评析。

序号	书名	考辨摘要	评析
1	归藏	有《归藏》否？有，即借来，校此间所藏者。似恐□只是伪书也。	自由心证。
2	易龙图	龙图是假书，无所用。	自由心证。
3	正易心法	疑其文字言语不类五代国初时体制，而其义理尤多浅俗。意恐只是近三五十年以来人收拾佛、老、术数绪余所造。尝题数语于其后，以俟知者。 《麻衣易》是南康戴某所作。	据风格、义理、传者等辨伪。
4	关朗易传	《关子明易》《麻衣易》，皆是伪书。 《关子明易》是阮逸作，《陈无已集》中说得分明。	据前人辨伪。
5	古文尚书	近看吴才老说《胤征》《康诰》《梓材》等篇，辨证极好；《康诰》，《小序》以为成王封康叔之书。今考其词，谓康叔为“弟”而自称“寡兄”；又多述文王之德而无一字及武王者。计乃是武王时书，而序者失之。 伏生书多艰涩难晓，孔安国壁中书却平易易晓。	据前人辨伪、文词、风格、史实辨伪。

① 钱穆：《朱子之辨伪学》，《朱子新学案》第五册，九州出版社2011年版，第266页。
② 钱穆：《朱子之辨伪学》，《朱子新学案》第五册，九州出版社2011年版，第291页。
③ 钱穆：《朱子之辨伪学》，《朱子新学案》第五册，九州出版社2011年版，第290页。

续表

序号	书名	考辨摘要	评析
6	书序	《书序》恐只是经师所作，然亦无证可考。但决非夫子之言耳；《小序》决非孔门之旧；孔氏《书序》与《孔丛子》《文中子》大略相似。所书孔臧不为宰相而礼赐如三公等事，皆无其实，而《通鉴》亦误信之，则考之不精甚矣。 《书序》恐不是孔安国做。汉文粗枝大叶；今《书序》细腻，只似六朝时文字。《小序》断不是孔王做。	据风格、史实辨伪。
7	尚书孔氏传	安国序亦决非西汉文章；今按此序不类西汉文字，疑或后人所托。然无所据，未敢必也。以其所序本末颇详，故备载之，读者宜细考焉。 《尚书注》并《序》，某疑非孔安国所作。盖文字善困，不类西汉人文章，亦非后汉之文。 《尚书》决非孔安国所注。盖文字困善，不是西汉人文章。 《尚书》孔安国传，此恐是魏、晋间人所作，托安国为名，与毛公《诗传》大段不同。今观序文，亦不类汉文章。如《孔丛子》亦然，皆是那一时人所为。	据风格辨伪。
8	尚书全解	胡安定《书解》未必是安定所注，行实之类不载；但言行录上有少许，不多，不见有全部。专破古说，似不是胡平日意。又闻引东坡说。东坡不及见安定，必是伪书。	据行实、引文辨伪。
9	诗序	大抵《小序》尽出后人臆度；疑《大序》非孔子作。 《小序》，汉儒所作，有可信处绝少。《大序》好处多，然亦有不满人意处。 《诗序》实不足信。向见郑渔仲有《诗辨妄》，力诋《诗序》。其间言语太甚，以为皆是村野妄人所作。始亦疑之。后来子细看一两篇，因质之《史记》《国语》，然后知《诗序》之果不足信。因是看《行苇》《宾之初筵》《抑》数篇序，与诗全不相似；以此看其他诗序，其不足信者煞多。以此知人不可乱说话，便都被人看破了。	据自由心证、比勘辨伪。
10	礼记	《礼运》不是圣人书。胡明仲云：“《礼运》是子游作，《乐记》是子贡作。”计子游亦不至如此之浅。	据他人辨伪成果。
11	大戴礼	《保傅》中说秦无道之暴。此等语必非古书，乃后人采贾谊策为之。	据文词辨伪。
12	春秋	《春秋》，某煞有不可晓处。不知是圣人真个说底话否。	据自由心证辨伪。
13	春秋左氏传	左丘明，如圣人所称，煞是正直底人。如《左传》之文，自有纵横意思。《史记》却说“左丘失明，厥有《国语》”。或云：左丘明，左丘其姓也；《左传》自是左姓人作。又如秦始有腊祭，而左氏谓“虞不腊矣”，是秦时文字分明。 《左传》是后来人做。为见陈氏有齐，所以言“八世之后，莫之与京”；见三家分晋，所以言“公侯子孙，必复其始”。	据风格、书名、文词、史实辨伪。
14	春秋繁露	尤延之以此书为伪。某看来，不是董子书。	据他人辨伪成果、自由心证辨伪。

续表

序号	书名	考辨摘要	评析
15	孝经	传文固多傅会，而经文亦不免有离析增加之失。顾自汉以来，诸儒传诵，莫知其非；至或以为孔子之所自著，则又可笑之尤者。 《孝经》亦是凑合之书，不可尽信。	据文势、自由心证辨伪。
16	古文孝经	《古文孝经》亦有可疑处。自《天子章》到“孝无终始，而患不及者，未之有也”，便是合下与曾子说底通为一段。只逐章除了后人所添前面“子曰”及后面引诗，便有首尾，一段文义都活。自此后，却似不晓事人写出来，多是《左传》中语。如“以顺则逆，民无则焉，不在于善而皆在于凶德”，是季文子之辞；却云：“虽得之，君子所不贵！”不知论孝，却得个甚底？——全无交涉。如“言斯可道，行斯可乐”一段，是北宫文子论令尹之威仪；在《左传》中自有首尾，载入《孝经》都不接续，全无意思。只是杂史传中胡乱写出来，全无义理，疑是战国时人斗凑出者。	据文势、比勘辨伪。
17	论语十说	建安吴才老作《论语十说》。世以为游定夫作者，非也。其功浅，其害亦浅。又为《论语考异》，其功渐深，而有深害矣。	据功力辨伪。
18	孟子疏	《孟子疏》乃邵武士人假作，蔡季通识其人。当孔颖达时，未尚《孟子》，只尚《论语》《孝经》尔。其书全不似疏样，不曾解出名物制度，只绕缠赵岐之说。	据作伪者、学术时尚、著作体式辨伪。
19	元经	阮逸撰《元经》、关朗《易》、李靖《问对》，见《后山谈丛》。文中子《元经》、关子明《易》皆逸所作。	据前人辨伪成果辨伪。
20	通鉴节要	明仲看《节通鉴》，文定问：“当是温公节否?”明仲云：“豫让好处，是不以死生二其心，故简子云：‘真义士也!’今节去之，是无见识，必非温公节也。” 温公无自节《通鉴》。今所有者，乃伪本。序亦伪作①。	据学术水平辨伪。
21	世本	《世本》，旧闻先人说，家间亦尝有之，以兵火失去。然则世间亦须尚有本。但今见于诸经注疏者，恐亦或出附会假托，未必可凭据，正亦不必苦求耳。	
22	东坡事实	《东坡事实》者，非苏公作；闻之长老，乃闽中郑昂尚明伪为之。所引事皆无根据；反用杜诗成句增减为文，而传其前人名字，托为其语，至有时世先后颠倒失次者。旧尝考之，知其决非苏公书也②。	据作伪者、引事、比勘、时世等辨伪。
23	指掌图	《指掌图》非东坡所为。	自由心证。

① 今按：《少微通鉴节要》五十卷，宋江贽编。贽，字叔直，崇安人。政和中，太史奏少微星见，朝命举遗逸之士。有司以贽应诏，贽辞不赴，赐号“少微先生”。是书取司马光《资治通鉴》删存大要，然首尾赅贯，究不及原书。

② 钱谦益《钱注杜诗·凡例》：一曰伪托古人。世所传“伪苏注”，即宋人《东坡事实》。朱文公云：闽中郑昂伪为之也。宋人注太白诗即引“伪杜注”以注李，而类书多误引为故实，如赠李白诗何当拾瑶草，注载东方朔与友人书。元人编《真仙通鉴》，近时人编《尺牍书记》并载入矣。洪容斋谓疑误后生者，此也。又注家所引《唐史拾遗》，唐无此书，亦出诸人伪撰。

续表

序号	书名	考辨摘要	评析
24	孔丛子	《孔丛子》分明是后来文字，弱甚。天下多少是伪书，开眼看得透，自无多书可读；气象萎茶，都不似西京时文章。 《孔丛子》鄙陋之甚，理既无足取，而词亦不足观。有一处载其君曰“必然”云云，是何言语。	据风格、义理、文词辨伪。
25	孔子家语	《家语》虽记得不纯，却是当时书；《家语》只是王肃编古录杂记，其书虽多疵，然非肃所作。	据风格辨伪。
26	中说	《中说》一书固是后人假托，非王通自著。 唐李翱已自论《中说》可比《太公家教》，则其书之出亦已久矣。伊川谓文中子有些格言，被后人添入坏了。看来必是阮逸诸公增益张大，复借显者以为重耳。	据流传源流辨伪。
27	省心录	《省心录》乃沈道原作，非林和静(逋)也①。	自由心证。
28	握奇经	《握奇经》文字恐非黄帝作，唐李筌为之。圣贤言语自平正，却无许多峣崎。	据风格辨伪。
29	管子	管子之书杂。管子以功业著者，恐未必曾著书。如《弟子职》之为，全似《曲礼》。它篇有似庄、老。又有说得也卑，直是小意智处，不应管仲如此之陋。其内政分乡之制，《国语》载之却详。	据内容、作者水平、制度等辨伪。
30	潜虚	绍兴己巳，洛人范仲彪炳文当示予以《潜虚》别本，则其所阙之文尚多……近得泉州季思侍郎所刻，则首尾完具，遂无一字之阙。始复惊异，以为世果自有完书，而疑炳文语或不可信。读至“刚行”，遂释然曰：此赝本也！人问何以知之？予曰：本书所有句皆协韵，如《易》彖、文、象，《玄》首、赞、测。其今有而昔无者，《行》《变》尚协，而《解》独不韵。此盖不知“也”字处末，则止字为韵之例尔。此人好作伪书，而尚不知其体制，固为可笑。然亦幸其如此。不然，则几何而不遂至于逼真也耶。	据体制、音韵、版本源流辨伪。
31	子华子	其词故为艰涩，而理实浅近；其体务为高古，而气实轻浮；其理多取佛、老、医、卜之言；其语多用《左传》、班《史》中字；其粉饰涂泽，俯仰态度，但如近年后生，巧于模拟變撰者所为；不惟决非先秦古书，亦非百十年前文字也。原其所以，只因《家语》等书有孔子与程子倾盖而语一事，而不见其所语者为何说，故好事者妄意此人既为先圣所予，必是当时贤者，可以假托声势，眩惑世人，遂伪造此书以傅合之。	据风格、文气、史源等辨伪。 此文为朱熹辨伪代表作。
32	琴志	《琴志》亦方是五七十年来文字，非古书也。	据风格辨伪。
33	龙城杂记	柳文后《龙城杂记》，王铚性之所为也。子厚叙事文字，多少笔力！此记衰弱之甚，皆写古人诗文中不可晓知底于其中，似暗影出。	据风格辨伪。

① 《和靖诗集》提要：“康熙中，长洲吴调元校刊之后附《省心录》一卷，实李邦献所作，误以为逋，今为考辨厘正，别著录子部中，而此集则削之不载焉。”

续表

序号	书名	考辨摘要	评析
34	珩璜新论	有《珩璜新论》者，多是类集古今事实之近似者。而一本附记近世见闻数十事，自赵献公以下无不遭其诋毁，尝细考之，笔势不甚相似，或好事者附益之，惑乱后生，甚可恶也。	据内容、笔势辨伪。
35	李卫公问对	阮逸撰《元经》、关朗《易》、李靖《问对》，见《后山谈丛》。文中子《元经》、关子明《易》皆逸所作。	据前人辨伪成果辨伪。
36	阴符经	《阴符经》恐皆唐李佺所为。是他着意去做，学他古人。何故只因他说起，便行于世？某向以语伯恭，伯恭亦以为然。如《麻衣易》，只是戴氏自做自解，文字自可认。	自由心证。
37	列子解	细读跋语中，用字下语多不中律令，与龟山他文不类，其伪妄不疑；但不知何人所作。	据风格辨伪。
38	龙虎经	盖是后人见魏伯阳传有"龙虎上经"一句，遂伪作此经。大概皆是体《参同》而为，故其间有说错了处。如《参同》中云："二用无爻位，周流行六虚。"二用者，即《易》中"用九""用六"也。乾、坤六爻，上下皆有定位，难"用九""用六"无位，故周流行于六虚。今《龙虎经》却错说作虚危去。盖讨头不见，胡乱牵合一字来说。	据文词辨伪。
39	吕祖谦集	吕伯恭文集中，如答项平父书，是傅梦泉子渊者；如骂曹立之书，是陆子静者。其他伪者，想又多在。	据史源辨伪。

以上主要根据《朱熹辨伪书语》，原始资料来自《晦庵文集》《朱子语类》，尤其是后者。日后当将《朱子全书》排查一遍，将所有遗漏处一一补充完善。弟子执经问难，朱子随时开示，谈笑之间，儒家经典之真伪疑难涣然冰释，足见其学养深厚。拘于答问体例，又是弟子日后追记，很多问题往往蜻蜓点水，没有深入论述。朱熹云："读书玩理外，考据又是一种工夫，所得无几而费力不少。向来偶自好之，固是一病；然亦不可谓无助也。"①朱熹坚持义理与考据并举且偏重义理的双重标准，其长处在此，短处亦在此。双重标准必须放弃，毕竟辨伪必须客观，应该实事求是，信而有征，凭材料说话。在辨伪的最初阶段，"大胆假设"是允许存在的，一旦进入论证环节，必须"小心求证"，在论证过程中应该彻底排除主观臆测方面的因素，惟其如此才能得出真实可信的结论。辨伪就是论证，既证伪，也证真。如朱子在比较《孔子家语》与《孔丛子》之后，认为前者真而后者伪。辨伪历史上的最大教训就是，一旦某书引起怀疑，就不证自伪，疑而不用，结果"逼良为娼"，弄真成假。疑古成风，疑古成派，疑古成病！这就是两千年辨伪史留下的沉重教训。俱往矣，疑古派可以休矣！

(三)晁公武

1. 晁公武其人

晁公武(1101—1174)，字子止，学者称昭德先生。祖籍澶州清丰(今河南濮阳)。出

① 顾颉刚：《古籍考辨丛刊》第一集，社会科学文献出版社 2010 年版，第 93 页。

身书香世家。五世祖晁迥，真宗时累官至翰林学士承旨，卒赠太子太保，谥文元。高祖晁宗悫，曾任尚书祠部员外郎，知制诰。景祐年间为翰林学士，兼龙图阁学士，后任参知政事，卒赠工部尚书，谥文庄。曾祖晁仲衍，颇擅诗文，官至朝散大夫、祠部员外郎。父亲晁冲之，世称"具茨先生"，是北宋晚期的著名作家、诗人。以诗擅名于时，受知于陈师道，与吕本中为友，是"江西诗派"的重要诗人。叔父晁说之、晁补之更是宋代著名的文学家，均有大量作品传世。① 晁公武幼承家学，浸耽群书。身逢靖康之耻，携家入蜀避难，寓居嘉定府(今四川乐山)。故家藏书，在战乱中损失殆尽。绍兴二年(1132)，登进士第，后为四川转运副使井度属官。绍兴十七年知恭州，后又知荣州、合州、泸州等地。隆兴初，入朝为吏部郎中、监察御史。隆兴二年(1164)兼枢密院检详文字，不久又为御史台右正言、殿中侍御史、侍御史。他对当时官冗恩滥的现象提出了一系列救弊之策。乾道四年(1168)，以敷文阁待制为四川安抚制置使。五年，除敷文阁直学士，在四川重建广惠仓，赈济饥民。七年，诏除临安府少尹，擢吏部侍郎。岳珂《桯史》记隆兴二年(1164)汤思退罢相，洪适草制作平语，侍御史晁公武击之，则亦骨鲠之士。关于晁公武的生平事迹，《宋史》无传。李焘为晁公武撰写了墓志铭，可惜李焘文集未传于世，这篇墓志铭也未流传下来。刘兆祐撰《晁公武及其郡斋读书志》，孙猛撰《晁公武传略》，王德毅撰《晁公武编年事辑》，郝润华撰《晁公武评传》，皆可参考。

2. 晁公武的文献辨伪

《郡斋读书志》在宋代有两个版本，即衢本与袁本。衢本与袁本首先在收书多寡上有差异，袁本收 1458 部，衢本收 1467 部。其次，是类别，袁本分 43 类，衢本共分 45 类，衢本比袁本多设两个类目：一是把子部天文卜算类分为天文类和星历类；一是集部设文说类。除外，在序支和解题诸方面二本均有不同，两本在内容和质量方面也有差异，近人孙猛从收书数量、序文、分类、归类、编排、书名、卷数、作者、解题九个方面对袁本和衢本进行了比较、分析，得出结论："《读书志》二本是衢本优于袁本。"②此书有总序，部有大序，多数小类前有小序；每书有解题，从而形成了一个严谨完备的体系。全书的大序、小序中，注意阐述各部各类的学术渊源和流变，发挥了古代目录学"辨章学术，考镜源流"的优良传统。《郡斋读书志》是我国现存最早的、具有提要内容的私藏书目，对于后世目录学影响很大。比晁公武稍后的目录学家陈振孙说："其所发明，有足观者。"陈氏所作的《直斋书录解题》就是效法《郡斋读书志》撰成的，有不少内容引用了晁氏的书目提要。宋末学者王应麟的《困学纪闻》《汉书艺文志考证》《玉海》也大量征引了《郡斋读书志》。至于元代马端临的《文献通考・经籍考》，则主要是以晁、陈二书目为蓝本编纂的。成于清代中叶的《四库全书总目》采用《郡斋读书志》的材料多达三百多条。由此可见《郡斋读书志》在我国目录学史上的重要地位。

郝润华教授称："以晁公武的文献辨伪来说，《郡斋读书志》考辨过的伪书有近一百部，这些辨伪成果，大部分被后世学者所承认。""晁公武初步探索出的辨伪方法，对后世影响很大，明代胡应麟、清代的姚际恒以及四库馆臣修《四库全书总目》都大量借鉴和吸

① 郝润华：《晁公武评传》，《晁公武评传・陈振孙评传》，南京大学出版社 2006 年版，第 3 页。
② 郝润华：《晁公武评传》，《晁公武评传・陈振孙评传》，南京大学出版社 2006 年版，第 5 页。

收了他的经验和方法，使辨伪方法更趋于成熟。”①她通过晁公武的辨伪，对其文献辨伪方法分为以下五类：(A)以目录或文献之是否著录断其书真伪，(B)以其书内容之是否可靠断其书真伪，(C)吸收他人见解断其书真伪，(D)以作者学术不符断其书真伪，(E)根据被依托的作者辨伪。②

毕业于安徽大学的杨大忠在2007年、2010年先后以《郡斋读书志对版本学与辨伪学的影响》《郡斋读书志研究》为题完成硕士学位论文与博士学位论文，辨伪学的考察也是其中一个重要方面。他认为，《郡斋读书志》著录图书丰富，考订精审，尤其在辨伪学方面有着重要的成就。晁公武身处两宋之交，一方面受到汉唐以来辨伪余绪的影响，同时又亲承宋代辨伪思潮的涤荡，其在《郡斋读书志》解题的撰写中将辨伪作为重要内容之一就成为自然的事了。从现存目录学著作来看，《郡斋读书志》是第一部运用充分证据辨伪的古典目录学著作。晁公武辨伪，从范围上来看，遍及经、史、子、集四部。晁氏使用的辨伪之法共有十二种之多，且有些已经超过了明胡应麟和梁启超理论归纳的范畴。晁氏首疑或首辨的伪书、伪文在数量上也是相当可观的，这为后人继续辨伪起了首开其端的作用。有些伪书现已佚去，但通过《郡斋读书志》的记载，今人仍能见其大致面目。有些伪书虽然不是晁氏首辨，但晁公武却为此提供了相当充分的证据，令人信服不已。此外，晁公武在《郡斋读书志》中还初步认识到伪书的价值。对于晁公武在辨伪学史上卓而不群的地位，今人当有客观公正的认识。此外，杨大忠还论证了《郡斋读书志》辨伪证据具有互补性。③

3.《郡斋读书志》辨伪评析

《郡斋读书志》收入的图书达1492部，基本上包括了宋代以前各类重要的典籍，尤以搜罗唐代和北宋时期的典籍最为完备。这些典籍至今不少已亡佚和残缺，后世可据书目的提要而窥其大略。孙猛《郡斋读书志校证》，以清汪士钟初刊本为底本，用宋刊袁本合校，参校其他十余种善本和历代史志书目，为现存各种版本和前人研究成果之集大成者。

尤其可贵的是，他对伪书有系统考辨与记录，我们列表予以评析。表中字母ABCDE与郝润华教授所用相同，溢出此五类之外者径用文字表示。

序号	部类	书名	考辨摘要	评析
1	易类	易乾凿度	右旧题苍颉修古籀文，郑氏注。按唐《四库书目》有郑玄注《书》《诗纬》，及有宋均注《易纬》，而无此书。其中多有不可晓者，独九宫之法颇明。昔通儒谓纬书伪起哀、平，光武既以谶立，故笃信之。陋儒阿世，学者甚众。郑玄、何休以之通经，曹褒以之定礼。历代革命之际，莫不引谶为符瑞，故桓谭、张衡之徒皆深疾之。自符坚之后，其学殆绝。使其尚存，犹不足信，况此又非真也。	A

① 郝润华：《晁公武评传》，《晁公武评传·陈振孙评传》，南京大学出版社2006年版，第215页。

② 郝润华：《晁公武评传》，《晁公武评传·陈振孙评传》，南京大学出版社2006年版，第209～215页。

③ 杨大忠：《论郡斋读书志辨伪证据的互补性》，《古籍研究》2010年第Z1期。

续表

序号	部类	书名	考辨摘要	评析
2	易类	坤凿度	右题曰包羲氏先文，轩辕氏演，古籀文，苍颉修。按《隋》《唐志》及《崇文总目》皆无之，至元祐《田氏书目》始载焉，当是国朝人依托为之。	A
3	易类	易纬	右汉郑玄注。按《隋志》有郑氏注《易纬》八卷，《唐志》有宋均注《易纬》九卷。李氏本注与《隋志》同，卷数与《唐志》同。家本盖出李氏，独不载《乾凿度》二卷，而有《乾元叙制》一卷。按《后汉》注《七纬》，名亦无《乾元叙制》。	A
4	易类	卜子夏易	右旧题卜子夏传。《汉艺文志》子夏书已亡，今此书约王弼注为之者，止《杂卦》。景迂云："张弧伪作。"	C
5	易类	关子明易传	右魏关朗撰。子明，朗字也。元魏太和末，王虬言于孝文，孝文召见之，著成《筮论》数十篇。唐赵蕤云："恨书亡半，随文诠解，才十一篇而已。"李邯郸始著之目，云："王通赞《易》，盖宗此也。"①○《关朗易》不载于目。	A
6	易类	钩隐图	右刘牧撰。皆《易》之数也。凡五十五图，并《遗事》九。有欧阳永叔序，而其文殊不类。	辨伪序
7	论语类	孔子家语	右魏王肃序注，凡四十四篇。刘向校录止二十七篇，后肃得此于孔子二十四世孙猛家。	误判
8	经解类	三坟书	右皇朝张商英天觉得之于北阳民家。《坟》皆古文而传乃隶书。所谓"三坟"者，山、气、形也。按《七略》不载《三坟》，《隋志》亦无之，世皆以为天觉伪撰，盖以比李筌《阴符经》云。	A
9	编年类	通鉴节文	右题司马温公自抄纂《通鉴》之要，然实非也。	误题作者
10	杂史类	西京杂记	右晋葛洪撰。初序言："洪家有刘子骏《汉书》百卷，乃当时欲撰史录事，而未得缔思，无前后之次，杂记而已。从学者始甲乙之，终癸为十卷。以其书校班史，殆全取刘书耳。所余二万许言，乃抄撮之。析二篇以裨《汉书》之阙，犹存甲乙哀次。"江左人或以为吴均依托为之。	C
11	杂史类	晋公谈录	右皇朝丁谓撰。多皇宋事。每章之首，皆称"晋公言"，不知何人为润益。初，董志彦得之于洪州潘延之家。延之，晋公甥，疑延之所为。	口述史
12	杂史类	隆平集	右皇朝曾巩撰。记五朝君臣事迹。其间记事多误，如以《太平御览》与《总类》为两书之类。或疑非巩书。	B
13	传记类	汉武故事	右世言班固撰。唐张柬之《书洞冥记后》云："《汉武故事》，王俭造。"	C
14	地理类	山海经	右大禹制，晋郭璞传。汉侍中、奉车都尉刘秀校定。表言："禹别九州，而益等类物善恶，著此书。皆圣贤之遗事，古文明著者也。"大父尝考之，于其书有曰："长沙零陵雁门，皆郡县名，又自载禹鲧，似后人因其名参益之。"	E

① 孙猛《郡斋读书志校证》云："《关朗易传》系阮逸伪撰，今本逸序云：'尝读《文中子》，知王氏《易》宗于关子明。'此'王氏'即王通。"

续表

序号	部类	书名	考辨摘要	评析
15	地理类	舆地广记	右皇朝欧阳忞纂。自尧舜已来，至于五代地理沿革离合，皆系以今郡县名。或云无所谓欧阳忞者，特假名以行其书耳。	误判
16	传记类	十洲记	右汉东方朔撰。班固《赞》言："朔之诙谐，逢占射覆，其事浮浅，童儿牧竖，莫不眩耀。而后世好事者，因取奇言怪语附著之朔。"岂谓此书之类乎。	E
17	儒家类	曾子	右曾子者，鲁曾参也。旧称曾参所撰，其《大孝篇》中乃有乐正子春事，当是其门人所纂尔。《汉艺文志曾子》十八篇，《隋志曾子》二卷《目》一卷，《唐志曾子》二卷。今此书亦二卷，凡十篇，盖唐本也，视《汉》亡八篇，视《隋》亡《目》一篇。考其书已见于《大戴礼》，世人久不读之，文字谬误为甚。乃以《大戴礼》参校之，其所是正者，至于千有余字云。	比勘
18	儒家类	赵岐孟子	右邹孟轲也。赵岐字台卿，后汉人，为章指，析为十四篇。其序云：轲，战国时以儒术干诸侯，不用，退与公孙丑、万章之徒难疑答问，著书七篇，三万四千六百八十五言。秦焚书，以其书号诸子，故得不泯绝。又有《外书》四篇，其书不能洪深，似非《孟子》本真也。按韩愈以此书为弟子所汇集，与岐之言不同。今考其书载孟子所见诸侯，皆称谥，如齐宣王、梁惠王、梁襄王、滕定公、滕文公、鲁平公是也。夫死然后有谥，轲著书时所见诸侯，不应即称谥。且惠王元年至平公之卒，凡七十七年，孟子见惠王，目之曰叟，必已老矣，决不见平公之卒也。后人追为之明矣，则岐言非也。《荀子》载"孟子三见齐王而不言，弟子问之，曰：'我先攻其邪心。'"《扬子》载孟子曰："夫有意而不至者有矣，未有无意而至者也。"今书皆无之，则知散佚也多矣。岐谓秦焚书得不泯绝，亦非也。或曰："岂见于《外书》邪?"果尔，则岐又不当谓其不能洪深也。	B
19	儒家类	删孟	右皇朝冯休撰。休观孟轲书时有叛违经者，疑轲没后，门人妄有附益，因删去之，著书十七篇，以明其意。前乎休而非轲者荀卿，刺轲者王充，后乎休而疑轲者温公，与轲辨者苏东坡，然皆不及休之详也。	据思想辨伪
20	儒家类	疑孟	右温国司马光君实撰。光疑《孟子》书有非轲之言者，著论是正之，凡十一篇。光论性不以轲道性善为然。	据思想辨伪
21	儒家类	新书	右汉贾谊撰。谊著《事势》《连语》《杂事》，凡五十八篇，考之《汉书》，谊之著述未尝散佚，然与班固所载时时不同。固既云"掇其切于世者"，容有润益刊削，无足怪也。独其说经多异义，而《诗》尤甚，以"驺虞"为天子囿官，以"灵台"为神灵之台，与《毛氏》殊不同，学者不可不知也。	B

续表

序号	部类	书名	考辨摘要	评析
22	儒家类	阮逸注中说	右隋王通之门人共集其师之语为是书。通行事于史无考，独《隋唐通录》称其有秽行，为史臣所削。今观《中说》，其迹往往僭圣人，模拟窜窃，有深可怪笑者。独贞观时，诸将相若房、杜、李、魏、二温、王、陈皆其门人。予尝以此为疑。及见李德林、关朗、薛道衡事，然后知其皆妄也。通生于开皇四年，而德林卒以十一年，通八岁，固未有门人。通仁寿四年，尝一到长安，时德林卒已九载矣，其书乃有予在长安，德林请见，归，援琴鼓《荡》之什，门人皆沾襟。关朗在太和中见魏孝文，自太和丁巳，至通生之年甲辰，盖一百七年矣，而其书有问《礼》于关子明。《隋书薛道衡传》称道衡仁寿中，出为襄州总管，至炀帝即位，召还。《本纪》：仁寿二年九月，襄州总管周摇卒。道衡之出，当在此年也。通仁寿四年始到长安，是年高祖崩，盖仁寿末也。又《隋书》称"道衡子收，初生即出继族父孺，养于孺宅，至于长成，不识本生"。其书有"内史薛公见子于长安，语子收曰：'汝往事之。'"用此三事推焉，则以房、杜辈为门人，抑又可知矣。	B
23	儒家类	元经	右隋王通撰，唐薛收传，皇朝阮逸学。起晋惠帝太熙元年，终于陈亡。予从兄子逸仕安康，尝得其本，归而示四父，四父读至"帝问哇鸣"，哂其陋曰："六籍奴婢之言不为过。"按《崇文》无其目，疑逸依托为之。	D
24	儒家类	渔樵对问	右皇朝张载撰。设为答问，以论阴阳化育之端性命道德之奥云。邵氏言其祖之书也，当考。	作者有争议
25	儒家类	李暹注文子	其传曰姓辛氏，葵丘濮上人，号曰计然范蠡师事之。本受业于老子，录其遗言，为十二篇云。按刘向录《文子》九篇而已。《唐志》录暹注，与今篇次同，岂暹析之欤？颜籀以其"与孔子并时，而称周平王问，疑依托者"。然三代之书，经秦火而存者，其错乱参差类如此。《尔雅》，周公作也，而有"张仲孝友"。列子，郑穆公时人，而有"子阳馈粟"是也。	据作者时代辨伪
26	道家类	鹖冠子	右班固载："鹖冠子，楚人。居深山，以鹖羽为冠。"著书成编，因以名之。至唐韩愈称爱其《博选》《学问篇》，而柳宗元以其多取贾谊《鹏赋》，非斥之。	比勘
27	道家类	亢仓子	右唐柳宗元曰："太史公为《庄周列传》，称其为书，《畏累》《亢桑子》，皆空言无事实。今世有《亢桑子》书，其首篇出《庄子》而益以庸言，盖周所云者尚不能有事实，又况取其语而益之者？其为空言尤也。刘向、班固录书无《亢仓子》，而今之为术者，乃始为之传注，以教于世，不亦惑乎！"按大唐天宝元年，诏号《亢桑子》为《洞灵真经》然求之不获。襄阳处士王士元谓《庄子》作《庚桑子》，太史公《列传》作《亢仓子》，其实一也。取诸子文义类者，补其亡。今此书乃士元补亡者，宗元不知其故而遽掊击之，可见其锐于讥议也。其书多作古文奇字，岂内不足者，必假外饰与？何璨注。	B

续表

序号	部类	书名	考辨摘要	评析
28	道家类	素书	右题黄石公著，凡一千三百六十六言。其书言治国治家治身之道，而庞乱无统，盖采诸书以成之者也。	B
29	道家类	无尽居士注素书	右皇朝张商英注。商英称《素书》凡六篇。按《汉书》黄石公圯上授子房，世人多以《三略》为是，盖误也。晋乱，有盗发子房冢，主枕中获此书。商英之言，世未有信之者。	E
30	道家类	李筌注阴符经	右唐少室山布衣李筌注，云："《阴符经》者，黄帝之书。或曰受之广成子，或曰受之玄女，或曰黄帝与风后、玉女论阴阳六甲，退而自著其事。阴者暗也，符者合也。天机暗合于事机，故曰'阴符'。"皇朝黄庭坚鲁直尝跋其后，云："《阴符》出于李筌。熟读其文，知非黄帝书也。盖欲其文奇古，反诡谲不经，盖揉杂兵家语，又妄说太公、范蠡、鬼谷、张良、诸葛亮训注，尤可笑。惜不经柳子厚一掊击也。"	E
31	道家类	天机子	右不著撰人。凡二十五篇。或曰一名《阴符二十四机》，诸葛亮撰。予观其词旨，殆李筌所为尔，之孔明也。载《道藏》中。	E
32	法家类	管子	右刘向所定，凡八十六篇，今亡十篇。世称齐管仲撰。杜佑《指略序》云："唐房玄龄注。其书载管仲将没，对桓公之语，疑后人续之。而注颇浅陋，恐非玄龄，或云尹知章也。"管仲九合诸侯，以尊王室，而三归反坫，僭拟邦君，是以孔子许其仁，而陋其不知礼。议者以故谓仲但知治人而不知治己。予读仲书，见其谨政令，通商机均力役，尽地利，既为富强，又颇以礼义廉耻化其国俗。如《心术》《白心》之篇，亦尝侧闻正心诚意之道。其能一匡天下，致君为五伯之盛，宜矣。其以汰侈闻者，盖非不知之，罪在于志意易满，不能躬行而已。孔子云尔者，大抵古人多以不行礼为不知礼，陈司败讥昭公之言亦如此。然则其为书固无不善也，后之欲治者庶几之，犹可以制四夷而安中国，学者何可忽哉！因为是正其文字而辨其间训云。"	B
33	名家类	尹文子	右周尹文撰，仲长氏所定。序称文当齐宣王时居稷下，学于公孙龙，龙称之。而《前汉・艺文志》叙此书在龙书上。颜师古谓文尝说齐宣王，在龙之前。《史记》云公孙龙客于平原君，君相赵惠文王，文王元年，齐宣王没已四十余岁矣。则知文非学于龙者也。今观其书，虽专言刑名，然亦宗六艺，数称仲尼，其叛道者盖鲜。岂若龙之不宗贤圣、好怪妄言哉！李献臣云："仲长氏，统也。熙伯，缪袭字也。"《传》称统卒于献帝逊位之年，而此云"黄初末到京师"，岂史之误乎？此本富顺李氏家所藏者，谬误殆不可读，因为是正其甚者，疑则阙焉。	B

续表

序号	部类	书名	考辨摘要	评析
34	名家类	邓析子	右《邓析》二篇。文字讹缺，或以“绳”为“渑”，以“巧”为“功”，颇为是正其谬，且撮其旨意而论之。曰：先王之世，道德修明，以仁为本，以义为辅。诰命谟训则著之《书》，讽颂箴规则寓之《诗》，《礼》《乐》以彰善，《春秋》以惩恶，其始虽若不同而其归则合。犹天地之势殊而育物之化均，寒暑之气异而成岁之功一，岂非出于道德而然邪！自文、武既没，王者不作，道德晦昧于天下而仁义几于熄。百家之说蜂起，各求自附于圣人，而不见夫道之大全，以其私知臆说，哗世而惑众。故九流皆出于晚周，其言各有所长而不能无所失。其长盖或有见于圣人，而所失盖各奋其私知，故明者审取舍之而已。然则析之书岂可尽废哉！《左传》曰：“驷歂杀析而用其《竹刑》。”班固录析书于名家之首，则析之学，盖兼名、法家也。今其书大旨讦而刻，真其言也，无可疑者。而其间时剿取他书，颇驳杂不伦，岂后人附益之欤？	附益
35	墨家类	晏子春秋	右齐晏婴也。婴相景公，此书著其行事及谏诤之言。昔司马迁读而高之，而莫知其所以为书。或曰晏子为而人接焉，或曰晏子之后为之。唐柳宗元谓迁之言不然，以为“墨子之徒有齐人者为之。墨好俭，晏子以俭名于世，故墨子之徒尊著其事，以增高为己术者。且其旨多尚同、兼爱、非乐、节用、非厚葬久丧、非儒、明鬼，皆出《墨子》，又往往言墨子闻其道而称之，此甚显白。自向、歆、彪、固皆录之儒家，非是。后宜列之墨家”。今从宗元之说云。	B
36	杂家类	子华子	右其传曰：“子华子，程氏，名本，晋人也。”刘向校定其书。按《庄子》称“子华子见韩昭侯”，陆德明以为魏人，既不合。又《艺文志》不录《子华子》书。观其文辞，近世依托为之者也。其书有“子华子为赵简子不悦”，又有“秦襄公方启西戎，子华子观政于秦”。夫秦襄之卒在春秋前，而赵简子与孔子同时，相去几二百年，其抵牾类如此。且多用《字说》，谬误浅陋，殆元丰以后举子所为耳。	B
37	杂家类	孔丛子	右楚孔鲋撰。鲋，字子鱼，孔子八世孙也。仁陈胜，为博士，以言不见用，托目疾而退，论集其先仲尼、子思、子上、子高、子顺之言及己之行事，名之曰《孔丛子》，凡二十一篇。丛之为言聚也。《邯郸书目》云：“一名《盘盂》，取事杂也。至汉，孔臧又以其所著赋与书，谓之《连丛》，附于卷末，凡十篇。嘉祐中，宋咸为之注。”按《汉志》无《孔丛子》，而儒家有《孔臧》十篇，杂家有孔甲《盘盂书》二十六篇。其注谓“孔甲，黄帝史。或曰夏帝，疑皆非”。今此书一名《盘盂》，《独治篇》又云鲋或称孔甲，《连丛》又出孔臧。意者《孔丛子》即《汉志》孔甲《盘盂书》，而亡六篇；《连丛》即《汉志》孔臧收，而其子孙或续之也。《崇文总目》亦录于杂家，今从之。	A

续表

序号	部类	书名	考辨摘要	评析
38	杂家类	刘子	右齐刘书孔昭撰，唐袁政注。凡五十五篇。言修心治知之道，而辞颇俗薄。或以为刘勰，或以为刘孝标，未知孰是。	作者存疑
39	杂家类	宋齐丘化书	右伪唐宋齐丘子嵩撰。张耒文潜尝题其后，云："齐丘之智，特犬鼠之雄耳，盖不足道。其为《化书》，虽皆浅机小数，亦微有以见于黄老之所谓道德，其能成功，有以也。文章颇亦高简，有可喜者。其言曰：'君子有奇智天下不亲。'虽圣人出，斯言不废。"	窃书
40	小说家类	殷芸小说	右宋殷芸撰。述秦、汉以来杂事。予家本题曰刘餗，李淑以为非。	作者有争议
41	五行类	八五经	右序云黄帝书。"八五"，谓八卦、五行。虽后人依托者，而其辞亦驯雅。相墓书也。吕才《葬篇》以六说诘其不验，且云："世之人为葬巫所欺，忘擗踊荼毒，以期徼幸。由是相茔陇，希官爵，择时日，规财利。"诚哉是言也。	E
42	五行类	青囊补注	右晋郭璞撰。世传葬书之学，皆云无出郭璞之右者。今盛行多璞书也。按璞传载葬母事，世传盖不诬矣。未几，即为王敦所杀。若谓祸福皆系于葬，则璞不应择凶地以取祸；若谓祸福有定数，或它有以致之，则葬地不必择矣。呜呼，璞自用其术尚如此，况后遵其遗书者乎。	E
43	五行类	拨沙经	右唐吕才撰地理书，画山水之形成图。盖依托者。	E
44	兵家类	六韬	右周吕望撰。按《汉艺文志》无此书，《梁》《隋》《唐》始著录，分《文》《武》《龙》《虎》《豹》《犬》六目，兵家权谋之书也。元丰中，以《六韬》《孙子》《吴子》《司马法》《黄石公三略》《尉缭子》《李卫公对问》颁行武学，今习之，号"七书"云。按兵法，汉成帝尝命任宏分权谋、形势、阴阳、技巧为四种。今又有卜筮、政刑之说，盖在四种之外矣。	E
45	兵家类	司马法	右齐司马穰苴撰。威王使大夫追论古者《司马兵法》，而附穰苴于其中，因号《司马穰苴兵法》。司马迁谓其书："闳廓深远，虽三代征伐，未能竟其义。如其文，近亦少褒矣。穰苴为区区小国行师，何暇及《司马兵法》之揖让乎？"	B
46	兵家类	黄石公三略	右题曰《黄石公上中下三略》。其书论用兵机权之妙，严明之决，明妙审决，军可以死易生，国可以存易亡。《经籍志》云下邳神人撰。世传此即圯上老人以一编书授汉张良者。	E
47	兵家类	武侯十六策	右蜀诸葛亮孔明撰。序称："谨进便宜十六事，一治国，二君臣，三视听，四纳言，五察疑，六治民，七举措，八考黜，九治军，十赏罚，十一喜怒，十二治乱，十三教令，十四斩断，十五思虑，十六阴察。"陈寿录孔明书，不载此策，疑依托者。	A

续表

序号	部类	书名	考辨摘要	评析
48	兵家类	李卫公对问	右唐李靖对太宗问兵事。史臣谓李靖《兵法》，世无完书，略见于《通典》，今《对问》出于阮逸家，或云逸因杜氏附益之。	据传者辨伪
49	兵家类	兵要望江南	右题云黄石公以授张良者。按其书杂占行军吉凶，寓声于《望江南》词，取其易记忆。	E
50	兵家类	倚马立成法	右唐李淳风撰。兵行占候之书也。淳风，太宗时人，而此书起九宫法，至贞元六年庚午，假托以行其书，尔非淳风本真也。	B
51	类书类	戚苑英华	右唐袁悦重修。本杨名所著，悦掇其要，类为语对，以他说附益之。	附益
52	医书类	黄帝素问	右昔人谓《素问》者，以素书黄帝之问，犹言"素书"也。唐王冰谓："《汉艺文志》有《黄帝内经》十八卷，《素问》即其经之九卷，兼《灵枢》九卷，其数焉。"先是第七亡逸，冰时始独，乃诠次注释，凡八十一篇，分二十四卷。今又亡《刺法》《本论》二篇。冰自号启玄子。医经传于世者多矣。原百病之起愈者，本乎黄帝；辨百药之味性者，本乎神农；汤液则称伊尹。三人皆圣人也。悯世疾苦，亲著书以垂后，而世之君子不察，乃以为贱技，耻于习之。由此，称医者多庸人，治之常失理，可生而死者甚众。激者至云"有病不治，犹得中医"，岂其然乎？故予录医颇详。《隋志》以此书为首，今从之。	E
53	医书类	灵枢经	右王冰谓此书即《汉志》《黄帝内经》十八卷之九也。或谓好事者于皇甫谧所集《内经仓公论》中抄出之，名为古书也，未知孰是。	E
54	医书类	脉诀	右题曰王叔和撰。皆歌诀鄙浅之言，后人依托者，然最行于世。	B
55	医书类	补注神农本草	右皇朝掌禹锡等补注，旧说《本草经》神农所作，而《艺文志》所不载。《平帝纪》："诏天下举通知方术、《本草》者。"《本草》之名，盖起于此。梁之录载《神农本草》三卷。书中有后汉郡县名，盖上世未著文字，师学相传，至张机、华佗始为编述。嘉祐初，诏禹锡与林亿、苏颂、张洞等为之补注。以《开宝本草》及诸家参校，采拾遗逸，判定新旧，药合一千八十二种，总二十卷。	A
56	医书类	子午经	右题云扁鹊撰。论针砭之要，成歌咏。盖后人依托者。	E
57	神仙类	老子化胡经	右魏明帝为之序。经言老子归昆仑化胡，次授宾，后及天竺。按裴松之《三国志注》言"世称老子西入流沙，化胡成佛"。其说盖起于此。《议化胡经八状》附于后。《唐志》云："万岁通天元年，僧惠澄上言乞毁《老子化胡经》，秋官侍郎刘如璿等议状。"证其非伪，此是也。	D
58	别集类	曹植集	右魏曹植子建也。太祖子，文帝封植为陈王，卒年三十一，谥曰思。年十余岁，诵读诗论及辞赋数十万言。善属文，援笔立成。自少至终，篇籍不离于手。按《魏志》："景初中，撰录植所著赋、颂、诗、铭、杂论，凡百余篇。"《隋志》植集三十卷，《唐志》植集二十卷。今集十卷，比隋、唐本有亡逸者，而诗文二百篇，返溢于本传所载，不晓其故。	伪篇

续表

序号	部类	书名	考辨摘要	评析
59	别集类	陶潜集	十卷首，北齐阳休之编，以《五孝传》《圣贤群辅录》、序、传、诔分三卷，益之诗，篇次差异。按《隋经籍志》潜集九卷，又云梁有五卷，录一卷。《唐艺文志》潜集五卷。今本皆不与二《志》同。独吴氏《西齐书目》有潜集十卷，疑即休之本也。休之本出宋庠家云。江左名家旧书，其次第最有伦贯，独《四八目》后《八儒》《三墨》二条，似后人妄加。	伪篇
60	别集类	江淹集	右梁江淹文通也。济阳人。梁初，为散骑常侍，封醴陵侯。少好学，不事章句，留情于文章，晚节才思微退，人谓才尽。著述百余篇，自撰为前后集。今集二百四十九篇。魏晋间名人诗文行于世者，往往羡于史所载。曹植、王粲及淹皆是也，岂后人妄益之欤。	附益
61	别集类	香奁集	《香奁集》，沈括《笔谈》以为和凝所作，凝既贵，恶其侧艳，故诡称偓著。或谓括之言妄也。	C

对《周易举正》《乾坤凿度》《周易乾凿度》《元经》《隆平集》《孔丛子》《渔樵对问》《灵枢经》《脉诀》《渔樵闲话》《素书》《亢仓子》《唐百家诗选》等等，或疑其伪，或辨其真。许多辨伪具有首创意义，如疑《孔丛子》在朱子之前，又如《周易举正》旧本题唐郭京，晁公武首先怀疑为托名。

(四)陈振孙

1. 陈振孙其人

陈振孙(1179—1262)，字伯玉，号直斋，吴兴(今浙江湖州市)人。又称湖州人，或安吉人。嘉定元年(1208)，出任建康府溧水教谕。三年任满，直斋离职。起为绍兴教官。继任鄞学教授。出宰南城，通判兴化，除军器监簿与诸王宫大小学教授。端平三年(1236)知台州，嘉熙元年五月改知嘉兴府。提举浙西，迁官国子司业，擢侍郎。《宋史》无传。厉鹗《宋诗纪事》称其端平中仕为浙西提举，改知嘉兴府。考周密《癸辛杂识》“莆田阳氏子妇”一条，称陈伯玉振孙，时以倅摄郡。又“陈周士”一条，称周士，直斋侍郎振孙之长子。则振孙始仕州郡，终官侍郎，不止浙江提举，鹗盖考之未详也。

现代学者研究陈振孙其人其书者主要有：陈乐素撰《〈直斋书录解题〉作者陈振孙》(《大公报·文史周刊》，1946年11月20日)，乔衍琯撰《陈振孙学记》(文史哲出版社1980年版)，何广棪撰《陈振孙之生平及其著述研究》(文史哲出版社1993年版)、《陈振孙之经学及其直斋书录解题经录考证》(花木兰文化出版社2006年版)、《陈振孙之史学及其直斋书录解题史录考证》(花木兰文化出版社2006年版)、《陈振孙之子学及其直斋书录解题子录考证》(花木兰文化出版社2007年版)、《陈振孙之文学及其直斋书录解题集录考证》(花木兰文化出版社2010年版)、《陈振孙〈直斋书录解题〉研核余沈》(花木兰文化出版社2011年版)，武秀成撰《陈振孙评传》(南京大学出版社2006年版)，张守卫撰《直斋书录解题研究》(安徽大学出版社 2015 年版)。尤其以何广棪先生用力最多，可谓《直斋书录解题》之功臣与直斋之净友。

2. 陈振孙的文献辨伪

武秀成教授在前人研究特别是乔衍琯先生《陈振孙学记》的基础之上，将陈振孙的文献辨伪方法归纳为以下几点：

> 所谓两纲十三例，一曰就传授统绪上辨别，下统八例：从旧志不著录，而定其伪或可疑；从前志著录，后志已佚，而定其伪或可疑；从今本和旧志说的卷数篇数不同，而定其伪或可疑；从旧志无著者姓名，而定后人随便附上去的姓名是伪；从旧志或注家已明言是伪书而信其说；后人说某书出现于某时，而那时人未看见那书，从这上可断定那书是伪；书初出现已发生许多问题，或有人证明是伪造，我们当然不能相信；从书的来历暧昧不明而定其伪。二曰从文义内容上辨别，下统五例：从字句罅漏处辨别；从抄袭旧文处辨别；从佚文上辨别；从文章上辨别。
>
> 《直斋书录解题》中大规模的辨伪，令我们感到意外之喜的是，其辨伪方法的丰富竟有超出梁氏两纲十三例范围的。从人品修养上辨别；由亲自访察而获其事实来辨别；由书中窜改未尽之文字而辨别。①

以上是以梁启超的“辨伪公例”为参照系，未免落入窠臼。梁启超的“辨伪公例”不足为据，详见后面的专文考辨。陈振孙对《云仙散录》的所谓辨伪根本经不起历史的检验，而武秀成教授居然大力肯定，未免随人短长。

苏金侠博士在比较了晁公武与陈振孙之后，得出如下结论：

> 晁公武和陈振孙在宋代文献辨伪学的发展中贡献了很大的力量，但其成就在后世并未引起足够的重视。两人的文献辨伪主导了宋代文献辨伪中文献类型的比例。在考辨书籍真伪时，他们兼用了内证和外证的方法。同时，他们既有对前人已经考辨文献的进一步研究，又有对前人未曾考辨文献的辨伪。两人在文献辨伪中也存在着取证单一，过度依赖一种方法，严谨性不足；没有明确指出某一书为伪书的具体原因，文献考辨过于主观性而流于草率等不足。②

以上结论大体可信。综合前人已有研究结论，窃以为，文献辨伪学自刘向、刘歆父子的草创，历魏晋南北朝隋唐的沉潜(至刘知幾已经非常突出)，复经宋代疑古之淬炼，至晁、陈之时，辨伪学的胎儿已经大体成型，躁动于母腹之中，已经临盆了。晁、陈之学并非只是目录之学，更是辨伪之学。他们的辨伪意识较之前代更为强烈，更为纯正。

---

① 武秀成：《陈振孙评传》，《晁公武 · 陈振孙评传》，南京大学出版社 2006 年版，第 422、443 页。

② 苏金侠：《晁公武陈振孙文献辨伪研究》，《图书馆建设》2017 年第 7 期。

3.《直斋书录解题》辨伪评析

下面我们将《直斋书录解题》列表一一加以评析。

序号	部类	书名	考辨摘要	评析
1	易类	古易	出翰林学士睢阳王洙原叔家。上、下《经》惟载《爻辞》，外《卦辞》一、《彖辞》二、《大象》三、《小象》四、《文言》五、上《系》六、下《系》七、《说卦》八、《序卦》九、《杂卦》十。叶石林以为此即《艺文志》所谓《古易》十二篇者也。案：隋、唐《志》皆无《古易》之目，当亦是后人依仿录之尔。	据目录辨伪。
2	易类	归藏	晋太尉参军薛贞注。案《唐志》十三卷，司马膺注。今惟存《初经》《本蓍》《齐母》三篇，错谬不可读，非古全书也。	自由心证。
3	易类	子夏易传	案《隋》《唐志》有《卜商传》二卷，残缺。陆德明、李鼎祚亦时称引。考《汉志》，初无此书。有孙坦者，为《周易析蕴》，言此汉杜子夏也，未知何据。使其果然，何为不见于《汉志》？其为依托明矣。隋、唐时止二卷，已残缺，今安得有十卷？且其经文，《彖》《象》《爻辞》相错，正用王弼本，决非汉世书。以陆德明所引求之今传，则皆无之，岂惟非汉世书，亦非隋、唐所传书矣。其文辞浅俚，非古人语，姑存之以备一家。案晁以道《传易堂记》曰："古今咸谓子夏受于孔子而为之传。然太史公、刘向父子、班固皆不论著，唐刘子玄知其伪矣。书不传于今，今号为《子夏传》者，《崇文总目》知其为伪，而不知其所作之人，予知其为唐张弧之《易》也。"晁之言云尔。张弧有《王道小疏》五卷，见《馆阁书目》，云唐大理评事，亦不详何时人。	据目录辨伪。
4	易类	关子明易传	后魏河东关朗子明撰。唐赵蕤注。《隋》《唐志》皆不录。或云阮逸伪作也。	据目录辨伪。
5	易类	补阙周易正义略例疏	唐四门助教邢琫撰。案蜀本《略例》有琫所注，止有篇首释"略例"二字，文与此同，余皆不然。此本亦浅近无义理，姑存之。	自由心证。
6	易类	周易穷微	称王辅嗣。凡为论五篇。《馆阁书目》有王弼《易辨》一卷。其论《彖》、论《象》亦类《略例》，意即此书也。又言弼著此书已亡，至晋得之，王羲之承诏录藏于秘府，世莫得见，未知何所据而云。	据目录辨伪。
7	易类	周易意学	题齐鲁后人陆秉撰。晁氏《读书志》云：秉字端夫，旧名东，尝通判蜀州。宝元二年上其书，有诏嘉奖。其说多异先儒，穿凿无据。	据内容辨伪。
8	易类	正易心法	旧称麻衣道者授希夷先生，崇宁间庐山隐者李潜得之，凡四十二章。盖依托也。朱先生云，南康戴主簿师愈撰，乃《不唧嚾底禅》《不唧嚾底修养法》《日时法》。王炎曰，洛山李寿翁侍郎喜论《易》。炎尝问侍郎："在当涂板行《麻衣新说》如何？"李曰："程沙随见嘱。"炎曰："恐托名麻衣耳。以扑钱背面喻八卦阴阳纯驳，此鄙说也。以泉云雨为阳水，以泽为阴水，与夫子不合。"李曰："然。然亦有两语佳。"炎曰："岂非学者当于羲皇心地上驰骋，不当于周、孔脚迹下盘旋耶？然此二语亦非也。无周、孔之辞，则羲皇心地，学者何从探之？"李无语。李名椿。	据传者辨伪。

续表

序号	部类	书名	考辨摘要	评析
9	易类	系辞精义	吕祖谦集程氏诸家之说，程《传》不及《系辞》故也。《馆阁书目》以为托祖谦之名。	据目录辨伪。
10	易类	南塘易说*	礼部尚书赵汝谈履常撰。专辨《十翼》非夫子作。其说亦多自得之见。	此为所谓辨伪专书。
11	书类	尚书·尚书注	汉谏议大夫鲁国孔安国传。初，伏生以《书》教授，财二十九篇，以《舜典》合于《尧典》，《益稷》合于《皋陶谟》，《盘庚》三篇合为一，《康王之诰》合于《顾命》，实三十四篇。及安国考论鲁壁所藏，始出《舜典》诸篇，又定其可知者，增多二十五篇，引序以冠诸篇之首，定为五十八篇。虽作《传》既成，会巫蛊事作，不复以闻，故未尝列于学官，世亦莫之见也。考之《儒林传》，安国以《古文》授都尉朝，次第相承，以及涂恽、桑钦；至东都，则贾逵作训，马融、郑康成作传、注解，而逵父徽实受《书》于涂恽，逵传父业，虽曰远有源流，然而两汉名儒皆未尝实见孔氏《古文》也。岂惟两汉，魏、晋犹然，凡杜征南以前所注经传，有援《大禹谟》《五子之歌》《胤征》诸篇，皆云逸《书》，其援《泰誓》者则云今《泰誓》无此文，盖伏生《书》亡《泰誓》，《泰誓》后出。或云武帝末民有献者，或云宣帝时，河南女子得之，所载白鱼火乌之祥，实伪书也。然则马、郑所解，岂真《古文》哉！故孔颖达谓贾、马辈惟传孔学三十三篇，即伏生《书》也，亦未得为孔学矣。颖达又云，王肃注《书》始似窃见孔《传》，故于乱其纪纲，以为太康时。皇甫谧得《古文尚书》于外弟梁柳，作《帝王世纪》往往载之。盖自太保郑冲授苏愉，愉授梁柳，柳授臧曹，曹授梅赜，赜为豫章内史，奏上其《书》，时已亡《舜典》一篇。至齐明帝时，有姚方兴者，得于大航头而献之，隋开皇中搜索遗典，始得其篇。夫以孔注历汉末无传，晋初犹得存者，虽不列学官，而散在民间故耶？然终有可疑者，余尝辨之。	据流传源流辨伪。
12	书类	汲冢周书	晋五经博士孔晁注。太康中，汲郡发魏安釐王冢所得竹简书，此其一也。凡七十篇，《序》一篇在其末。今京口刊本，以《序》散在诸篇，盖以仿孔安国《尚书》。相传以为孔子删书所余者，未必然也。文体与古书不类，似战国后人依仿为之者。	据文体辨伪。
13	书类	古三坟书	元丰中，毛渐正仲奉使京西，得之唐州民舍。其辞诡诞不经，盖伪书也。《三坟》之名，惟见于《左氏》右尹子革之言。盖自孔子定书，断自唐、虞以下，前乎唐、虞，无征不信，不复采取，于时固以影响不存，去之二千载，而其书忽出，何可信也？况皇谓之坟，帝谓之典，皆古史也，不当如毛所录，其伪明甚。人之好奇，有如此其僻者！晁公武云张商英伪撰，以比李筌《阴符经》。	据流传源流辨伪。
14	书类	东莱书说	吕祖谦撰。其始为之也，虑不克终篇，故自《秦誓》以上逆为之说，然亦仅能至《洛诰》而止。世有别本全书者，其门人续成之，非东莱本书也。	据版本比勘辨伪。

续表

序号	部类	书名	考辨摘要	评析
15	书类	晦庵书说 *	朱熹门人黄士毅集其师说之遗，以为此书。晦庵于《书》一经独无训传，每以为错简脱文处多，不可强通。吕伯恭《书解》不可强通者，强欲通之。尝以语伯恭而未能改也。又尝疑孔安国《传》恐是假，《书小序》决非孔门之旧，安国《序》决非西汉文章，至谓与《孔丛子》《文中子》相似，则岂以其书出于东晋之世故耶？非有绝识独见，不能及此。至言今文多艰涩，古文多平易，伏生倍文暗诵，乃偏得其所难，而安国考定于科斗古书错乱磨灭之余，反专得其所易，此诚有不可晓者。今惟《二典》《禹谟》《召诰》《洛诰》《金縢》有解，及"九江""彭蠡""皇极"有辨，其他皆《文集》《语录》中摘出。	此为所谓辨伪专书。
16	书类	尚书精义	三山黄伦彝卿编次。或书坊所托。	自由心证。
17	书类	南塘书说 *	赵汝谈撰。疑古文非真者五条。朱文公尝疑之，而未若此之决也。然于伏生所传诸篇亦多所掊击抵排，则似过甚。	此为所谓辨伪专书。
18	诗类	韩诗外传	汉常山太傅燕韩婴撰。案《艺文志》有《韩故》三十六卷，《内传》四卷，《外传》六卷，《韩说》四十一卷，今皆亡。所存惟《外传》，而卷多于旧，盖多记杂说，不专解《诗》。果当时本书否也。	自由心证。
19	诗类	诗本义 *	欧阳修撰。先为论，以辨毛、郑之失，然后断以己见。末二卷为《一义解》《取舍义》《时世本末》二论、《豳鲁序》三问，而补亡郑《谱》及《诗图总序》附于卷末。大意以为毛、郑之已善者皆不改，不得已乃易之，非乐求异于先儒也。	此为所谓辨伪专书。
20	诗类	诗解集传 *	门下侍郎眉山苏辙子由撰。于《序》止存其首一言，余皆删去。	此为所谓辨伪专书。
21	诗类	广川诗故 *	董逌撰。其说兼取三家，不专毛、郑，谓《鲁诗》但见取于诸书，其言莫究，《齐诗》尚存可据，《韩诗》虽亡缺，犹可参考。案逌《藏书志》有《齐诗》六卷，今《馆阁》无之。逌自言隋、唐亦已亡久矣，不知今所传何所从来，或疑后世依托为之。然则安得便以为《齐诗》尚存也。然其所援引诸家文义与毛氏异者，亦足以广见闻、续微绝云耳。	此为所谓辨伪专书。
22	诗类	夹漈诗传·辨妄 *	郑樵撰。《辨妄》者，专指毛、郑之妄。谓《小序》非子夏所作，可也，尽削去之而以己意为之《序》，可乎？樵之学虽自成一家，而其师心自是，殆孔子所谓不知而作者也。	此为所谓辨伪专书。
23	诗类	诗序辨说	朱熹撰。以《大》《小序》自为一编，而辩其是非。其序《吕氏读诗记》，自谓少年浅陋之说，久而知其有所未安，或不免有所更定。今江西所刻晚年本，得于南康胡泳伯量，校之建安本，更定者几什一云。	据版本比勘辨伪。

续表

序号	部类	书名	考辨摘要	评析
24	礼类	周礼·周礼注	汉郑康成撰。案《艺文志》，《周官经》六篇，本注云“王莽时刘歆置博士”。颜师古曰：“即今之《周礼》也，亡其《冬官》，以《考工记》足之。”愚尝疑《周礼》六典与《书·周官》不同。司徒掌邦教，敷五典，扰兆民；司空掌邦土，居四民，时地利，二官各有攸司。盖自唐、虞九官，禹、契所职，则已然矣。今《地官》于教事殊略，而田野、井牧、乡遂、稼穑之事，殆皆司空职耳。《周官》初无邦事之名，今所谓事典者，未知定为何事？书缺亡而以《考工记》足之，天下之事，止于百工而已耶？先儒固有疑于是书者，若林存孝以为武帝知《周官》末世渎乱不经之书，作十论七难以排弃之。何休亦以为六国阴谋之书，甚者或谓刘歆附益以佐王莽者也。惟郑康成博览，以为周公致太平之迹，故其学遂行于世。愚案此书多古文奇字，名物度数，可考不诬。其为先秦古书似无可疑。愚所疑者，邦土、邦事灼然不同，其他繁碎驳杂，与夫刘歆、王安石一再用之而乱天下，犹未论也。	据流传源流辨伪。
25	礼类	大戴礼	汉信都王太傅梁戴德延君、九江太守圣次君皆受《礼》于后苍，所谓《大》《小戴礼》者也。汉初以来，迄于刘向校定中书，诸家所记，殆数百篇。戴德删其烦重，为八十五篇。圣又删为四十九篇。相传如此。今小戴四十九篇行于世，而大戴之书所存止此。自《隋》《唐志》所载卷数，皆与今同。而篇第乃自三十九而下止于八十一，其前缺三十八篇，末缺四篇，所存当四十三，而于中又缺四篇，第七十二复出一篇，实存四十篇。意其缺者，即圣所删耶？然《哀公问》《投壶》二篇与今《礼记》文不异，他亦间有同者。《保傅传》世言《贾谊书》所从出也。今考《礼督篇》汤武、秦定取舍一则，尽出谊疏中，反若取谊语剿入其中者。《公符篇》全录汉昭帝冠辞。则此书殆后人好事者采获诸书为之，故驳杂不经，决非戴德本书也。题九江太守，乃戴圣所历官，尤非是①。	据流传源流辨伪。
26	春秋类	春秋左氏传	自昔相传以为左丘明撰。其好恶与圣人同者也。而其末记晋知伯反丧于韩、魏，在获麟后二十八年，去孔子没亦二十六年，不应年少后亡如此。又，其书称“虞不腊矣”“见于尝酎”及“秦庶长”，皆战国后制，故疑非孔子所称左丘明，别是一人为史官者。其释《经》义例，虽未尽当理，而具得当时事实，则非二传之比也。	据制度辨伪。
27	春秋类	国语	自班固志《艺文》，有《国语》二十一篇，左丘明所著，至今与《春秋传》并行，号为《外传》。今考二书，虽相出入，而事辞或多异同，文体亦不类，意必非出一人之手也。司马子长云：“左丘失明，厥有《国语》。”又似不知所谓。唐啖助亦尝辨之②。	据比勘、文体辨伪。

① 此条为姚际恒采用。姚际恒《古今伪书考》云：“予前作《古文尚书通论》，其中辨《大戴记》非本书，乃后人之伪，未见直斋此论也。今从《通考》中阅之，正相合。”《通考》即《文献通考》。

② 徐小蛮、顾美华案：“晁公武《读书志》云：班固《艺文志》《国语》二十一篇，《隋志》二十二卷，《唐志》二十一卷。今书篇次与《汉志》同。盖历代儒者析简并篇，互有损益，不足疑也。”

续表

序号	部类	书名	考辨摘要	评析
28	孝经类	孝经注	汉郑康成撰。世传秦火之后，河间人颜芝得《孝经》藏之，以献河间王，今十八章是也。相承云康成作注，而郑《志》目录不载，故先儒并疑之。古文有孔安国《传》，不行于世。刘炫为作《稽疑》一篇，序所谓刘炫明安国之本，陆澄讥康成之注者也。及唐开元中，诏议孔、郑二家，刘知幾以为宜行孔废郑，诸儒非之，卒行郑学。按《三朝志》，五代以来，孔、郑注皆亡。周显德中，新罗献别序《孝经》即郑注者，而《崇文总目》以为咸平中日本国僧奝然所献，未详孰是。世少有其本。乾道中，熊克子复从袁枢机仲得之，刻于京口学宫，而孔《传》不可复见。	据流传源流辨伪。
29	谶纬类	易纬	汉郑康成注。其名曰《稽览图》《辨终备》《是类谋》《乾元序制记》《坤灵图》。其间推阴阳卦，直至唐元和中，盖后世术士所附益也。按七纬之名，无《乾元序制》。	据流传源流辨伪。
30	谶纬类	乾坤凿度	一作《巛凿度》，题包羲氏先文，轩辕氏演籀，苍颉修。晁氏《读书志》云《崇文总目》无之，至元祐《田氏书目》始载，当是国朝人依托为之。按《后汉书》"纬候之学"，注言"纬，七纬也；候，《尚书中候》也"。所谓《河洛》七纬者，《易纬稽览图》《乾凿度》《坤灵图》《通卦验》《是类谋》《辨终备》也。《书纬璇玑钤》《考灵曜》《帝命验》《连期授》也。《诗纬推度灾》《汜历枢》《含神雾》也。《礼纬含文嘉》《稽命征》《斗威仪》也。《乐纬动声仪》《稽曜嘉》《叶图征》也。《孝经纬援神契》《钩命决》也。《春秋》纬《演孔图》《元命包》《文耀钩》《运斗枢》《感精符》《合诚图》《考异邮》《保乾图》《汉含孳》《佐助期》《握诚图》《潜潭巴》《说题辞》也。谶纬之说起于哀、平、王莽之际，以此济其篡逆，公孙述效之，而光武绍复旧物，乃亦以赤伏符自累，笃好而推崇之，甘与莽、述同志。于是佞臣陋士从风而靡，贾逵以此论《左氏》学，曹褒以此定汉礼，作《大予乐》。大儒如郑康成专以谶言经，何休又不足言矣。二百年间惟桓谭、张衡力非之，而不能回也。魏、晋以革命受终，莫不傅会符命，其源实出于此。隋、唐以来，其学浸微矣。考《唐志》犹存九部八十四卷，今其书皆亡。惟《易纬》仅存如此。及孔氏《正义》或时援引，先儒盖尝欲删去之，以绝伪妄矣。使所谓七纬者皆存，犹学者所不道，况其残缺不完，于伪之中又有伪者乎！姑存之以备凡目云尔。《唐志》数内有《论语纬》十卷，七纬无之。《太平御览》有《论语摘辅像》《撰考谶》者，意其是也。《御览》又有《书帝验期》《礼稽命曜》《春秋命历序》《孝经左右契》《威嬉拒》等，皆七纬所无，要皆不足深考。	据流传源流辨伪。
31	小学类	尔雅	晋弘农太守河东郭璞景纯注。按《汉志》，《尔雅》二十篇，今书惟十九篇。《志》初不著撰人名氏。璞序亦但称兴于中古，隆于汉氏而已。至陆氏《释文》始谓《释诂》为周公所作，其说盖本于魏张揖所上《广雅表》，言："周公制礼以道天下，著《尔雅》一篇，以释其义；今俗所传三篇，或言仲尼所增，或言子夏所益，或言叔孙通所补，或言沛郡梁文所考，皆解家所说，先师口传，疑莫能明也。"	据流传源流辨伪。

续表

序号	部类	书名	考辨摘要	评析
32	编年类	元经 薛氏传	称王通撰，薛收传，阮逸补并注。案河汾王氏诸书，自《中说》之外，皆《唐艺文志》所无。其传出阮逸，或云皆逸伪作也。今考唐神尧讳渊，其祖景皇，讳虎。故《晋书》戴渊、石虎，皆以字行。薛收唐人，于传称戴若思、石季龙宜也。《元经》作于隋世，而太兴四年亦书曰"若思"，何哉？意逸之心劳日拙，自不能掩耶！此书始得于莆田，才三卷，止晋成帝。后从石林叶氏得全本，录成之。	据传者辨伪。
33	编年类	中兴遗史	从义郎赵甡之撰。庆元中上进。其书大抵记军中事为详，而朝政则甚略，意必当时游士往来边陲、出入幕府者之所为。及观其记张浚攻濠州一段，自称姓名曰闲府张鉴。然则此书鉴为之？而甡之窃以为己有也。或曰鉴即甡之妇翁，未知信否。	自由心证。
34	伪史类	金人南迁录	称伪著作郎张师颜撰。顷初见此书，疑非北人语，其间有晓然傅会者，或曰华岳所为也。近扣之汴人张总管翼，则云岁月皆牴牾不合，益证其妄。	据时间矛盾辨伪。
35	杂史类	越绝书	无撰人名氏，相传以为子贡者，非也。其书杂记吴、越事，下及秦、汉，直至建武二十八年。盖战国后人所为，而汉人又附益之耳。越绝之义曰："圣人发一隅，辩士宣其辞；圣文越于彼，辩士绝于此。"故题曰"越绝"。虽则云然，而终未可晓也。	据流传源流辨伪。
36	时令类	金谷园记	题李邕撰。《馆阁书目》云唐中散大夫。按邕字泰和，江都人，至北海太守，世号李北海。其父善，注《文选》者也。中散大夫，唐文散阶，本传不载，不知《书目》别何所据？唐世不应有两李邕也。	据史传辨伪。
37	传记类	黄帝内传	序云篯铿游衡山得之石室，刘向校中秘书传于世，诞妄不经，方士辈所托也。	据流传源流辨伪。
38	传记类	飞燕外传	称汉河东都尉伶玄子于撰。自言与扬雄同时，而史无所见。或云伪书也。然通德拥髻等事，文士多用之；而祸水灭火一语，司马公载之《通鉴》矣。	自由心证。
39	传记类	西京杂记	晋句漏令丹阳葛洪稚川撰。其卷末言洪家有刘子骏书百卷，先父传之。歆欲撰《汉书》，杂录汉事，未及而亡。试以此记考校班固所作，殆是全取刘书，少有异同耳。固所不取不过二万余言，今钞出为二卷，以裨《汉书》之阙。所谓先父者，歆之于向也。而《馆阁书目》以为洪父传之，非是。《唐艺文志》亦只二卷，今六卷者，后人分之也。按洪博闻深学，江左绝伦，所著书几五百卷，本传具载其目，不闻有此书。而向、歆父子亦不闻其尝作史传于世，使班固有所因述，亦不应全没不著也。殆有可疑者，岂惟非向、歆所传，亦未必洪之作也。	据比勘辨伪。

续表

序号	部类	书名	考辨摘要	评析
40	地理类	山海经	汉侍中奉车都尉臣秀所校秘书。秀，即刘歆也。晋郭璞注。案《唐志》二十三卷，《音》二卷。今本锡山尤袤延之校定。世传禹、益所作，其事见《吴越春秋》，曰："禹东巡，登南岳，得金简玉字，通水之理，遂行四渎，与益共谋，所至使益疏而记之，名《山海经》。"此其为说，恢诞不典。司马迁曰："言九州山川，《尚书》近之矣。至《禹本纪》《山海经》所书怪物，余不敢言之也。"可谓名言，孰曰多爱乎！故尤跋明其为非禹、伯翳所作，而以为先秦古书无疑。然莫能名其为何人也。洪庆善补注《楚辞》，引《山海经》《淮南子》以释《天问》。而朱晦翁则曰："古今说《天问》者，皆本此二书，今以文意考之，疑此二书本皆缘解《天问》而作。"可以破千载之惑。古今相传既久，姑以冠地理书之录。	据流传源流辨伪。
41	地理类	黄州图经	李宗谔祥符所修《图经》，亦颇有后人附益者。	辨附益。
42	地理类	王笥山记	唐道士令狐见尧撰。山在新淦。别本又有南唐及本朝事，后人所益也。	辨附益。
43	地理类	湘中山水记	晋耒阳罗含君章撰范阳卢拯注。其书颇及隋、唐以后事，则亦后人附益也。	辨附益。
44	儒家类	孔子家语	孔子二十二世孙猛所传。魏散骑常侍王肃为之注。肃辟郑学，猛尝受学于肃。肃从猛得此书，与肃所论多合，从而证之，遂行于世。云博士安国所得壁中书也，亦未必然。其间所载，多已见《左氏传》《大戴礼》诸书云。肃，东海人，父朗。	据传者辨伪。
45	儒家类	晏子春秋	齐大夫平仲晏婴撰。《汉志》八篇，但曰《晏子》。《隋》《唐》七卷，始号《晏子春秋》。今卷数不同，未知果本书否。	据卷数辨伪。
46	儒家类	贾子	汉长沙王太傅洛阳贾谊撰。《汉志》五十八篇，今书首载《过秦论》，末为《吊湘赋》，余皆录《汉书》语，且略节谊本传于第十一卷中。其非《汉书》所有者，辄浅驳不足观，决非谊本书也。	据史传辨伪。
47	儒家类	孔丛子	孔氏子孙杂记其先世系言行之书也。《小尔雅》一篇，亦出于此。《中兴书目》称汉孔鲋撰，一名《盘盂》。案《孔光传》，夫子八世孙鲋，魏相顺之子，为陈涉博士，死陈下，则固不得为汉人。而其书纪鲋之没，第七卷号《连丛子》者，又记太常臧而下数世，迄于延光三年季彦之卒，则又安得以为鲋撰。案《儒林传》所载为博士者，又曰孔甲，颜注曰："将名鲋，而字甲也。"今考此书称子鱼名鲋，陈人，或谓之子鲋，或称孔甲，然则颜监未尝见此书耶？《艺文志》有孔甲《盘盂》二十六篇，本注谓黄帝史，或曰夏帝孔甲，似皆非也。其书盖田蚡所学者，与孔鲋初不相涉也。《中兴书目》乃曰"一名《盘盂》"，不知何据？岂以《汉志》所谓孔甲，即陈王博士之孔甲邪？	自由心证。

续表

序号	部类	书名	考辨摘要	评析
48	道家类	关尹子	周关令尹喜，盖与老子同时，启老子著书言道德者。案《汉志》有《关尹子》九篇，而《隋》《唐》及《国史志》皆不著录，意其书亡久矣。徐藏子礼得之于永嘉孙定，首载刘向校定序，篇末有葛洪后序。未知孙定从何传授，殆皆依托也。序亦不类向文。	自由心证。
49	道家类	亢仓子	首篇所载与《庄子·庚桑楚》同。"亢仓"者，"庚桑"声之变也，其余篇亦皆依托。唐柳子厚辨其非刘向、班固所录，是矣。今《唐志》有王士元《亢仓子》二卷，注云天宝元年，诏号《庄子》为《南华真经》，《列子》《冲虚》，《文子》《通玄》，《亢仓子》《洞灵真经》。然《亢仓子》求之不获，襄阳处士王士元谓《庄子》作《庚桑子》，太史公《列子》作《亢仓子》，其实一也。乃取诸子文义类者补其亡。然则今之《亢仓》，士元为之也。宗元唐人，岂偶不之知耶。	据前人辨伪成果。
50	道家类	文子	案《汉志》有《文子》九篇。老子弟子，与孔子同时，而称周平王问，似依托者也。又案《史记·货殖传》徐广注："计然，范蠡师，名研。"裴駰曰："计然，葵邱濮上人，姓辛氏，字文子。"默希子引以为据。然自班固时已疑其依托，况又未必当时本书乎？至以文子为计然之字，尤不可考信。柳子厚亦辨其为驳书，而亦颇有取焉。默希子不著名氏，晁公武曰唐徐灵府自号也。	据前人辨伪成果。
51	道家类	鹖冠子	案《汉志》，鹖冠子，楚人，居深山，以鹖为冠。今书十九篇，韩吏部称十有六篇，故陆谓非其全也。韩公颇道其书，至柳柳州则曰尽鄙浅言也，好事者伪为其书，反用《鹏赋》以文饰之。其好恶不同如此。自今考之，柳说为长。	据前人辨伪成果。
52	杂家类	子华子	称晋人程本，字子华，与孔子同时。考前世史志及诸家书目，并无此书，盖假托也。《馆阁书目》辨之当矣。《家语》有孔子遇程子，倾盖赠束帛之事。而《庄子》亦载子华子见昭僖侯一则，此其姓字之所从出。昭僖与孔子不同时也。《庄子》固寓言，而《家语》亦未可考信。班固《古今人表》亦无之。使果有其人，遇合于夫子，班固岂应见遗也？其文不古，然亦有可观者，当出于近世能言之流，为此以玩世尔①。	据目录辨伪。
53	杂家类	孙子	题晋孙绰兴公撰。恐依托。《唐志》及《中兴书目》并无之。余从程文简家借录。	据目录辨伪。

① 今按：《习学记言》独于近世所传《子华子》笃信推崇之，以为真与孔子同时，可与《六经》并考，而不悟其为伪也。且既曰其书甚古，而文与今人相近，则亦知之矣。远自《七略》，下及《隋》《唐》《国史》诸志、李邯郸诸家书目皆未之有，岂不足以验其非古，出于近世好事能文者之所为，而反谓孟、荀以来无道之者，盖望而弃之也，不亦惑乎！

续表

序号	部类	书名	考辨摘要	评析
54	杂家类	刘子	刘昼孔昭撰。播州录事参军袁孝政为序。凡五十五篇。案《唐志》十卷，刘勰撰。今序云昼伤己不遇，天下陵迟，播迁江表，故作此书。时人莫知，谓为刘勰，或曰刘歆、刘孝标作，孝政之言云尔。终不知昼为何代人。其书近出，传记无称，莫详其始末，不知何以知其名昼而字孔昭也。	作者存在争议。
55	杂家类	事物纪原	不著名氏。《中兴书目》十卷，开封高承撰，元丰中人。凡二百七十事。今此书多十卷且数百事，当是后人广之耳。	自由心证。
56	小说家类	神异经	称东方朔撰。张茂先传。	据传者辨伪。
57	小说家类	十洲记	亦称东方朔撰。二书诡诞不经，皆假托也。《汉书》本传叙朔之辞，末言刘向所录朔书具是矣，世所传他事皆非也。赞又言，朔之谈谐，其事浮浅，行于众庶，而后世好事者，因取奇言怪语附著之朔，故详录焉。史家欲祛妄惑，可谓阴矣。	据目录辨伪。
58	小说家类	杂纂	唐李商隐义山撰。俚俗常谈鄙事，可资戏笑，以类相从。今世所称杀风景，盖出于此。又有别本稍多，皆后人附益。	辨附益。
59	小说家类	艾子	相传为东坡作，未必然也。	自由心证。
60	小说家类	洛游子	题司马光，非也。所称乐全子、齐物子，亦莫知何人。	自由心证。
61	小说家类	碧云騢	题梅尧臣撰。以厩马为书名，其说曰："世以旋毛为丑，此以旋毛为贵，虽贵矣，病可去乎?"其不逊如此，圣俞必不尔也。所记载十余条，公卿多所毁讦，虽范文正亦所不免。或云实魏泰所作，托之圣俞。王性之辨之甚详，而《邵氏闻见后录》乃不然之。	据书名辨伪。
62	小说家类	龙城录	称柳宗元撰。龙城谓柳州也。罗浮梅花梦事出其中。《唐志》无此书，盖依托也。或云王铚性之作。	据目录辨伪。
63	小说家类	云仙散录	称唐金城冯贽撰。天复元年叙。冯贽者，不知何人。自言取家世所蓄异书，撮其异说，而所引书名，皆古今所不闻；且其记事造语，如出一手，正如世俗所行东坡《杜诗注》之类。然则所谓冯贽者，及其所蓄书，皆子虚乌有也，亦可谓枉用其心者矣。	据作者、所引书名辨伪。
64	小说家类	清异录	称翰林学士陶谷撰。凡天文、地理、花木、饮食、器物，每事皆制为异名新说。其为书殆似《云仙散录》，而语不类国初人，盖假托也。	据风格辨伪。
65	神仙类	列仙传	汉刘向撰。凡七十二人。每传有赞，似非向本书，西汉人文章不尔也。《馆阁书目》三卷六十二人。《崇文总目》作二卷七十二人，与此合。	据风格辨伪。
66	神仙类	灵枢金镜神景内经	称扁鹊注。	自由心证。
67	神仙类	中诫经	称黄帝、赤松子问答。盖假托也。	自由心证。

续表

序号	部类	书名	考辨摘要	评析
68	释氏类	四十二章经	后汉竺法兰译。佛书到中国，此其首也，所谓经来白马寺者。其后千经万论，一大藏教乘，要不出于此。中国之士，往往取老、庄之遗说以附益之者多矣。	据流传源流辨伪。
69	兵书类	六韬	武王、太公问答。其辞鄙俚，世俗依托也。	据文辞辨伪。
70	兵书类	尉缭子	六国时人。案：《汉志》杂家有二十九篇，兵形势家又有三十一篇。今书二十三篇，未知果当时本书否。	自由心证。
71	兵书类	黄石公三略	世传张子房受书圯上老人，曰："济北谷城山下得黄石即我也。"故遂以黄石为圯上老人。然皆傅会依托也。	据流传源流辨伪。
72	兵书类	黄石公素书	亦依托也。	自由心证。
73	兵书类	李卫公问对	唐李靖对太宗。亦假托也。文辞浅鄙尤甚。今武举以七书试士，谓之《武经》。其间《孙》《吴》《司马法》或是古书，《三略》《尉缭子》亦有可疑，《六韬》《问封》伪妄明白，而立之学官，置师弟子伏而读之，未有言其非者，何也？何薳《春渚纪闻》言，其父去非为武学博士，受诏校七书，以《六韬》《问封》为疑，白司业朱服。服言："此书行之已久，未易遽废。"遂止。后为徐州教授，与陈师道为代，师道言，闻之东坡，世所传王通《元经》、关子明《易传》及李靖《问对》皆阮逸伪撰，逸尝以草示奉常公云。奉常公者，老苏也。	据文辞辨伪。
74	兵书类	阴符玄机	即《阴符经》也。监察御史新安朱安国注。此书本出于李筌，云得于骊山老姥，旧志皆列于道家。安国以为兵书之祖。要之，非古书也。	据流传源流辨伪。
75	历象类	星簿赞历	《唐志》称《石氏星经簿赞》。《馆阁书目》以其有徐、颍、婺、台等州名，疑后人附益。今此书明言依甘、石、巫咸氏，则非专石、申书也。	据内容辨伪。
76	阴阳家类	太一命诀	称袁天纲。妄人假托。	自由心证。
77	形法类	八五经	序称大将军记室郭璞。后序言："余受郭公囊书数篇，此居一，公戒以秘之。丞相王公尽索余书，余以公言告之，得免。"末称太兴元年六月，盖晋元帝时。王公，谓导也。然皆依托尔。其书为相墓。作"八五"者，其五行八卦之谓欤。	自由心证。
78	形法类	狐首经	不著名氏。称郭景纯序。亦依托也。胡汝嘉始序而传之。其文亦雅驯，言颇有理。《阴阳备用》中全载。	自由心证。
79	形法类	续葬书	称郭景纯。鄙俗依托。	据文辞辨伪。
80	形法类	地理小□	称李淳风。亦未必然。	自由心证。

续表

序号	部类	书名	考辨摘要	评析
81	医书类	黄帝内经素问	黄帝与歧伯问答。《三坟》之书无传，尚矣，此固出于后世依托，要是医书之祖也。	据流传源流辨伪。
82	医书类	脉要新括*	通真子撰。以叔和《脉诀》有鯱鮠鄙俗处，疑非叔和作，以其不类故也。乃作歌百篇，案经为注。又自言尝为《伤寒括要》六十篇，其书未之见。	据风格辨伪。
83	音乐类	琴经	托名诸葛亮。浅俚之甚。	据文辞辨伪。
84	杂艺类	射评要略	称李广撰。固依托也，而亦鄙浅亡奇。	据文辞辨伪。
85	别集类	二十四箴	扬雄撰。今广德军所刊本，校集中无《司空》《尚书》《博士》《太常》四箴。集中所有，皆据《古文苑》。而此四箴，或云崔骃，或云崔子玉，疑不能明也。	作者有争议。
86	别集类	蔡中郎集	后汉左中郎将陈留蔡邕伯喈撰。《唐志》二十卷，今本阙亡之外，才六十四篇。其间有称建安年号及为魏宗庙颂述者，非邕文也。卷末有天圣癸亥欧阳静所书《辨证》甚详，以为好事者杂编他人之文相混，非本书。	据目录、时代、流传源流辨伪。
87	别集类	陈思王集	魏陈王曹植子建撰。卷数与前志合。其间亦有采取《御览》《书钞》《类聚》诸书中所有者，意皆后人附益，然则亦非当时全书矣。其间或引挚虞《流别集》。此书国初已亡，犹是唐人旧传也。	据目录、流传源流辨伪。
88	歌词类	六一词	欧阳文忠公修撰。其间多有与《花间》《阳春》相混者，亦有鄙亵之语一二厕其中，当是仇人无名子所为也。	据比勘辨伪。
89	歌词类	东坡词	苏文忠公轼撰。集中《戚氏》，叙穆天子、西王母事，世不知所谓，李端叔跋详之。盖在中山燕席间有歌此阕者，坐客言调美而词不典，以请于公，公方观《山海经》，即叙其事为题，使妓再歌之，随其声填写，歌竟篇就，才点定五六字而已。端叔时在幕府目击，必不诬，或言非坡作，岂不见此跋耶？今坡词多有刊去此篇者。	辨伪篇。
90	文史类	诗格	题魏文帝，而所述诗或在沈约后，其为假托明矣。	据时代辨伪。
91	文史类	评诗格	唐李峤撰。峤在昌龄之前，而引昌龄《诗格》八病，亦未然也。	据引文辨伪。
92	文史类	二南密旨	唐贾岛撰。凡十五门，恐亦依托。	自由心证。
93	文史类	文苑诗格	称白氏，尤非也。	自由心证
94	文史类	金针诗格	白居易撰。	自由心证。
95	文史类	续金针格	梅尧臣撰。大抵皆假托也。	自由心证。

陈振孙对《易纬稽览图》《易纬乾元序制记》《尚书精义》《元经》《南迁录》《吴越备史》

《公孙龙子》《西京杂记》《神异经》《清异录》《正宏集》《列仙传》《二南秘旨》等，皆有发疑辨难之功。如《神异经》旧本题汉东方朔撰，陈振孙《直斋书录解题》已极斥此书称“东方朔撰，张茂行传”之伪。《四库全书总目》认为“振孙所疑，诚为有见”。

自由心证的占比约为四分之一，还相当高。这是传统文献辨伪学的一大弊端。“跟着感觉走”，辨伪往往误入歧途。

(五)朱翌

1. 朱翌其人

宋朱翌(1097—1167)，字新仲，号潜山居士、省事老人。舒州人。《宋史翼》有传。清鲍廷博《猗觉寮杂记跋》述其生平事迹云：

> 朱翌，字新仲，龙舒人。汉桐乡啬夫邑之后，政和间以太学生赐第，为溧水簿。高宗南渡，秘书监中书舍人，与修《徽宗实录》。秦桧逐赵鼎，以为鼎党，谪居曲江，已而放归。朝廷悯其饥寒，计贬所十四年，衣祎悉以予之。初流寓桐庐，爱茨庐山水，遂家焉。谪归后，卜居于鄞。所著《灊山集》四十四卷，今已失传。右《杂记》二卷，盖在曲江时所著，方流离迁徙，索手无书，而能紬绎经史，探索百氏，旁引曲证而折衷之，亦足以征其腹笥之富已。晚年自号省事老人，尝作《信天缘堂记》云：“天生匹夫，一饭前定，多图未必得，坐视未必失，世岂有一门困于无饭者乎?”其天怀放旷又如此。此本卷末题云：“康熙丙申六月、借小山从汲古得本付抄。”不知何人笔？予购自文瑞楼金氏，乾隆乙未以付梓人，逾年臧事。甲子偶符，殆亦所谓前定者耶！丙申十月中浣二日，长塘鲍廷博识。

2. 朱翌的文献辨伪

(1)辨“《尔雅》非周公所作”

> 《尔雅》非周公书也。郭璞序云：兴于中古，隆于汉氏，未尝指为周公。盖是汉儒所作，亦非中古也。其言多释《诗》，以是知之。如切如磋，如琢如磨，瑟兮僩兮，赫兮喧兮之类，皆卫诗……列国之诗，非周公与中古时期矣。

认为是汉儒所作。①

(2)辨《东坡注杜诗》之妄

> 近世传《东坡注杜诗》，李歜编者，诞妄无根，不可名状，其言某事某论者，今皆无，此书一妄也；且古人语各不同，如三国时与西汉人语、两汉人与六朝人语各有体格，今皆一律，此二妄也；诗人用古语三字或两字或全句多矣，取其自然，不如是切当，是撰字贴诗惟恐句中漏一两字，使人觉之可笑，此三妄也。其大妄者有三，有

---

① 《四库全书》第850册第460页。

作者有出处而歇不知者。①

分别从引用、风格等方面进行辨伪。

(六)吴曾

1. 吴曾其人

宋吴曾，字虎臣，抚州崇仁人。博学，能文能诗，多有著述。禀性聪慧倜傥，有抱负。15岁时肄业于太学，值金兵南下，携书归，与名士孙仲益、汪彦章、韩子苍、徐师川等交游，学问益进。吕居仁称其“文宏大奇伟，言高旨远，当与江西诸名公并称”。宋高宗时应试不第，于绍兴十一年(1141)献所著《春秋左传发挥》等书给秦桧，以布衣特补右迪功郎，一说得补洪州赡军酒库，改都大司检踏官；二十二年(1152)，充敕令所删定官(《建炎以来系年要录》卷一四〇、一六三)。二十三年(1153)，改奉常主簿，为玉牒所检讨官(《能改斋漫录后序》)。三十年，试太常丞，兼权吏部郎官，被劾，领在外宫观(《建炎以来系年要录》卷一八四、一八七)。后内调为敕令所删定官，迁太常司簿、工部(一说吏部)郎中。太史局欲将绍兴殡宫20里内士民的坟墓迁徙别处，因其提出异议而作罢。绍兴三十一年(1161)至三十二年(1162)，建议加强防务，以防金兵南下，遭台谏官讥评。绍兴三十二年(1162)六月，孝宗继位，认为吴曾博通天人，可放外任，但受到种种阻挠。后出任靖州知州，有志于罢免贪吏，以安边民，又与监司意见不合。不久，改任全州知州，刚到任又改调严州。赴任时，途经严子陵钓台，地方人士隆重欢迎，他辞曰：“岂不有愧于严子陵的高风亮节。”由于居官严正，遭地方官吏多方排挤中伤，辞官归家。绍兴三十二年(1162)，汇编笔记《能改斋漫录》。余嘉锡在《四库提要辩证》中说：“几与洪迈《容斋随笔》相埒。”73岁病故。对其为人却褒贬不一。褒之者说：“起知严州，去贪吏、恤良民，善政著闻。”贬之者评论说，“党附秦桧，曲意取媚”，“为投降政策辩护”。

2. 吴曾的文献辨伪

(1)辨《纪闻》非温公所撰

《能改斋漫录》卷四“《纪闻》非温公所为”条云：

> 司马公《纪闻》载：“进士叶适，试补监生第一，王介甫爱其所对策。布衣徐禧，得洪州进士黄雍所著书，窃其语，上书褒美新法，介甫亦赏其言。皆奏除官，令于中书习学检正。及介甫出知金陵，吉甫荐二人，皆安石素所器重。上召见，适奏对不称旨。徐禧无学术而口辨，扬眉奋髯，足以动人主意。或问以故事，禧对：‘此非臣所学，臣所学云云’，其说皆雍语也。而蔡承禧收得雍草，封上之。承禧又言：‘禧母及妻，皆非良家。’又言：‘禧前居父丧而博，为吏所捕，因亡命诣阙上书。’”《纪闻》以此事得于王熙。温公著《纪闻》，多得于人言。则有毁者，或失其真之说，是非特未定也。或者又以《纪闻》非公所为，然后人不能不致疑于其间。最后予读东坡《悼徐德占》诗，其序云：“余初不识德占，但闻其初为惠卿所荐，以处士用。元丰五年二月，偶以事至蕲水，德占闻予在传舍，惠然见访。与之语，有过人者。是岁十月，闻

① 《四库全书》第850册第459页。

其遇祸，作诗吊之。”云：“美人种松柏，欲使低荫门。栽培虽易长，流恶病其根。哀哉岁寒姿，肮脏谁与论。竟为时所误，不免刀斧痕。一遭儿女污，始觉山林尊。从来觅栋梁，未免傍篱藩。南山隔秦岭，千树龙蛇奔。大厦若果倾，万牛何足言。不然老岩壑，合抱枝生孙。死者不可悔，吾将遗后昆。”乃知《纪闻》所传不足信。①

(2)辨《胡笳十八拍》非蔡文姬所撰

《能改斋漫录》卷五“胡笳十八拍”条云：

王观国《学林新编》曰：“秦再思《纪异录》云：‘琴谱《胡笳曲》者。本昭君见胡人卷芦叶而吹之，昭君感焉，为制曲，凡十八拍。’观国以为董祀妻蔡琰文姬为胡骑所获，归作诗二章。今世所传《胡笳曲十八拍》，亦用文姬诗中语，盖非文姬所撰。乃后人所撰，以咏文姬也。《纪异》谓昭君制曲，则误矣。王荆公作《集句胡笳曲十八拍》，首言‘中郎有女能传业’者，亦咏蔡文姬也。王昭君未尝有《胡笳曲》传于世。”以上皆王说。予按，《琴集》曰：“《大胡笳十八拍》，《小胡笳十九拍》，并蔡琰作。”及案蔡翼琴曲，有大小胡笳十八拍。大胡笳十八拍，沈辽集，世名沈家声。小胡笳又有契声一拍，共十九拍，谓之祝家声。祝氏不详何代人。李良辅《广陵止息谱》序曰：“契者，明会合之至理，殷勤之余也。”李肇《国史补》曰：“唐有董庭兰，善沈声，盖大小胡笳云。”以此校之，观国谓非文姬所撰，亦非矣。予又按，谢希逸《琴论》曰：“平调，明君三十六拍。胡笳，明君二十八拍。清调，明君十三拍。间弦，明君十九拍。蜀调，明君十二拍。吴调，明君十四拍。杜琼，明君二十一拍。凡有七曲。”然则明君亦有胡笳，但拍数不同耳。庾信诗云：“方调琴上曲，变入胡笳声。”观国谓昭君不能制曲，又非也。②

元李冶《敬斋古今黈·逸文二》亦云：

诸乐有拍，惟琴无拍，只有节奏。节奏虽似拍，而非拍也。前贤论今琴曲已是郑、卫。若又作拍，则淫哇之声，有甚于郑、卫者矣。故琴家谓迟亦不妨，疾亦不妨，所最忌者惟其作拍。而《能改斋漫录》论《胡笳十八拍》引谢希逸《琴论》云：平调明君三十六拍，胡笳明君二十六拍，清调明君十三拍，闲弦明君九拍，蜀调明君十二拍，吴调明君十四拍，杜琼明君二十一拍。七曲皆言拍，果是希逸语否？在琴操其实不当言拍，止可言几奏也。今琴谱载大小胡笳十八拍，或十九拍者，乃后世琴工相传云尔。

(3)辨《李靖兵法》之伪

《能改斋漫录》卷十四“李靖兵法”条云：

① 《四库全书》第850册第557页。
② 《四库全书》第850册第566页。

李靖兵法，世无全书，略见于《通典》。今《对问》出于阮逸家，或云："逸因杜佑附益之也。"然予家有《李靖六军心镜》数卷，其文浅近，岂伪书耶？①

吴曾记诵渊博，故援据极为赅洽，辨析亦多精核。

(七)张淏

1. 张淏其人

宋张淏，字清源，号云谷。婺州武义人，原籍开封。宁宗庆元中以荫补官。累迁奉议郎，守太社令致仕。著有《宝庆会稽续志》《艮岳记》《云谷杂记》。其《为侍郎徐公邦宪赋》云：

五花麟驹箭飞云，鸣珂敲月曙色分。晨光炯炯照玉勒，华风熠熠生衡门。磊磊落落万人英，气射斗牛贯九精。笔扛龙文百斛鼎，鲸呿鳌掷风雨惊。英辞琳琅润金石，寒芒正色如明星。淫哇乱雅快一扫，英茎韶濩重铿鍧。质高器大声必广，古来才士岂虚名。我嗟壮岁困五穷，终年齞齞文字中。绝编坏简徒自苦，炊沙镂水初何功。志高意广材不足，奴辈岂特笑孔融。龙潜蚖肆亦物理，草庐未必非英雄。天生我材必有用，谁能便与朽腐同。愿得侧翅附鸿鹄，追风击电凌太空。

2. 张淏的文献辨伪

《云谷杂记》卷二载：

《唐书》：于志宁与李勣修定《本草》，高宗曰：本草别录何为而二？对曰：班固惟记云云，至魏晋以来，吴普、李当之所记也。予按，哀帝元始五年，征天下通知逸经、古记、天文、历算、钟律、小学、史篇、方术、本草者，遣诣京师。又楼护传少诵医经、本草、方术数十万言。是《本草》已见于汉，但当时秘府偶无，故《七略》不载。班固作《艺文志》，惟据《七略》，故亦无《本草》。志宁但见《艺文志》无之，便谓《本草》出于后世，非也。《神农本经》文字亦不甚多，今《本草》中别以白字者即是，余皆后人所增。②

张淏认为《神农本草》不伪，但有后人附益。

(八)姚宽

1. 姚宽其人

宋姚宽，字令威，号西溪。会稽嵊县(今浙江嵊县)人。宣和三年随父迁居诸暨。聪慧异常，博闻强记，精于天文推算。其尤工词章、篆隶及工技之事。后来姚宽以荫补官。秦桧执政后，因旧时的怨恨而拒绝任用姚宽。之后姚宽经贺允中、徐林、张孝祥等人推

---

① 《四库全书》第850册第776页。
② 《四库全书》第850册第870页。

荐，任尚书户部员外郎、枢密院编修官。集古今用弩事实及造弩技术，编写《弩守书》献与朝廷。另著有《西溪集》《史记注》《战国策补注》(剡川姚氏本《战国策》行于世，日本早稻田大学有藏本，清嘉庆读未见书斋有刻本)、《西溪丛语》等。其词《生查子·情景》云："郎如陌上尘，妾似堤边絮。相见两悠扬，踪迹无寻处。酒面扑春风，泪眼零秋雨。过了别离时，还解相思否?"

2. 姚宽的文献辨伪

(1)辨杜甫赠李龟年诗之伪

姚宽《西溪丛语》卷上云：

江季共说杜甫赠李龟年诗非甫所作。盖岐王死时，与崔滌死时，年尚幼。又甫天宝乱后，未尝至江南也。范摅《云溪友议》言，明皇幸岷山，伶官奔走，李龟年奔迫江潭，甫以诗赠龟年云云。又云龟年曾于湘中采访使筵上唱"红豆生南国，秋来发几枝，赠君多采撷，此物最相思"云云，歌阕莫不望行在而惨然。龟年唱罢，忽闷绝仆地，以左耳微暖，妻子未忍殡殓，经四日乃苏，曰："我遇二妃，令教侍女兰苕唱祓禊毕，放还。"且言主人即复长安，而有中兴之主也。谓龟年：汝何忧乎? 时甫正在湘潭，或有此诗，更须考究。①

(2)辨《南部烟花录》之伪

姚宽《西溪丛语》卷下云：

《南部烟花录》文极俚俗。又载陈后主诗云："夕阳如有意，偏傍小窗明。"此乃唐人方域诗，六朝诗语不如此。《唐·艺文志》所载《烟花录》记幸广陵事，此本已亡，故流俗伪作此书，与裴铏《传奇》载秦人事及赋唐俚诗无异。②

(3)辨《水经》之作者

姚宽《西溪丛语》卷下云：

《水经》世以为桑钦撰。予读《易水注》云："易水经其东南，合滱水，故桑钦曰：易水出北新城西北，东入滱，自下滱、易互受通称矣。"又广阳县溪水亦引桑钦说，且水经正文皆无此语，恐非桑钦撰，当别有书也。古书散亡，良可叹已。③

姚宽为一代博洽工文之士，亦为考证家之有根柢者，所疑无不益人心智。

---

① 《四库全书》第850册第934页。
② 《四库全书》第850册第950页。
③ 《四库全书》第850册第972页。

(九)王观国

1. 王观国其人

王观国，长沙人，政和五年乙未进士，官承务郎，知汀州宁化县主管，劝农公事，兼兵马监押。有《学林》十卷，《四库全书》著录。《四库提要》略云，观国，长沙人，其事迹不见于《宋史》，《湖广通志》亦未之载，惟贾昌朝《群经音辨》载有观国所作后序，结衔称承务郎，知宁化县兼兵马监押，末题绍兴壬戌秋九月中澣，则南渡以后人也。考晁公武、陈振孙两家书目及《宋史艺文志》，俱未著录。吴曾《能改斋漫录》、赵与时《宾退录》引之，均称《学林新编》，今所传本但题《学林》，无"新编"二字。书中专以辨别字体、字义、字音为主，自六经、史汉，旁及诸书，凡注疏笺释之家，莫不胪列异同，考求得失，多前人之所未发。论其大致，盖引据详洽，辨析精核者十之八九，以视孙奕《示儿编》殆为周之，南宋诸儒讲考证者不过数家，若观国者亦可谓卓然特出矣。

2. 王观国的文献辨伪

(1)辨《尔雅》非周公之作

《学林》卷八"霍山"条云：

> 《尔雅》曰："泰山为东岳，华山为西岳，霍山为南岳，常山为北岳，嵩高为中岳。"郭璞注曰：霍山即天柱山，潜水所出。《前汉·郊祀志》曰："舜岁二月东巡狩，至于岱宗。岱宗，泰山也。五月巡狩至南岳者，衡山也。八月巡狩至西岳者，华山也。十一月巡狩至北岳者，常山也。中岳，嵩高也。五载一巡狩。"观国案：南岳者，衡山也，而《尔雅》以霍山为南岳者。《前汉·郊祀志》曰：武帝巡南郡，至江陵而东登礼灊之天柱山，号曰南岳。颜师古注曰：灊，庐江县也，盖庐山有霍山，即天柱山之别名，灊水出焉，所谓灊霍者也。汉武南巡，惮衡山之远，而东至霍山，即祀，以为南岳。《尔雅》当举衡山以为南岳，而反举霍山者，非古也。是以知《尔雅》非周公之作也。①

王观国对于《尔雅》一书用力甚深，书中征引达百处之多。仅据一例即断"《尔雅》非周公之作"，孤证不足信也。

(2)辨《胡笳曲十八拍》非蔡文姬所撰

《学林》卷八"胡笳"条云：

> 秦再思《纪异录》曰："琴谱胡笳曲者，本昭君见胡人卷芦叶而吹之，昭君感之为制曲，凡十八拍。"观国案：《后汉·列女传》：董祀妻，蔡邕女也，名琰，字文姬，博学有才辨，适卫仲道，夫亡，无子。兴平中丧乱，文姬为胡骑所获，在胡中十二年。曹操素与邕善，痛其无嗣，乃遣使以金璧赎之，而嫁于祀。后感伤乱离，作诗二章，辞皆载在本传。今世所传《胡笳十八拍》亦或用文姬诗中语，盖非文姬所撰，乃后人撰以咏文姬也。小说谓昭君制曲，则误矣。王荆公作集句《胡笳曲十八拍》，首

① 《四库全书》第851册第140页。

言“中郎有女能传业，颜色如花命如叶”者，亦咏蔡文姬也。王昭君未尝有曲传于世。①

王观国已经明确指出，今世所传《胡笳十八拍》非文姬所撰。《胡笳十八拍》在20世纪50年代成为学术界一大公案，卷入讨论的人数非常多。

(十)程大昌

1. 程大昌其人

程大昌(1123—1195)，字泰之，徽州休宁(今属安徽)人。南宋时期政治家、思想家、文学家、哲学家。高宗绍兴二十一年(1151)进士。二十六年，除太平州教授。二十七年，召为大学正。三十年，迁秘书省正字。孝宗即位，擢著作佐郎，历国子司业兼权礼部侍郎、直学士院。著有《考古编》《演繁露》《雍录》等书。

2. 程大昌的文献辨伪

(1)《诗序》之辨

程大昌《考古编》卷三“诗论十三”云：

《孔子世家》：古诗三千余篇，及至孔子去其重，取可施于礼义者三百五篇。然而今诗之著序者顾三百一十一篇，何也？龚遂谓昌邑王曰：大王诵诗三百五篇。王式曰：臣以三百五篇谏谶纬之书，如《乐纬》《诗纬》《尚书璿玑钤》。其作于汉世者，皆以三百五篇为夫子删采定数，故长孙无忌辈推本其说，知汉世毛学不行，诸家不见《诗序》，不知六诗亡失也。然则先汉诸儒不独不得古传正说而宗之，虽古序亦未之见也。夫既无古序以总测篇意，则往往杂采他事，比类以求归宿。如战国之人相与赋诗，然断章取义，无通概成说。故班固总齐、鲁、韩三家，而折衷之曰：申公之训，燕、韩之传，或取春秋杂说，咸非其本义也。然则古序也者，其诗之喉襟也欤？毛氏之传固未能悉胜三家，要之，有古序以该括章指，故训诂所及，会一诗以归一贯，且不至于漫然无统。河间献王多识古书，于三家之外，特好其学，至自即其国，立博士以教，与《左氏传》偕行，亦为其源流本古故耳，然终以不得立于天子学官，故竟西都之世不能大显。积世既久，如《左氏春秋》《周礼》六官，儒之好古者悉知本其所自，特加尊尚，而《毛传》始得自振。东都大儒如谢曼卿、卫宏、郑众、贾逵、郑玄皆笃嗜传习，至为推广其教，而万世亦皆师承。昔之三家，乃遂不能与抗，则古序之于毛公其助不小矣。班固之传毛也，曰：毛公之学自谓出于子，夏则亦以古序之来不在秦后，故以子夏名之云耳，毛亦未必能得的传而真知其出于何人也。若夫郑玄直指古序以为子夏，则实因仍毛语无可疑也。子夏之在圣门，固尝因言诗而得褒予矣，曰起予者商也，则汉世共信古序之所由出者必以此也。然子贡亦尝因切磋琢磨而有会于夫子之意，其曰赐也始可与言诗已矣，是亦夫子语也。而独以序归之子夏，其亦何所本哉？

① 《四库全书》第851册第196页。

(2)辨《水经》不纯桑钦书

程大昌《考古编》卷十“《水经》不纯桑钦书”

河水右渎，东北径长乐郡武疆县故城，东郦曰长乐，故信都也。晋太康五年，改从今名。按杜佑以钦所纪有后汉和帝时地名，疑其人出和帝以后，今此既改信都从长乐，则晋太康间事也。议者以为后人误以郦注加之本文，然此所订正信都，改为长乐，乃郦所注，则不得谓为以郦注而入之经。①

(3)辨《西京杂记》之伪

程大昌《演繁露》卷十二“墓石志”云：

《西京杂记》：“杜子夏葬长安，临终作文曰云云，及死，命刊石埋于墓侧。”则墓之有志不起南朝王俭。然《西京杂记》所纪制度，多班固书所无，又其文气妩媚，不能古劲，疑即葛洪为之。②

今按，游寿《墓志之起源》认为，墓志铭始于后汉，蔡中郎集中有碑铭，然未必是纳诸圹中者。又章和十六年画承墓表黄文仍西北考察此同在吐鲁番崖墓中者，又永和二年临为父□华碑，观其方尺寸大小是也。墓而曰碑，盖神道碑表碣，达官贵人所定，东汉既表彰风节，山岩隐逸大儒，门人故旧，私为铭志，以示不朽，然则蔡中郎集中之铭，与后世之墓志铭有汉李夫人墓门记。如雅州新出之王晖柩志，刻在棺之前是也(芦山新出汉石图考)。为建安十六年(211)之刻，唯拓传世之石，得真正墓志之例者到魏景元三年陈璟墓志是也。

(十一)赵汝谈

1. 赵汝谈其人

赵汝谈(？—1237)，字履常，宋太祖八世孙，居余杭。生而颖悟，年十五，以大父恩补将仕郎。登淳熙十一年进士第。丞相周必大得其文异之，语参知政事施师点曰：“是子他日有大名于世。”调汀州教授，改广德军，添差江西安抚司干办公事。尝从朱熹订疑义十数条，熹嗟异之。佐丞相赵汝愚定大策，汝愚欲骤以词掖处之，力辞去。持祖母服。汝愚去国，其弟汝说力上疏乞留汝愚、斩侂胄，闻者吐舌。兄弟罹党祸斥去。寻调安庆府教授，添差浙东安抚司干办公事。丁母忧，免丧，召为太社令。所著有《易》《书》《诗》《论语》《孟子》《周礼》《礼记》《荀子》《庄子》《通鉴》《杜诗注》。③

2. 赵汝谈的文献辨伪

赵汝谈对五经多有新见，宜乎清代大儒阎若璩《潜邱劄记》给予高度评价：

---

① 《四库全书》第852册第63~64页。

② 《四库全书》第852册第174页。

③ 见《宋史》列传第一百七十二。

《宋史·赵汝谈传》：汝谈天资绝人，沈思高识，自少至老，无一日去书册。其论《易》，以为为占者作，《书》尧、舜二典宜合为一，禹功只施于河洛，《洪范》非箕子之作，《诗》不以《小序》为信，《礼记》杂出诸生之手，《周礼》疑傅会女主之书。要亦卓绝特立之见。①

阎若璩谓之“卓绝特立之见”，可谓推崇备至。可惜我们只能获知他的观点，不能知道更多的论证细节。

(十二)洪迈

1. 洪迈其人

洪迈(1123—1202)，字景庐，号容斋，又号野处。洪皓第三子。官至翰林院学士、资政大夫、端明殿学士，宰执、封魏郡开国公、光禄大夫。卒年八十，谥文敏。配张氏，兵部侍郎张渊道女，继配陈氏，均封和国夫人。南宋著名文学家。著有《容斋随笔》《夷坚志》。今人凌郁之撰《洪迈年谱》(上海古籍出版社2006年版)，可参考。

洪迈自序称：“予老去习懒，读书不多，意之所之，随即纪录，因其后先，无复诠次，故目之曰随笔。”此谦辞也。《容斋随笔》内容丰富，与《梦溪笔谈》各有特色，为宋代笔记之冠冕。“作议论文字，须考引事实无差忒，乃可传信后世”(卷四)，此语颇为警策。

2. 洪迈的文献辨伪

(1)辨《周礼》非周公书

《周礼》一书，世谓周公所作，而非也，昔贤以为战国阴谋之书，考其实，盖出于刘歆之手。《汉书·儒林传》，尽载诸经专门师授，此独无传。至王莽时，歆为国师，始建立《周官经》以为《周礼》，且置博士。而河南杜子春受业于歆，还家以教门徒，好学之士郑兴，及其子众往师之，此书遂行。歆之处心积虑，用以济莽之恶，莽据以毒痛四海，如五均、六筦、市官、赊贷，诸所兴为，皆是也。故当其时，公孙禄既已斥歆颠倒《六经》毁师法矣。历代以来，唯宇文周依六典以建官，至于治民发政，亦未尝循故辙。王安石欲变乱祖宗法度，乃尊崇其言，至与《诗》《书》均匹，以作《三经新义》，其序略曰：“其人足以任官，其官足以行法，莫盛乎成周之时；其法可施于后世，其文有见于载籍，莫具乎《周官》之书。自周之衰，以至于今，太平之遗迹，扫荡几尽，学者所见无复全经。于是时也，乃欲训而发之，臣知其难也。以训而发之之难，则又以知夫立政造事追而复之之为难。”则安石所学所行实于此乎出。遂谓：“一部之书，理财居其半。”又谓：“泉府，凡国之财用取具焉，岁终，则会其出入而纳其余，则非特摧兼并，救贫厄，因以足国事之财用。夫然故虽有不庭不虞，民不加赋，而国无乏事。”其后吕嘉问法之而置市易，由中及外，害遍生灵。呜呼！二王托《周官》之名以为政，其归于祸民一也。②

---

① 《四库全书》第859册第389页。

② 洪迈：《容斋续笔》卷十六。

(2)辨《尹文子》之伪

《汉·艺文志》名家内有《尹文子》一篇，云："说齐宣王。先公孙龙。"刘歆云，"其学本于黄、老，居稷下，与宋钘、彭蒙、田骈等同学于公孙龙。"今其书分为上下两卷，盖汉末仲长统所铨次也。其文仅五千言，议论亦非纯本黄、老者。《大道篇》曰："道不足以治则用法；法不足以治则用术，术不足以治则用权；权不足以治则用势；势不足则反权。权用则反术；术用则反法；法用则反道；道用则无为而自治。"又曰："为善使人不能得从，此独善也。为巧使人不能得为，此独巧也。未尽善巧之理。为善与众行之，为巧与众能之，此善之善者，巧之巧者也。故所贵圣人之治，不贵其独治，贵其能与众共治；贵工倕之巧，不贵其独巧，贵其能与众共巧也。今世之人，行欲独贤，事欲独能，辩欲出群，勇欲绝众。独行之贤，不足以成化；独能之事，不足以周务；出群之辩，不可为户说；绝众之勇，不可与正陈。凡此四者，乱之所由生。圣人任道、立法，使贤愚不相弃，能鄙不相遗，此至治之术也。"详味其言，颇流而入于兼爱。《庄子》末章，叙天下之治方术者，曰："不累于俗，不饰于物，不苟于人，不忮于众。愿天下之安宁，以活民命，人我之养，毕足而止，以此白心，古之道术有在于是者。宋钘、尹文闻其风而悦之，作为华山之冠以自表。虽天下不取，强聒而不舍者也。其为人太多，其自为太少。"盖亦尽其学云。荀卿《非十二子》有宋钘，而文不预。又别一书曰《尹子》，五卷，共十九篇，其言论肤浅，多及释氏，盖晋、宋时衲人所作，非此之谓也。①

(3)辨浅妄书之伪

《容斋随笔》还对《云仙散录》《开元天宝遗事》《老杜事实》等浅妄书进行了辨伪：

俗间所传浅妄之书，如所谓《云仙散录》《老杜事实》《开元天宝遗事》之属，皆绝可笑。然士大夫或信之，至以《老杜事实》为东坡所作者，今蜀本刻杜集，遂以入注，孔传续《六帖》，采摭唐事殊有工，而悉载《云仙录》中事，自秽其书。《开天遗事》托云王仁裕所著。仁裕，五代时人，虽文章乏气骨，恐不至此，姑析其数端以为笑。其一云："姚元崇开元初作翰林学士，有步辇之召。"按，元崇自武后时已为宰相，及开元初，三入辅矣。其二云："郭元振少时美风姿，宰相张嘉贞欲纳为婿，遂牵红丝线，得第三女，果随夫贵达。"按，元振为睿宗宰相，明皇初年即贬死，后十年，嘉贞方作相。其三云："杨国忠盛时，朝之文武争附之，以求富贵，惟张九龄未尝及门。"按，九龄去相位十年，国忠方得官耳。其四云："张九龄览苏颋文卷，谓为文阵之雄师。"按，颋为相时，九龄元未达也，此皆显显可言者，固鄙浅不足攻，然颇能疑误后生也。惟象指杨国忠为冰山事，《资治通鉴》亦取之，不知别有何据。近岁兴化军学刊《遗事》，南剑州学刊《散录》，皆可毁。②

① 洪迈：《容斋续笔》卷十四。
② 洪迈：《容斋随笔》卷一。

今按,《云仙散录》并非“浅妄书”,更非伪书,当分别观之。

(4)辨诸传托名东坡

枚乘作《七发》,创意造端,丽旨腴词,上薄《骚》些,盖文章领袖,故为可喜。其后继之者,如傅毅《七激》、张衡《七辩》、崔骃《七依》、马融《七广》、曹植《七启》、王集《七释》、张协《七命》之类,规仿太切,了无新意。傅玄又集之以为《七林》,使人读未终篇,往往弃诸几格。柳子厚《晋问》,乃用其体,而超然别立新机抒,激越清壮,汉、晋之间,诸文士之弊,于是一洗矣。东方朔《答客难》,自是文中杰出,扬雄拟之为《解嘲》,尚有驰骋自得之妙。至于崔骃《达旨》、班固《宾戏》、张衡《应闲》,皆屋下架屋,章摹句写,其病与《七林》同,及韩退之《进学解》出,于是一洗矣。《毛颖传》初成,世人多笑其怪,虽裴晋公亦不以为可,惟柳子独爱之。韩子以文为戏,本一篇耳,妄人既附以《革华传》,至于近时,罗文、江瑶、叶嘉、陆吉诸传,纷坛杂沓,皆托以为东坡,大可笑也。①

(5)辨苏李诗之伪

《容斋随笔》卷十四从地名、避讳等方面对李陵苏武诗进行辨伪:

《文选》编李陵苏武诗凡七篇,人多疑“俯观汉江流”之语,以为苏武在长安所作,何为乃及汉江?东坡云:“皆后人所拟也。”予观李诗云:“独有盈觞酒,与子结绸缪。”盈字正惠帝讳,汉法触讳者有罪,不应陵敢用之,益知坡公之言为可信也。②

此外,苏金侠博士对其辨伪作了比较详尽的考辨,兹不赘述。

《容斋随笔》卷二“和归去来”条云:

今人好和《归去来辞》,予最敬晁以道所言。其《答李持国书》云:“足下爱渊明所赋《归去来辞》,遂同东坡先生和之,仆所未喻也。建中靖国间,东坡《和归去来》,初至京师,其门下宾客从而和者数人,皆自谓得意也,陶渊明纷然一日满人目前矣。参寥忽以所和篇示予,率同赋,予谢之曰:‘童子无居位,先生无并行,与吾师共推东坡一人于渊明间可也。’参寥即索其文,袖之出,吴音曰:‘罪过公,悔不先与公话。’今辄以厚于参寥者为子言。”昔大宋相公谓陶公《归去来》是南北文章之绝唱,《五经》之鼓吹。近时绘画《归去来》者,皆作大圣变,和其辞者,如即事遣兴小诗,皆不得正中者也。

上面这一条并非专门辨伪之论,但与辨伪极有关系。明乎此理,始可与言辨伪矣。

洪迈《容斋随笔》卷一认为“解释经旨贵于简明”:

① 洪迈:《容斋随笔》卷七。
② 洪迈:《容斋随笔》卷十四。

解释经旨，贵于简明，惟孟子独然。其称《公刘》之诗：“乃积乃仓，乃裹糇粮，于橐于囊，思戢用光，弓矢斯张，干戈戚扬，爰方启行。”而释之之词，但云：“故居者有积仓，行者有裹粮也，然后可以爰方启行。”其称《烝民》之诗：“天生烝民，有物有则，民之秉夷，好是懿德。”而引孔子之语以释之，但曰：“故有物必有则，民之秉夷也，故好是懿德。”用两故字，一必字，一也字，而四句之义昭然。彼训“曰若稽古”三万言，真可覆酱瓿也。

此乃通人之论，特附录于此。

(十三)叶大庆

1. 叶大庆其人

叶大庆，字荣甫，龙泉人氏。少时入县学，弱冠升京师国子学。开禧元年(1205)中进士。授建州州学教授。上自六经诸史，下逮当朝名家著述，无所不谙，并以词赋知名于时。对诸生授业解惑，辨伪纠谬，议论精确，说理透辟，深得学子爱戴。晚年，身患痼疾，杜门辞教，将数十年之教学笔记，整理成《考古质疑》一书，内容涉及历朝史实、曲章制度、文字训诂、诗词文章，而以考证史实为多。如考司马迁《史记》记事前后矛盾处，辨析中者，结论令人信服。大庆死后，好友建州郡丞叶武子慷慨解囊，将《考古质疑》付梓，于宝庆二年(1226)问世，后收入《永乐大典》。

2. 叶大庆的文献辨伪

(1)辨《列子》之增益

《考古质疑》卷三认为：

列子之书，大要与《庄子》同，不可以其寓言为实也。如《杨朱》篇云：晏平仲问养生于管夷吾，夷吾问送死于平仲，大庆以《史记·秦纪》及《穀梁传》参考之，秦缪鲁僖之十二年已言管仲死。是岁癸酉。《史记·齐世家》以管仲卒于桓公四十一年，如此则是僖公十五年丙子，《齐世家》误矣。平仲虽莫究其始，然《史记》载婴死于夹谷之岁，则是鲁定公十年也。自仲之死，至是已百五十年。使其问答，仲当垂死之岁，婴方弱冠之时，婴有百七十之寿矣。以此知其不然也。又《史记·管婴列传》云：仲卒，齐遵其政，后百余年有晏子焉。然则二子非同时，而列子之寓言明矣。《容斋随笔》云：庄子之鲲鹏，列子之六鳌，其语大若此。《庄子》：北溟有鱼，其名为鲲，鲲之大，不知其几千里也。化而为鸟，其名曰鹏，鹏之背，不知其几千里也。《列子·汤问》第五：渤海之东，不知几亿万里，中有五山，五山之根，无所连着，帝使巨鳌十五举首戴之，迭为三番，六万岁一交焉，五山始峙而不动。龙伯之国有大夫，一钓而连六鳌。庄子之蛮触，列子之焦螟，其语小又如此。《庄子·则阳》第二十五云：有国于蜗之左角曰触氏，有国于蜗之右角曰蛮氏，时相与争地而战，伏尸数万。《列子·汤问篇》：江浦之间虫日焦螟，群飞而集于蚊睫，弗相触也。栖宿去来，蚊弗觉也。离朱方昼拭目此扬眉而望之，弗见其形；师旷方夜耳，俯首而听之，弗闻其声。大庆谓，凡若此类，人固知其寓言。如引古人问答，容有未易觉者，故大庆特举盗跖之讥孔子，与管晏之问答以明之。

叶大庆认为《列子》为寓言。又以为《列子》书多后人增益：

刘向校《列子》书，定著八篇，云：列子，郑人，与穆公同时，盖有道者也。孝景时，贵黄老术，此书颇行于世。大庆按，缪公立于鲁僖三十二年，薨于鲁宣三年，正与鲁文公并世。《列子》书《杨朱篇》云：孔子伐木于宋，围于陈、蔡。夫孔子生于鲁襄二十二年，缪公之薨五十五年矣。陈、蔡之厄，孔子六十三岁。统而言之，已一百十八年。列子，缪公时人，必不及知陈、蔡之事明矣。况其载魏文侯、子夏之问答，则又后于孔子者也。不特此尔，第二篇载宋康王之事，第四篇载公孙龙之言，是皆战国时事，上距郑缪，三百年矣。晋张湛为之注，亦觉其非，独于公孙龙事乃云后人增益，无所乖错，而足有所明，亦何伤乎？如比皆存而不除，大庆切有疑焉。因观《庄子·让王篇》云："子列子穷貌，有饥色，客有言于郑子阳曰，列御寇，有道之士也。居君之国而穷，君无乃不好士乎？子阳即令官遗之粟，列子再拜而辞。使者去，其妻曰：妾闻为有道者之妻子，皆得佚乐，今有饥色，君过而遗先生食，先生不受，岂不命耶？列子笑曰：君非自知我也。以人之言而遗我粟，至其罪我也，又且以人之言。此吾所以不受也。其卒民果作难而杀子阳。"观此，则列子与郑子阳同时，及考《史记·郑世家》，子阳乃繻公时，二十五年杀其相子阳，即周安王四年癸未岁也。然则列子与子阳，乃繻公时人，刘向以为缪公，意者误以繻为缪欤？虽然，大庆未敢遽以向为误，姑隐之于心。续见苏子由《古史·列子传》，亦引辞粟之事，以为御寇与繻公同时。又观《吕东莱大事记》云：安王四年，郑杀其相驷子阳，遂及列御寇之事。然后因此以自信。盖列与庄相去不远，庄乃齐宣梁惠同时，列先于庄，故庄子著书多取其言也。若列子为郑繻公时人，彼公孙龙乃平原之客，赧王十七年，赵王封其弟胜为平原君，则公孙龙之事，盖后于子阳之死一百年矣。而宋康王事，又后于公孙龙十余年，列子乌得而预书之？信乎后人所增，有如张湛之言矣。然则刘向之误，观者不可不察；而公孙龙、宋康王之事，为后人所增益，尤不可以不知。

《列子》之书大要与《老子》同，不可以其寓言为实。

(2)辨《文子》之时代

《考古质疑》卷二对于《文子》的时代有所探讨：

大庆近观《文子》一书，凡一十二篇，谓之《通玄真经》。犹庄子所谓《南华真经》，列子所谓《冲虚真经》也。其书大率多载老子之言，或谓之老子弟子是也。而其序乃以为周平王时人，按《史记·货殖传》注，裴骃曰：计然，葵丘濮上人。姓辛，字文子，其先晋国亡公子也。尝南游于越，范蠡师事之。《文选》曹子建《求通亲亲表》引《文子》曰：不为福始，不为祸先，此所引乃《文子》第三卷《守虚篇》。而李善注云：范子曰，文子者姓辛，葵丘濮上人，称曰计然。范蠡师事之。又《北史》萧大圜云：留侯追踪于松子。陶朱成术于辛文。然则所谓文子，乃春秋末人也。但其书第五卷有平王问于文子曰：吾闻子学得道于老聃云云，注家谓平王为周平王，故其序遂以为周平王时人。夫春秋起于鲁隐，正周平王之时，是为春秋之始。范蠡事越子句践以灭吴，是乃春秋之末，前后相去二百余年。乃谓文子为平王时人可乎？况其书第一卷又载孔子问道于老子，老子曰：正汝形，一汝视，天和将至。是则老子与孔子同时，皆去平王时甚远也。又其书《上仁篇》云：伯乐相之。王良御之。王良与赵简子同时，亦春秋末年也。然则谓为平王时人，岂不误欤？曰孔子与老子答问，其为同时，固也。如上文之所援引，安得平王时有所谓老聃？而曰：吾闻子学道于老聃，似真误矣。但前史所述孔子皆可考其所生之岁月，如老聃则莫推其始，止云姓李名耳，字伯阳，周守藏室之史也。尝观迁史《周纪》，幽王时三川皆震，伯阳甫曰：周将亡矣。注云：伯阳父，周柱下史老子也。及幽王立褒后，太史伯阳读史记曰：周亡矣云云。由此而观，则太史伯阳即老子也。固已见于幽王之前，则平王谓吾闻子学道于老聃，又似非误。况孔子窃比于老彭，说者谓老聃彭祖，夫彭祖尧臣，绵唐、虞，历夏、商，则老聃之年，迁史谓其修道以养寿，或者生于幽王之前，而绵历春秋之季，亦未可知也。更俟智者质之。

(3)辨《中说》非阮逸所撰

《考古质疑》卷五认为"《中说》非阮逸所作"：

《容斋随笔》云：《中说》所载门人多贞观时知名卿相，而无一人能振师之道者，故议者往往致疑。其最所称高弟曰程、仇、董、薛、程、元、仇、璋、董、常无所见，独薛收《唐史》有列传，踪迹甚为明白……挺身归国，正在丁丑、戊寅岁中，丁丑为大业十三年，又为义宁元年，戊寅为武德元年，是年三月，炀帝遇害于江都，盖大业十四年也。杜淹作《文中子世家》，云十三年江都难作，子有疾，召薛收，谓曰：吾梦颜回称孔子归休之命，乃寝疾而终，殊与收事不合，岁年亦不同，是大可疑也。又称李靖受诗，及问圣人之道，靖既云丈夫当以功名取富贵，何至作章句儒，恐必无此。《中说》后载文中子次子福畤所录云，杜淹为御史大夫，与长孙太尉有隙。予按淹以贞观二年卒，后二十一年，高宗即位，长孙无忌始拜太尉，其不合于史如此，故或疑为阮逸所作也。大庆谓容斋之所辩证是矣，尝观杜淹所撰世家，年世既已抵牾，且或疏略自戾，岂止如容斋所疑乎？盖容斋所疑尚犹有可诿者，大庆之所疑，因得以附见焉……自是以至开皇十八年戊午，盖一百一岁矣，使子明为记室时方弱冠，至是亦百二十余岁矣，安得有文中子问礼于子明之事？非年岁之抵牾乎？容斋所疑反不及此，何也？虽然，杜淹所撰岂其欲大吾师之道而彰其名，故不暇详究其年月而起后人之诋訾乎？容斋遂并疑《中说》为阮逸所作，大庆则未敢以为然也，何者？逸乃我宋仁宗朝人。《唐书·艺文志》已有王通《中说》，皮日休有《文中子碑》，亦言序述六经，敷为《中说》，李、薛、房、杜皆其门人。而刘禹锡作《王华卿墓铭序》，载其家世行事甚详，云门多伟人，则与其书所言合矣。司空图又谓文中子致圣人之用，房、卫数公皆为其徒，恢文武之道，以济贞观治平之盛。至于李翱《读文中子》，且以其书并之《太公家教》。刘蕡《读文中子》，又以六籍奴婢讥之。是虽当世儒者好恶不同，推尊之或过，毁损之失真，要知自唐已有此书，决非阮逸所作明矣，岂容斋偶忘之乎？盖容斋所疑，不过因薛收、李靖之事，安知薛收不于文中子既死而方应义举？李靖初年从学而后乃投笔乎？十三年之难，若以史所载田蚡之死都防之置例之，则亦杜淹叙述之误耳。长孙太尉之隙，若以《左传》所称陈桓公、田成子，汉史张良称汉王之等例之，则亦王绩追书之误尔。然则大庆所谓容斋所疑尚有可诿者，以是特杜淹、王绩之徒有所谬误，亦何足以疑《中说》哉？

大庆前谓《中说》非阮逸所作甚明。续考《中说》亦有可疑处，往往王氏子弟如王凝、福畤不无附会于其间，何以言之？《王道篇》云："李德林请见之，与之言，归有忧色。门人问子，子曰：'德林与吾言，终日言文，而不及理。'门人退，子援琴鼓荡之什，门人皆霑襟焉。"又《礼乐篇》云：安平公问政，即德林也。大庆按《通鉴》，德林死于开皇之十年，时文中子方七岁，固未有门人，德林何为请见而问政？门人何为闻琴而霑襟哉？此其谬误，断无可疑，故谓王凝、福畤不无附会于其间者此也。

叶大庆据文献考证，认为《中说》非阮逸所作，但其间有王凝等人的附益之词。

(4)辨《史记》《汉书》之附益

最值得注意的是，该书卷一对于古书附益发表了有价值的见解：

司马迁作《史记》，班固作《汉书》，然《汉书》季布、萧何、张耳、袁盎及张骞、李广、卫霍等赞大略多与《史记》同(原注：《汉书》张骞赞即《史记·大宛传》后)，或全取本文，或改易数字，此无他，马作于前，班述于后，观史固无可疑，然窃惜司马相如传赞乃固所作，而《史记》乃谓太史公曰，全与《汉书》同。夫迁之所作，在固容或袭之，如固之所作，迁安得预同之哉？且迁在武帝时，扬雄生于汉末，今相如传后且引扬雄以为靡丽之赋劝百讽一，此班固作赞晓然矣，何为《史记》乃以为太史公之语而杂于其间耶？诸家注释并不及此，大庆读至于此，窃尝惑之，遍假诸本校之，又皆一同，因反复而究之。公孙弘传乃载平帝元始中王元后诏赐弘子孙爵。徐广注曰：后人写此及班固所称以续卷后，乃知相如之赞亦后人写入而托之太史公也。于是喟然叹曰：古人著书多为后人所加，以启学者之疑，何可胜纪！《九州箴》，扬子云所作也。徐坚《出学记》所载《润州箴》，乃有六代都兴之语(原注：《汉书·扬雄赞》曰："箴莫善于虞箴作州箴。"晋灼曰："九州之箴也。"《初学记》扬雄《润州箴》曰："洋洋润州，江山秀远。蒋庙钟山，孙陵曲衍。江宁之邑，楚曰金陵。吴晋梁宋，六代都兴。"雄生西汉之末，安得预有"吴晋梁宋六代都兴"之语哉?)《艺文类聚》，唐太宗时欧阳询所编也，而有苏、李、沈、宋之诗(原注：正月十五有苏味道《夜游诗》，洛水门有李峤《拜洛诗》，寒食门有沈佺期、宋之问诗，四子皆后人，欧阳安得预编之也)。是皆后人所加，使人不能无疑，类如此，观者不可不知。

以上观点得到稍后学者陈叔方的支持，《颍川识小》卷上云："扬子云后于太史公者也，《史记》相如传乃引扬雄语，此后人续之，非迁笔明矣。"

(十四)赵与时

1. 赵与时其人

赵与时(1172—1228)，宋太祖七世孙，《宋史》无传，《志乘》亦不载其名。惟赵孟坚《彝斋文编》中有《从伯故丽水丞赵公墓铭》，得知其大概：为人幼敏悟，方弱冠，已荐取应举。宁宗时补官右选，先后任婺、泰、衢三州筦库，又监御前军器所，司行在草料场。

三十年间一直为杂员。理宗即位后，赵与时靠“积阶至忠翊”，并按皇室宗亲换阶惯例改换文职，为丽水丞，不久即病逝于丽水，葬于“安吉州归安县乡山之原”。又据书中陈崇礼序，称其从慈湖先生问学，当系宋儒杨简门人。

2. 赵与时的文献辨伪

(1)辨王建宫词之真伪

《宾退录》卷一对于王建宫词有明确考辨：

王建以宫词著名，然好事者多以他人之诗杂之，今世所传百篇不皆建作也。余观诗不多，所知者如“新鹰初放兔初肥，白日君王在内稀。薄暮千门临欲锁，红妆飞骑向前归”“黄金捍拨紫檀槽，弦索初张调更高。尽理昨来新上曲，内官廉外送樱桃”，张籍宫词二首也。“泪尽罗巾梦不成，夜深前殿按歌声。红颜未老恩先断，斜倚熏笼坐到明。”白乐天《后宫》词也。“闲吹玉殿昭华管，醉折梨园缥蒂花。十年一梦归人世，绛缕犹封系臂纱。”杜牧之《出宫人》词也。“红烛秋光冷画屏，轻罗小扇扑流萤。瑶阶夜月凉如水，坐看牵牛织女星。”杜牧之《秋夕》诗也。“奉帚平明秋殿开，且将团扇暂徘徊。玉颜不及寒鸦色，犹带昭阳日影来。”王昌龄《长信秋词》也。“日晚长秋簾外报，望陵歌舞在明朝。添炉欲爇熏衣麝，忆得分时不忍烧。”“日映西陵松柏枝，下台相顾一相悲。朝来乐府歌新曲，唱著君王自作词。”刘梦得《魏宫词》二首也。或全录，或改一二字而已。王平甫谓馆中校花蕊夫人宫词，止三十二首夫人亲笔，又别有六十六篇者乃近世好事者旋加搜索续之，语意与前诗相类者极少，诚为乱真。世又有王岐公宫词百篇，盖亦依托者。①

《宾退录》卷八继续考辨所逸十篇见于洪文敏所录《唐人绝句》中：

余首卷辨王建宫词多杂以他人所作，今乃知所知不广。盖建自有宫词百篇，传其集者，但得九十篇，蜀本《建集序》可考。后来刻梓者以他人十诗足之，故尔混淆。余既辨其人矣，尚有二首“殿前传点各依班，召对西来入诏蛮。上得青花龙尾道，侧身偷觑正南山”“鸳鸯瓦上忽然声，昼寝宫娥梦里惊。元是吾皇金弹子，海棠窠下打流莺”者，未详谁作也。所逸十篇今见于洪文敏所录《唐人绝句》中，然不知其所自得。其词云：“忽地金舆向日陂，内人接着更相随。却回龙武军前过，当处教开卧鸭池。”“画作天河刻作牛，玉梭金镊采桥头。每年宫女穿针夜，敕赐诸亲乞巧楼。”“春来睡困不梳头，懒逐君王苑北游。暂向玉花阶上坐，簸钱赢得两三筹。”“红灯睡里看春云，云上三更直宿分。金砌雨来行步滑，两人抬起隐金裙。”“蜂须蝉翅薄松松，浮动搔头似有风。一度出时抛一遍，金条零落落函中。”“教遍宫娥唱尽词，暗中头白没人知。楼中日日歌声好，不问从初学阿谁。”“弹棋玉指两参差，背局临虚斗着危。先打角头红子落，上三金字半边垂。”“宛转黄金白柄长，青荷叶子画鸳鸯。把来不是呈新样，欲进微风到御床。”“供御香方加减频，水沈山麝每回新。内中不许相传出，已被医家写与人。”“药童食后送云浆，高殿无风扇少凉。每到日中重掠鬓，衩衣骑马绕

① 《四库全书》第853册第656页。按：王岐公，即王珪，著有《华阳集》。

宫廊。”

《宾退录》卷十记花蕊宫词二十八首：

首卷书王平甫所云花蕊宫词三十二首，今考王恭简《续成都集》记才二十八首，尽笔于此。庶真赝了然。

五云楼阁凤城间，花木长新日月间。三十六宫连内苑，太平天子坐昆山。
会真广殿约宫墙，楼阁相扶倚太阳。净甃玉阶横水岸，御炉香气扑龙床。
龙池九曲远相通，杨柳丝牵两岸风。长似江南好春景，画船来去碧波中。
东内斜将紫禁通，龙池凤苑夹城中。晓钟声断严妆罢，院院纱窗海日红。
殿名新立号重光，岛上高楼尽改张。但是一人行幸处，黄金阁子锁牙床。
安排诸院接行廊，水槛周回十里强。青锦地衣红绣毯，尽铺龙脑郁金香。
夹城门与内门通，朝罢巡游到苑中。每日日高祗候处，满堤红艳立春风。
厨船进食簇时新，侍坐无非列近臣。日午殿头宣索脍，隔花催唤打鱼人。
立春日进内园花，红蕊轻轻嫩浅霞。跪到玉阶犹带露，一时宣赐与宫娃。
一面宫城尽夹墙，苑中池水白茫茫。亦从狮子门前入，旋见亭台绕岸傍。
离宫别院绕宫城，金板轻敲合凤笙。夜夜月明花树底，傍池长有按歌声。
御制新翻曲子成，六宫才唱未知名。尽将觱篥抄新谱，先按君王玉笛声。
旋移红树斸青苔，宣使龙池再凿开。展得彩波宽似海，水心楼殿胜蓬莱。
太虚高阁凌波殿，背倚城墙面枕池。诸院各分娘子位，羊车到处不教知。
修仪承宠住龙池，扫地焚香日午时。等候大家来院里，看教鹦鹉念新诗。
才人出入每相随，笔砚将行绕曲池。能向彩笺书大字，忽防御制写新诗。
六宫官职总新除，宫女安排入画图。二十四司分六局，御前频见错相呼。
春风一面晓妆成，偷折花枝傍水行。却被内监遥觑见，故将红豆打黄莺。
梨园第子簇池头，小乐携来候燕游。旋炙银笙先按拍，海棠花下合梁州。
殿前排燕赏花开，宫女侵晨探几回。斜望花开遥举袖，传声宣唤近臣来。
小球场近曲池头，宣唤勋臣试打球。先向画廊排御幄，管弦声动立浮油。
供奉头筹不敢争，上棚等唤近臣名。内人酌酒才宣赐，马上齐呼万岁声。
殿前宫女总纤腰，初学乘骑怯又娇。上得马来才似走，几回抛鞚抱鞍桥。
自教宫娥学打球，玉鞍初跨柳腰柔。上棚知是官家认，遍遍长赢第一筹。
翔鸾阁外夕阳天，树影花光远接连。望见内家来往处，水门斜过画楼船。
内人追逐采莲时，惊起沙鸥两岸飞。兰棹把来齐拍水，并船相斗湿罗衣。
新秋女伴各相逢，罨画船飞别浦中。旋折荷花伴歌舞，夕阳斜照满衣红。
月头支给买花钱，满殿宫娥近数千。遇着唱名多不应，含羞走过御床前。

按明杨慎《升庵诗话》卷二“王建宫词”条以为“鸳鸯瓦上忽然声”为花蕊夫人诗：

王建宫词一百首，至宋南渡后推动七首，好事者妄取唐人绝句补入之。“泪尽罗巾梦不成”，白乐天诗也。“鸳鸯瓦上忽然声”，花蕊夫人诗也。“宝帐平明金殿开”，王少伯诗也。"日晚长秋帘外报"，又"日映西夫松柏枝"二首，乃乐府《铜雀台》诗也。"银烛秋光冷画屏"及"闲吹玉殿昭华管"二首，杜牧之诗也。余在滇南见一古本，七首特全，今录于左："忽地金舆向月陂，内人接著便相随。却回龙武军前过，当殿教看卧鸭儿。"唐著作佐郎崔令钦《教坊记》云："左右两教坊，左多善歌，右多工舞，外有水泊，俗号月陂，形如偃月也。"又云："妓女入宜春苑，谓之内人，亦曰前头人，言常在驾前也。其家在教坊，四季给米。得幸者，谓之十家。""画作天河刻作牛，玉梭金镊采桥头。每年宫女穿针夜，敕赐新恩乞巧楼。""春来懒困不梳头，懒逐君王苑北游。暂向玉阶花下立，簸钱赢得两三筹。""弹棋玉指两参差，阶局临虚斗着危。先打角头红子落，上三金子半连垂。""宛转黄金白柄长，青荷叶子画鸳鸯。把来不是呈新样，欲进微风到御床。""供御香方加减频，水沉山麝每回新。内中不许相传出，已被医家写与人。""药童食后进云浆，高殿无风扇小凉。每到日中重掠鬓，衩衣骑马绕宫廊。"

(2)辨浅妄书之真伪

赵与时在《容斋随笔》基础上对《云仙散录》《开元天宝遗事》《老杜事实》等浅妄书进行了更为深入的辨伪：

《容斋随笔》谓近世所传《云仙散录》《开元天宝遗事》《老杜事实》皆浅妄绝可笑，而颇能疑误后生。然但辨《遗事》中数事，余二书无说，《老杜事实》世不多见。葛常之《韵语阳秋》云：老杜诗云："东阁官梅动诗兴，还如何逊在扬州。"按《逊传》，无扬州事。而《逊集》亦无扬州梅花诗。但有《早梅》诗云："兔园标物序惊时，最是梅御霜当路。发映雪凝寒开枝，横却月观花绕凌。风台应知早飘落，故逐上春来杜公。"前诗乃逢早梅而作，故用何逊事。又意却月、凌风皆扬州台观名。尔近时有妄人假东坡名作《老杜事实》一编，无一事有据。至谓逊作扬州法曹，廨舍有梅一株，吟咏其下，岂不误学者。以上皆葛语。若《云仙散录》，则余家有之，凡三百六十事，而援引书百余种，每一书皆录一事，周而复始，如是者三。其间次序参差者，数条而已，编集文籍岂能整齐如此已可一笑。《序》称："天祐元年，金城冯贽取九世典籍，撮其膏髓，别为一书，庶兵火煨烬之后，来者不至束手，今百书逐无存者。"则贽可谓前知矣。《崇文总目》成书，时距天祐未甚久。隋唐以前书籍存者极多，贽家之书无一著录，虽有《金銮密记》之类一二种，而所编三事本书反无之，又其造语尽仿《世说》，后阅馆本《逊集》，葛所引梅诗尚脱第四联，"朝洒长门泣，夕驻临邦杯"。①

《云仙散录》之真伪并非如此简单，详见拙著《云仙散录详考》。诚如赵与时所云："夫以一石刻之微，而言人人殊，莫能定于一，然后知考古之难也。"文献辨伪亦当作如是观矣。

(3)辨《纪孟十诗》之真伪

《宾退录》卷二又云：

① 《四库全书》第853册第663页。

古今咏史之作多矣，以经子被之声诗者盖鲜。张横渠始为《解诗》十三章。《葛覃》曰："葛蔓青长谷鸟迁，女功兴念忆归安。不将贵盛骄门族，容使亲心得尽欢。"《卷耳》曰："闺阃诚难与国防，默嗟徒御困高冈。觥罍欲解痛瘏恨，采耳元因备酒浆。"洪忠宣著《春秋记咏》三十卷，凡六百余篇。《石碏大义灭亲》曰："恶吁及厚笃忠纯，大义无私遂灭亲。后代奸邪残骨肉，屡援斯语陷良臣。"《郑人来渝平》曰："郑人来鲁请渝平，姑欲修和不结盟。使宛归祊平可验，二家何误作堕成。"张无垢亦有《论语绝句》百篇。夫子之文章可得而闻也，夫子之言性与天道不可得而闻也。曰："既是文章可得闻，不应此外尚云云。如何夫子言天道，肯把文章两处分。"《颜子箪瓢》曰："贫即无聊富即骄，回心独尔乐箪瓢。个中得趣无人会，惆怅遗风久寂寥。"近岁尝见《纪孟十诗》，题张孝祥作，《于湖集》中无之，必依托者。如："争地争城立霸基，焉能一统混华夷。力期行政需求艾，深欲为王愧折枝。缘木求鱼何及计，为丛驱雀失深思。是宜孟氏谆谆诲，不嗜杀人能一之。异端邪说日交驰，圣哲攻之心费辞。深诋并耕排许子，极言二本辟夷之。复明陈仲廉无取，力斥杨朱义不为。寄语外人非好辨，欲令大道日星垂。"

以张孝祥《于湖集》中无《纪孟十诗》，因而推断必依托之辞，证据似乎不足。

(4)辨《南迁录》之伪

《宾退录》卷三指证《南迁录》之伪，云：

近岁，金虏为鞑靼所攻，自燕奔汴，有《南迁录》一编盛行于时，其实伪也。卷首题通直郎秘书省著作郎骑都尉赐绯。张师颜编虏之官制，其于士民，须知独无通直一阶，其伪一也；虏之世宗，以孙原王璟为嗣，储父曰允恭，璟立，追尊允恭为显宗。《录》乃谓璟为允植之子，其伪二也；虏之君臣皆以小字行，然各自有名，粘罕名宗维，兀术名宗弼，《录》乃称忠献王罕，忠烈王术，其伪三也。虏事，中国不能详，然灼知其伪者已如此，而士大夫多信之。

《南迁录》的真伪亦为一大公案，拟另文讨论，兹不赘述。

(5)辨《胡笳十八拍》之伪

《宾退录》卷四述王安石作《胡笳十八拍》，亦为后世一大公案，词云：

王荆公一日访蒋山元禅师，坐闲谈论，品藻古今。元曰："相公口气逼人，恐著述搜索劳役，心气不正，何不坐禅，体此大事？"又一日，谓元曰："坐禅实不亏人，余数年欲作《胡笳十八拍》不成，夜坐间已就。"元大笑。事见《宗门武库》。

果如其言，则《胡笳十八拍》为王安石所作矣。《宾退录》卷七辨安石之奸云：

《四朝国史·王安石传》："史臣曰：呜呼！安石托经术，立政事，以毒天下，非神宗之明圣，时有以烛其奸，则社稷之祸不在后日矣。今尚忍言之，天变不足畏，祖宗不足法，人言不足恤，此三者，虽少正卯言伪而辨，王莽诵《六艺》以文奸言，盖不至是也。所立几何，贻害无极。悲夫！”王偁《东都事略》则曰：“安石之遇神宗，千载一时也。而不能引君当道，乃以富国强兵为事，摈老成，任新进，黜忠厚，崇浮薄，恶鲠正，乐谀佞，是以廉耻汩丧，风俗败坏。孟子所谓‘作于其心，害于其事，作于其事，害于其政’者，岂不然哉！乌呼！安石之学既行，则奸宄得志，假绍述之说以胁持上下，立朋党之论以禁锢忠良。卒之民愁盗起，夷狄乱华，其祸有不可胜言者。悲夫！”与时旧见象山陆先生所作《荆公祠堂记》，议论尤精确。先生尝与胡季随书云：“王文公祠记，乃是断百余年未了底大公案。自谓圣人复起，不易吾言。”诚非虚语。《记》曰：唐虞三代之盛，道行乎天下。夏商叔叶，去治未远，公卿之间，独有典刑、伊尹、适夏三仁在商，此道之所存也。周历之季，迹熄泽竭，人私其身，士私其学，横议蜂起，老氏以善成其私长雄于百家。窃其遗意者，犹皆逞于天下。至汉而其术益行，子房之师实维黄石，曹参避堂，以舍盖公。高惠收其成绩，波及文景者，二公之余也。自夫子皇皇，沮溺接与之徒固已窃议其后，孟子言必称尧舜，听者为之藐然，不绝如线，未足以喻斯道之微也。陵夷数千百载，而卓然复见斯义，顾不伟哉！裕陵之得公，问唐太宗何如主公，对曰：“陛下每事当以尧舜为法。太宗所知不远，所为未尽合法度。”裕陵曰：“卿可谓责难于君，然朕自视眇然，恐无以副此意，卿宜悉意辅朕，庶同济此道。”自是，君臣议论未尝不以尧舜相期。及委之以政，则曰：“有以助朕，勿惜尽言。”又曰：“须督责朕，使大有为。”又曰：“天生俊明之才，可以覆庇生民，义当与之戮力。若虚捐岁月，是自弃也。”秦汉而下，南面之君亦尝有知斯义者乎？后之好议论者之闻斯言也，亦尝隐之于心以揆斯志乎？曾鲁公曰：“圣知如此，安石杀身以报，亦其宜也。”公曰：“君臣相与，各欲致其义耳，为君则自欲尽君道，为臣则自欲尽臣道，非相为赐也。”秦、汉而下，当涂之士亦尝有知斯义者乎？后之好议论者之闻斯言也，亦尝隐之于心以揆斯志乎惜哉！公之学不足以遂斯志，而卒以负斯志；不足以究斯义，而卒以蔽斯义也。昭陵之日，使还献书，指陈时事，剖析弊端，枝叶扶疏，往往切当。然核其纲领，则曰：“当今之法度不合乎先王之法度，公之不能究斯义，而卒以自蔽者，固见于此矣。”其告裕陵，盖无异旨，勉其君以法尧、舜是也，而谓每事当以法，此岂足以法尧、舜者乎？谓太宗不足法可也，而谓其所为未尽合法度，此岂足以度越太宗者乎？不知言，无以知人也。公畴昔之学问，熙宁之事业，举不遁乎使还之书，而排公者，或谓容悦，或谓迎合，或谓变其所守，或谓乖其所学，是尚得为知公者乎？气之相迕，而不相悦，则必有相訾之言，此人之私也。公之未用，固有素訾公如张公安道、吕公献可、苏公明允者。夫三公者之不悦于公，盖生于其气之所迕，公之所蔽则有之矣，何至如三公之言哉？英特迈往，不屑于流俗声色利达之习，介然无毫毛得以入于其心。洁白之操，寒于冰霜，公之质也。扫俗学之凡陋，振弊法之因循，道术必为孔、孟，勋绩必为伊、周，公之志也。不蕲人之知，而声光烜奕，一时巨公名贤为之左次，公之得此，岂偶然哉？用逢其时，君不世出，学焉而后臣之，无愧成汤、高宗。君或致疑，谢病求去，君为责躬，始复视事。公之得君，可谓专矣。新法之议，举朝欢哗，行之未几，天下汹汹。公方秉执《周礼》，精白言之，自信所学，确乎不疑，君子力争，继之以去，小人投机，密赞其决，忠朴屏伏，憸狡得志，曾不为悟，公之蔽也。《典礼》《爵刑》，莫非天理，《洪范》《九畴》，帝实锡之。古所谓宪章、法度、典则者，皆此理也。公之所谓法度者，岂其然乎？献纳未几，裕陵出谏院疏与公评之，至简易之说曰："今未可为简易，修立法度，乃所以为简易也。"熙宁之政，粹于是矣。释此弗论，尚何以费辞于其建置之末哉？为政在人，取人以身，修身以道，修道以仁。仁，人心也。人者，政之本也；身者，人之本也；心者，身之本也，不造其本，而从事其末，末不可得而治矣。《大学》不传，古道榛塞，其来已久。随世而就功名者，渊源又类出于老氏。世之君子，天常之厚，师尊载籍以辅其质者行于天下，随其份量有所补益。然而不究其义，不能大有所为。其于当世之弊，有不能正，则依违其间，稍加润饰，以幸无祸，公方耻斯世不为唐虞，其肯安于是乎？蔽于其末，而不究其义，世之君子未始不与公同。而犯害则异者，彼依违其间，而公取必焉故也。熙宁排公者，大抵极诋訾之言，而不析之以至理。平者未一、二，而激者居八、九，上不足以取信于裕陵，下不足以解公之蔽，反以固其意，成其事。新法之罪，诸君子固分之矣。元祐大臣，一切更张，岂所谓无偏无党者哉？所贵乎玉者，瑕瑜不相掩也。古之信史直书其事，是非善恶靡不毕见。劝惩鉴戒，后世所赖，抑扬损益，以附己好恶。用失情实，小人得以借口而激怒，岂所望于君子哉绍圣之变，宁得而独委罪于公乎？熙宁之初，公固逆知己说之，行人所不乐，既指为流俗，又斥以小人，及诸贤排公已甚之辞，亦复称是，两下相激，事愈戾而理益不明。元祐诸公可易辙矣，又益甚之。六艺之正，可文奸言。小人附托，何所不至！绍圣用事之人，如彼其桀，新法不作，岂将遂无所窜其巧以逞其志乎？反复其手以导崇宁以奸者，实元祐三馆之储。元丰之末，附丽匪人，自谓定策，至造诈以诬首相。则畴昔从容问学，慷慨陈义，而诸君子之所深与者也。格君之学，克知灼见之道，不知自勉，而戛戛于事为之末，以分异人为快，使小人得间，顺投逆逞，其致一也。近世学者，雷同一律，发言盈庭，岂善学前辈者哉？公世居临川，罢政，徙于金陵。宣和间，故庐丘墟，乡贵人属县立祠其上。绍兴初，尝加葺焉。逮今余四十年，隳圮已甚，过者咨叹。今怪力之祠，绵绵不绝，而公以盖世之英、绝俗之操，殆不世有，而庙貌弗严，邦人无所致敬。无乃议论之不公，人心之疑畏使至是耶？侯钱公，期月政成，人用辑和，缮学之既，慨然彻而新之，视旧加壮，为之管钥，掌于学官，以时祠焉。余初闻之，窃所敬叹。既又属记于余，余固悼此学之不讲，士心不明，是非无所折衷。公为使时，舍人曾公复书切磋有曰："足下于今最能取于人以为善，而比闻有相晓者，足下皆不受之，必其理未有以夺足下之见也。"窃不自揆，得从郡侯，敬以所闻，荐于祠下，必公之所乐闻也。"

此可视作"辨奸论"，亦可视作"广义辨伪论"。《宾退录》卷十又论"作伪之难"：

唐《小说辨疑志》载明皇时姜抚先生，不知何许人也。常著道士衣冠，自云年已数百岁，持符录，兼有长年之药、度世之术。有荆岩者，颇通《南北史》，问抚何朝人也。抚曰："梁朝人也。"岩曰："梁朝绝近，先生亦非长年之人。不审先生梁朝出仕，为复隐居。"抚曰："吾为西凉州节度。"岩曰："何得诳妄！上欺天子，下惑世人。梁朝在江南，何处得西凉？州只有四平、四安、四镇、四征将军，何处得节度使？"抚惭恨数日而卒。蔡絛《铁围山丛谈》："政和间，有处士王卓者，亦遭遇时主，自言五百岁矣。人视之若不过七八十岁，容状光泽，颇挟容成术，无它异也。鲁公稍异之，一日鲁公命吾延卓坐，吾询其迹，则曰：'生隋末，唐李绩征高丽尝作裨将，因擅纵降卒数十，被黥配之五岭南由。是遇异人，授以不死方，曾不一瞬间，忽至今矣。'吾问：'还识狄梁公否?'卓曰：'识也。'感它狄相公封卓为白云先生。又问：'当开元天宝间，明皇帝好道，而方士辈出，先生出乎?'曰：'卓时反不出。'问：'何故?'则曰：'卓时与罗家争气，意自不喜出耳。'罗盖公远也。遂历问唐诸帝、武后及名臣之情状，则或合或不合。又言当肃宗时，卓始一出，亦蒙封号。吾问：'果尔，则必识李辅国，辅国状若何?'卓曰：'正得辅国见爱而封，辅国面大且方，美须髯也。'吾笑曰：'先生败矣。'"二事正堪作对，信乎！作伪之难也。抚，《唐史》有传，亦言其妄，然不及此云。

《宾退录》卷一又云：

会稽虞少崔《送林懿成》诗云："男儿何苦弊群书，学到根原物物无。曾子当年多一唯，颜渊终日只如愚。水流万折心无竞，月落千山影自孤。执手沙头休话别，与君元不隔江湖。"①

子夏问曰："巧笑倩兮，美目盼兮，素以为绚兮，何谓也?"子曰："绘事后素。"曰："礼后乎?"谓礼必以忠信为质也。余谓学者始以持敬为本，而穷理尽性以终之，亦绘事后素之意。②

古乐府《木兰词》，文字奇古，然其间有云："归来见天子，天子坐明堂。策勋十二转，赐物百千强。可汗问所欲，木兰不愿尚书郎。愿驰明驼千里足，送儿还故乡。"按：木兰诈作男子，代父征行，逮归家易服，伙伴方知其为女。当其见天子之时，尚称男子，而曰"送儿归故乡"，何哉？儿者，妇人之称也。③

此虽非专门论述文献辨伪，也与之密切相关。从文化视野考察辨伪，可能获得更高层次的认识。

四、元代的辨伪

元初学者在《古文尚书》辨伪方面直承南宋之风。《四库全书总目》认为：

《古文尚书》自贞观敕作《正义》以后，终唐世无异说……其分编今文、古文，自赵孟頫《书古今文集注》始；其专释今文则自(吴)澄此书始。自序谓"晋世晚出之《书》，别见于后"，然此四卷以外，实专释古文一篇。朱彝尊《经义考》以为权词，其

① 今按：男儿何苦辨伪书，学到根原物物无。

② 今按：孔孟之学强调做人以忠信为质，而作伪反是。

③ 今按：木兰诈作男子，正是作伪。《木兰词》究为何代之诗，迄无定论。

说是也。①

可见《总目》对赵孟頫、吴澄在辨伪史上的作用予以肯定。

(一)吴澄

吴澄(1249—1333),字幼清,晚字伯清,抚州崇仁(今江西乐安)人。元代杰出的理学家、经学家、教育家。宋末中试乡贡。宋亡后隐居家乡,潜心著述,学者称草庐先生。至大元年(1308),被征召任国子监丞,至定元年(1321)任翰林学士;泰定元年(1324)为经筵讲官,敕修《英宗实录》。核定《老子》《庄子》《大玄经》《乐律》《八阵图》等,于《易》《春秋》《礼记》及郭璞《葬书》均有《纂言》。享年85岁,追封临川郡公,谥文正。与许衡齐名,并称为北许南吴。有《吴文正公全集》传世。

吴澄辨明《古文尚书》二十五篇系收拾遗佚连缀而成,"吴澄诸人本朱子之说相继抉摘,其伪益彰"②。在当时号称"大儒",影响尤巨。

(二)刘壎

刘壎(1240—1319),字起潜,号水云村。学者称水村先生。江西南丰人。南丰著名文人隐士刘镗之侄。读书于麻姑山,刻苦肄习。研经究史,网罗百氏,文思如涌泉,宋季与同里谌祐自求各以诗文鸣。年三十七而宋亡,越十八年,入元后年五十五为盱郡学正,年七十受朝命为延平路儒学教授。1311年为南剑州学官。既满,诸生复留授业者,三年乃归。著有《隐居通议》《水云村泯稿》《水云村稿》《经说讲义》《哀鉴》《英华录》。

《隐居通议》卷二四认为,《黄石公素书》其意虽祖老子,其文不古雅:

> 《前汉书》载,张良尝间从容步游下邳,圯上遇一老父,后五日夜半,出一编书,曰:"读是则为王者师,后十年兴。十三年,孺子见济北谷城山下黄石即我也。"后十三岁,良从汉高帝过济北,果得谷城山下黄石,取而宝祠之。用是书佐高帝,取天下。此说近于怪诞,知道君子所不信。然良之事业卓冠一代,非凡人所能及,或者其有所受之也。世多指兵书《三略》为黄石公所撰之书,宋张商英曰:非也。晋乱,有盗发子房冢,于玉枕中获此书六篇,凡一千三百三十六言。上有秘戒,不许妄传,世所谓《素书》是也。或又谓《素书》之旨即老子道德仁义礼之说,实与《道德经》相表里。近得其书读之,其意虽祖老子,其文殊不古雅,故不复录,而姑载其六篇之名,云原始章第一、正道章第二、本德忠道章第三、求人之志章第四、遵义章第五、安履章第六。六篇之中,多言修身、治国、用人之道,而不及于兵,似与兵法之说不合。③

---

① 《四库全书总目·书纂言》。

② 《四库全书总目·尚书古文疏证》。

③ 《四库全书》第866册第211~212页。

(三)白珽

白珽(1248—1328),字廷玉,钱塘人。原是四明名儒舒少度的遗腹子,后为钱塘人白某收作嗣子。自号湛渊子。撰《湛渊静语》,自序云:“湛渊静语者,湛渊子与客语于静也。湛渊姓名爵里,不闻于时。家西湖,西有泉自竺山来,及门而潴,湛然下见白石,若隔一膜,爱之。客至,呼坐榻就渊,四空无人,林影在水,掀髯剧谈。大而天地之高厚,细而品汇之化育,至于圣贤之大训,古今之明戒,日用之小物;下至滑稽诙谐,任情极口。谈辍则笑,笑复谈。两不知其是非非是也。又病忘,客退,欲持以质诸人,忘之矣。于是具白垩,寸遇所得,随树石墙壁识之。幸而不漫灭,则子弟辈更书于册,积三十年,其不遂忘而获识之者,盖百分一。其识之而不遂漫灭,获更□焉者,盖十分一也。风漂尘转,走南北半天下,所闻日益广,得说日益多,聚之一箧,然犹以湛渊名者,何居?吁!始予之爱渊而居之,且以名吾爱也。今予与渊相忘,不知我之为渊,渊之为我。向所谓湛然者,不在乎渊,而在予方寸间矣。岂区区一水云乎哉?然谓之静,犹及夫功名世故之末者,人之情也。人生如一杪忽于天地之大,而能与天地配,以其道可达乎二者也。此道可独善卑,卑为沮溺之为哉?穷岩穴,老箪瓢,岂人之情,人之不幸也。时有不至,特不可幸而强去之耳。静常静,动可常动乎?故亦曰湛渊静语。若夫漶漫丛脞,无补于世教,则稗官之设,稗不及谷粟,不愈于土炭耶?是则苟存之意。”

《湛渊静语》卷二指出唐代寒山子诗混有后世伪作:“吕洞宾、寒山子皆唐之士人,尝应举不利,不群于俗,盖楚狂沮溺之流,观其所存诗文可知。如寒山子诗,其一云:‘有人兮山陉,云卷兮霞缨。秉芳兮欲寄,路漫兮难征。心惆怅兮狐疑,蹇独立兮忠贞。’前辈以为无异《离骚》语。今行于世者,多混伪作,以谐俗尔。”①到底有哪些伪作混入寒山子诗中?可惜他没有明确指出,这种影响之谈,往往捕风捉影,难以确证,存此线索,提醒后世研究者——“此处有地雷,当心被炸飞!”

(四)陈栎

陈栎(1252—1335),字寿翁,晚号东阜老人,安徽休宁人。宋末元初学者。崇朱熹之学。宋亡,隐居著书。延祐初,有司强之科举,试乡闱中选,不赴礼部,教授于家,晚号东阜老人,学者称定宇先生。所著有《定宇集》。

陈栎又撰《勤有堂随录》一卷,开宗明义:“学者规模贵大,工夫贵密。规模不大而工夫徒密,则狭隘而无以受道之广大;工夫不密而规模徒大,则疏略而无以造道之精微。譬如一片屋,间架大矣,而无门无壁,是何等屋;里面虽绘饰极好,而间架卑陋,又何足取?”

他认为,《关尹子》乃三国六朝以后人依托为之:

> 《关尹子》书,乃三国六朝以后人托为之,窃《老》《庄》之近似,而杂之以术数之小巧者。其说亦有可喜者,有一节云:“人之少也,当佩乎父兄之教;人之壮也,当达乎朋友之箴;人之老也,当警乎少壮之说。”老警乎少壮之说,他书之所罕言。人

---

① 《四库全书》第866册第310页。

之老也，智虑有昏耄之渐，岂可恃其年高而忽少壮之言哉？师老成，此为少者言之；警少壮，此为老者言之。

其说甚是。又云："今人多是外有余而内全无，虚骄轻剽，若此者不可学。其高于我者当学之，温、良、恭、俭、让，都要学，切不可谓能动笔便自负。大抵自下者，人必高之；自高者，人必下之。"此教人做真人，不做伪人。虚骄轻剽，伪人也！人之真伪系乎气之真伪。又云："文所以明理，必明理然后能作文，必讲学然后能明理。讲学当于何下手？不出乎读六经、四书而已。六经非大儒不能尽通，初学且先通一经；四书亦当读之有次序。文公定法，先《大学》，次《语》，次《孟》，末及《中庸》。今皆当按此用功精熟，以看四书。穷一经，然后读典雅程文以则效之，又求之古文以助其文气，晓其文法。虽大儒教人，亦不过如此而已。《论孟集注》，只在熟读精思，贯穿透彻而已。先且要记得一部四书在我胸中，不靠印本，提一段首句，便冲口念得下面细字，然后却问自得之妙。所谓自得之妙，在各人自得，谈不容声，难以语人也。"亦为读书秘诀，惜乎今人不得其法矣！

（五）吾丘衍

吾丘衍（1272—1311），一作吾衍，清初避孔丘讳，作吾邱衍，字子行，号贞白，又号竹房、竹素，别署真白居士、布衣道士，世称贞白先生。浙江开化县华埠镇孔埠人。元代金石学家，印学奠基人。秉性豪放，左目失明，右脚瘠跛，行动仍频有风度。著有《周秦石刻释音》《闲居录》《竹素山房诗集》《学古编》等。

《闲居录》认为："《山海经》非禹书，中言鲧及启事，又多祭祀鬼神之说，中间凡有'政'字皆避去，则知秦时方士无疑。"①

清周广业《经史避名汇考》卷五引用此条材料，指出其说本南宋尤袤，广业又加案："秦书最著者无如《吕氏春秋》，其成在始皇八年，见《季春纪·序意篇》，或泥史谓在迁蜀后者误，故多避楚字，未避政字，间有之。"

五、结　　论

综上所述，文献辨伪学滥觞于两汉，发展于魏晋南北朝隋唐，至宋代形成一个高峰期，元代又有所回落，在明代则瓜熟蒂落，成为一门专家之学。否认明代以前有辨伪学，未免发言太易。试问如果没有长期的积累与发展，明代辨伪学会一夜之间冒出来吗？难道它会从天而降？

① 《四库全书》第866册第638页。

明代辨伪四大家合论

明代辨伪学以宋濂、梅鷟、杨慎、胡应麟、方以智为代表。梅鷟著有《尚书考异》和《尚书谱》，傅兆宽撰有《梅鷟辨伪略说及尚书考异证补》专书，将其辨伪方法归纳为22种①，又著有《明梅鷟、清阎若璩二家辨伪方法之研究》长文②，因此，本书对梅鷟不予讨论。下面主要论述宋濂、杨慎、胡应麟、方以智四大家。

一、宋　濂

宋濂(1310—1381)，字景濂，号潜溪，浦江人。元至正末召为国史院编修官，不就；洪武中官至翰林学士承旨。《明史》列有合传，称其“幼英敏强记，就学于闻人梦吉，通《五经》，复往从吴莱学。已，游柳贯、黄潜之门，两人皆亟逊濂，自谓不如。元至正中，荐授翰林编修，以亲老辞不行，入龙门山著书”。

《诸子辨》为宋濂早年著作，也是我国辨伪学史上第一部专著，在《文献通考·经籍考》的基础上，广泛吸收了柳宗元、晁公武、高似孙、朱熹、黄震等人的辨伪成果。下面我们将《诸子辨》列表一一加以评析。表中加＊者为附目，而非主目。主目40条，附目10条，共计50条。过去统计为44条，显然不够准确。

书名	旧题作者	真伪程度	《诸子辨》要点	评析
鬻子	楚 鬻熊	非熊自著	其文质，其义弘，实为古书无疑。序称熊见文王时年已九十，其书颇及三监、曲阜时事，盖非熊自著。	据文义断定此书不伪；又据史实及称引怀疑是鬻熊自著。

① 傅兆宽：《梅鷟辨伪略说及尚书考异证补》，文史哲出版社1988年版，第5页。

② 傅兆宽：《明梅鷟、清阎若璩二家辨伪方法之研究》，《华冈文科学报》1988年第16期。

续表

书名	旧题作者	真伪程度	《诸子辨》要点	评析
管子	齐 管夷吾	非仲自著	是书非仲自著也。其中有绝似《曲礼》者，有近似《老》《庄》者，疑战国时人采掇仲之言行，附以他书成之。毛嫱西施、吴王好剑、威公之死、五公子之乱，事皆出仲后，不应豫载之也。	据风格及史实断定此书非管仲自著，怀疑是战国时人采掇管子言行，附以他书而成。
晏子	齐 晏婴	非婴所自著	《汉志》八篇，《隋》《唐》七卷，与今书卷数不同。世所传者盖后人采婴行事而成，非婴所自著。	据卷数及书目著录断定此书非晏婴自著。
老子	周 李耳	未定	老聃，孔子所尝问礼者，何其寿欤？	据生平有所怀疑。
文子	不知氏名	真	是书非计然之所著也。其言壹祖老聃，大概《道德经》之义疏尔。盖老子之言宏而博，故是书杂以黄、老、名、法、儒、墨之言以明之，毋怪其博且杂也。计然与范蠡言皆权谋、术数，具载于书，绝与此异。	据思想学说断定此书非计然所著；对唐徐灵府伪作之说亦持否定。认为是文姓之人祖老聃而托之。
关尹子	周 尹喜	疑伪	著书九篇，颇见之《汉志》，自后诸史无及之者，意其亡已久矣。盖徐藏子礼得于永嘉孙定，未知定又果从何而得也。其书多法释氏及神仙方技家，而借吾儒言文之。	据目录源流、传者及学术思想辨伪。因来历不明，怀疑为最初传者孙定伪造。
亢仓子	周 庚桑楚	伪	是伪书也！剿《老》《庄》《文》《列》及诸家言而成之也。夫文章取士，近代之制，战国之时无有也。其中又有以“人”代“民”、以“代”易“世”：世民，太宗讳也，伪之者其唐士乎？天宝初诏号《亢仓子》为《洞灵真经》，王士元采诸子文义类者撰而献之。益见其言词不类。王士元伪作《亢仓子》，而又自为之注。	从制度、避讳、史实、文辞等方面证明：此书剿袭《老》《庄》《文》《列》及诸家言而成。
邓析子	郑 邓析	真	夫析之学兼名、法家者也。	从思想内容方面证真。
鹖冠子	楚人	真	其书述三十变通古今治乱之道。立言虽过乎严，要亦有激而云也。其书晦涩，而后人又杂以鄙浅言。此亦黄老家之至言。	从学说、风格等方面证真。
子华子	程本	伪	《艺文志》不录。秦襄公与昭僖前后相去二百余年，子华子何其寿也？地之远迩，亦在可疑。《后序》称子华子为鬼谷子师。鬼谷，战国纵横家也。今书绝不似之，乃反类道家言。又颇剿浮屠、老子、庄周、列御寇、孟轲、荀卿、《黄帝内经》《春秋外传》、司马迁、班固等书而成。刘向校定诸书咸有序，皆渊悫明整，而此文独不类。其文辞极舂容，而议论焕发，略无窘涩之态。	从著录、史实、地理、学术思想、因袭、风格、文辞等方面证伪。既全面，又深入，可谓力作。

续表

书名	旧题作者	真伪程度	《诸子辨》要点	评析
列子	郑 列御寇	非御寇自著	柳宗元其说要为有据。高氏以其书多寓言而并其人疑之，误矣。书本黄、老言，决非御寇所自著，必后人荟萃而成者。中载孔穿、魏公子牟及“西方圣人”之事，皆出御寇后。《天瑞》《黄帝》二篇虽多设辞，而其“离形去智……”实道家之要言。至于《杨朱》《力命》则“为我”之意多；疑即古杨朱书。御寇先庄周，周著书多取其说；若书事简经宏妙则似胜于周。其书又与浮屠言合。	从时代、学术思想、书中所载人物事件以及风格等方面考察，既驳斥了“列子抹杀论”，又对“浮屠窃庄列论”提出了质疑。所谓“岂其得于心者亦有同然欤”，语虽未定，但其中西文化观比清儒稍高一筹。
曾子	鲁 曾参	有附益	明白皎洁，敷腴谆笃。《大孝篇》有及乐正子春事，固出后人所辑而非曾子所自著。	从立言的不同角度，得出“语有详略，事有不同”的结论。诚为笃论。
言子	吴 言偃	后人缀辑	近新昌王爚裒《论语》书所载问答而为此书。不知者直谓言偃所自著，盖非也。	实为辑佚而成，非言偃自著。
子思子	子思	后人缀辑	亦后人缀辑而成，非子思所自著也。盖深得子思子之本旨。	从思想方面考察。
慎子	赵 慎到	真	今所存五篇，皆纯简明易，类非刑名家所可及。到亦稷下能言士哉！	从书目著录源流、学术思想方面考察。
庄子	庄周	疑有伪篇	其书本老子，其学无所不窥，其文辞汪洋凌厉。《盗跖》《渔父》《让王》《说剑》诸篇不类前后文，疑后人所剿入。	从学术渊源、文章风格等方面考察。所谓“老子著书在孔未没之先”，主《老子》早出说，亦为卓识。
墨子	宋 墨翟	真	墨者，强本节用之术也。然则俭固孔子之所不弃哉！	从书目著录源流、学术思想方面考察。
鬼谷子	鬼谷子	真	刘向、班固录书无《鬼谷子》。《隋志》始有之，列于纵横家。《唐志》以为苏秦之书。大抵其书皆捭阖、钩钳、揣摩之术。	从书目著录源流、学术思想方面考察。
孙子	吴 孙武	真	凡十三篇。《艺文志》乃言八十二篇，杜牧信之……《汉志》出《史记》后，牧之言要非是。叶适以(孙武)不见于《左传》，疑其书乃春秋末战国初山林处士之所为。予独不敢谓然。春秋时列国之事赴告者则书于策，不然则否。	以《史记》所载篇数证今本《孙子兵法》之真，其结论已为《四库全书总目》所袭用；驳正杜牧、叶适之误说，其结论已被银雀山竹简《吴孙子》所证实。
吴子	卫 吴起	真	较之孙武，则起几于正，武则一乎奇。《孙》《吴》当是古书。	以其术与《孙子兵法》比较，断定《吴子》为优。

续表

书名	旧题作者	真伪程度	《诸子辨》要点	评析
尉缭子	不知何人书	真	其论兵又何其仁哉!	以其术定为战国时人作。
*司马穰苴兵法		有附益	《司马兵法》本古者司马兵法而附以田穰苴之说，疑亦非伪。	附益
*三略		伪	若《三略》《六韬》《问对》之类，则后人依仿而托之者也。	自由心证。
*六韬	周 吕牙	伪	有“避正殿”之语，殊不知避正殿乃战国后事。	从史实方面考察。
*问对		伪		自由心证。
尹文子	周 尹文	真	其书言大道似老氏，言刑名类申、韩。	从学术内容考察。
*素问	黄帝	伪	《素问》以为黄帝所作，而有“失侯失王，脱营不医”之文，殊不知秦灭六国，汉诸侯王国除，始有失侯王者。	从史实方面考察。
*尔雅	周公		《尔雅》以为周公所制，而有“张仲孝友”之言，殊不知张仲乃周宣王时人。	从史实方面考察。
商子	秦 公孙鞅		其术以劝耕、督战为先务，然不贵学问以愚民，不令豪杰务学《诗》《书》，其流毒至嬴政，遂大焚《诗》《书》、百家语以愚黔首。	从学术内容考察。
公孙龙子	公孙龙		言弗醇也。天下未有言弗醇而能正。	从学术内容考察。
荀子	赵 荀卿		才甚高而不见道者也。由其才甚高，故立言或弗悖于孔氏；由其不见道，故极言性恶。及讥讪子思、孟轲不少置。	从其人、其言、其道考察。
韩子	韩非		至谓“孔子未知孝悌忠信之道”……	从其人、其言、其道考察。
燕丹子		真	其辞气颇类《吴越春秋》《越绝书》，决为秦、汉间人所作无疑。考其事与司马迁《史记》往往相合。其书序事有法而文采烂然。	从辞气、史实等方面考察。
孔丛子	汉 孔鲋	伪	其殆孔氏子孙杂记仲尼、子思、子上、子高、子顺、子鱼之言行者欤？此伪书也！伪之者其宋咸欤？今观是书《记问篇》所载，有子思与孔子问答语。子思年止六十二，鲁穆公同时人；穆公之立，距孔子之没七十年，子思疑未长也，而何有答问哉！兼之气质萎弱，不类西京以前文章，其伪妄昭然可见。	从注释者、情理及文章风格等方面考察。
*关朗易传	关朗	伪	阮逸伪造。	自由心证。
*李靖问对	李靖	伪		自由心证。

续表

书名	旧题作者	真伪程度	《诸子辨》要点	评析
＊素书		伪	张商英伪造。	
＊麻衣易		伪	戴师愈伪造。	
淮南鸿烈解	汉 刘安		《淮南子》多本《文子》，而出入儒、墨、名、法诸家，非成于一人之手，故前后有自相矛盾者，有乱言而乖事实者。	从学术思想、文辞等方面考察。
扬子法言	汉 扬雄		拟《论语》而作。	“拟作”与“伪造”是不同的概念，不应混为一谈。顾颉刚亦有此失。
抱朴子	晋 葛洪	真	深溺方技家言。其他杂引黄帝御女及三皇内文核召鬼神之事皆诞亵不可训。为文辞虽不近古，纡徐蔚茂。	从学术思想、文辞等方面考察。
刘子	不知何人作	作者未定	《唐志》十卷，直云刘勰撰。今考勰所著《文心雕龙》，文体与此正类，其可征不疑；第卷数不同为少异尔。其书本黄、老言，杂附诸家之说以足成之。	从文体风格、卷数、思想内容等方面考察。并对袁孝政及黄震的说法有所质疑。
文中子中说	隋 王通	有附益	世之疑通者有三。一云：《唐书房杜传》中略不及其姓名，此书乃阮逸伪作，未必有其人。按皮日休著《文中子碑》，谓通“生乎陈、隋之世，以乱世不仕，退于汾晋，序述六经，敷为《中说》，以行教于门人”……其言如此，果无是人乎？书果逸之伪作乎？一云通行事于史无考，独《隋唐通录》称其有秽行，为史官所削。然史氏之职，善恶毕书，以为世法戒：人有秽行，见诸简策者多矣，何特削通哉？一云：房、杜、李、魏、二温、王、陈辈未必其门人；脱有之，何不荐诸太宗而用之？隋大业十三年五月，通已先卒，将焉荐之！刘禹锡作《王华卿墓志》，载其家世行事，有曰“门多伟人”，虽未可必其为房、杜诸公，要不可谓非硕士也。第其书出于福郊、福畤之所为，牵合傅会，反不足取信于人。如仁寿四年，通始至长安，李德林卒已九岁，而书有“德林请见”之语。江都有变，通不及闻，而书有“泫然而兴”之言。关朗在太和中见魏孝文，自太和丁巳至通生之岁——开皇四年甲辰——一百七年矣，而书谓“问礼于关子朗”。	以碑传材料驳斥宋咸必以为其书出阮逸之说；又从史法、生平、墓志以及史实等方面考察。此篇亦不愧辨伪力作，其结论大体上被《四库全书总目》吸收。
天隐子	不知何人作		唐司马承祯为之序。承祯尝著《坐忘论》。此书言长生久视之法，与之相表里。岂天隐子即承祯欤？	从学术思想方面考察，但证据不足。

续表

书名	旧题作者	真伪程度	《诸子辨》要点	评析
玄真子	唐 张志和	真	其书多偏曲之论，无足采。	从著录及思想观点方面考察。
金华子	刘崇远	时代不明	或云唐人，或云五代人。	《四库全书总目·金华子》：崇远有自序一篇，颇具梗概……宋濂《诸子辨》则并谓其人不可考。诸说纷纭，皆未核其自序而误也。
齐丘子	齐丘子嵩	窃名	是书之作，非齐丘也，终南山隐者谭峭景升也，齐丘窃之者也！其文高简，实微有见于黄、老所谓道德者也。	从学术思想、文辞等方面考察。
聱隅子	宋 黄晞	真	造文效扬雄、王通二氏而造理不能逮。	从学术思想、文辞等方面考察。
周子通书	宋 周敦颐	真	是书文虽高简，体实渊悫，诚可上继孟氏，非余子比也。然莫知其师传之所自。	从文辞、源流等方面考察。
子程子	宋 程颐	间有稍离真者	相传为广汉张栻作。予取观之，实皆叔子(即程颐)之言。辞极峻古。	从内容、文辞等方面考察。

从上可见，宋濂在辨伪学上有如下几个特点：

(一)揭示作伪类型。宋濂对古人著作之体已有相当深刻的认识，他第一次提示了作伪的两种类型：一是“有所附丽”，二是“凿空扇虚”。他在《诸子辨·言子》中说：

> 大抵古书之存于今者，多出于后人之手。如《孔子家语》谓为孔安国所录壁中之文，往往多抄《左传》《礼记》诸书，特稍异其辞耳，善读者因不敢与之。世传《贾谊新书》谓谊所作，亦不过因《过秦论》《吊湘赋》而杂以《汉书》中语足之，似非谊本书也。此犹有所附丽而然。《古三坟》书亡已久，宋毛渐特出之……与先儒所言“三易”大异。《阴符》古无是书，唐李筌特出之，以为黄帝所作，皆取兵家谲诞不经语而文以奇涩之辞……皆凿空扇虚以惑世，尤使人惊愕不止。

文中举例(如《孔子家语》《贾谊新书》等)犹有可商，但他初步解决了前人长期认识不清的问题，可谓孤诣绝伦。

(二)正统色彩较为浓厚。《诸子辨》以孔孟之道衡量群言：

> 九家之徒竞以立异相高，莫甚于衰周之世：言之中道者则吾圣贤之所已具，其悖义而伤教者固不必存之以欺世也。

如论《庄子》时说：

惜其与孟轲氏同时，不一见而闻孔子之大道……孔子百代之标准，周何人，敢掊击之，又从而狎侮之！自古著书之士虽甚无顾忌亦不至是也。

论《尹文子》时说：

晁氏独谓其亦宗六艺，数称仲尼，其叛道者盖鲜。呜呼，世岂有专言刑名而不叛道者哉？晁失言矣！

正统色彩颇为浓厚，因此不为后来专与孔孟之道为难的学人所喜。

(三)辨伪态度比较客观。《诸子辨》辨伪态度比较客观，对于先秦古籍能够作持平之论，而不是将其一概判为伪书。其辨伪方法的运用也较为熟练，较唐代柳宗元已大大进步。他特别注重从史实方面考察，在论《尹文子》时有一段引申发挥：

《素问》以为黄帝所作，而有"失侯失王，脱营不医"之文，殊不知秦灭六国，汉诸侯王国除，始有失侯王者。《六韬》谓出周之吕牙，而有"避正殿"之语，殊不知避正殿乃战国后事。《尔雅》以为周公所制，而有"张仲孝友"之言，殊不知张仲乃周宣王时人。予尝验古书真伪，每以是求之，思过半矣。

尽管宋濂极为正统，但他对"《尔雅》以为周公所制"有所质疑。《尔雅》不是什么诸子之书，而是一部士子必读的经书。对另外一部经书——《论语》也有所发难："《论语》出于群弟子之所记，岂孔子自为哉!"虽寥寥数言，却不难窥见其探索真理的勇气。吉光片羽，尤为可珍。通常认为"宋濂只辨子部"，实则不然。言辨伪学史者鲜有道及，今特为拈出。

(四)探索古书通例。我们不难看到，宋濂已经隐隐约约地发现"先秦古籍皆非自著"这样一个客观事实，只是没有明确地归纳提炼出来。其表达方式为：

某某书，非某某自著。

后来的研究者简单地将上述说法偷换为：

某某书，伪书也。

值得注意的是，"非某某自著"与"伪书"并不是一码事，而是两个完全不同的概念。过去，这种偷换概念的做法司空见惯，妨碍了正常的学术研究。"先秦古籍皆非自著"也就被置换为"先秦古籍皆伪书也"，真可谓一字之差，谬以千里，结果弄得无书不伪，无书可信。疑古之风，甚嚣尘上。所谓"疑而后信"结果变为"疑而不信"。加上中国人自古就有"疑人不用"的传统作风，对人如此，待书亦然。现在随着大量出土文献的问世，"先秦古籍皆非自著"这个简单的真理越来越得到认同。我们反思辨伪学史，发现这样一个简单而深刻的道理，历史上那些真知灼见可能在相当长的时间内鲜有认同，但终究不可磨灭，终有大放光明之时。

综观《诸子辨》全书，论述简明扼要，不乏真知灼见。如《亢仓子》一书，柳宗元、高似孙、晁公武皆有考辨，宋濂则别开蹊径，并从避讳角度辨伪。诚然，避讳一般有时代特征，可作为考定古书年代的辅助标记，如果仅仅用避讳材料，未免孤证不信。对于类似现象，必须谨慎行事。宋濂在考辨《孙子兵法》时确有真知灼见，他以《史记》所载篇数证今本《孙子兵法》之真，其结论已为《四库全书总目》所袭用；他驳正杜牧、叶适之误说，其结论又进一步被银雀山竹简《吴孙子》所证实。《诸子辨》作为我国第一部辨伪学专著，有着里程碑式的意义，但长期以来不为学人看重，如顾颉刚《中国辨伪史略》中就没有提到宋濂其人其书。因此，《诸子辨》在辨伪学史上的价值应该得到重新评价。

二、杨　慎

杨慎(1488—1559)，字用修，号升庵，新都人。正德辛未进士第一，授翰林院修撰。以谏大礼谪戍滇中。杨慎为一代名状元，文章、学问震耀一时。事迹具《明史》本传。杨慎著述之富，为明人第一。著有《檀弓丛训》《丹铅诸录》等二百余种书。

(一)杨慎在辨伪方面的成就

《丹铅诸录》(包括《余录》《续录》《摘录》《总录》等)内容相当丰富，其中辨伪方面也有不少创见，他认为：

(1)《元经》非出文中子，盖阮逸赝作耳。①

(2)《文选·雪赋》注引班婕妤《捣素赋》，疑非婕妤之作，盖亦卓见也。此赋六朝拟作无疑，然亦是徐庾之极笔。②

(3)《汉书艺文志》鬼谷区三篇，注即鬼臾区也……今按鬼谷即鬼容者，又字相似而误也。高似孙《子略》便谓《艺文志》无鬼谷子，何其轻于立论乎！③ 按：明陈耀文《正杨》卷二对此条有补正。④

(4)《朱子语录》谓与大颠书乃昌黎平生死案。呜呼晦翁之言抑何其秋霜烈日邪！愚考韩与大颠书刻石于另山禅院，乃僧徒妄撰，假韩公重名以尊其道，犹怀素假李白歌称其草书独步也。怀素草书歌人皆信其非白作，而独以大颠书为出于韩，何哉？李白作歌赠怀素，不足以损白之名，而韩公以道自任，一与颠书，则所损多矣。世人多不成人之美，虽心知其非，乃乘瑕蹈隙而挤之。卓哉李汉之先见序公之文曰无有失坠，总其目以七百，正虞后人羼入阑增以诬韩公也。以此证之，死案犹可翻也。呜呼，至公无我之心，自圣人以下皆不能矣。古人谓公论百年而定，若此者虽千年犹不定也。⑤ 按：明陈耀文《正杨》卷四对此条有辨驳。⑥

---

① 《丹铅余录》卷一，《四库全书》第855册，第8页。
② 《丹铅余录》卷三，《四库全书》第855册，第15~16页。
③ 《丹铅余录》卷三，《四库全书》第855册，第18页。
④ 《四库全书》第856册，第87页。
⑤ 《丹铅余录》卷十，《四库全书》第855册，第61页。
⑥ 《四库全书》第856册，第132~133页。

(5)《春秋题辞》出汉人伪笔，未可深信。①

(6)《唐诗鼓吹》以宋胡宿诗入唐选，宿在《宋史》有传，文集今行于世，所选诸诗在焉，观者不知其误，何耶？鼓吹之选，皆晚唐之最下者，或疑非遗山，观此益知其伪也。②

(7)《省心录》乃沈道原作，非林和靖也。《指掌图》非东坡所作。《李卫公问对》阮逸伪作。《文中子》《元经》《关子明易》皆逸伪作。《龙城录》王性之伪作。子厚叙事何等笔力，此记衰弱之甚，皆寓古人诗文中不可晓者于其中。凡伪书皆然，予闻之朱子云。③

(8)《连山》藏于兰台，《归藏》藏于太卜，此语见于桓谭《新论》，则后汉时《连山》《归藏》犹存，不可以艺文志不列其目而疑之。至隋世之《连山》《归藏》则伪作，上官求赏者耳。④

(9)文王周公之世何尝有单骑之说乎？或问《六韬》有骑战，子何言古无单骑？曰《六韬》伪文，非太公著……骑兵出于夷狄，至赵武灵王令国中胡服骑射，其事始入中国耳。⑤

(10)《阴符经》非黄帝书，盖出后汉末。唐人文章引用者惟吴武陵《上韩舍人行军书》有禽之制在气一语，梁肃受命宝赋有"天人合发区宇乐推"一语，冯用之《机论》《权论》两引之，此外绝无及之者。⑥

(11)《汲冢琐语》其文极古，然多诬而不信，如谓舜囚尧，太甲杀伊尹，又谓伊尹与桀妃妹喜交，其诬若此……然则何以知之，曰其文不类战国。⑦

(12)《阴符经》之文，李筌伪作，或信以为黄帝者，无目者也。其文尚不能望《六韬》《三略》之藩篱、《素问》《汲冢》之万一，而以轩辕之作视之，有目者如是乎？⑧按：明陈耀文《正杨》卷一对此条有补正。⑨

(13)《草书百韵歌》乃宋人编成以示初学者，托名于羲之。近有一庸中书取以刻石，而一巨公序之，信以为然……信乎伪物一售，信货难市也。谚云："若无此辈，饿杀此辈。"⑩

(14)鬻子，文王时人，著书二十二篇，子书莫先焉。今其存者十四篇，皆无可取，似后人赝本无疑也。按贾谊《新书》所引《鬻子》七条，如云和可以守……三军之士莫不失色。今本亦无，知其为伪书矣。曷取贾谊书中七条补之以冠子书，亦愈于传

① 《丹铅余录》卷十四，《四库全书》第855册，第84页。
② 《丹铅余录》卷十四，《四库全书》第855册，第85页。
③ 《丹铅余录》卷十四，《四库全书》第855册，第86页。
④ 《丹铅余录》卷十四，《四库全书》第855册，第88页。
⑤ 《丹铅余录》卷十七，《四库全书》第855册，第119页。
⑥ 《丹铅续录》卷三，《四库全书》第855册，第163页。
⑦ 《丹铅续录》卷三，《四库全书》第855册，第166页。
⑧ 《丹铅续录》卷六，《四库全书》第855册，第188页。
⑨ 《四库全书》第856册，第72~74页。
⑩ 《丹铅摘录》卷二，《四库全书》第855册，第235页。

赝售伪也。①

(15)文人伪作外夷文字——余尝疑《穆天子传》西王母歌词出于后人粉饰，且《山海经》载西王母虎首鸟爪，形既殊异，音亦不同，何其歌词悉似《国风》乎……音韵与汉无异，愈可疑也……究其文笔，与当时翰苑何差？言语不通之国，未必能集老庄之玄言，习徐庾之丽句也。②

(16)今南方所刻唐诗皆非全帙。先公(杨炯)在翰苑，日裒集唐诗，极为精备，较近日所传大有不同。缘吴人射私利，刻各家唐诗，取其卷帙齐均厚薄如一以便于售，极为可恶……若杨炯诗不多，乃取杨巨源诗妄入之。陋者骤观，竟相语以为新奇未见，而争市之。是重不幸也！聊书以传赏鉴者。③

(17)苏文忠公云，苏武李陵之诗乃六朝人拟作。宋人遂谓在长安而言江汉盈卮酒之句，又犯惠帝讳，疑非本作。予考之，殆不然。班固《艺文志》有苏武集、李陵集之目。挚虞晋初人也，其《文章流别志》云："李陵众作，总杂不类，殆是假托，非尽陵制，至其善篇有足悲者。"以此考之，其来古矣。即使假托，亦是东汉及魏人张衡曹植之流始能之耳。杜子美云："苏武李陵是吾师。"子美岂能无见哉？东坡跋黄子思诗云"苏李之天成"，尊只亦至矣。其曰六朝拟作者，一时鄙薄萧统之偏辞尔。④

(18)李益集有乐府杂体一首云："蓝叶郁重重，蓝花石榴色。少女归少年，光华自相得……既为随阳雁，勿学西流水。"此诗比兴有古乐府之风，唐人少及此者。或云非益作，乃无名氏代霍小玉寄益之诗也。⑤

以上涉及二十余种古籍，所考尚欠深入，也不够详明，大多数点到即止，未能穷本溯源，但是遍及四部，使用辨伪方法也多样化，从著录、文笔、制度、风格、音韵等方面加以考察。特别值得一提的是，他首次提出了"不可以艺文志不列其目而疑之"的思想方法。

(二)《四库全书总目》对杨慎之批评

长期以来，世人仅知杨慎是造伪专家，《四库全书总目》对此亦多见微词，如揭发他伪造石鼓文以及其他古书：

是编第一卷为石鼓古文，第二卷为音释，第三卷为今文，附录则自唐韦应物至明李东阳所作石鼓诗，凡五篇。前有正德辛巳慎自序称："东阳尝语慎及见东坡之本，篆籀特全。将为手书上石，未竟而卒。慎因以东阳旧本录而藏之。"《金石古文》亦言升庵得唐人拓本，凡七百二字，乃其全文，冯惟讷《诗纪》亦据以载入《古逸诗》中。当时盖颇有信之者。后陆深作《金台纪闻》，始疑其以补缀为奇。至朱彝尊《日下旧闻》考证古本以"六辔"下"沃若"二字、"灵雨"上"我来自东"四字，皆慎所强增。第六鼓、第七鼓多所附益，咸与《小雅》同文。又鼓有口文，郭氏云："恐是臭字，白泽

① 《丹铅总录》卷十二，《四库全书》第855册，第461页。
② 《丹铅总录》卷十二，《四库全书》第855册，第464页。
③ 《丹铅总录》卷十八"李益诗"条，《四库全书》第855册，第555~556页。
④ 《丹铅总录》卷十九"苏李五言诗"条，《四库全书》第855册，第561页。
⑤ 《丹铅总录》卷二十"李益诗"，《四库全书》第855册，第581~582页。

也。"慎遂以恶兽白泽入正文中，尤为欺人明证。且东阳《石鼓歌》云："拾残补阙能几何"，若本有七百余字，东阳不应为是言云云。其辨托名东阳之伪，更无疑义。今考苏轼《石鼓歌》自注称："可辨者仅'维鲔贯柳'数句。"则称全本出于轼者，妄。又韩愈《石鼓歌》有"年深阙画"之语，则称全本出唐人者，亦妄。即真出东阳之家，亦不足据，况东阳亦伪托欤?①

(石鼓文)摹本之中，薛尚功、杨慎最著。案：宋、金以前，争石鼓之时代，断断不休；元以来真伪论定矣，而争文字者，又哄而聚讼。凝作此书，既不以今日所存之三百二十余字以考定其真，又不详列诸家之本以纠其异，徒以杨慎伪本犹属全文，而据以为主。根本先谬，又加以意为增减，弥起纠纷。②

杨慎《丹铅录》谓杜常华清宫诗见《长安志》，诗中"晓风"乃作"晓星"，检今本实无此诗。盖慎喜伪托古书，不足为据。③

明陶晋楧撰……杂记湖南山水物产，间及古迹。然考证殊多疏漏。如辨岣嵝碑，信杨慎所录者为真本，则其他可知矣。④

前有顾应祥序云："此书附在《华阳国志》，近世无传。升庵杨太史谪居于滇，以其旧所藏本手录见示。"云云。考隋以来经籍、艺文诸志，皆无此书……且汉王恢攻南越，在建元六年；张骞使大夏，在元狩元年。此云骞以白帝东越攻南越，大行王恢救之。年月之先后既殊，事迹亦不知何据。又晋泰始七年分益州置宁州，而此云六年，牂柯郡下元鼎六年亦误作元鼎二年，抵牾不一。杨慎好撰伪书，此书当亦汉《杂事秘辛》之类也。⑤

至石鼓自唐以来辨论甚多，如杨慎所伪则字完于真本。⑥

他如杨君《石门颂》，杨慎讥其不识遴字，考之碑文，正作凿石，别无遴字。是则慎杜撰之文，又不足以为适病矣。⑦

《东坡石鼓文全本》，实杨慎伪托，而以为篆籀特全。⑧

杨慎作《丹铅录》尝攘其说，而讳所自来。⑨

至杨慎改岳麓禹碑中"南暴昌言"四字为"南渎衍亨"，伪云得之梦中，之淙亦信之，尤为寡识。⑩

慎博览群书，喜为杂著。计其平生所叙录，不下二百余种。其考证诸书异同者，则皆以"丹铅"为名……慎以博洽冠一时，使其覃精研思，网罗百代，竭平生之力以成一书。虽未必追踪马、郑，亦未必遽在王应麟、马端临下，而取名太急，稍成卷

① 《四库全书总目》卷四三《石鼓文音释》提要。
② 《四库全书总目》卷四三《石鼓文定本》提要。
③ 《四库全书总目》卷七〇《长安志》提要。
④ 《四库全书总目》卷七〇《楚书》提要。
⑤ 《四库全书总目》卷七八《南中志》提要。
⑥ 《四库全书总目》卷七八《国学礼乐录》提要。
⑦ 《四库全书总目》卷八六《隶释》提要。
⑧ 《四库全书总目》卷八七《读书敏求记》提要。
⑨ 《四库全书总目》卷一一二《书史》提要。
⑩ 《四库全书总目》卷一一三《书法离钩》提要。

帙，即付枣梨，饾饤为编，只成杂学。王世贞谓其“工于证经而疏于解经，详于稗史而忽于正史，详于诗事而略于诗旨。求之宇宙之外，而失之耳目之内”，亦确论也。又好伪撰古书以证成己说，睥睨一世，谓无足以发其覆。而不知陈耀文《正杨》之作已随其后。虽有意求瑕，诋諆太过。毋亦木腐虫生，有所以召之之道欤？然渔猎既富，根柢终深，故疏舛虽多，而精华亦复不少。求之于古，可以位置郑樵、罗泌之间。其在有明，固铁中铮铮者矣。①

慎于正德、嘉靖之间，以博学称，而所作《丹铅录》诸书，不免瑕瑜并见，真伪互陈。又晚谪永昌，无书可检，惟凭记忆，未免多疏。耀文考正其非，不使转滋疑误，于学者不为无功。然衅起争名，语多攻讦，丑词恶谑，无所不加。虽古人挟怨构争，如吴缜之纠《新唐书》者，亦不至是，殊乖著作之体。②

明之中叶，以博洽著者称杨慎……然慎好伪说以售欺。③

绝不以偶阙是编而讳言未见，与惠栋《九经古义》自称未见《易举正》者相同。均犹有先儒笃实之遗，知其他所援引，皆实见本书，与杨慎、焦竑诸人动辄影撰者异矣。④

世称二十四番花信风，杨慎《丹铅录》引梁元帝之说，别无出典，殆由依托。⑤

《汉杂事秘辛》出于杨慎伪撰。⑥

《汉杂事秘辛》为杨慎赝作，世所共知。⑦

明杨慎称：“或掘地得石函，中有古文《参同契》，魏伯阳所著，上、中、下三篇，后序一篇；徐景休笺注三篇，后序一篇；淳于叔通补遗《三相类》二篇，后序一篇，合为十一篇。”其说颇怪。慎好伪托古书，疑其因《唐志》之言别《三相类》于《参同契》，造为古本。⑧

独《杨升庵集》中别载七首，云得之古本，今录于后云云……惟杨慎之言多不足据，《石鼓文》尚能伪造，何有于王建宫词？⑨

又《重阳铭》一篇，炯据《全蜀艺文志》采入，冯浩注本则辨其碑末结衔乃乡贯皆可疑，知为旧碑漫漶，杨慎伪补足之，援慎伪补樊敏、柳敏二碑，证炯之误信。⑩

慎以博洽冠一时，其诗含吐六朝，于明代独立门户，文虽不及其诗，然犹存古法，贤于何、李诸家窒塞艰涩不可句读者，盖多见古书，薰蒸沉浸，吐属自无鄙语，譬诸世禄之家，天然无寒俭之气矣。至于论说考证，往往恃其强识，不及检核原书，

---

① 《四库全书总目》卷一一九《丹铅余录·续录·摘录·总录》提要。

② 《四库全书总目》卷一一九《正杨》提要。

③ 《四库全书总目》卷一一九《通雅》提要。

④ 《四库全书总目》卷一一九《白田杂著》提要。

⑤ 《四库全书总目》卷一二二《蠡海集》提要。

⑥ 《四库全书总目》卷一二三《说郛》提要。

⑦ 《四库全书总目》卷一三六《广博物志》提要。

⑧ 《四库全书总目》卷一四七《参同契章句》提要。

⑨ 《四库全书总目》卷一五〇《王司马集》提要。

⑩ 《四库全书总目》卷一五一《李义山文集笺注》提要。

致多疏舛。又恃气求胜，每说有窒碍，辄造“古书”以实之。①

何致之伪岣嵝碑、杨慎之伪石鼓文，并出近代。②

是编所采，皆金石之文。上起古初，下迄于汉。然真伪错杂，殊多疏漏。如阳虚石室仓颉文、岣嵝禹碑、庐山禹刻、比干铜盘铭，皆显然伪撰，人所共知。而列以冠首，岂足传信？石鼓文，韩愈已云缺画，郑、薛诸家所载，无不讹缺。慎乃臆为补足，诡称得之李东阳。不知东阳《怀麓堂集》固明云未见完本也。又如沙邱石椁铭，文见《左传》，秦刻峄山诸石，《史记》具载，非至慎之时尚有金石可据。一概泛登，不挂一漏万乎？③

综上所述，《四库全书总目》对杨慎非常反感，批评也相当激烈，认为他“好撰伪书”“好伪撰古书以证成己说”“好伪说以售欺”“动辄影撰”“喜伪托古书，不足为据”。同时，我们也不得不承认，有明一代，称博洽者首推杨慎。他博闻强识，也是一代辨伪高手。从前述诸条可见，其辨伪功力虽不及后来精深，也曾遭到不少后来者的驳斥，不尽可信，但筚路蓝缕之功亦不可没。杨慎认为：“不可以艺文志不列其目而疑之。”此论原本为其造伪张目，但也有相当的合理性，艺文志不列其目就不一定全是伪书，如果专门“以艺文志不列其目而疑之”，这种做法本身就有简单化之嫌，奇怪的是，此种简单化的做法迄今仍很盛行，因此，杨慎之论又未尝不具有纠偏之功效。

三、胡 应 麟

胡应麟(1551—1602)，字元明，又字元瑞，自号少室山人，兰溪人。万历丙子举人，以依附王世贞得名，故《明史·文苑传》附载世贞传中。《四库全书总目》对其著述有较为恰当的评述：

《少室山房笔丛》正集三十二卷续集十六卷，此其生平考据杂说也，分正、续二集，为书十六种：曰《经籍会通》四卷，皆论古来藏书存亡聚散之迹；曰《史书占毕》六卷，皆论史事；曰《九流绪论》三卷，皆论子部诸家得失；曰《四部正讹》三卷，皆考证古来伪书；曰《三坟补遗》二卷，专论《竹书纪年》《逸周书》《穆天子传》三种，以补《三坟》之阙……曰《丹铅新录》八卷，曰《艺林学山》八卷，则专驳杨慎而作。其中征引典籍，极为宏富，颇以辨驳自矜，而舛讹处多不能免……近时张文虪《螺江日记》以为《竹书》实出于晋太康年，而应麟以为咸宁，反纠杨慎为非是。④

其辨伪专著为《四部正讹》，《四库全书总目》认为：“率本前人遗议，稍加详密，间折衷耳。”又云：

① 《四库全书总目》卷一七二《升庵集》提要。

② 《四库全书总目》卷一八九《皇霸文纪》提要。

③ 《四库全书总目》卷一九二《金石古文》提要。

④ 《四库全书总目》卷一二三《少室山房笔丛》提要。

《四部正讹》谓"惮于自名者魏泰《笔录》"，然《东轩笔录》实泰自署名，其托名梅尧臣者乃《碧云騢》。谓"卫元嵩《元命包》袭《春秋》《孝经纬》之名"，然元嵩书名《元包》，不名"元命包"。且《春秋》有元命苞，苞字从草，《孝经》并无元命包也。至谓"《子华子》之程本即伪撰者之姓名"，益无稽矣。姑约举其一二，尚不止沈德符等之所纠。盖捃摭既博，又复不自检点。抵牾横生，势固有所不免。①

《四库全书总目》评论较为公允，批评也相当中肯。下面我们将《四部正讹》列表一一加以评析。

书名	旧题作者	真伪程度	《四部正讹》要点	评析
连山易		全伪	晋、梁以降亡逸篇名无不具载，皆不闻所谓《连山》者，而至唐始出，可乎？	从书目著录源流方面考察，发现此书来历不明。
归藏易		全伪	《七略》无《归藏》，《晋中经簿》始有此书。《隋志》称此书惟载卜筮，不类圣人之旨；盖唐世固疑其伪。	从书目著录源流、文章风格及思想内容方面考察。
子夏易	卜商子夏	全伪	《汉志》无卜氏《易》，至《隋志》始有《子夏易》二卷，其为依托甚明。且隋、唐时已残缺，宋安得有十卷？又陆德明所引隋《子夏易》语，今本十卷中皆无之。	从书目著录源流、卷数、引文等方面考察。
乾凿度、乾坤凿度	孔子 黄帝	全伪	《乾坤凿度》称黄帝撰，而《乾凿度》皆假借孔子为言，其伪固无容辩说。诸纬《汉艺文志》绝不经见，《隋志》始备详之。宋世仅七纬传，说者咸以好事掇拾类书补缀而成，非汉、魏之旧。《乾坤凿度》本汉世伪撰，至隋、唐亡逸，宋人复伪撰以行，伪中又有伪者也。	"纬书"与"伪书"是不同的概念，但至今仍未厘清界限。隋、唐《志》《崇文总目》皆未著录，至宋元祐间始出。
谶纬诸书		伪	谶纬之说，盖起于河、洛图书。其学自隋文二主禁绝，世不复传。	
三坟		全伪	《三坟》之伪，前人辨之审矣。盖诸赝书中至浅陋者。所称"太始、太极、太易、太初、太素"，皆剿合《乾坤凿度》之文而稍增饰之，而《乾坤凿度》则又全录《冲虚天语》者也。至其所列《连山》《归藏》《乾坤》等象，布置错综，仅同儿戏。其引物连类，取义称名，合于羲、农之世者十无三四，无论六代以前，即真出于刘炫，岂浅陋至是哉？	从因袭、时代等方面考察。

① 《四库全书总目》卷一二三《少室山房笔丛》提要。

续表

书名	旧题作者	真伪程度	《四部正讹》要点	评析
古文尚书		伪	汉张霸、隋刘炫，皆笃学之士也。二子诬矫圣真，诚足诛。	从作伪者方面考察。
元命包	卫元嵩	真伪疑者	本纬书，好事者剿为此书而附诸《大易》云耳。其文率学《太玄》，用字奇僻过之，而厥义则甚浅。然其文颇雅驯，字虽奇而旨不晦，当出杨元素辈，或唐文士撰述也。	从因袭、文章风格与思想内容等方面考察。
关朗易传		伪	朱紫阳曰："伪书也。"盖阮逸之作伪，无往不然也。新、旧《唐书志》并无《关朗易传》，则此书为阮逸伪撰无疑。	从书目著录源流方面考察。
麻衣心法		全伪	浅俚质略，大类宋世丹汞之书。朱紫阳谓戴师愈作，托名麻衣。余观其末有李潜序，绝肖书中所云，盖皆戴所著也。	从风格等方面考察。
元经	王通	伪	《传》称"季龙""若思"，亦足占其伪也。	从避讳方面考察。
仪礼逸经		伪	《仪礼》篇亡者，自汉已无从物色，宁有历唐至宋复出于今之理？必刘伪作欺世。经则取大、小戴及郑氏注，传则吴氏本紫阳遗意而纂次之。	从流传、内容等方面考察，认为此本来历不明，剿袭成书。
鬻子	楚 鬻熊	残	宋太史谓"其文质，其义弘"，余读之信然。其名姓诚有可疑者，绝匪商末周初文字。黄东发以战国依托，近之。其书体兼儒、杂，既绝不类《列子》所引语，而《列》所引语亦略不见篇中，故知其决非道家。大概后人掇拾残剩……余则以不惟其书可疑，熊之遇西伯亦伪也。	从文章风格、思想内容及称引等方面考察。
阴符经	黄帝	伪	称黄帝，唐李筌之伪也。余按《国策》……则此书自战国以前有之，而《汉艺文志》不载，盖毁于兵火故。此书故匪黄帝，亦匪太公，其为苏子所读则了然。	从著录源流、思想内容等方面考察。①
六韬	太公	全伪	盖伪撰太公《六韬》者不识"阴符"之义，以为符节之符也。考《汉志》有《六韬》，初不云出太公，盖其书亡于东京之末，魏晋下谈兵之士掇拾剩余为此，即《隋志》《六韬》也。	从词义、著录、内容等方面考察。对怀疑太公真有其人的观点予以驳斥。②

① 胡应麟《少室山房笔丛》乃谓苏秦所读即此书，故书非伪，而托于黄帝，则李筌之伪。考《战国策》载苏秦发箧，得太公《阴符》，具有明文。又历代史志皆以《周书阴符》著录兵家，而黄帝《阴符》入道家，亦足为判然两书之证。应麟假借牵合，殊为未确。

② 《四库全书总目》卷九九：今考其文，大抵词意浅近，不类古书，中间如避正殿，乃战国以后之事。将军二字，始见《左传》，周初亦无此名。其依托之迹，灼然可验。又《龙韬》中有《阴符》篇云……盖伪撰者不知阴符之义，误以为符节之符，遂粉饰以为此言，尤为鄙陋，殊未必汉时旧本。胡应麟《少室山房笔丛》亦谓其《文代》《阴书》等篇为孙、吴、尉缭所不屑道。

续表

书名	旧题作者	真伪程度	《四部正讹》要点	评析
三略	黄石公	伪	“柔能制刚，动而辄随”等语，似有见于《道德》者。以即圯上老人授子房书，则不可。	从思想内容等方面考察。
文子		有附益	黄东发直以注者唐人徐灵府所撰。自汉历隋至唐固未尝亡，而奚待于徐氏之伪！惟中有汉后字面，而篇数屡增，则或李暹辈润益于散乱之后欤？	从流传、文字、篇数等方面考察。
鬼谷子	鬼谷子	伪	纵横之书也。浅而陋矣。即仪、秦之师，其术不至猥下如是。《汉志》绝无其书，文体亦不类战国。晋皇甫谧序传之。盖东汉人本二书(《张仪》《苏秦》)之言，会萃附益为此。或即谧手所成而托名鬼谷。	从内容深浅、作者水平、著录源流、文体及流传等方面考察。同意柳宗元、宋濂、杨用修等人说法，对高似孙之说不以为然。
伍子胥	伍子胥	伪	《越绝书》称子胥撰，盖东汉人据二书润饰为此。其遗言逸事，大率本之。其文词气法出东汉人手裁，故与战国异。	从著录、文词气法等方面考察。
秦、汉间兵家诸书			《孙武》《尉缭》，亡可疑者。《吴起》或未必起自著，要亦战国人掇其议论成编，非后世伪作也。《苌弘》《范蠡》《大夫种》《公孙鞅》《广武君》《韩信》，率依托也。《神农》《黄帝》《风后》《力牧》《蚩尤》《封胡》《鬼臾区》等尤荒唐。又有《项王》……《武侯十六策》亦伪撰者。近世有《武侯心书》，亦《通考》所无者，尤伪。	泛论，未提供证据。
鹖冠子		伪错以真	余以此书芜紊不驯，诚难据为战国文子，然词气瑰特浑奥，时时有之，似非东京后人所办。盖其书残逸断缺，后人之鄙浅者以己意增益傅之，故文义多不可训。《世兵篇》始终皆论用兵，而中杂以贾赋，殊不类。《鹖冠》则战国有其书，而后人据《汉志》补之；《亢仓》则《庄子》有其文，而后人据《南华》益之；若《子华》，既无其书又无其文，特好事者因“倾盖”一言而伪撰以欺世耳。	从著录、篇数、文例等方面考察。
关尹子	关尹	全伪	《七略》道家有其目，自《隋志》绝不载。今所传云徐藏子礼得于孙定家者。或俱子虚、乌有，未可知也。篇首刘向序盖晚唐人学昌黎声口，亡论西京，即东汉至开元无有也。至篇中字句体法，全仿经典成文。吾尝疑五代间方外士掇拾柱下之余文，傅合竺乾之章旨，以成此书。第以关尹则绝无斯理。其文则全仿释氏。	从著录、流传、字句体法及思想内容等方面考察。
黄石公素书	黄石公	伪错以真	宋张商英伪撰者。所称仁义道德皆剽拾老、庄之肤语，傅合周、孔之庸言。	从思想内容方面考察。

续表

书名	旧题作者	真伪程度	《四部正讹》要点	评析
抱朴子	晋 葛洪	真	黄东发以此书为伪则失考。洪本传明言《抱朴》诸篇，历唐、宋以来未有疑其伪者。今读其书，比物联类，纡徐郁茂……且洪既为神仙之学，其异于吾儒，势固应尔，又曷伪焉。	从碑传、流传、风格、思想内容等方面考察，认为此书不伪。
亢仓子	周 庚桑楚	补	《汉志》无《亢仓子》，《隋志》弗载，则唐前固绝不闻此书。王士元取《庚桑楚篇》，杂引道家以补之。	从著录、史实等方面考察。
刘子新论			此书虽无甚高论，而词颇清旨，意非昼所能也。宋景濂谓刘勰撰者，近之。然《唐志》篇目不同，安知即此？若此书体制，决在齐、梁之间。	从内容、风格、篇目及全书体制等方面考察，认为刘勰撰。
孙子	晋 孙绰	真	《隋志》有此书，《意林》所纂百余种颇佳，当是绰撰。第《唐志》不录，至南渡复传，盖本书亡佚而后人补之者。陈氏(振孙)并其初疑之，亦失考也。	从著录、流传等方面考察。
子华子	程本	全伪	前代绝无其目，盖宋人假托玩世，故与阮逸、宋咸辈牵合源流者小异。其书理致肤近，而持论不甚诡于道；文字亦舂容雅则，而撰者姓名邈无从考。全剽百氏成文，至章法起伏唤应，宛然宋世场屋文字，且多用王氏《字说》。余参酌诸家，意此书必出元丰间越中举子姓程名本而不得志于场屋者所作。盖版出会稽，则越；文类程式，则举子；义取《字说》，则元丰；辞多拂郁，且依托前人，则困于场屋；思以自见，又虑不能远传，故傅于《春秋》姓同而字相近者。	从著录、内容、风格、因袭、章法、引文等方面考察，推测此书为宋代元丰年间越中举子姓程名本而不得志于场屋者所作。
李卫公问对	唐 李靖	全伪	其词旨浅陋猥俗。此书不特非卫公，亦非阮逸，当是唐末宋初俚儒村学掇拾贞观君臣遗事、杜佑《通典》原文，傅以闾阎耳口。	从内容、因袭、作者水平等方面考察。
化书	宋齐丘	伪	因袭宋濂语。	
广成子	商洛公	伪	考《汉书》《七略》，道家、神仙二类依托甚众，若《黄帝》《伊尹》《太公》；兵书阴阳则《务成》《容成》不胜数；独《广成》不经见，而《隋志》骤出之；本注亦以近人所托。其书自唐以后绝不传。	从著录方面考察，该书亡佚，无复辨其是非。
黄帝内传	黄帝	依托		
穆天子传		真	其文典则淳古，宛然三代范型，盖周穆史官所记。与《竹书纪年》《逸周书》并出汲冢……《列子》此段全录《穆天子传》文，足证《列子》所称《黄帝》等书咸有所本。	从风格、来历、引文、体制等方面考察，认为此书非伪。

续表

书名	旧题作者	真伪程度	《四部正讹》要点	评析
晋史乘、楚檮杌		伪	元人有伪作《晋史乘》《楚檮杌》者，吾衍子行序谓一日并得之。其书乃杂取《左传》《国语》《新序》《说苑》中论文、庄二伯事节约成编。	从因袭及前人揭发等方面考察。
山海经	夏后·伯翳	伪	无论其事，即其文与《典》《谟》《禹贡》迥不类也。余尝疑战国好奇之士本《穆天子传》之文与事而侈大博极之；杂传以汲冢《纪年》之异闻，《周书》王会之诡物，《离骚》《天问》之遐旨，《南华》郑圃之寓言，以成此书。而其叙述高简，词义淳质……按《经》称"夏后启"事者三，又言"殷王子亥"，又言"文王墓"，凡商、周之事不一而足。晁氏但疑"长沙""桂林"数郡名及"鲧湮息壤"等文。夫鲧事，固禹、益所睹，商、周曷从知之哉?	从其文、其事、其图等方面考察，赞同朱熹《山海经》《淮南子》二书皆缘《天问》而作之说。
古岳渎经			此文出唐小说，盖即六朝人踵《山海经》体而赝作者。	
＊禹碑			近衡岳《禹碑》盛传，其文体稍古，然与虞、夏诸书迥不类，恐亦好事所遗也。	从文体风格方面考察。
燕丹子		伪错以真	《汉艺文志》无之。其文采诚有足观，而词气颇与东京类，盖汉末文士因太史《庆卿传》增益怪诞为此书。且书果太史所本，《汉艺文志》乃遗之乎?《汉志》有《荆轲论》五篇，《燕丹》必据此增损成书者。	从著录、文采、词气、史实等方面考察。
宋玉子			并《燕丹子》皆《汉志》所无。二书必一时同出，伪无疑也。唐尚存，今不传。	从著录、流传等方面考察。
神异经、十洲记	东方朔	假托	其事实诡诞亡论，即西汉人文章有此类乎?《汉志》有《东方朔》二十篇，今不传。	从史实、文章风格、著录等方面考察。
赵飞燕外传	伶玄	伪	宋人或谓为伪书，以史所无见也。然文体颇浑朴，不类六朝。"祸水灭火"事，司马公载之《通鉴》，诚怪。如以诗文士引用为疑，则非悬解语也。	从来历、文体、引用、碑传等方面考察。
越绝书	子贡或子胥	依托	杨用修谓东汉人袁康所作。	从前人揭发、文体、书名等方面考察。
鲁史记	刘炫	亡佚	今不传。	
西京杂记		存疑	世以葛洪伪撰，余详辩之矣。或又以为吴均者，无他据。	
述异记		存疑		

续表

书名	旧题作者	真伪程度	《四部正讹》要点	评析
列仙传	汉 刘向	伪	《汉艺文志》无此书。《七略》，刘歆所定，果向有此书，班氏决弗遗，盖伪撰也。当是六朝间人因向传列女，又好神仙家言，遂伪撰托之。	从文章风格、著录、情理、传者等方面考察。
牟子论	汉末 牟融	伪	隋、唐诸志并无此书。尝疑六朝晋、宋间文士因儒家有《牟子》，伪撰此论以左右浮屠。读其文虽猥浅，而词颇近东京。	从著录、史实、思想内容、风格等方面考察。
洞冥记	郭宪子	疑伪	盖六朝假托也。	从托者为人、时代风格等方面考察。
汉武内传	不著名氏		详其文体，是六朝人作，盖齐、梁间好事者为之也。所载诸仙女名，诗家多用。	从文体等方面考察。
拾遗记	王嘉	伪	萧绮传录。盖即绮撰而托之王嘉。中所记无一事实者。皇娥等歌，浮艳浅薄，然词人往往用之。	从传录者、内容及风格等方面考察。
名山记		伪		明代已亡佚。
梁四公记			考《隋志》无此书，盖唐人伪撰，托之沈约、张说者也。	从著录方面考察。
隋遗录	颜师古	伪	一名《南部烟花录》，文绝鄙俗，而称颜师古，殊可笑也。	从风格、被托者水平等方面考察。
开元天宝遗事	王仁裕	伪	绝不经见。其书浅俗鄙陋。仁裕能诗，《西江集》至万首，今一二散见《闲话》中，虽卑弱，尚可吟讽，书事亦清婉，但乏气骨，不应至是。	从流传、内容、被托者水平及文章风格等方面考察。
广陵妖乱志	唐 郑廷诲	疑伪		
潇湘录	作者未定		唐人志怪中最鄙诞者。诸家或以为李隐，或以为柳详。	此类志怪未必即是伪书。
牛羊日历	刘轲		轲本浮屠，以文鸣一时。即纪载时事，命名讵应乃尔！必赞皇之党且恶轲者为之也。	
龙城录	柳宗元	嫁名	宋王性之撰，嫁名柳宗元。	
白猿传	江总	伪	唐人以谤欧阳询者。	
周秦行记		伪	李德裕门人伪撰以构牛奇章者也。	
碧云騢	梅尧臣	伪	实魏泰也。	根据前人揭发。
云仙散录	冯贽	部分伪	昔人皆以为伪，洪景庐尤斥之。余读其前六卷，所引诸杂说无一实者：盖伪撰书名实之。至末二卷所引，则诸书大半尚存于今，胡以云悉诞也？第二卷《外书》，名虽诞，所记率俊事雅谭，创撰书名亦皆以文为戏。	从内容、书名等方面考察。

续表

书名	旧题作者	真伪程度	《四部正讹》要点	评析
清异录	陶榖	真	或以文不类宋初者，恐未然。此书命名造语皆颇人工，恐非榖不能。近时文章大家间亦用之。	从文章风格、命名造语及征引等方面考察。
艾子	苏长公	伪	子瞻生平善俳谑，故此类率附之。岂笔之于书，浅俚若是乎！然此书已见《文献通考》，盖亦出于宋世，非后人所托也。	从被托者生平、风格、著录等方面考察。
钟吕传道集	唐 施肩吾	伪	肩吾，唐中、晚间诗人，而纯阳，吕渭之孙，视肩吾为晚出，不应预记其事。又《太平广记》载神仙最众，独无所谓钟、吕者。至宋始有之。	从时间、来历等方面考察。
*纯阳集		伪		连类而及。
香奁集		嫁名		
诗话诸书			诗话伪者尤众。	

《四部正讹》是我国第一部全面总结辨伪学理论的专著，其主要贡献有三：

（一）系统分析伪书条例。胡应麟归纳出二十一条：

（1）有伪作于前代而世率知之者，风后之《握奇》、岐伯之《素问》是也；

（2）有伪作于近代而世反惑之者，卜商之《易传》、毛渐之《连山》是也；

（3）有掇古人之事而伪者，仲尼倾盖而有《子华》、柱史出关而有《尹喜》是也；

（4）有挟古人之文而伪者，伍员著书而有《越绝》、贾谊赋鹏而有《鹖冠》是也；

（5）有傅古人之名而伪者，尹负鼎而《汤液》闻、戚饭牛而《相经》著是也；

（6）有蹈古书之名而伪者，汲冢发而《师春》补、《梼杌》纪而楚史传是也；

（7）有惮于自名而伪者，魏泰《笔录》之类是也；

（8）有耻于自名而伪者，和氏《香奁》之类是也；

（9）有袭取于人而伪者，法盛《晋书》之类是也；

（10）有假重于人而伪者，子瞻《杜解》之类是也；

（11）有恶其人，伪以祸之者，僧孺《行纪》之类是也；

（12）有恶其人，伪以诬之者，圣俞《碧云》之类是也；

（13）有本非伪，人托之而伪者，《阴符》不言三皇而李筌称黄帝之类是也；

（14）有书本伪，人补之而益伪者，《乾坤凿度》及诸纬书之类是也；

（15）又有伪而非伪者，《洞灵真经》本王士元所补而以伪亢仓，《西京杂记》本葛稚川所传而以伪刘歆之类是也；

（16）又有非伪而曰伪者，《文子》载于《七略》，历梁、隋皆有其目，而黄东发以为徐灵府。《抱朴》纪于勾漏本传，历唐、宋皆志其书，而黄东发以为葛稚川之类是也；

（17）又有非伪而实伪者，《化书》本谭峭所著而宋齐丘窃而序传之，《庄注》本向秀所作而郭子玄取而点定之之类是也；

(18)又有当时知其伪而后世弗传者，刘炫《鲁史》之类是也；

(19)又有当时记其伪而后世弗悟者，司马《潜虚》之类是也；

(20)又有本无撰人，后人因近似而伪托者，《山海》称大禹之类是也；

(21)又有本有撰人，后人因亡逸而伪题者，《正训》称陆机之类是也。

胡氏所举例证间有可商，但其归类大体完备。如此细致详明的伪书条例，确为空前。

(二)初步归纳辨伪方法。胡应麟第一次将辨伪方法归纳为八种：

(1)核之《七略》，以观其源；

(2)核之群志，以观其绪；

(3)核之并世之言，以观其称；

(4)核之异世之言，以观其述；

(5)核之文，以观其体；

(6)核之事，以观其时；

(7)核之撰者，以观其托；

(8)核之传者，以观其人。

第(1)、(2)条为一组，即从目录著录上考察源流；第(3)、(4)条为一组，分别从共时与历时的角度考察；第(5)条从文体考察；第(6)条从史实考察；第(7)、(8)条为一组，第(7)条考察被托者，第(8)条考察传播者。胡八条实际上只有五大点，即目、时、文、事、人。

胡应麟的概括稍嫌简单，似乎不及后来梁启超、胡适之周备，实则远较梁、胡二公为圆通。尤其是梁氏十二公例，似乎祖述胡应麟的地方很多，然胡应麟只指明了辨伪路径，而梁启超之说则多武断，如梁氏称："其书前代从未著录或决无征引而突然出现者，十有九皆伪。"此说显然夸大其词。对于梁启超的辨伪方法拟另题讨论，此不赘述。

(三)总结辨伪规律。对于辨伪的总结有着非常自觉的意识，因而能够阐幽发微，归纳出若干带有规律性的东西，如：

(1)五经，《易》最多依托，以卜筮易于传讹也。①

(2)亦有古书本不讳，后人避本朝之讳而改者，如《山海经》"启"皆为"开"之类。此又各当求其故，不可执泥一端。②

(3)凡班志所无而骤见六朝后者，往往多因战国子书残帙者补缀之，而易其名。以为真，则伪莫掩；以为伪，则真间存，尤难辨。③

---

① 《四部正讹·归藏易》。

② 《四部正讹·元经》。

③ 《四部正讹·伍子胥》。

(4)凡依托之书，必前代圣贤坟籍，冀以取重广传。勘伪书者，此义又当察也。①

(5)神仙丹拱之籍大都依托上古帝王，《汉志·方技》中纷纷可见。第秦、汉人书，即伪撰犹倍蓰后世真者。如《素问》《灵枢》之类咸假轩、歧，亡论其术百代尊守，其文辞稚川、贞白能万一乎？惜二书外，余绝不传，而唐、宋以还，怪谭陋说坌布域中。②

(6)唐人作伪书而其名隐，宋人作伪书而其名彰，然无益于伪则一也。宋人好作伪经者阮逸，伪子者宋咸，伪说者惠洪，诸人皆无害于名教，世犹以伪訾之。而以泰之颠倒白黑，而《碧云騢》迄今传，何也？③

第(1)条怀疑《易经》，第(2)条谈避讳之法，第(3)条谈著录之法，第(4)条谈作伪动机，第(5)条谈被托者，第(6)条谈唐宋作伪。这些论述较为零散，不够集中，今将其一一钩稽出来，更有利于我们认识到该书在辨伪学上的价值。

四、方 以 智

明末方以智(1579—1671)，字密之，安徽桐城县人，崇祯十三年(1640)进士及第，曾官翰林院检讨、礼部侍郎，东阁大学士。明亡为僧，卒于清康熙十年(1671)。平生博览群书。所著《通雅》颇得馆臣佳评：

明中叶以后，以博洽著者称杨慎，而陈耀文起而与之争，然慎好伪说以售欺，耀文好蔓引以求胜。次则焦竑亦喜考证，而与李贽游，动辄牵缀佛书，伤于芜杂。惟方以智崛起崇祯中，考据精核，迥出其上。风气既开，国初顾炎武、阎若璩、朱彝尊等沿波而起，始一扫悬揣之空谈。虽其中千虑一失，或所不免，而穷源溯委，词必有征，在明代考证家中可谓卓然独立者矣。④

《通雅》对于前人在辨伪方面的成果相当重视，卷首一有详细引用⑤。同时，他也提出了一些独到的见解：

(1)即如《素问》《本草》，业者沿加，岂可以汉郡名而疑神农？周公《尔雅》，学者随时增益，自是通训，岂可以张仲而黜之、不列十三经乎……若嗜浅恶深，一切疑之，永叔疑《文言》，象山慈湖疑《系传》，至今郝京山、何元子信文王八卦而疑伏羲先天图，岂不可笑？⑥

① 《四部正讹·刘子新论》。
② 《四部正讹·黄帝内传》。
③ 《四部正讹·碧云騢》。
④ 《总目》卷一一九《通雅》提要。
⑤ 《四库全书》第857册，第8页。
⑥ 《四库全书》第857册，第9页。

(2)《关尹子》，后起者也，其论道器颇平。《鹖冠》《亢仓》，搜剔銛锋，甚则为《阴符》，奇其事为《山海经》《穆天子传》，守起业而浸广之，《灵枢》《素问》也，皆周末笔。《阴符》《关尹》《鹖冠》《亢仓》则晋唐笔也。①

(3)《孔丛子》……《汉志》儒家杂家各载之……《文选注》引《七略》云："盘盂书，黄帝史孔甲为之。"而人遂以附会孔丛子。直斋言其记问篇子思与孔子问答，孟子言鲁穆公与子思同时，则孔子没且七十年矣。元瑞谓孔氏子孙杂记其先世之言行也。宋景濂因咸注而以为咸伪作，又疑之太过矣。伯鱼卒在孔子前，则子思无不见孔子者，《史记》表不足信也。②

(4)黄伯思校雠《师春》非杜预所言之《师春》也……元瑞曰：伯思所与《通考》、陈氏说同，然《纪年》即今冠以"竹书"者，而黄以《师春》当之，亦大卤莽矣。智按：升庵所称《琐语》亦不得见，不过所引数条，此《师春》一卷何以独全？杜预所见或尚是真伯思所见，则后人附之者。《琐语》固妄，生封缴书可知也。自周末至晋历年近六百，安得竹简无恙邪？③

(5)《鬼谷子》有《揣篇》《摩篇》《捭阖篇》，人或信苏秦揣摩本此。鬼谷即鬼庾区，曾知为无是公乎？伪作者因秦揣摩成而附会耳。④

(6)书不尽信，明其理、事、文、气、时、变而无逃矣……梅鷟之驳《古文尚书》，安石之废《麟经》，永叔不信《文言》，杨简且疑《系词》，不必矣。周末文盛，诸子各造一奇，托者亦可观。汉出之七十二纬则无足取。因仲尼倾盖有《子华》，因柱史出关有《尹喜》《鬻》《文》《鹖冠》之类往往而然，葛洪之托刘歆，卫元嵩之托苏源明，赵蕤之托关朗，庆虬之托相如……⑤

(7)大约异书多伪。⑥

(8)周公《月令》因《夏小正》，《吕览》因《月令》，《淮南》因《吕览》，记有异同，非后人笔也。⑦

第1条论附益，将后人增益的部分与原来的部分区别对待，极有见地；第2条据文笔以定时代，亦为辨伪一法；第3条据理推断，出奇制胜；第4条因缺乏考古知识而怀疑竹简，情有可原；第5条怀疑《鬼谷子》，亦未达一间；第7条泛论异书，缺乏实例，因而价值不大；第8条论因袭，亦从辨伪方法入手。最为重要的是第6条，他在前人辨伪成就的基础上总结出了高度凝练的辨伪方法，我们姑且称为"方六条"。"方六条"与"胡八条"相比，有同有异，大同小异，"事""文""时"三个方面是相同之处，方以智提出了"理""气"与"变"。根据"理""事""文""气""时""变"等因素综合考察，辨其真伪，这就比胡应麟更为深入。同时他又扬弃了胡应麟"核之撰者以观其托，核之传者以观其人"等不尽

① 《通雅》卷首三，《四库全书》第857册，第52页。
② 《通雅》卷三，《四库全书》第857册，第117页。
③ 《通雅》卷三，《四库全书》第857册，第121~122页。
④ 《通雅》卷三，《四库全书》第857册，第123页。
⑤ 《通雅》卷三，《四库全书》第857册，第126页。
⑥ 《通雅》卷三，《四库全书》第857册，第131页。
⑦ 《通雅》卷一二，《四库全书》第857册，第293页。

合理的地方，其辨伪方法也就更为圆熟。

从上可见，方以智比较谨慎，反对轻于疑古，对宋濂等人疑古过头的地方有所针砭。方以智既是开考据学风气之先河的大师，也是一位精通辩证法的大师。可以毫不夸张地说，方以智提出的从“理”“事”“文”“气”“时”“变”六个方面辨伪的方法，完全契合辨证之道，代表了中国古代辨伪学方法论的最高水准。

姚际恒《古今伪书考》评析

一、缘　起

姚际恒(1647—约1715)，字善夫，一字立方，安徽徽州人。《四库全书总目》对姚氏作过如下评说：

> 际恒生于国朝初，多从诸耆宿游，故往往剽其绪论。其说经也，如辟图书之伪，则本之黄宗羲；辟《古文尚书》之伪，则本之阎若璩；辟《周礼》之伪，则本之万斯同；论小学之为书数，则本之毛奇龄，而持论弥加恣肆。至祖欧阳修、赵汝楳之说，以《周易十翼》为伪书，则尤横矣。其论学也，谓“周、张、程、朱皆出于禅”，亦本同时颜元之论；至谓“程、朱之学不息，孔、孟之道不著”，则益悍矣。他如诋杨涟、左光斗为深文居功，则《三朝要典》之说也；谓“曾铣为无故启边衅”，则严嵩之说也；谓“明世宗当考兴献”，则张、桂之说也，亦可谓好为异论者矣。①

姚际恒的辨伪专著《古今伪书考》，本为《庸言录》的附录，但没有被收入《四库全书》,《四库全书总目》也没有著录。顾颉刚对此大发议论：

> 至于他的书何以失传，这个理由，钱玄同先生说是由于四库馆诸臣的反对。他以为《提要》中既骂他经学方面的种种，是作《提要》的人必曾看见他的《九经通论》。但四库中没有此书，即《存目》中也无此名，可见他们有意把他压抑下去。他的书既为“别黑白而定一尊”的四库馆所痛斥，自然别人再不敢把他表章了。按，这个假设很

① 《四库全书总目》卷一二九《庸言录》提要。

可能。①

姚氏著作，当时或有几种刻本，因为在《好古堂书画记》及《书目》上证明他不是一个穷人。就算他的著作卷帙太多，或因为他没有及身写定而刻，也必有许多抄本。何以《四库总目》上只把他的《庸言录》存了目，其他连存目也够不上呢？这很明白，他的怀疑古书和攻击古经师的态度绝不为四库馆诸臣所容，或竟被销毁了；他们又虑后人有赞同其说的，故即于《庸言录》的提要上作总结的一骂，以见其人之不足取。实在清学到了乾嘉时，古代的偶像又唤起来了，清初实事求是的风气已变成信守汉人师说的风气了。只有《伪古文尚书》，因为它起在魏、晋间，彀不到汉，没有汉代的权威者为它保护，又因它的宗师是王肃，适为汉学宗主郑玄学派的敌人，又因当时大师惠栋亦曾继续阎氏之业而作《古文尚书考》，故他们对于清初提出的许多辨伪问题只有《伪古文尚书》一案是承受了的。姚氏太勇了，什么都要疑，当然应受他们的排斥。②

这些假设初看起来似乎合情合理，其实与事实不符。首先，《四库全书总目》没有著录此书，有很多种可能，比如《古今伪书考》压根就没有被征入馆中。钱玄同说是由于四库馆诸臣的反对，当然也有此可能，但他并没有真凭实据，也就只是一种假设而已。顾颉刚认为“这个假设很可能”，但是又没有提供新的证据，而是以康有为的《新学伪经考》的“假设”来证明钱玄同的原来的假设。所谓“他的怀疑古书和攻击古经师的态度绝不为四库馆诸臣所容”，这种推论并无大错，因为馆臣确有成见，也曾奉皇上之命销毁过大量禁碍之书，但被销毁的书至今仍有案可查。遍检诸种禁书目录，并无《古今伪书考》之名。因此，顾氏的假设也就难以成立。另外，“姚氏太勇了，什么都要疑”的说法，也是一种似是而非的误读，姚氏疑古虽勇，但他并非“什么都要疑”，而是有所保留，且所疑之点多为前人余唾，可谓“征引虽博，弋获无多”。详见后面评析部分。

姚际恒的辨伪也颇有卫道的意味，在批评王通时说：“尔何人斯，而敢上比孔子，作伪书以拟《论语》乎！即孔子之后再有圣人，亦当别出言行；未闻有比拟其书便可为圣人者。甚至于颜子，亦取一门人蚤死者拟之，其可恶甚矣！”对《文中子》提出激进办法——“总不若火其书之为愈也！”由此可见，姚际恒的疑经辨伪的目的并非是要动摇孔子之道，他所要打击的目标是程朱之学，而这一点正与《四库全书总目》相同。

过去，学术界对于《古今伪书考》的思想价值肯定有余（如顾颉刚最初就从其中“吸取他的一点辨伪的精神”），而对其学术价值认识不足，基本上倾向于否定。顾颉刚说：

《古今伪书考》只是姚际恒的一册笔记，并不曾有详博的叙述，它的本身在学术上的价值可以说是很低微的……所以这本书的价值，不在它的本身的研究成绩，而在于它给予初学者的影响。③

---

① 顾颉刚编：《古籍考辨丛刊》，中华书局1955年版，第256页。

② 顾颉刚编：《古籍考辨丛刊》，中华书局1955年版，第258页。

③ 黄云眉：《古今伪书考序》，《古今伪书考补证》，齐鲁书社1980年版，第253~254页。

梁启超认为《古今伪书考》“体例颇凌杂，篇帙亦太简单，未能尽其辞，所断亦不必尽当”①。黄云眉亦云：

姚氏之《古今伪书考》，一浅薄之辨伪书也。寻厥大概，无非抄撮《通考》《诸子辨》《笔丛》等所言，排比成书。分类舛驳，取舍随意；而叱辱之加，又往往不准于情理之所安。盖详核逊宋、胡，而武断则过之，此不足以服作伪者之心也。

夫姚氏之操术诚疏矣！②

《古今伪书考》的学术价值几乎被完全否定掉了。毋庸讳言，《古今伪书考》确实“并不曾有详博的叙述”，“分类舛驳，取舍随意”，多采前人成说。

二、评　析

下面我们将《古今伪书考》一书中的要点一一列表加以评析。

书名	旧题作者	《古今伪书考》要点	评析
易传	孔子	欧阳修专言《系辞》《文言》《说卦》而下皆非圣人之作。赵汝谈专辨《十翼》非夫子作。	引用王景山、欧阳修、陈振孙之说。姚际恒别有《易传通论》六卷讨论此书。今按：马王堆帛书《周易》的出土证明《十翼》与孔子有极大之关联，姚氏所引旧说皆不可信。
子夏易传	子夏	《汉志》无。《隋志》始有。	引用《崇文总目》《读书志》、陈振孙、胡元瑞《笔丛》之说。
关朗易传	关朗		引用陈振孙之说。
麻衣正易心法	麻衣道者		引用朱熹之说，认为其说固自无疑。
焦氏易林			引用顾炎武之说。
易乾凿度	孔子	此纬书，伪托孔子作。宋人掇拾类书而成，非本书也。	引用晁公武之说。
古文尚书		出于东晋，梅赜上之朝，伪称孔壁所出。	姚际恒别有《通论》十卷讨论此书。
尚书汉孔氏传		同上。	
古三坟书		出于宋。	引用晁公武、陈振孙、胡元瑞之说。
诗序		《汉志》无。汉世未有引《序》一语，魏时始引之。大抵小、大序皆出于东汉。	

① 梁启超：《中国近三百年学术史》，江苏广陵刻印社 1990 年版，第 253 页。
② 黄云眉：《古今伪书考补证序》，《古今伪书考补证》，齐鲁书社 1980 年版，第 1 页。

续表

书名	旧题作者	《古今伪书考》要点	评析
子贡诗传		明丰坊伪撰。多暗袭朱子《集传》以与《诗序》异者，又袭《诗序》为朱之所不辨者。	引用钱牧斋之说："妄托古人以欺世，其罪大矣。"
申培诗说		同上。	
周礼		出于西汉之末。	姚际恒别有《通论》十卷。
大戴礼		非本书，乃后人之伪。	引用陈振孙之说。
孝经		是书来历出于汉儒，不惟非孔子作，并非周、秦之言也。	从因袭、书名、文义等方面考察。引用归有光之说。
忠经	马融	其伪无疑。	
孔子家语		《唐志》有王肃注《家语》十卷，此即肃掇拾诸传记为之。	自由心证。
小尔雅	孔鲋		引用陈振孙之说。
家礼仪节		似近世坊贾射利而刻。是书假杨升庵作序，讹谬不通。	
竹书纪年		以为后人增改，非汲冢本书。殆汉后人所为也。	自由心证。
汲冢周书		殆汉后人所为也。	自由心证。
穆天子传		殆汉后人所为也。	自由心证。
晋史乘		元吾衍伪撰。	
楚檮杌		元吾衍伪撰。	
汉武故事	汉 班固	与《汉书》绝不同。	引用晁公武之说。
飞燕外传	汉 伶玄	此自好事者为之。	引用陈振孙之说。
西京杂记	不著撰人名氏	《隋志》载之。	引用黄震、晁公武、陈振孙之说。
天禄阁外史	汉 黄宪	明王逢年伪撰。	
元经	隋 王通		引用陈振孙之说。对胡应麟之说有所修正。
十六国春秋	魏 崔鸿	出屠乔孙、项琳之二人之手。	
隆平集	宋 曾巩	似非巩撰。	引用晁公武之说。
致身录			引用钱牧斋之说。
鬻子	楚 鬻熊		引用胡应麟、高似孙等人之说。
关尹子			引用陈振孙、宋濂之说。
子华子	程本		引用陈振孙、晁公武、胡元瑞之说。

续表

书名	旧题作者	《古今伪书考》要点	评析
亢仓子			引用柳宗元、高似孙、刘肃、李肇之说。
晏子春秋			引用陈振孙之说。
鬼谷子		《汉志》无。《隋志》始有。	引用柳宗元、高似孙、晁公武、宋濂、杨慎之说。
尹文子		《汉志》有。	引用晁公武、宋濂之说。
公孙龙子		《汉志》所载而《隋志》无之，其为后人伪作奚疑。①	引用陈振孙之说。
商子		《汉志》有。	引用《周氏涉笔》之说。
鹖冠子		《汉志》有。	引用柳宗元、陈振孙之说。
慎子		其伪可知。	从著录源流考察。
于陵子		刘向曾上《于陵子》，今不传。此乃明姚士粦伪撰，见《秘册汇函》。	
*心史	宋 郑思肖	又宋郑思肖《心史》，相传亦出于姚，世因谓姚造。余案《心史》言辞甚多，而且郁勃愤懑，自是一种逸民具至性者之笔，非可伪也。叔祥与胡孝辕辈好搜古籍，谓于吴门承天寺井中得之。林茂之序谓僧君慧浚井所得，或是。未敢附和以为伪书。	从言辞、文气、文笔等方面判断此书不伪，其结论是正确的。《四库全书总目》因袭旧说，在此个案上反而不及姚际恒，显然别有用心。
孔丛子	汉 孔鲋	汉、隋、唐志皆无。宋《中兴书目》始有。嘉祐中，宋咸注。前人辨："孔光传，孔子八世孙鲋……为陈涉博士，死于陈，固不得为汉人；而其书记鲋之没，其第七卷号《连丛子》者又记太常臧而下，迄延光三年季彦之卒，则又安得为鲋撰！"又书中载孔子与子思问答语。子思年六十三，在鲁穆公时；穆公之立距孔子七十年，子思尚或未生，安得有问答之事……朱仲晦以为即注者伪作，其说近是。若为东汉人，隋、唐志岂应无乎？	从著录及前人揭发等方面考察。今按：孔子与子思问答并非全无可能，孔子之子死在其前，子思必定生于孔子未死之前。孔子年逾古稀，得享高龄，因而有可能教育子思。

① 姚氏辨今传《公孙龙子》六篇之伪，其说已为李笠等人所驳。李氏云："古书有晦于前代而现于后人者，即如敦煌石室书，岂宋明人所及见耶？私家秘籍偶然发见，亦不能概以伪书屏之也。即如《内经太素》，载于《隋志》而不见于后来书目，袁昶偶然获于异域，岂可言其作伪哉？古代典籍聚于公家，史臣亦只就官有者而著录之；其散入民间者，未必如近代之穷搜博访也；故往往晦于一时耳。"李氏之说深中肯綮，故王琯《读公孙龙子叙录》亦曰："世乱兵燹，典册播荡，即有晦显之遭，宁为真伪之界，姚说至此，可不攻自破矣。"见王琯：《公孙龙子悬解》，中华书局 1992 年版，第 10~11 页。

续表

书名	旧题作者	《古今伪书考》要点	评析
文中子	隋 王通	世有以其姓名史所不载，疑并无其人者。案王仲言《挥麈录》曰……则是有其人矣。又有疑其书为阮逸伪造者。案《唐志》已有五卷……则又非皆逸伪造矣。予谓既有其人，又其书为所作，则适以见通一妄夫耳。	从引文、著录等方面考察。
六韬	吕望	《汉志》无，《隋志》有。"六韬"之名出《庄子》，然《汉志》儒家，非兵家。其辞鄙俚，伪托何疑。	从著录、分类、内容、史实、词义及前人揭发等方面考察。
司马法		《汉志》以此书列于经之礼类，曰《军礼司马法》百五十五篇。言军礼者本于刘歆《七略》，《周礼》大宗伯有"吉、凶、军、宾、嘉五礼"之说，故以之入于礼类，而曰军礼。其实五礼之说谬妄不足据也。《司马兵法》之书今不可见；其中必多揖让礼文……但班氏既分子类，依任宏兵家四种，奈何又以《司马兵法》入于经之礼类乎？此班氏之误也。当时百五十五篇，《隋志》三卷不分篇，已亡矣；今此书仅五篇，为后人伪造无疑。凡古传记所引《司马法》之文，今书皆无之。其篇首但作仁义肤辞，亦无所谓揖让之文，间袭《戴记》数语而已。	从学术分类、著录数量、引文、因袭等方面考察，认为此乃后人伪造之作。
吴子	魏 吴起	《汉志》四十八篇，今六篇。其论肤浅，自是伪托。中有屠城之语，尤为可恶。或以其有礼义等字，遂以为正大非武之比，误矣。	从著录篇数、内容深浅、用字用语等方面考察，认为出于伪托。
黄石公三略	黄石公	《汉志》无，《隋志》始有。或又以为黄石公所授，故称之。《隋志》无以名之，乃曰"下邳神人撰"，甚可笑。其伪无疑。	从著录等方面考察，认为出于伪托。
尉缭子		《汉志》杂家有二十九篇，兵家有三十一篇。今二十四篇。其首《天官篇》，与梁惠王问对，全仿《孟子》"天时不如地利"章为说；至《战威章》则直举其二语矣。岂同为一时之人，其言适相符合如是耶？其伪昭然。又曰："古之善用兵者能杀士卒之半；其次杀其十三；其下杀其十一。能杀其半，威加海内；杀十三者，力加诸侯；杀十一者，令行士卒。"教人以杀，垂之于书，尤堪痛恨！必焚其书然后可也。	从著录篇数、风格、内容等方面考察，认为出于伪托。今按："教人以杀"不是《尉缭子》的专利，而是古代兵书共同特点，如《孙子兵法》也有类似记载。

续表

书名	旧题作者	《古今伪书考》要点	评析
李卫公问对		今世传者当是神宗时所定……特多为鄙俚之辞。若阮逸所撰，当不尔。	从版本来源、风格、被托者水平以及前人如晁公武、陈振孙、马端临的揭发等方面考察，认为确系伪书。
素书	黄石公	宋张商英注，即商英所伪撰，荒陋无足辨。	从内容方面考察，认为注释者伪撰。
心书	诸葛亮	称诸葛亮撰，伪也。	未提供任何根据。
风后握奇经		后世伪撰。	未提供任何根据。
周髀算经		《汉志》无，《隋志》始有。"周髀"之义未详。或称周公受之商高，故曰周髀，则益诬矣。	从著录、书名及来源等方面考察。
石申星经	齐 甘公、魏 石申	今传有《石申星经》，亦伪也。	未提供任何根据。
续葬书			引用陈振孙之说。
拨沙经			引用晁公武之说。
黄帝素问		《汉志》有《黄帝内经》十八卷，《隋志》始有《黄帝素问》九卷……故后人于《素问》系以《内经》者非是。或后人得《内经》而衍其说为《素问》，亦未可知。《素问》之名，人难卒晓……然其言实多穿凿；至以为黄帝与岐伯对问，益属荒诞。无论《隋志》之《素问》，即《汉志》所载《黄帝内、外经》并依托也。他如神农、轩辕、风后、力牧之属尽然，岂其真有其书乎……其中言"黔首"；又藏气发时，曰"夜半"、曰"平旦"……当是秦人作。又有言"岁甲子"（古不以甲子纪年），言"寅时"，则又汉后人所作。故其中所言有古、近之分，未可一概论也。	从著录、书名及词语等方面考察。
灵枢经		此书又下《素问》一等。	引用晁公武之说。
神农本草		《汉志》无。案《汉平帝纪》："诏天下举知方术《本草》者。"《本草》之名始见于此。《梁录》载《神农本草经》三卷，《隋志》因之。书中有后汉郡县人名，以为东汉人作也。其后以代日增，今并杂为一，不可致诘矣。	从著录、地名、人名等方面考察，认为东汉人作。
秦越人难经		《伤寒论序》云："撰用《素问》九卷，八十一难。"八十一难者，即《素问》九卷而言也。六朝人又为此，绝可笑。	引用陈振孙之说。从书名方面考察，认为此为屋下架屋。
脉诀	晋 王叔和	王叔和《脉诀》前人多称其伪，此或并非叔和，乃后人依托其名者。	引用晁公武、吴昆之说。

续表

书名	旧题作者	《古今伪书考》要点	评析
神异经	东方朔		引用陈振孙之说。
十洲记	东方朔		引用陈振孙之说。
列仙传	刘向	《汉志》载向《新序》《世说》《列女传》，而无《列仙传》，可证其伪。殆因列女而有列仙欤……西汉之时安有《佛经》？其为六朝人所作，自可无疑也。	引用陈振孙之说。从著录、内容方面考察，推断此书为六朝人所伪撰。
洞冥记	郭宪		引用晁公武之说。
博物志	张华	此书浅猥无足观，决非华作；殷之所云，正以饰是书之陋耳。魏、晋人何尝有著书四百卷者。	从内容、卷数等方面考察。
杜律虞注	元 虞集注	伯生集有《杜律纂例序》一篇，想以此讹为伯生耶。	引用杨慎之说。
三礼考注	吴澄	晏璧曾掩为己作；所增加者非公手笔无疑。	引用杨士奇、罗伦之说。列为“有真书杂以伪者”。
文子		其书虽伪，然不全伪也，谓之驳书，良然。其李暹为之欤。	列为“有真书杂以伪者”。引用柳宗元、晁公武、陈振孙之说。
庄子		苏子瞻疑《盗跖》《渔父》《让王》《说剑》四篇非庄子作……晁子止辨之曰……晁氏此辨可谓至正，殊有关系。苏氏兄弟本溺好二氏，其学不纯，故为此诐淫之辞。第苏之疑此四篇，是也；其用意误尔。予之疑与苏同，而其意不同。庄之訾孔，余尚蕴藉，此则直斥谩骂，便无义味；而文辞俚浅，令人厌观，此其所以为伪也。	列为“有真书杂以伪者”。引用苏东坡、晁公武之说。从风格、文辞等方面考察。
列子	列御寇	刘向校定八篇，《汉志》因之。战国时本有其书，或庄子之徒依托为之者；但自无多，其余尽后人所附益也。以庄称列，则列在庄前，故多取庄书以入之。至其言“西方圣人”，则直指佛氏；殆属明帝后人所附益无疑。佛氏无论战国未有，即刘向时又宁有耶！则向之序亦安知不为其人所托而传乎……后人不察，咸以《列子》中有《庄子》，谓庄子用《列子》；不知实列子用《庄子》也。	列为“有真书杂以伪者”。引用柳宗元、高似孙、洪景庐、宋濂、王元美之说。
管子		其《大匡》《中匡》《小匡》诸篇亦本《论语》“一匡天下”为辞。大抵参入者皆战国、周末之人，如稷下游谈辈；及韩非、李斯辈，袭商君之法、借管氏以行其说者也。	列为“有真书杂以伪者”。引用晁公武之说。从因袭、著录等方面考察。

续表

书名	旧题作者	《古今伪书考》要点	评析
贾谊新书			列为“有真书杂以伪者”。引用陈振孙之说。
伤寒论	汉张仲景撰，晋王叔和集	驳杂不伦，往往难辨。王叔和参以己说，故真伪间杂，致使千载蒙晦。	列为“有真书杂以伪者”。
金匮玉函经	汉张仲景撰，晋王叔和集	此非仲景撰，乃后人伪托者。	列为“有真书杂以伪者”。
尔雅		《汉志》《隋志》皆不著撰人名。唐陆德明《释文》谓《释诂》为周公作，盖本于魏张揖所上《广雅表》言……古年不系干支，此系干支，殆是汉世。	列为“有本非伪书而后人妄托其人之名者”。从著录、历法等方面考察，认为出自汉代。
韵书(诗韵)	沈约	昔沈约撰《四声》，今亡。此书乃宋理宗朝平水刘渊作，其时奉诏颁行，名《礼部韵略》；今相仍用之。	列为“有本非伪书而后人妄托其人之名者”。
山海经		《汉志》不著撰人名。刘歆校定表……以为禹、伯益撰，至为可笑。经中言“夏后启”“殷王”“文王”，且言“长沙”“零陵”“雁门”诸郡县，歆不知欺谁乎？此盖秦汉间人所作，昔人已多论之矣。	列为“有本非伪书而后人妄托其人之名者”。
水经		《隋志》有两《水经》，皆不言撰人名。《新唐志》云桑钦作，不知《新志》何所据以为说也。桑钦盖成帝时人。是书固不可言钦作；机谓郭璞，又岂其然乎？	列为“有本非伪书而后人妄托其人之名者”。从著录、地名、内容等方面考察。
阴符经	黄帝	出于唐李筌。其云得于石壁中……诡为黄帝所作……此书言虚无之道，言修炼之术……乃道家书，必寇谦之所作而筌的之耳。	列为“有本非伪书而后人妄托其人之名者”。
越绝书		《隋志》始有。	列为“有本非伪书而后人妄托其人之名者”。引用杨慎、胡应麟之说。
吴越春秋			列为“有两人共此一书名今传者不知为何人作者”。引用杨慎之说。
春秋繁露	董仲舒	前儒之辨此书者多矣，兹不备录。总以既名《繁露》，而其中又有《玉杯》《竹林》二篇，与史传所言不合，皆以为疑，未有决者。惟胡元瑞曰……元瑞此论虽属臆测而实有理，故存其说。	列为“有书非伪而书名伪者”。

续表

书名	旧题作者	《古今伪书考》要点	评析
东坡志林		俗因《东坡志林》而又有《米元章志林》，以讹传讹，尤可笑也。	列为“有书非伪而书名伪者”。引用钱穆斋之说。
国语		《汉志》不著撰人名氏，史迁曰：“左丘失明，厥有《国语》。”傅玄、刘炫、啖助、陆淳皆以为与左氏文体不伦。李仁父曰……此虽近是，然终属臆测耳。	列为“有未足定其著书之人者”。
孙子		然则孙武者，其有耶？其无耶？其有之而不必如史迁之所云耶？其书自为耶？抑其后之徒为之耶？皆不可得而知也，故人之未定其人之例中。	列为“有未足定其著书之人者”。
刘子新论		或称刘昼，或称刘勰，或又云刘歆、刘孝标。	列为“有未足定其著书之人者”。
化书	齐丘子	《仙传》之说未可遽信，迄莫能定也。	列为“有未足定其著书之人者”。

三、结　论

综上可见，黄云眉所指控的“无非抄撮《通考》《诸子辨》《笔丛》等所言，排比成书”①罪名实难成立。但是，我们应看到《古今伪书考》也提出了一些独到的见解：

第一，批评默证法。姚际恒云：“世有以其姓名史所不载，疑并无其人者。”②“以其姓名史所不载，疑并无其人”，真可谓一语道破疑古派的天机，此即他们所惯用的默证法。这是姚际恒对于辨伪学的一大杰出贡献，应该大书特书。史所不载，书阙有间，应该存疑。而疑古派则反其道而行之，将不少真书指控为“伪书”。

第二，反对滥用虚证。姚际恒云：“以诸公号能文者而于文字尚不能尽知，况识别古书乎！又况其下者乎！”③这实际上是对那些专门从文字风格方面辨伪的针砭，也是辨伪学方法的一大进步之处。

第三，归纳辨伪条例。全书将伪书分为以下几类：

(1)伪书；
(2)有真书杂以伪者；
(3)有本非伪书而后人妄托其人之名者；

---

① 黄云眉：《古今伪书考序》，《古今伪书考补证》，齐鲁书社1980年版，第1页。今按：程水金《中国早期文化意识的嬗变》第三卷下册第926页(武汉大学出版社2014年版)径直引用黄氏之言，不加分析，未免盲从之嫌。

② 《古今伪书考·文中子》。

③ 《古今伪书考·列子》。

(4)有两人共此一书名今传者不知为何人作者；

(5)有书非伪而书名伪者；

(6)有未足定其著书之人者。

前两类是通常所谓辨伪，后四类所辨之书并非伪书，如“有未足定其著书之人者”只是作者未定，姚际恒并没有将其视为伪书。与此相反，他能够阙疑，持比较审慎的态度。奇怪的是，有人竟然将姚氏所辨之书全部视为含伪之书，显然有悖于姚氏本意。

第四，阐发一己之见。姚际恒对《心史》有独到之见，他认为：

> 宋郑思肖《心史》，相传亦出于姚，世因谓姚造。余案《心史》言辞甚多，而且郁勃愤懑，自是一种逸民具至性者之笔，非可伪也。叔祥与胡孝辕辈好搜古籍，谓于吴门承天寺井中得之。林茂之序谓僧君慧浚井所得，或是。未敢附和以为伪书。①

《心史》真伪之辨，是辨伪学史上的一大公案。前人多持疑虑，姚际恒能够独排众议，从言辞与文气等方面考察，认为此书不伪，真乃卓见。

当然，此书未能充分反映其辨伪水准，因袭成说过多，而独断之见太少。最能代表其研究能力的几部专著(如《易传通论》《尚书通论》《周礼通论》等)的主要观点也没有写进本书。本书确实还只是一部草稿，未能在前人的基础上把辨伪学推向应有的高度。这既可能与姚氏所占有的文献资料不够有关，也与当时考据方法尚未大明有极大关系。这一历史任务是由乾嘉之际的《四库全书总目》来完成的。四库馆臣皆为一时之选，云集四库馆，许读中秘，得天独厚，“曾读人间未见书”，他们又从《永乐大典》中辑佚出几百种亡佚之作，左右采获，得心应手，既在资料方面远胜前人，又在方法上得考据之助，因此能够后来居上，将辨伪学推向深入。

---

① 《古今伪书考·于陵子》。

《四库全书总目》辨伪方法释例

《四库全书总目》(以下简称《总目》)在辨伪方面有哪些门径?兹作初步归纳,并择要举例。

一、文　本

(1)风格

一般来说,不同的时代有不同的风格,不同的作家有不同的风格。如《柳塘外集》宋以来诸家书目皆未著录,至清康熙间释大雷始访得旧本。对于这样一部"阅数百年始见于世"的书,《总目》从风格入手论证其为真:"书虽晚出,而核其格意,确为宋末江湖之体,不缘赝造。"①所谓"核其格意",正是从文章风格角度证伪或证真。又如《画山水赋附笔法记》,旧本题唐荆治撰,《总目》云:"二书文皆拙涩,中间忽作雅词,忽参鄙语,似艺术家粗知文义而不知文格者依托为之,非其本书。"②《总目》根据书中风格不一,断定为依托。

(2)文体

历代文体有别,三代有三代之文,两汉有两汉之文,魏晋以降文体屡变。据文体源流正变可辨伪。如《总目·太公兵法》云:"此书首列天阵、地阵、人阵之名,其说出于《六韬》。而风、云、日、星等占皆以七言诗句为歌诀,辞甚鄙俚。其伪托不待辨也。"③太公为周初人,其时不应有七言歌诀。《易衍》旧本题汉东方朔撰,《总目》云:"其歌括皆作七言律诗,则伪妄不待辨也。"④汉代亦无七言律诗。《汉杂事秘辛》记后汉选阅梁冀妹及册

① 《四库全书总目》卷一六五。
② 《四库全书总目》卷一一二。
③ 《四库全书总目》卷一〇〇。
④ 《四库全书总目》卷一一一。

立事，杨慎序云“得于安宁土知州万氏”，《总目》认为：“其文淫艳，亦类传奇，汉人无是体裁也。”①传奇出现于隋代，盛行于唐以后②。《总目》据文体证其为伪。

(3)音韵

不同的时代音韵特点不同，因而可以利用音韵进行辨伪。如《韵经》旧本题梁吴兴沈约撰，夏正域云：“沈韵上平有九咍、十八痕，下平有二十二凡，上有十六混、十九赚、去有八祭、十代、十七㶇，入有十六昔，而今韵无之。”《总目》云：

> 沈韵虽不可见，而其集犹存。今以所用之韵一一排比钩稽之，惟东、冬、钟三韵同用，鱼、虞、模三韵同用，庚、耕、清、青四韵同用，而蒸、登两韵各独用，与《广韵》异，余则四声并同。又安得如正域所云九咍之类？其为赝托，殆不足辨。③

《总目》从考沈约集之用韵特点入手，并与《韵经》用韵特点相比较，发现夏正域所言纯系无稽之谈，从而断定《韵经》绝非沈约所作。又如《蕊阁集》，旧本题宋辛弃疾撰。《总目》云：

> 是编集六朝及唐人诗句为五七言近体，平声上、下三十韵，韵为一首……今按《唐韵》及宋礼部韵，皆上平二十八部，下平二十九部。及理宗末，平水刘渊始并为上、下、平各十五部，弃疾当高、光、宁之朝，平水韵未出，安得而用其部分！且平韵分上、下，自《广韵》已然，集中顾以“一先”为“十六先”，至咸韵为三十，此自来韵书所无。④

该书使用平水韵，与辛弃疾所处时代(南宋初年)的用韵特点矛盾，因而《蕊阁集》不可能是辛弃疾所作。

(4)词源

每一个词有都词源，因此可以利用词源方面的知识进行辨伪。如《六韬》旧本题周吕望，《总目》认为它不是周代之书，其主要证据是：“‘将军’二字，始见《左传》，周初亦无此名。其依托之迹，灼然可验。”⑤《总目》认为“将军”的词源不会早于春秋，从而论证了《六韬》决非周代吕望之作。又如《银海精微》旧本题唐孙思邈，《总目》云：

> 其曰“银海”者，盖取“目为银海”之义。考苏轼《雪诗》有“冻合玉楼寒起粟，光摇银海眩生花”句。《瀛奎律髓》引王安石之说，谓“道书以肩为玉楼，目为银海”。银海为目，仅见于此。然迄今无人能举安石所引出何道书者，则安石以前绝无此说，其

① 《四库全书总目》卷一四三。

② 鲁迅：《中国小说史略》第八篇，《鲁迅全集》第9册，人民文学出版社1981年版，第70~77页。

③ 《四库全书总目》卷四三。

④ 《四库全书总目》卷一七四。

⑤ 《四库全书总目》卷九九。

为宋以后书明矣。①

《总目》据“银海”的词源不会早于北宋，从而断定《银海精微》不会是唐代之书。按：《总目》此处因袭《樵香小记》卷上“玉楼银海”条，但未加以注明。②

(5)方言

不同的地方其方言特点不同，因此方言也是一个辨伪法门。如《玉照定真经》旧本题晋郭璞撰，张敝注。《总目》“勘验书中多涉江南方言，疑书与注文，均出自张颙一人之手，而假名于璞以行”③。郭璞为河东闻喜(今属山西)人，如果该书出郭璞之手，似不应多涉江南方言。

(6)文词

《总目·列子辨》云：

其辨论大旨，谓《汉艺文志》载《列子》八篇，典午之祸，典籍荡然，六朝清谈之士，依傍《艺文志》所云而妄托之。然其所证据，特以文句臆断之耳。考柳宗元集有《辨列子》一篇，摘其言魏牟、孔穿皆出《列子》后，然特谓其不免增窜，不以为伪也。高似孙《纬略》颇以《史记》无传为疑，又疑其出于后人之荟萃，然未敢定为谁氏作也。是编漫无所据，竟毅然断其出于六朝，极诋其文词之恶，以朱笔勒其旁者不一而足。文词工拙姑置无伦，第考东晋光禄勋张湛所注，正疑其言郑穆公以后事，与刘向所云郑穆公时人者不合，则书在东晋以前审矣。④

《总目》不以文词作为辨伪的唯一标准，以文词辨伪，容易流于臆断。《总目》评韩师韩《孙文志疑序》时说：“且师韩别无确据，但以其字句格局断之，尤不足以为定论也。”⑤《总目》这种认识无疑是非常正确的。

(7)称谓

《六经奥论》旧本题宋郑樵撰。书中论《诗》，皆主毛、郑，已与郑樵所著《诗辨妄》相反。《总目》云：

“天文辨”一条，引及樵说，称“夹漈先生”，足证不出樵手。又论《诗》一条，引《晦庵说诗》，考《宋史》樵本传，卒于绍兴三十二年，朱子《诗传》之成在淳熙四年；而“晦庵”之号则始于淳熙二年，皆与樵不相及。论《书》一条，并引《朱子语录》，且称朱子之谥，则为宋末人所作，具有明验。⑥

---

① 《四库全书总目》卷一〇三。

② 《四库全书》第859册，第788页。

③ 《四库全书总目》卷一〇九。

④ 《四库全书总目》卷一四七。

⑤ 《四库全书总目》卷一五一。

⑥ 《四库全书总目》卷三三。

书中称“夹漈先生”“晦庵”与朱子之谥，均可证不出郑樵之手。又如《岭表录异》旧本题唐刘恂撰。《总目》考书中云唐乾符四年，又云唐昭宗即位。唐之臣子宜有内词，不应直称其国号。且昭宗时人，不应预称谥号①。书中直称国号与预称谥号，均为疑点。

二、作　　者

(1)碑传

包括作者墓志铭、神道碑以及各种公私传记。如《国风尊经》旧本题明陶宗仪撰，《总目》云：“孙作《沧螺集》有《陶九成小传》备列其生平著述，无此书名。”②碑传一般会把传主的著作列入，但也可能出现遗漏，如传主生前的一些未定稿等，一般未写入碑传，而后人在搜集前人著作时往往将其未定稿作为主要整理对象。家传如此，史传也类似。因而碑传不尽可据。

(2)游迹

《太清神鉴》旧本题后周王朴撰，《总目》云：

> ……此书前有自序，称离林屋洞下山三载，编搜古今，集成此书。考朴家世东平，入仕中朝，游迹未尝一至江左，安得有隐居林屋山事？其为依托无疑。③

《总目》据游迹证，不失为一法。但一个人的游迹实在难以完全弄清，需要仔细考证。

(3)生平

《紫微杂说》旧本题宋吕祖谦撰，《总目》云：

> 今考赵希弁《读书志》载《东莱吕紫微杂说》一卷……皆吕本中居仁之说……盖吕氏祖孙，当时皆称为东莱先生，传写是书者，遂误以为出祖谦之手。不知本中尝官中书，人故称曰“紫微”。若祖谦仅终于著作郎，不得有紫微之称。又书中有“自岭外归”之语，而本中《东莱集》有避地过岭诗，于事迹亦适相合。其为本中所撰无疑也。④

宋熊禾《勿轩集》之序系伪撰，《总目》云：

> 前有元许衡序，称其晚年修《三礼通解》，将脱稿，竟以疾卒。平生著述，独《四书标题》《易经讲义》《诗选正宗》《小学句解》传于世，嗣孙澍家藏遗稿，存什一于千百，族孙孟秉类次成帙，厘为八卷，传诸二世孙斌，授梓以传，求予序之云云，末署至元十七年。考至元为世祖年号，而禾卒于仁宗皇庆元年，自至元迄皇庆，相距三十

① 《四库全书总目》卷七十。
② 《四库全书总目》卷十七。
③ 《四库全书总目》卷一〇九。
④ 《四库全书总目》卷一二一。

余年，何以先称其疾卒？年月错谬，依托显然，盖其后人伪撰此文，借名炫俗，不知禾亦通儒，固不必以衡重也。①

《总目》据熊禾之实际卒年——元仁宗皇庆元年(132)推定，序为伪撰。

(4)思想

《疑耀》旧本题李贽撰，《总目》云：

赞恃才妄诞，敢以邪说诬民。所作《藏书》，至谓“毋以孔夫子之是非是非我”。其他著作，无一非狂悖之词。而是编考证故实，循循有法。虽间倡儒、佛归一之说，其言亦谨而不肆。至云“儒不必援佛，佛不必援儒”，又云“经典出六朝人润色，非其本真”。且与贽论相反，断乎不出其手。②

《总目》比较了《疑耀》的思想与李贽不符，从而断定此书不出其手。又如《春秋传》，宋刘敞撰。《总目》云：

此传则诸家藏弆，皆写本相传，近时通志堂刻入经解，始有板本，故论者或疑其伪。然核其议论体裁，与敞所著他书一一吻合，非后人所能赝作也。③

《总目》比较《春秋传》之思想与刘敞其他书相合，遂证其真。一个人的思想可能会有变化，思想家的思想更不是一成不变的，有时甚至出现前后矛盾的现象。《总目》对此是有所认识的，如《总目》发现大思想家朱子的思想比较矛盾，既有已定之说，也有未定之说。可见一个人的论调可能前后矛盾，因而不能以此为唯一标准断定真伪。

(5)水平

《披肝露胆经》旧本题明刘基撰，《总目》云：

观书中所分《龙诀》《穴情》两篇，大半剽剟《撼龙》《葬法》诸书。《砂诀》《水诀歌》亦皆浅俗。如“笔架科名应有分，满床牙笏世为官”等句，基必不若是之陋。④

刘基文韬武略，在明初亦为一代文宗。《总目》认为刘基不会写这种浅俗陋书，不能说没道理，但既无论证也无论据，不免流于臆断。

三、著　　录

(1)源流

《乙巳占略例》旧本题唐李淳风撰，《总目》云：

---

① 《四库全书总目》卷一六五。

② 《四库全书总目》卷一一九。

③ 《四库全书总目》卷二六。

④ 《四库全书总目》卷一一一。

> 按淳风有《乙巳占》十卷，盖以贞观十九年乙巳，在上元甲子中，书作于是时，故以为名。《唐志》《宋志》所载卷数并同。惟《宋志》别出有《乙巳指占图经》三卷，不言何人所撰，而无此书。尤袤《遂初堂书目》、焦竑《国史经籍志》亦仅载《乙巳占》，不云别有《略例》……钱曾《述古堂书目》始以《乙巳占》《乙巳略例》二书并列，而又不言其所自来。①

《总目》详考唐、宋、明、清书目，追踪《乙巳占略例》最早著录的出处，发现它来历不明。

《总目》重视从源流辨伪，但也预见其弊："高似孙《纬略》颇以《史记》无传为疑，又疑其出于后人之荟萃，然未敢定为谁氏作也。"有些书传授源流有欠分明，但不能遽断其真伪。

(2)卷数

《孟子解》旧本题宋尹焞撰，陈振孙《书录解题》著录为十四卷，"书止上下二卷，首尾完具，无所阙佚，与十四卷之数亦不相合，殆近时妄人所依托也"②。《周易辑说明解》旧本题宋冯椅撰，《总目》云："椅原书，《宋史·艺文志》作五十卷，此本卷数悬殊，其不合者一……"

《总目》认为："卷帙分合，古书多有，未可以是定真伪。"③如果发现卷数过于悬殊，也可把卷数问题作为一个辨伪辅助佐证。

四、比　勘

(1)对勘

已知甲书为真，乙书真伪难定，以甲勘乙，可定真伪。如宋孙奭奉敕撰《孟子音义》，其真不容置疑，而《十三经注疏》中之《孟子正义》旧本题孙奭撰，朱子、王应麟均认为影撰，《总目》云：

> 书中(即《孟子正义》)所释称"一遵赵注"，而以今本(即《孟子音义》)校之，多不相符，如《梁惠王》篇上曰集穆……曰剖其末，曰(朝军案："曰"字衍，当删。)《孟子篇叙》曰其行、曰当期、曰括，凡六十有九条，皆今本注文所无。惟《孟子注》之单行者，世有传抄宋本，尚可稽考。伪《正义》删改其文，非复赵岐原书，故与《音义》不相应也。因是书(即《孟子音义》)可以证岐注之旧，并可以证奭疏之伪。④

《总目》详细比勘《孟子音义》与《孟子正义》，发现二者多不相符，从而证明《孟子正义》之伪。又如明丰坊伪撰《古书世学》，称采朝鲜本、倭国本，《总目》云：

---

① 《四库全书总目》卷一一〇。
② 《四库全书总目》卷三七。
③ 《四库全书总目》卷一五一《孙可之集》提要。
④ 《四库全书总目》卷三五。

> 朝鲜今为外藩，其书不异于中国，绝无"箕子本"之说。日本所刻《七经孟子考文》，其书为中国所佚者，惟孔安国《孝经传》、皇侃《论语疏》……至其《尚书》则一一与中国注疏本同，不过字句偶异耳。然则朝鲜本、倭国本者何自来哉？①
>
> 今考此书(《七经孟子考文补遗》)所列《尚书》与中国之本无异，又明丰坊伪造诸经，皆称海外之本。今考此书与坊本亦无一同，是亦足释千古之疑也。②

《总目》先考证《七经孟子考文补遗》为真，然后以此证丰坊《古书世学》之伪。

(2)引文

《篇海类编》旧本题明宋濂撰，《总目》云：

> 无论宋濂本无此书，即以所引之书而论，如田汝耔、都俞、李登、汤显祖、赵铭、章黼、杨时乔、刘孔当、赵宧光，皆明正德至万历时人，濂何从见之？③

《总目》据引文下限证明此书非宋濂作。

(3)因袭

《心书》旧本题汉诸葛亮撰。宋以来兵家之书多托于诸葛亮，因而《心书》之真伪也须审查。《总目》云：

> 考五十篇内之文，大都窃取孙子书而附以迂陋之言，至不足道。盖妄人所伪作，又出于《将苑》之后也。④

《总目》比较了《心书》与《孙子兵法》后发现，前者因袭后者。又如《或问小注》旧本题朱子撰，疑点甚多，《总目》云：

> 至如解"中庸甚至矣乎"一节、"道之不行也"一节，皆剽《四书大全》所载双峰饶氏语，"射有似乎君子"一节全剽《四书大全》所载新安陈氏语。伪迹昭然，万难置喙。⑤

抓贼抓赃，实为辨伪高招。但如果断案不公，亦容易屈打成招。到底是甲窃乙，还是乙窃甲，都不能搞简单化。过去在这方面的教训实在太深刻了。

---

① 《四库全书总目》卷十三。

② 《四库全书总目》卷三三。

③ 《四库全书总目》卷四三。

④ 《四库全书总目》卷一〇〇。

⑤ 《四库全书总目》卷三七。

五、佚　文

(1)称引

某书亡佚之前，曾经被人称引，后有重出之本，可用称引验证复出本之真伪。如《尚书大传》有一个扬州四卷本，有郑玄注。郑注是真还是伪?《总目》校以宋仁宗《洪范政鉴》所引郑注，一一符合，知非依托①。《洪范政鉴》世无传本，惟《永乐大典》载其全书。《总目》用大典本《洪范政鉴》称引郑注与扬州本《尚书大传》郑注对勘，以证其真。《东方朔占书》，书名已标明"东方朔"所为，但古来杂占之书，托于东方朔者甚多，因此有必要考辨其真伪。《总目》引蔡绦《西清诗话》："都人刘克者，穷该典籍之事，多从之质。尝谓杜诗'元日到人日，未有不阴时'，人知其一，不知其二，惟杜子美与克会耳。起就架上取书示余，《东方朔占书》也。岁后八日，一日鸡、二日犬、三日豕、四日羊、五日牛、六日马、七日人、八日谷。其日晴，所主之物育，阴则灾。"《总目》发现今本无此语，知非刘克所见之旧本②，以刘克称引之本与今本比较，以证今本之伪。又如《今本竹书纪年》的真伪问题是辨伪学史上的一大难题，《总目》反复推勘，亦多从称引切入：

> 《束皙传》称"《竹书》载夏年多殷，益干启位，杀之"，今本皆无此文。又杜预注《左传》"携王奸命"句……今本无之，则非董卣所见之本也。③

(2)辑佚

某书亡佚之后，又有相关辑本出现，后该书复出，可以辑本验证复出本之真伪。如《论语义疏》，魏何晏注，梁皇侃疏。《宋国史志》《中兴书目》、晁公武《读书志》、尤袤《遂初堂书目》均著录，至陈振孙《书录解题》遂不著录，可知其佚在南宋时。清中叶日本刻本重返本土，其真伪需要重新验证。《总目》云：

> 其疏文与余萧客《古经解钩沈》所引，虽字句或有小异，而大旨悉合。知其确为古本，不出依托。④

《古经解钩沈》辑有《论语》一卷，对唐以前训诂多方钩沈，是一部严肃认真的辑佚之作。余萧客未见到《论语义疏》日本刻本，"列皇氏书于佚亡"。《总目》以《古经解钩沈》验证日本刻本《论语义疏》，正是用辑佚辨伪之法。

---

① 《四库全书总目》卷十二。

② 《四库全书总目》卷一一〇。

③ 《四库全书总目》卷四七。

④ 《四库全书总目》卷三五。

六、编　　例

(1)撰书义例

详勘撰书义例，可以断古书之真伪。如《李虚中命书》旧本题鬼谷子撰，唐李虚中注。《总目》云：

> 详勘书中义例，首论六十甲子，不及生人时刻干支。其法颇与韩愈《墓志》所言始生年月日者相合。而后半乃多称四柱，其说实起于宋时，与前文殊相谬戾。①

可见“详勘书中义例”是《总目》辨伪的一个门径。当然，《总目》对该书义例考而不核，出现了纰谬。纪昀曾加以检讨：“所说实兼论八字，非不用时。”②

(2)注疏义例

关于《孟子正义》孙奭之疏，《总目·孟子正义》云：

> 其疏皆敷衍语气，如乡塾讲章，故《朱子语录》谓其“全不似疏体，不曾解出名物制度，只绕缠赵岐之说”。至岐注好用古事为比，疏多不得其根据。如注谓非礼之礼，若赵质娶妻而长拜之，非义之义，若藉为报仇，此诚不得其出典。至于单豹养其内而虎食其外，事出《庄子》，亦不能举，则弇陋太甚。朱彝尊《经义考》摘其欲见西施者人输金钱一文事，诡称《史记》。今考注以尾生为不虞，以陈不瞻为求全之毁，疏亦并称《史记》。尾生事实见《庄子》，陈不瞻事实见《说苑》，皆《史记》所无，如斯之类，益影撰无稽矣。③

《总目》力证孙疏不合赵注。传注义例一般为：注未讲明的，疏要解释清楚。而孙疏之于赵注，多不得其根据，不合注疏义例，因而被证伪。

(3)凡例

《五经纂注》旧本题竟陵钟惺纂注，《总目》云：

> 书前有舒文鼎所为《凡例》，云“今本采朱、蔡、陈、胡之统训，一就伯敬先生为取衷”，则其书非惺所为矣。④

伯敬先生即钟惺。《总目》据该书《凡例》断定著者误题。又如《考古原始》题王文清编，《总目》云：“文清尝纂《考古略》一书，其凡例中自叙生平所著述，不及是书，殆坊贾所托

---

① 《四库全书总目》卷一〇九。

② 纪昀：《槐西杂志》三。

③ 《四库全书总目》卷三五。

④ 《四库全书总目》卷三四。

名也。”①

(4)体例

《赵氏铁网珊瑚》旧本题明朱存理撰,《总目》云:

末有万历中常熟赵琦美跋,称原从秦四麟家得《书品》《画品》各四卷,后从焦竑得一本,卷帙较多。用两本互校,增为《书品》十卷、《画品》六卷,其先后次序,则琦美所骘定,而又以所见真迹续于后,称秦氏原本,无撰人姓名。别有跋,记作者姓名。后佚去,不复记,然非朱存理也。据此则是书乃赵琦美得无名氏残稿所编。其稿不出于一家,且琦美又有所增补,题朱存理撰为误矣……又世传有存理所作《珊瑚木难》八卷,所载名迹,末皆有自跋语,与此本体例迥异。则此书非出存理手,愈可知也。②

(5)编例

《周易辑说明解》旧本题宋冯椅撰,《总目》云:

朱彝尊《经义考》载《中兴艺文志》云,冯椅为辑注、辑传、外传,以程沙随、朱文公虽本《古易》为注,犹未及尽正孔传名义,乃改“彖曰”“象曰”为“赞曰”,又改《系辞》上、下为《说卦》上、下,以《隋经籍志》有《说卦》三篇也。此本仍作“彖曰”“象曰”,不作“赞曰”;《系辞传》亦仍分上、下,不作《说卦》上、下。③

《总目》以《中兴艺文志》所载编例与今本进行比较,二者编例不合,以证今本之伪。又如《性理字训》旧本题宋程端蒙撰,《总目》云:

皆以四字为句,规仿李瀚《蒙求》而不谐声韵。不但多棘唇吻,且亦自古无此体裁。④

既仿《蒙求》之体,自应谐声韵,《总目》据此“疑或村塾学究所托名也”。又如《陈文恭公集》旧本题宋陈康伯撰,《总目》云:

是集为其裔孙以范编次,并以诰敕及诸书文字有涉于康伯者汇附于后,然遗文仅二卷,而附录乃十一卷,末大于本,殊非体例。且遗文亦多伪作,各所载谢敕命修家谱表,称昨进家谱,敕令史院编修填讳,自古以来无是事理。其谢语称伏惟圣躬保重,圣寿隆长,而首称臣康伯叩头拜谢曰,末称臣等不胜欣跃,无任感戴叩谢之至。

---

① 《四库全书总目》卷一三九。
② 《四库全书总目》卷一一三。
③ 《四库全书总目》卷七。
④ 《四库全书总目》卷九五。

尤不晓宋人章表体例。①

《总目》先从编例起疑，次证以体例，末证以朱子年谱、文集，最后断定："盖无往而不伪也。"

七、名物制度

(1)礼制

《春秋左传正义》，自唐至宋多有发疑，陈振孙谓出依托。朱子认为"虞不腊矣"为秦人语，《总目》云：

> 考《史记·秦本纪》称："惠文君十二年始腊。"张守节《正义》称"秦惠文王始效中国为之"。明古有腊祭，秦至是始用，非至是始创。阎若璩《古文尚书疏证》亦驳此说曰："史称秦文公始有史以记事，秦宣公初志闰月，岂亦中国所无，待秦独创哉？则腊为秦礼之说，未可据也。"②

朱子之说未考明礼制，《总目》证伪其说，维护左丘明是周代人的旧论。

(2)官制

《古玉图谱》旧本题宋龙大渊等奉敕撰，《总目》以史传考证其前列修书诸臣职衔，发现舛互之处不可枚举：

> 案宋制，凡修书处有"提举监修""详定编修"诸职名，从无"总裁""副总裁"之称，其可疑一也。宋制翰林学士承旨以学士久次者为之……是大渊官本武阶，不应为是职……且考《宋志》检校官一十九，但有"检校尚书"，从无检校侍郎者，殊为不合……据《宋志》，只设"学士待制直阁"，从无"提举"一官。若提举秘阁则当用"宰执"，又非抡所应为。显为不考宋制……《宋志》皇城司但有"干当官"，无"提举"之名，此作"提举皇城司事张青"，与《志》不合，其可疑六也。又士禄列衔称"带御器械忠州防御使直宝文阁"，叶盛列衔称"带御器械汝州团练使直敷文阁"。案"带御器械""防御""团练"皆环卫武臣所受阶官，而"直阁"为文臣帖职，南宋一代从未有以加武职者。《宋志》枢密院无"都事"，工部无"司务"，文思院只有"提辖""监管""监门"诸职，无"掌院"之名，种种乖错不合。③

一个所谓的宋时官本，居然与宋代职官制度不合，这只能证明作伪者的弄巧成拙。又如《谭藏用诗集》旧本题唐谭用之撰，该书自宋以后未见著录，忽得于吴岫家，《总目》发现了很多疑点，其中第一条便是职官不合："如'经历'官名，不特《唐·百官志》所无，即宋

---

① 《四库全书总目》卷一七四。
② 《四库全书总目》卷二六。
③ 《四库全书总目》卷一一六。

代亦未曾置，至元时始有此职，而集中《梦祝直》诗乃有‘忽梦浔州祝经历’句。”①

(3)历法

《总目·灵名秘苑》云：

> 考《北史·庾季才传》称所著有《灵台秘苑》一百二十卷，《垂象志》一百四十二卷，《地形志》八十七卷，并行于世。此书书名、卷数皆与相合。然书中所征引故实，迄于元末。又所记冬至以日躔箕宿四度起算，则明人所编辑，仍袭季才之名耳。②

今本《灵台秘苑》是否为北朝庾季才原本，《总目》先确定其内容下限为元末，但这不能断其为伪，因为还不能排除后人附益的可能。《总目》在辨《左传》时指出：“《经》止获麟，而弟子续至孔子卒。《传》载智伯之亡，殆亦后人所续。《史记·司马相如传》中有扬雄之语，不能执是一事指司马迁为后汉人也。”③可见《总目》没有把内容下限作为辨伪的唯一尺度。《总目》主要从历法方面判断，因为冬至以日躔箕宿四度起算为明人之法，这就从根本上否定了今本《灵台秘苑》出自庾季才的说法。又如《搜神后记》旧本题晋陶潜撰。《总目》云：“陶集多不称年号，以干支代之，而此书题永初、元嘉，其为伪托，固不得辨。”④《总目》从记年之法断定《搜神后记》不出陶潜之手。另外，《总目》认为今本《竹书纪年》非汲冢之旧，一个重要证据也是利用甲子纪年：

> 考顾炎武《日知录》，备论自王莽以前古人不以甲子名岁，历引《尔雅》《周礼注》《左传》《史记》《吕氏春秋》、贾谊《鹏赋》、《汉书》、许慎《说文》，考据甚明。今本《竹书》不用岁阳岁名，而如后世题甲子，是即明人作伪，非汲冢旧文之证。⑤

(4)地理

如《历代地理指掌图》旧本题苏轼撰，书中有建炎二年改江宁为建宁府、绍兴三十三年升洪州为隆兴府诸语。《总目》引费衮《梁溪漫志》曰：“……最后有本朝升改废置州郡一图，乃有崇宁以后迄于建炎、绍兴所废置者，此岂出于东坡之手哉？”⑥苏轼为北宋时人，此书涉及南宋地理，显然可疑。又如《南中志》，旧本题晋常璩撰，传自杨慎。因为杨慎好撰伪书，此书真伪须重新审核，《总目》云：“晋泰始七年分益州置宁州，而此云六年，牂牁郡下元鼎六年亦误作元鼎二年，抵牾不一。”⑦《总目》从地理沿革切入，发现该书与史不合，因而断定：“此书亦当《汉杂事秘辛》之类也。”《总目》疑《汉杂事秘辛》为杨慎伪撰。

---

① 《四库全书总目》卷一七四。
② 《四库全书总目》卷一一〇。
③ 《四库全书总目》卷二六。
④ 《四库全书总目》卷一四二。
⑤ 《四库全书总目》卷一一〇《皇极经世考》提要。
⑥ 《四库全书总目》卷七二。
⑦ 《四库全书总目》卷七八。

(5)避讳

《吴地记》旧本题唐陆广微撰。《总目》云：

书中……称唐讳虎，钱氏讳鏐，改为浒墅。考《五代史·吴越世家》乾符二年董昌表始表钱鏐为偏将，光启三年始拜鏐左卫大将军、杭州刺史，景福二年始拜鏐为镇海军节度使、润州刺史，乾宁元年始加鏐同中书门下平章事，二年始封鏐为彭城郡王，天祐元年封吴王，至朱温篡立始封鏐为吴越王，安得于乾符三年以董昌一偏将能使人讳其嫌名？且乾符三年亦安得预称吴越？①

《总目》抓住了《吴地记》在避讳方面的漏洞，顺藤摸瓜，后面接着从地理、年数、年号等方面证明"此书不出广微"。又如《亢仓子》，唐代以后聚讼纷纭，《总目》云：

宋濂作《诸子辨》，乃摘其以"人"易"民"，以"代"易"世"，断为唐人所伪，亦未之考矣。②

讳字有时代性，可以作为辨伪的佐证，但不能作为唯一根据，因为后出之本往往将祖本的讳字照样刻出或写出。此外，还存在回改讳字的现象。陈垣云："有据后人追避之字，而疑其书为伪作者。《容斋随笔》疑扬雄《方言》为伪书，其言曰：'雄答刘歆书，称庄君平为严君平。汉讳庄，故改曰严。《法言》于庄字不讳，此何独讳？'戴震《方言疏证》驳之曰：'洪迈不知本书不讳，而后人改之者多矣……此不得因有避讳字而遽下断语者也。'"③《总目》批评宋濂，显然意识到了其法之弊。高明如陈垣先生在这方面也有过失误，他根据讳字断定《中说》非隋王通所著，而是伪书。至其不避隋讳(如直书"杨坚辅政"；或竟避唐讳，如戴渊、石虎皆以字行，晋宁康三年书神虎门为神兽)疑出唐人妄改，或由注者妄增，亦犹唐人考述传至今者，"人民""世代"或讳或不讳，未必其书皆伪也④。

八、情理及其他

(1)情理

在证据不足时，《总目》有时也根据情理推测真伪，如《白猿经风雨占侯说》，旧本题明刘基注，《总目》云：

考沈士谦《明良录略》曰：基以洪武八年卒，以天文书授子琏，使俟服阕进。且戒之曰：无令后人习也。然则基之术数，且不肯传其子孙，又安有此种注释，流传于

① 《四库全书总目》卷七〇。

② 《四库全书总目》卷一四六。

③ 陈垣：《史讳举例》第七十"据避讳推定而讹误例"。

④ 王冀民、王素：《文中子辨》，《文史》第二十辑，中华书局1983年版，第243页。

世乎?①

《总目》首先观风望气，发现注文及序均浅陋，但又没有足够的证据，便据情理推论。当然，这种推论仍然是一种假设，还需要找到足够的铁证才能断定该书不是刘基所注。又如《绀珠集》，晁公武认为朱胜非撰，《总目》云：

> 书首有绍兴丁巳灌阳令王宗哲序，称《绀珠之集》不知起自何代，建阳詹寺丞出镇临门，命之校勘，将镂板以广其传云云。考丁巳为绍兴七年，而《宋史·列传》胜非以绍兴二年入相，既罢后，以五年起知湖州，后引疾归，废居八年而卒。是宗哲作序时，胜非方以故相里居。使此书果出其手，何至刊校之人俱不能详知姓氏，于情理殊为可疑。②

此例说明，据理推论，只能发现疑点，不能断定真伪。辨伪不可无此法，但也绝不能滥用此法。辨伪不妨"大胆假设"，但也必须"小心求证"。没有真凭实据的辨伪没有什么说服力。

(2)史实

根据史实的先后与真伪进行辨伪，其说服力较强。如《总目·南中志》云：

> 汉王恢攻南越，在建元六年，张骞使大夏，在元狩元年。此云骞以白帝东越攻南越，大行王恢救之，年月之先后既殊，事迹亦不知何据。③

《总目》据史实的先后证《南中志》之伪。又如《总目·古文尚书疏证》云：

> 《史记》《汉书》但有安国上《古文尚书》之说，并无受诏作传之事，此伪本凿空之显证，亦辨伪本者至要之肯綮，乃置而未言，亦稍疏略。④

《总目》据史事的真伪补证《古文尚书》之伪，较阎若璩更为精密。

(3)综合

《总目》认为"单文孤证未可遽断其伪"，《总目》辨伪一般都使用了多种方法。如《总目·三礼考注》云：

> 旧本题元吴澄撰……然澄作《尚书纂言》，不信古文，何乃据《周官》以定《周礼》？即以澄《三礼叙录》及《礼记纂言》考之，所列篇目亦不合。其经义混淆、先后矛盾者不一而足。虞集作澄墓志，宋濂《元史》澄本传，皆不言澄有此书。相传初藏庐

---

① 《四库全书总目》卷一一〇。

② 《四库全书总目》卷一二三。

③ 《四库全书总目》卷七八。

④ 《四库全书总目》卷一二。

> 陵康震家，后为郡人晏璧所得，遂掩为己作，经杨士奇等抄传改正。然士奇序及成化中罗伦校刻序皆疑其为璧所作，则当时固有异论矣。士奇又言："闻诸长老，澄晚年于此书不及考订，授意于其孙当，当尝为之而未就。"朱彝尊《经义考》言曾购得当所补《周官礼》，以验今书多不合。又张尔岐《蒿庵闲话》曰："愚读《仪礼》，偶得吴氏《考注》，其注皆采自郑、贾，往往失其端末。其不用郑、贾者四十余事，惟《少牢篇》'尸入正祭'章补出'尸授祭肺'四字为有功于经，余皆支离之甚。草庐名宿，岂应疏谬至此！后得《三礼考注序》云：'辄因朱子所分礼章重加伦纪，其经后之记，依经章次秩序，其文不敢割裂，一仍其旧。'今此书则割裂记文，散附经内矣。序又云：'二戴之传，中有经篇，离之为逸经。礼各有义，则经之传也。以戴氏所存兼刘氏所补，合之而为传，传十五篇。'今此书十五篇则具矣。《士相见》《公食大夫》二篇，但采掇《礼记》之文以充数，求所谓清江刘氏之书无有也。至于逸经八篇序，详列其目，《公冠》《迁庙》《衅庙》，取之《大戴》，《奔丧》《投壶》取之《小戴》，《中霤》《禘于太庙》《王居明堂》取之郑氏注。《逸经》虽曰八篇，实具其书者五篇而已。其三篇仅存篇题，非实有其书也。今此书《大戴·明堂》，列之第二，盖不知《王居明堂》之与《明堂》为有辨也。三者与序皆不合，其不出于吴氏也审矣。序又云：'正经居首，逸经次之，传终焉，皆别为卷而不相紊，此外悉以归诸戴氏之记。朱子所辑及黄氏《丧礼》、杨氏《祭礼》，亦参伍以去其重复，名曰《朱氏记》，而与二戴为三。'本书次第略见于此。今此书朱记了不可见，而又杂取二戴之书名为《曲礼》者八篇，庞杂猝会，望之欲迷，与所云悉以归诸戴氏之记者又不合。何物妄人，谬诬先儒至此。"云云。然则是书之伪，可以无庸疑似矣。①

《总目》从思想、篇目、内容、墓志、史传、传者、比勘、水平、因袭、篇第等方面，全面论证，环环相扣，层层递进，有理有据，可谓辨伪范文。

小　结

总之，《总目》在辨伪方法方面全面继承了前人的成果，前人所用之法，几乎都可以在《总目》中找到例证。《总目》在集大成的同时，也对前人辨伪的某些辨伪方法作了修正，如避讳证伪法、卷数证伪法等。这些修正意见至今仍闪烁出智慧的光芒，可以修正近现代人在辨伪方法上的偏颇。

---

① 《四库全书总目》卷二五。

梁启超辨伪公例质疑

一、缘　　起

梁启超(1873—1929)是中国近代史上的重要人物，他在中国学术从传统向近代的转型过程中发挥过重要作用。他在文献辨伪方面也发表了比较系统的见解，其辨伪方法论对于20世纪的辨伪学产生了巨大的影响。自张舜徽①、吴枫②以下，谈到辨伪方法，言必称梁氏，无不奉为金科玉律。随着大量简帛文献的出土，梁启超的辨伪方法论日益受到严峻挑战。

梁启超的辨伪"十二公例"，被认为是集古今辨伪方法之大成，其具体内容如下：

(一)其书前代从未著录，或绝无人征引而忽然出现者，十有九皆伪。

(二)其书虽前代有著录，然久经散佚，乃忽有一异本突出，篇数及内容与旧本不同者，十有九皆伪。

(三)其书不问有无旧本，但今本来历不明者，即不可轻信。

(四)其书流传之绪，从他方面可以考见，而因以证明今本题某人旧撰为不确者。

(五)其书原本，经前人称引确有左证，而今本与之歧异者，则今本必伪。

(六)其书题某人撰，而书中所载事迹在本人后者，则其书或全伪或一部分伪。

(七)其书虽真，然一部分经后人窜乱之迹，既确凿有据，则对于其书之全体，须慎加鉴别。

(八)书中所言，确与事实相反者，则其书必伪。

(九)两书同载一事绝对矛盾者，则必有一伪或两俱伪。

---

① 张舜徽：《中国文献学》，河南人民出版社1982年版，第191页。

② 吴枫：《中国古典文献学》，齐鲁书社1998年版，第200~202页。

（十）各时代之文体，盖有天然界画，多读书者自能知之。故后人伪作之书，有不必从字句求枝叶之反证，但一望文体，即能断其伪者。

（十一）各时代之社会状态，吾侪据各方面之资料，总可推见其崖略。若某书中所言其时代之状态，与情理相去悬绝者，即可断为伪。

（十二）各时代之思想，其进化阶段，自有一定。若某书中所表现之思想，与其时代不相衔接者，即可断为伪。①

梁启超《古书真伪及其年代》一书，也论及辨伪方法②，可与上述"公例"相表里。梁启超的"公例"向来被认为比胡应麟的八条更为具体周密③。现在仍有不少学者认为，梁启超"以近代科学演绎、归纳等方法，以实事求是的科学眼光构建起了科学的辨伪学理论体系"，"他在前人理论总结的基础上对辨伪的必要性、伪书种类、作伪原因、辨伪的方法、伪书的价值等等，都作了更进一部的系统阐述"，"最重要的是提出了辨伪的十二条公例。这十二条分为'据具体的反证'与'据抽象的反证'两类，显得简洁实用"。又认为"梁启超的辨伪学理论体系是在吸取晚明胡应麟的成果加上自己的理论总结并创造性的发展而建立起来的。胡应麟在《四部正讹》一书中的……这些内容都为梁启超所吸取，而梁氏的论证比起胡应麟来则更显系统和缜密，且不乏创见"④。

二、辨　　析

我们认为，以上这些说法夸大其辞，过分美化梁启超。胡应麟仅指出辨伪路径，而梁启超的"公例"武断至极，完成是简单化、片面化的产物，根本就不是"科学的辨伪学理论体系"。鉴于梁启超的"公例"在20世纪学术史上产生了重大影响，因此，我们逐条加以辨析，以祛其惑。

第一，其书前代从未著录未必就一定是伪书，因为历代书目都有缺漏，从出土文献中就发现，很多书不见于任何书目。以著录辨伪，虽为一法，但不尽可据。从逻辑的角度来看，未被著录未必就一定是伪书。余嘉锡《古书通例》卷一云："或得一古书，欲知其时代撰人及书之真伪，篇之完阙，皆非考之目录不为功。自唐以前，目录书多亡，今存者汉、唐、隋之《经籍》《艺文志》而已。宋以后私家目录，虽有存者，然所收仅一家之书，不足以概一代之全；仍非考史志不可……则利用史志及目录以考古书之真伪，由来旧矣。虽然，谓史志著录最为完备者，特就大较言之耳……至于编目之人，意为去取，修史之时，亡行刊落；其端非一，难可殚陈。故就史志以考古书之真伪完阙，虽为不易之法，然得之者固十之七八，失之者亦不免二三。若仅恃此法以衡量古今，是犹决狱者不能曲体物情，得法外之意，而徒执尺一以定爰书；则考竟之时，必有衔冤者。"⑤他分析《四库全书总

① 梁启超：《中国历史研究法》，上海古籍出版社1998年版，第91~94页。

② 梁启超：《古书真伪及其年代》，江苏广陵古籍刻印社1990年版，第39~57页。

③ 张舜徽：《中国文献学》，河南人民出版社1982年版，第191页。

④ 吴少珉、赵金昭主编：《二十世纪疑古思潮》，学苑出版社2003年版，第405~414页。

⑤ 余嘉锡：《古书通例》，《余嘉锡说文献学》，上海古籍出版社2001年版，第167~168页。

目》著录不全之原因有三："一曰：藏书家宝惜，不愿献官。二曰：献书者以为书已收入，不及进呈。三曰：官司之搜访，馆臣之纂修，每详于远而忽于近。"①余嘉锡认为据目录辨伪"得之者固十之七八，失之者亦不免二三"，又说"非为一切伪书作辩护也"②。我们认为，余嘉锡的说法比较切合古书实情，持论平实公允。而廖名春在驳斥梁启超辨伪方法时，竟将"就史志以考古书之真伪完阙之法"完全推翻③，又走向另一极端，未免矫枉过正。"或绝无人征引而忽然出现者十有九皆伪"，也夸大其词。郭店楚简本《老子》绝无人征引而忽然出现，谁曰其伪？可见，梁启超的第一条"公例"不能成立。

第二，其书前代著录之篇数与散佚后的篇数一般不同，这本合情合理，不必起疑，如从《永乐大典》所辑之佚书，多与原来书目所载不同。原本既然失传，其内容根本无法与后出"异本"比对，同与不同，死无对证，又哪里能够断定"十有九皆伪"？可见，梁启超的第二条"公例"也是虚词，不能成立。

第三，如果不问其书有无旧本，又哪里会知道"今本来历不明"？只有详细考察历代所有公、私书目，才能大致判断一种书的来历。退一步讲，即使其书来历不明，也不能随便就断定它是伪书。因为历代著录情况只是大概状况，不是每一种书都来历分明，有账可查。可见，梁启超的第三条"公例"也形同虚设，不能成立。

第四，以"流传之绪"辨伪，也不能最后定案，因为古书的"流传之绪"至今还是一个未知数。几乎每一种年代较久远、流传较复杂的古书，其"流传之绪"足以写成一部专著。梁启超本条所举例证《神农本草》，不能因为"《汉志》无其目"就认为是伪书。李零近年提出了新的解释：

> 古代写书不易，读书也不易，知识与思想的传授往往局限于同一门派的师弟之间：学生必须亲炙师教才能学到东西，而老师也必须开门授徒才能传播主张。因此古人最重"师说"（老师之说）和"家法"（授受源流）。古代的"师说"当然要由"书"来体现，但《易·系辞上》说"子曰：书不尽言，言不尽意"，在古人看来，"书"是远不足以穷尽"师说"的。现代学术当然要凭"书"本身来讲话，"不著一字，尽得风流"是得不到承认的。但在古代，老师的传授一般都没有"书"，往往是靠口传心授。学生不是靠在时间和空间上隔绝了的、固化为"书"的思想来认识其老师，而是从老师这个活生生的"人"，包括其经历和言行来认识其思想。他们只要"学不足以名家"（即尚未另辟师说，自立门派），"则言必称师，述而不作"，不但要记录和整理老师的言论，疏释和阐发老师的思想，而且还往往附以各种参考资料和心得体会，理所当然地把他们的整理和附益统统归于老师的名下，"原不必于一家之中分别其孰为手撰，孰为记述也"。也就是说"著作权"可以并不明确，但"师说"和"家法"必须毫不含糊。这对理解古书的年代恐怕是最根本的一点。
>
> 对于诸子之说（包括儒家六艺），我们至少可以根据它们的"师说"和"家法"，参照其内容，以确定它们的相对年代。但对于数术方技类的实用书籍，情况却有所不

① 余嘉锡：《古书通例》，《余嘉锡说文献学》，上海古籍出版社 2001 年版，第 176~177 页。

② 余嘉锡：《古书通例》，《余嘉锡说文献学》，上海古籍出版社 2001 年版，第 168 页。

③ 廖名春：《梁启超古书辨伪方法的再认识》，《汉学研究》1998 年第 1 期。

> 同。因为严格地讲，它们往往都“授受不明，学无家法”，属于古人所说的“依托”。
>
> “依托”是战国秦汉时期的一种概念与术语。应说明的是，它并不等于后世辨伪学家所说的“伪造”，而是各种实用书籍追溯其职业传统的一种特殊表达，就像木匠要自称是出于“鲁班门下”。①

将医书、兵书及方术类的书作为一种类型来看的观点，富有新意，远比梁启超视野开阔。先秦两汉的古书，往往在父传子、师传弟的过程中逐渐定型，尽管定型时把祖师或某一代宗师称为该书的撰人，但是作为贯串了祖师“家法”的一家之学，实际上是后先相承的父子师弟的集体著作。了解这一点，我们对一些歧异现象就不会感到奇怪了。

第五，前人称引之“原本”确有佐证，“今本”与之歧异，这也用不着大惊小怪，古书版本异同，所在多有，谁敢肯定“今本必伪”？可见，梁启超的第五“公例”也是少见多怪，不能成立。梁启超本条所举例证今本《竹书纪年》过去确实被不少人证伪，但最近李学勤认为也不全伪，可能与当时出土文献的整理方式有很大的关系。

第六，其书题某人撰，而书中所载事迹在本人后者，不能排除附益的可能。余嘉锡先生在《古书通例》中有《古书的附益》一文，极为精彩。附益，指附加的内容。褚少孙在《史记·滑稽列传》的后面，附加了自己撰写的东方朔等人的传记，并交代说：“窃不逊让，复作故事滑稽之语六章，编之于左……以附益上方太史公之三章。”这样的附益，跟原著毫不相混，读者可以一目了然。但是古书的附益并非完全如此。一种常见的情况是，附益的文字跟原先的著述连成一体，以致不了解古书特点的读者产生种种怀疑。先秦诸子的著述，一般都由后人编集而成，编集者把跟著述者有关的史事编进书中，就像后世所编的文集附有作者的引传、行状、碑志一样。拿《管子》来说，《大匡》等篇记叙了管仲生前的史事，《戒篇》还有记载管仲临死及死后的内容，这就属于编书人的附益。以往的学者，对此每有怀疑。例如姚际恒作《古今伪书通考》，就因此把《管子》列入“真书而杂以伪”之内。其实，古书中这类情况很多。《庄子·列御寇》有“庄子将死，弟子欲厚葬之”，等等。余嘉锡《古书通例》指出，我们不必用后人编书的体制去怀疑古书，后代的书有序、年谱、祭文、谥议之类作为附录，附录跟原著不相混杂，但是先秦两汉的古书还没有形成这样的体制，所以编书的人就把类似后代序言、附记等内容一齐编入了原著。像《公孙龙子》的第一篇《跡府》说：“公孙龙，六国时辩士也。疾名实之散乱，固资料之所长，为守白之论，假物取譬以守白辩，谓白马为非马也，欲推是辩以正名实而化天下焉。”这显然不是公孙龙子的自叙，后人将这段相当于全书纲领性的话著之于篇首，相当于一篇序言。也有相当于题跋性的内容。《荀子·尧问篇》末尾说：“为说者曰：孙卿不及孔子，是不然。孙卿迫于乱世，鰌于严刑，上无贤主，下遇暴秦，礼义不行，教化不成。”又说：“今之学者，得孙卿之遗言余教，足以为天下法式表仪。所存者神，所过者化，观其善言，孔子弗过。世不详察，云非圣人，奈何！天下不治，孙卿不遇，时也。”这无疑是荀子门人的附语。还有类似按语的内容。严可均《全上古三代秦汉三国六朝文》在凡例中指出“唐以前旧集，体例与今不同”时，举了扬雄《上书谏勿许单于朝》的例子。《太平御览》卷811引《扬雄集》有“单于上书愿朝，哀帝以问公卿，公卿以虚费府帑，可且勿许。单于使辞去，未

① 李零：《中国方术考》，东方出版社2000年版，第27~28页。

发，雄上书谏”一段，这是交代扬雄上书的缘起；最后又引《扬雄集》有“天子召还匈奴使者，复报单于书而许之，赐雄黄金十斤”一段，这是交代上书的结果。这两段话未必出自扬雄之笔，而编书人载入扬雄《上书》的前后，这种编书方法也是古书中常见的。

第七，梁启超说：“其书虽真，然一部分经后人窜乱之迹，既确凿有据，则对于其书之全体，须慎加鉴别。”一部真书中的一部分既然找到确凿证据证明系后人窜乱，对于全书中的其他部分不应随便定为伪，梁启超所举《史记》，正好与其“公例”相反。《史记》一书，虽经后人窜乱，但谁也没有否认《史记》绝大部分的真实性。局部的伪与主体的伪不应混为一谈。

第八，梁启超说：“书中所言，确与事实相反者，则其书必伪。”此条“公例”亦模棱两可，语意不够明确。语言的真伪与事实的真伪也是两个不同的范畴，不应混为一谈。

第九，梁启超所谓“两书同载一事绝对矛盾者，则必有一伪或两俱伪”，看起来颇与逻辑相合，但是古书传闻异辞，各尊所闻，不妨并存。两书同载一事，可能角度、立场及处理材料的方法均不相同，所得的结论完全可能矛盾。

第十，各时代的文体确有不同，但并不存在“天然界画”，所谓“一望文体，即能断其伪者”，也只是一种神话。正如胡适所指出：“用文字、术语、文体等来证明《老子》是战国晚期的作品……但这个方法也是很危险的，因为(1)我们不容易确定某种文体或术语起于何时；(2)一种文体往往经过很长的历史，而我们也许只知道这历史的某一部分；(3)文体的评判往往不免夹有主观的成见，容易错误。”①

第十一，如果以某书中所言时代状态与情理相去悬绝，就当机立断，这种辨伪方法不可取。度之以今日之情理，似乎合情合理，但未必合于古之实际，仍然只是一种主观判断，缺少定案的客观依据。

第十二，从逻辑的角度来看，思想上不合也未必就一定是伪书。某书中所表现之思想，与其时代不相衔接，不能排除思想超前的可能性，中国历史上思想超前者大有人在，不能根据进化论简单地判断此类书为伪。胡适在批驳《老子》晚出说时指出：“从‘思想系统’上或‘思想线索’上证明《老子》之书不能出于春秋时代……这个方法是很有危险性的，是不能免除主观的成见的，是一把两面锋利的剑可以两面割的。”②胡适认为冯友兰用来论定《老子》为战国作品的通则皆不能成立。“孔子以前无私人著述之事”“非问答体之书应在问答体之书之后”等都是丐辞，以丐辞为前提进行论证，“则殊不足推翻旧说”。40年后，湖南马王堆有帛书《老子》甲乙本出。70年后，湖北荆门又有楚简《老子》。事实印证了胡适批评的正确性。

三、结　论

综上所述，梁启超的“十二公例”大多经不起推敲。其态度不客观，方法多疏漏。许

① 胡适：《评近人考据老子年代的方法》，《古史辨》第6册，上海古籍出版社1982年版，第393页。

② 胡适：《评近人考据老子年代的方法》，《古史辨》第6册，上海古籍出版社1982年版，第390页。

多人受其影响，动辄以“辨伪”为名，结果造成了一大批冤假错案。不深知辨伪之害者，不能得辨伪之利。好学深思之士，当以此为炯戒。

总之，简帛古籍的大量发现，促使我们对传统辨伪方法进行反思，以便正确认识中国古代文献与传统文化。文献辨伪学的进展，更需要对旧方法进行全面反思。对辨伪方法的反思，有利于辨伪学走出困境。

下编　专题编

《乐庵语录》真伪考

一、问题的提出

文渊阁本《乐庵语录》卷首提要云：

> 臣等谨案：《乐庵语录》五卷，宋龚昱撰，昱字立道，昆山人。从学于李衡，录衡平日讲学之语为此书。乐庵者，衡所居也。衡为学以《论语》为本，尝有得于洛人赵孝孙之说。孝孙之父受业伊川，故衡亦渊源程氏。所著《周易义海撮要》，已别著录。是编阐明理学，间论诗文，亦有涉及二氏者，如因缘、地狱诸说，未能粹然无疵，而超悟处自非浅人所及。卷末载衡本传及遗事数则，又有吴仁杰《后序》，王蔺、孙侨、游泽、周必大、范成大、王遂、刘炜诸人跋语甚详。观其抗章论事，不避权贵，临殁从容，笃于任恤，真能脱然于富贵生死之际。以之印证所言，庶几躬行实践，非空谈性命者可比。仁杰《后序》云："吾友龚君立道，笃意于学，从先生游者六年，闻微言要指，必书于策，亦可谓不忘其师者矣。"明方鹏《昆山人物志》称，昱蔚有文学，安贫乐道，乡人谓之龚山长，所居曰栖间堂，陆游、刘过皆为赋诗云。乾隆四十七年二月恭校上。

以上文字与《翁方纲纂四库提要稿》(以下简称《翁稿》)中的观点相近：

> 谨按：《乐庵语录》五卷，宋李衡撰，其门人龚昱所编也。衡字彦平，江都人。官监察御史、司封郎中，出知温、婺、台三州，除秘阁修撰致仕。《宋史》有传。虽不载入道学、儒林二传中，而其学本之程氏，得之《论语》。此卷本所载南京诸人题

跋，所以推其造诣者甚至。应存其目，入之儒家。①

上引二段文字均不以《乐庵语录》为伪书。令人奇怪的是，《四库全书总目》(以下简称《总目》)卷一一七中的《乐庵遗书》提要则将《乐庵语录》定为伪书：

《乐庵遗书》四卷，旧本题宋李衡撰，其门人龚昱编。衡有《周易义海撮要》，已著录。昱字立道，昆山人。据隆庆元年沈珠序，称旧本五卷，今定为四卷，旧曰“语录”，今更曰“遗书”。然珠但称初得语录一册，不言其所自来。又言随失去，复得郡守曹紫峰抄本。所谓初得一本，当即指天顺癸未成廷珪所刻者。而卷末天顺己卯郑文康跋，在刻前四年，亦称仅得抄本，是终莫详此书授受之的也。考书中所言，大抵与隆、万间心学相合。卷首吴仁杰序与所作《两汉刊误》《离骚草木疏》《古周易》诸序截然如出二手。其大旨以悟为宗。又述周必大书曰：“乐庵临行一着，实是难得。禅和子亦服他，盖寻常说时甚易，腊月三十日直是不能瞒人。此老平生跌宕，到此乃得力，可敬可羡！”亦殊不似必大之语。考《宋史》衡本传，有：“临没，沐浴冠巾，翛然而逝。周必大闻之曰：‘世谓潜心释氏，乃能达生死。衡非逃儒入墨者，而临终超然如此，殆几孔门所谓闻道者欤？’”云云。无乃姚江末流借此语以影撰此书之序，借以助心学之澜？并所谓天顺刻本之序跋亦出影撰欤？不然，岂此编出于淳熙中，正与朱子同时，何以朱子于张九成、陆九渊辨析不遗余力，而此书混儒、墨而一之，至轮对上殿，敢谓周公亦坐禅，而朱子寂无一语也？疑以传疑，存备杂家之一种可矣。②

此则提要与《乐庵语录》卷首提要如出二手，未审其故。《总目》与《翁方纲纂四库提要稿》也存在严重分歧，大致有三：第一，书名不同，旧曰“乐庵语录”，更曰“乐庵遗书”；第二，分类也不同，此种未入儒家存目，而是抄入《四库全书》杂家类；第三，解题不同，其核心问题是观点不同。《翁稿》旨在表彰李衡其人其学，并没有将它定为伪书，而《总目》极力贬斥之，列为疑伪之作。

《总目》认为《乐庵语录》系伪书，理由有三：第一，《乐庵遗书》传播源流不详；第二，书中所言大抵与明代隆庆、万历年间之心学相合；第三，所谓天顺刻本序跋亦出影撰。

然耶？否耶？下面我们将从三个方面深入探讨《乐庵语录》一书的真伪问题。

二、《乐庵语录》传播源流之考察

关于《乐庵语录》的传播源流，明郑文康《平桥稿》卷一七《书李乐庵语录后》有较为翔实的记载：

《乐庵先生语录》五卷，门人龚昱立道集其师李衡彦平之言也。昱，殿中侍御史

① 翁方纲：《翁方纲纂四库提要稿》第4册，上海科技文献出版社2000年版，第268页。

② 《四库全书总目》，中华书局1965年版，第1012页。

识之曾孙，安贫乐道，乡人称为龚山长云。愚按：《昆山旧志》载衡所著有《易说》《论语说》《易义海撮要》《乐庵文集》《和寒山拾得诗》，总若干卷，行于世。噫！未三百年，今皆不可见矣。独幸此书抄本尚存，使吾昆后生小子，略可考见先生之正学直道，非俗儒备臣比也。先生，江都人。初布衣，流落吾昆，王葆彦光见而异焉，以女弟归之。后致仕，舍江都而就昆山，岂以妇家之故欤？今县之通阛桥东有尼僧庵，云是前元邵万户舍宅为庵，平正修广，右有小巷，深不百步，题曰李侍御巷，又岂万户宅先即先生所居欤？又按：至正廿三年，知昆山州事高昌偰侯偰斯，因州人袁华、殷奎言先生与王御史葆、刘龙洲过，皆宋豪杰士，皆有言行，其墓近皆废坏，宜用修复。侯乃一一追访旧迹而封表之。当时若会稽杨维祯诸公，皆有诗文以纪盛事……三公墓之所在，见于殷奎所撰《墓田记》甚详。记曰："……李先生，字彦平，号乐庵，墓在州治南六里圆明村。刘先生，字改之，墓在马鞍山东斋。"……今先生之墓，漫不可寻矣……余得此书于钝庵，买纸亲手录之。谨附区区怀抱于书尾，深有待于今之偰侯与好事君子焉耳。

今按：《易义海撮要》即《周易义海撮要》，并未失传，且被抄入《四库全书》。《平桥稿》卷七《李氏家乘记》又有所补充：

昆山辛居陋家多旧书，近得其宋人旧抄一集，惜乎首尾脱散颇多，中间又被毁裂去者三之一，其幸存而未亡者计纸三十有九翻，所抄多宋侍御史乐庵李衡彦平祖孙三世祭文、挽章。予乃以类相从，誊录一册，分为六卷，题曰《李氏家乘》附装《语录》之后……余既书完，仍令学子别录一册留于墓邻杨俊家，使里中之来者得以考征李氏文献之遗，或可因此保存其抔土于永远也。

郑文康是最早见到《乐庵先生语录》抄本的人。我们首先有必要对这位传播者加以考察。郑文康为明代中叶一位知名文学家。据明王鏊《姑苏志》卷五四记载："郑文康字时乂，昆山人，性豪俊，有奇志，登正统戊辰进士，见者咸以公辅期之。既而父病，得请归养，未抵家而父亡，母亦寻卒，文康悲悼数年，加苦宿疾，遂不复仕。叹曰：'功业由人，亦由乎天。'顾箧中得平日所为诗文数千首，手自去取，取其纪载时事有益劝惩者为《平桥稿》十卷。"《江南通志》卷一六五亦云："以父母继丧，遂不仕，居家枕藉经史，尚友古人，操觚顷刻千言，稿成辄为人持去。其存者有《平桥集》十八卷，多记载时事，有益劝惩，而文尤简质有法度。"考叶盛《明进士开封郑君寿藏志》："君之寿五十有三，君之寿止于成化元年正月二十四日。"可见郑文康生于1411年，卒于1465年。

《总目》卷一七〇对其人其学评价不错：

平桥稿十八卷，明郑文康撰。文康字时乂，号介庵，昆山人。其先世徙自开封，故集中亦自署曰开封平桥者，其所居地也。登正统戊辰进士，释褐后，绝意仕进，闭门讲学，手定所作诗文为十八卷，天顺辛巳叶盛为序而传之……文康笃志经史，下笔顷刻千百言，丹铅矻矻，虽病不少休。其诗意主劝惩，词旨质直，颇近《击壤集》体，而温柔敦厚，蔼然可挹，要不失为风人之遗。文章亦不屑以修词为工，而质朴之中自中绳墨，较其诗为尤胜。朱彝尊以比之石介、尹洙。虽其所造之境地浅深不同，而意度波澜亦庶几近之者矣。

郑文康所谓"独幸此书抄本尚存，使吾昆后生小子，略可考见先生之正学直道"，"余得此书于钝庵，买纸亲手录之"，"近得其宋人旧抄一集，惜乎首尾脱散颇多，中间又被毁裂去者三之一，其幸存而未亡者计纸三十有九翻"，叙述较为真切，应该是可信的。

三、书中所言是否与隆万心学相合

《乐庵语录》云：

学者当以心明经，不当以经明经。（卷一）

曰心，曰性，曰天，曰命。此四物难为分别，挥而散之，一者为四；敛而归之，四者为一。（卷一）

昔有学无心者，前辈谓之曰将学无心，即有心矣。求之六经，曰存心也，养心也，治心也，正心也，知此然后可以无心。

圣人著书立言，皆所以开导后学，但一堕言诠，未免一偏之蔽，要当言语断绝处，默识而意会。

欲知天心，但看人心。（卷二）

或问："如何斯可以安心？"曰："乐则安，若早夜戚戚然，以得失荣辱为虑，虽一日亦不能安矣。古人穷亦乐，通亦乐，未有其心不乐，而能安之者也？"（卷二）

禅者论一百二十种心，人只有一心。自其能宰制万物，则谓之心君；能经纬万方，则谓之心神。其本则一而已。《易》曰："一致而百虑。"所谓一致者，心之常；而百虑者，皆其变也。（卷二）

一日召对选得德，奏事毕，上因与论禅。乃奏云："所谓禅之说，儒家亦有之。但今人只于释氏留意，殊可怪。昔周公亦坐禅，惟孟子能知之。"上愕然。又徐奏曰："周公思兼三王，以施四事，其有不合者，仰而思之，夜以继日，幸而得之，坐以待旦，岂非坐禅乎？天下只有一理，周公平日坐而思之者，无非爱人利物之事，只此便是佛心，何须更问禅？"上颔之。（卷三）

先生曰：向守婺，女有学者贽文求见，因问诗活法，遂赠之诗曰：学诗如参禅，初不在言句。伛偻巧承蜩，梓庆工削鐻。借问孰师承，妙处应自悟。向来大江西，洪徐暨韩吕。山谷擅其宗，诸子为之辅。短句与长篇，一一皆奇语。卓尔自名家，无愧城南杜。君诗亦可人，羞作女工蠹。正临百尺竿，到此方进步。我性文字空，志在学农圃。老矣甘摧颓，肯复事雕组。少读三百篇，每自叹无补。一念绝邪思，得处忘我所。学诗如参禅，无舍亦无取。立雪谩齐要，断臂徒自苦。君欲问活法，活法无觅处。（卷三）

言"心"言"禅"之处确实不少，但其时代特征不明。是否就一定是明代之心学呢？恐怕还难以遽断。须知明代之心学也是源自宋代！从陆象山到王阳明，心学经过了比较长的发展。我们不能因为见到“心”就以为是明代之心学。所谓“姚江末流借此语以影撰此书之序，借以助心学之澜”纯属猜想，并无任何真凭实据。

另外，值得注意的是，《乐庵语录》卷一论“读书须识字”：

> 人读书须是识字。固有读书而不识字者，如汉之孔光、张禹，唐之许敬宗、柳宗元。非不读书，但不识字或问其说。先生曰：“孔光不识进退字，张禹不识刚正字，许敬宗不识忠孝字，柳宗元不识节义字。”

此说片言居要，颇为警策，曾被后人反复征引。宋儒王应麟《困学纪闻》卷八云：

> 韩文公曰：“凡为文辞，宜略识字。”杜子美曰：“读书难字过字，岂易识哉?”李衡《识字说》曰：“读书须是识字，固有读书而不识字者，如孔光、张禹、许敬宗、柳宗元，非不读书，但不识字。孔光不识进退字，张禹不识刚正字，许敬宗不识忠孝字，柳宗元不识节义字。”此可为学者之戒。

旧本题明胡爌《拾遗录》亦云：

> 韩文公曰：“凡为文辞，宜略识字。”“读书难字过字，岂易识哉?”李衡《识字说》曰：“读书须是识字，固有读书而不识字者，如孔光、张禹、许敬宗、柳宗元，非不读书，但不识字。孔光不识进退字，张禹不识刚正字，许敬宗不识忠孝字，柳宗元不识节义字。”此可为学者之戒。

胡氏所引与王应麟《困学纪闻》大致相同，只是删去“杜子美曰”四字，容易引起误解。明人喜欢剿袭前人成说，但又不太遵守学术规范，卤莽灭裂，亦为一代之通病，不必专责胡氏一人。①

清儒朱彝尊《曝书亭集》卷三四《合刻集韵类篇序》亦曰：

> 六艺，其五曰书。书有六体，比类象形谓之文，形声相益谓之字，声成文谓之音……昌黎韩子有云：“凡为文辞宜略识字。”江都李氏亦云：“人读书须是识字。”其亦不得已而言之也。与今夫声音文字之学讲之正非易易已。五方之民，风土各异，发于声不能无偏，轻土多利，重土多浊，北人诋南为鴃舌，南人诋北为荒伧，北人不识盱眙，南人不识盩厔，此限于方隅者也。楚骚之音殊于风雅，汉魏之音异于屈宋，此易于时代者也。书文既同，而音之不一者统归于一，斯声音文字必相辅以行，而义始备也。

序中亦引用江都李氏“人读书须是识字”之说。宋代王应麟、清代朱彝尊均为一代之博学鸿儒，当今所谓国学大师都难以望其项背。他们二氏均明引其文，足见其“识字说”

---

① 《拾遗录》系抄袭王应麟《困学纪闻》而成。胡玉缙、余嘉锡已有考证，其结论可信。

曾在历史上产生过相当大的反响。其文既然自宋、明、清均见征引，据此我们可以推论，此书文本至少部分为真。

四、《乐庵语录》所载序跋之真伪

吴仁杰《乐庵先生语录后序》云：

乐庵先生，享年七十有九，阅天下之义理居多。自其中年，清修寡欲，不啻如道人衲子，静极而通，故凡吾儒与佛、老二氏所谈性命之奥，心融神会，超然独得，推其余波，沾丐学者，每语辄更仆不少倦，盖以是为燕居之乐。吾友龚君立道，笃意于学，从先生游者六年，闻微言要指必书于策，积之为五卷，以示余。余闻古人学道，要必有所悟入。颜子由“克己复礼”悟，曾子由“一以贯之”悟，近世如徐节孝由“莫安排”而悟，元城先生由“不妄语”而悟。然知道易，蹈道难，此四君子见于履践者，皆可考也。余观先生始见赵公而悟，于“学而时习之”之一言，此其入道之门户。至于履践之实，又无愧于四君子者。然则先生之学，所谓“非苟知之，亦允蹈之”者与！其没也，今翰林周公子充诒书所亲曰：“乐庵临行一着，实是难学，禅和子亦须服他。盖寻常说时甚易，腊月三十日直是不能谩人。此老平生跌荡，到此乃得力，可敬可羡！”翰林直道正学，其言不妄，故具著之。学者欲知先生讲学之妙，是书固不可无。欲知学力至到之地，则观诸翰林之言，思过半矣。淳熙五年八月二日，河南吴仁杰谨序。

序末署淳熙五年，即公元 1178 年。乐庵没于是年。此跋可能写于乐庵刚刚羽化之时。序中所谓“余观先生始见赵公而悟，于‘学而时习之’之一言，此其入道之门户”与《宋史》相合：“衡自宣和间入辟雍，同舍有赵孝孙者，洛人也，其父实师程颐，家学有源，劝衡读《论语》，曰：‘学非记诵词章之谓，所以学圣贤也，不可有丝毫伪实处，方可以言学。’衡心佩其训，虽博通群书，而以《论语》为根本。”或问孟子知言之要、知德之奥，孟子对曰：“非苟知之，亦允蹈之。”吴仁杰序以此语论乐庵先生之学，可谓推崇至极矣。吴仁杰与《乐庵语录》的编辑者龚昱为友，对乐庵先生讲学之妙亦深有体会。《总目》云：“卷首吴仁杰序，与所作《两汉刊误》《离骚草木疏》《古周易》诸序，截然如出二手。”宋吴仁杰，字斗南，一字南英，别号蠹隐居士，昆山人。其称河南者，举郡望也。淳熙中登进士，官国子学录。《易图说》提要云：“《宋史·艺文志》：仁杰有《古周易》十二卷，《易图说》三卷，《集古易》一卷，今《古周易》世罕传本，仅《永乐大典》尚有全文，此书其图说也。”明言《永乐大典》尚有全文，却未见辑本，真乃奇事也！《两汉刊误补遗》与《古周易》序均未载，仅见《离骚草木疏后序》：

仁杰少喜读《离骚》文，今老矣，犹时时手之，不但览其昌辞，正以其竭忠尽节，凛然有国士之风。每正冠敛衽，如见其人，凡芳草嘉木，一经品题者，谓皆可敬也。因按《尔雅》《神农书》所载根茎花叶之相乱，名实之异同，悉本本元元，分别部居，次之于椠，荟萃成书，区以别矣……得是书，形见色屈，或庶几焉举无以乱其真。昔刘杳为《草木疏》二卷，见于本传，其书今亡矣。杳《疏》凡王逸所集者皆在焉，而仁杰独取诸二十篇之文，故命曰《离骚草木疏》。夫子不云乎："《诗》可以兴，可以观，可以群，可以怨。迩之事父，远之事君，多识于鸟兽草木之名。"班固讥三闾怨恨怀王，是未知《离骚》之近于《诗》，而《诗》之可以怨也。刘勰亦讥三闾鸩鸟媒娀女为迂怪诡异之说。又王逸注："鸩媒谓鸩，食虵，羽有毒，可以杀人者。"按：鸩有二焉，瑶碧之山，有鸟如雉，其名曰鸩。郭璞谓此更一种非食蛇者也。《离骚》之文，多怪怪奇奇，亦非凿空置辞，实本之《山经》。其言鷖鸾皇鸩鸟，与《诗》麟驺凤凰何异？勰又何足以知之？《离骚》以芗草为忠正，莸草为小人。荪芙蓉以下凡四十有四种，犹青史忠义独行之有全传也。薋菉葹之类十一种，傅著卷末，犹佞幸奸臣传也。彼既不能流芳后世，姑使之遗臭万载云。岁在庆元丁巳四月三日，通直郎行国子录河南吴仁杰书。

《乐庵先生语录后序》与《离骚草木疏后序》确实风格不类，《总目》的判断大致不错。但仅据风格辨伪，难以定案。因为同一人风格前后有变化，《乐庵先生语录后序》时间在前，与《离骚草木疏后序》的时间相差二十年以上，风格难保不发生变化。况且，写不同文体的文章，也会有不同的风格。

《宋史》卷三九〇列传第一四九有李衡传：

李衡，字彦平，江都人。高祖昭素仕至侍御史。衡幼善博诵，为文操笔立就。登进士第，授吴江主簿。有部使者怙势作威，侵刻下民，衡不忍以敲扑迎合，投劾于府，拂衣而归。后知溧阳县，专以诚意化民，民莫不敬。夏秋二税，以期日榜县门，乡无吏迹，而输送先他邑办。因任历四年，狱户未尝系一重囚。

隆兴二年，金犯淮堧，人相惊曰："寇深矣！"官沿江者多送其孥，衡独自浙右移家入县，民心大安。盗猬起旁境，而溧阳靖晏自如。帅汪澈、转运使韩元吉等列上治状，诏进一秩，寻召入为监察御史。历司封郎中、枢密院检详，出知温、婺、台三州，惟婺尝莅其治。加直秘阁，而衡引年乞身，恳恳不休，上累却其奏，除秘阁修撰致仕。上思其朴忠，旋召落致仕，除侍御史，以老固辞，不获命。差同知贡举。会外戚张说以节度使掌兵柄，衡力疏其事，谓"不当以母后肺腑为人择官"，廷争移时。改除起居郎，衡曰："与其进而负于君，孰若退而合于道。"章五上，请老愈力，上知不可夺，仍以秘撰致仕。时给事中莫济不书敕，翰林周必大不草制，右正言王希吕亦与衡相继论奏，同时去国，士为《四贤诗》以纪之。衡后定居昆山，结茅别墅，杖屦徜徉，左右惟二苍头，聚书逾万卷，号曰"乐庵"，卒，年七十九。

衡自宣和间入辟雍，同舍有赵孝孙者，洛人也，其父实师程颐，家学有源，劝衡读《论语》，曰："学非记诵词章之谓，所以学圣贤也，不可有丝毫伪实处，方可以言学。"衡心佩其训，虽博通群书，而以《论语》为根本。临没，沐浴冠栉，翛然而逝。周必大闻之，曰："世谓潜心释氏，乃能达死生，衡非逃儒入释者，而临终超然如此，殆几孔门所谓闻道者欤？"①

---

① 脱脱等：《宋史》，中华书局1977年版，第11947~11948页。

吴仁杰《乐庵先生语录后序》后半部分与《宋史》李衡本传所载正相吻合。《总目》将其定为影撰尚嫌证据不足。《总目》又怀疑书末所附各篇跋语的真实性。《乐庵语录》书后跋语共有七则。跋一曰：

太平全盛时，三光五岳之气，未(以下原文阙——引者注)……厚，与今不同，况贤于人者哉！余自幼侍先尹相山及诸叔父行，见其年余七十，率皆强健，不甚服温补药，余兄弟尝自斟酌，气血已为弗类。今见子侄辈，才二三十岁，往往饵雄附如常膳，又远不逮吾曹矣。以此较彼，无怪乎人物之卑弱也。相山年七十有七，前知死期，当盛暑中，了无疾苦，挥扇坐逝。是其平生为人，清明刚正之所发见，非强勉积习而然。今观乐庵李公遗墨，而稽其行事，盖吾相山一等人，皆生于太平，而经历兵火忧患，仕路龃龉，摧挫抑厌，有人所不能堪，而气至死不屈，可以见其中之所存。夜旦去来，自应不乱，亦何待学佛而后有所得哉！公位不满德，四子皆从宦，而两子以才学自致，所谓不在其身，而在其子孙者。甥陈振，少孤，养于公家，亦登科第，今为余婿云。绍熙辛亥九月辛酉，无为王蔺书。

今按：王蔺，字谦仲，庐江人，乾道五年(1169)擢进士第，以敢言称。《宋史》有传。王蔺与乐庵时代相接，且为姻亲，所言似非虚语。此跋距乐庵逝世已经14年。

跋二曰：

世俗以了悟生死为禅僧衲子一希世异事，殊不知，吾夫子负手曳杖之歌，曾子易箦反席之际，盖吾儒之所优为者。侍御先生，理学之妙，见于践履，及处死生之变，若将归焉。其超然冥悟，殆禅衲之所不如，非学力所至，独可强哉？观其治命，以供佛斋僧为戒，则先生所得，盖在此而不在彼明矣。侨于先生为门下士，得邑，兹来虽不及侍杖履，而犹得诵遗书于阙里之藏，再拜三复，辄疏于后，庶几发扬先生诚明之学，始终践履之实，如此吾党观之，可以默喻云。绍(兴)[熙]辛亥仲春中瀚，吴兴孙侨谨书。

今按："绍兴辛亥"即公元1131年，似为"绍熙辛亥"之误，绍熙辛亥即公元1191年。此跋距离乐庵逝世亦有14年。孙侨出乐庵门下，跋语旨在发扬先生诚明之学，所言真实感人，亦似虚语。

跋三曰：

侍御先生李公，年逾七衮，孝宗皇帝起公于家，擢首风宪。一旦节度使张说本兵柄，抗章五上，与天子意不合，翩然而去。当血气既衰之年，略无一毫利禄之念。暨将逝之日，遗命以戒子孙，泚笔以别新故，雍容暇裕，初无异于平时，又何其了达如是耶？嗟夫！人之所以通乎死生之间者，惟一心尔。喜与悲，一物也；觉与梦，一致也。此心动摇于利害得丧之场，则必眩惑颠冥于变故之际。果能以浮云视富贵，则自能以昼夜视存亡，曳杖而歌，易箦而逝，兹岂一时勉强所能至？孔门义命之学，处死则为重，视死则为轻久矣。今公优游以观化，整暇以归全，后日之心，即前日勇于去国之心也，是乌可以二观之哉！泽居僻而生晚，虽不及侍杖席聆謦欬，而公之孙湑出示公之圹志遗墨石刻，反复壮诵，既以见公始终之大略，而且以知人心之果不可以无定守也。嘉定甲申季秋上瀚，建安后学游泽谨书。

今按：游泽出生较晚，虽不及见乐庵，但见公之孙湑出示公之圹志遗墨石刻，仰慕其人，所言亦非浪言。此跋距离乐庵逝世亦有47年。

跋四曰：

孔子曰："朝闻道，夕死可矣。"是理也，载于《易·系辞》，杂出于礼经。三代时，佛教未入中国，儒者于启手足之际，往往不乱，此理素明也。及汉晋之后，释教始行，乃谓欲达生死之理，非潜心释氏不可，故好之者心溺，攻之者辞费，盍亦反求其本而已。予与乐庵李彦平，既亲且旧，知其非逃儒而入释者。临终超然，自在如此，殆闻道乎？其子嗣宗等屡求一言，发明遗训，敬题其后。平园周必大题。

今按：周必大为一代文豪，"与乐庵李彦平，既亲且旧"，一时与乐庵等人并称"四贤"，后因其子嗣宗等之请，而留此跋语。《总目》对此跋再三质疑："周必大闻之曰：'世谓潜心释氏，乃能达生死。衡非逃儒入墨者，而临终超然如此，殆几孔门所谓闻道者欤？'云云。无乃姚江末流借此语以影撰此书之序，借以助心学之澜？并所谓天顺刻本之序跋亦出影撰欤？不然，岂此编出于淳熙中，正与朱子同时，何以朱子于张九成、陆九渊辨析不遗余力，而此书混儒、墨而一之，至轮对上殿，敢谓周公亦坐禅，而朱子寂无一语也？"此疑未必有当，因为此跋明明见于周必大文集，又为《宋史》所引用。不当疑处生疑，此之谓也。

跋五曰：

乐庵先生，少年豪放任侠，抵掌功名之场，及其独抱圣经，坐进此道，遂知死生之说，于去来起灭之际，逍遥如此，盖所谓未有天地自古固存者。先生既自得之，彼去来生灭，特旁观所见云尔。何足以窥先生之具况、谆谆遗令之细耶？石湖范成大书。

今按：范成大字至能，号石湖居士，吴县人。绍兴二十四年(1154)进士，官至参知政事，事迹具《宋史》本传。此跋未载其集中。

跋六曰：

孔子曰："朝闻道，夕死可矣。"盖道者，日用常行之理，苟闻之，则虽死无憾。又曰："未知生，焉知死。"盖生之道，有所未知，则何暇于死？二者皆尽其所当闻，所当知而死，非其所计也。昔者先大父好学，闻善如恐不及。宰长洲时，公为他邑簿，闻其学而学焉，公闻道于程门之学者，惠爱著于再领中山之日，直节见于立朝去国之时，而于死生之际，了达如此，亦可谓卓然不惑者矣。自程氏没，而诸弟子得其传者，类有见于死生之大节，而不能无坐忘立脱之偏。至文公兴于闽南，轩作于湘，而后孔孟之论始定，然而学者能如渡江诸贤所见者鲜矣。可不惧乎？可不惧乎？嘉熙丁酉孟秋仲澣后学王遂。

今按：此跋距离乐庵逝世亦有60年。卓荦之行，超越生死，横亘时空，可谓力量无穷。

跋七曰：

炜韦布时从乐庵游，最蒙奖知。乐庵没于淳熙之戊戌，闻其属纩之前，贻书亲朋，治命子孙，留意周急，了如平时。后十有四年，始获观遗墨于无为之漕舍。乌乎！钟鸣漏尽之际，士大夫闻道之浅深见矣。至于逆知其期，湛然不昧，如乐庵者，自邵康节之后，一人而已。拊卷三叹，于是乎书。绍熙辛亥夏至，秣陵刘炜。

上引七则跋语有六则无法查找原始出处，但我们也无法将其证伪，因其内容皆与《宋史》"临没，沐浴冠栉，翛然而逝"一事相合。乐庵德尊一代，学传一方，名隆一朝，其言流芳百世，其行感天动地。临终超然之举，为人津津乐道，可谓备极哀荣。且各位作者或为乐庵之门生故吏，或为姻亲后学，无不仰慕乐庵其人其学，因此毫无伪造之动机。

特别值得注意的是，跋四已被我们证真。今检四库本《文忠集》卷四九，周必大确实撰有《题李彦平遗书后》一文，且与此文一字不差！白纸黑字，可以一一覆按！《总目》于此集提要有云："必大字子充，庐陵人，绍兴二十一年进士，复中宏词科，官至右丞相，封益国公，致仕赠太师，谥文忠，事迹具《宋史》本传。必大以文章受知孝宗，其制命温雅，文体昌博，为南渡后台阁之冠。考据亦极精审，岿然负一代重名。著作之富，自杨万里、陆游以外，未有能及之者。是集即史所称《平园集》者是也，开禧中其子纶所手订。"可见，《文忠集》出自其子手订，集中所收文字之真实性应该不容置疑。奇怪的是《总目》疑及此跋，顾此失彼，殃及池鱼，未免过犹不及。

五、结　论

综上所述，《总目》认为《乐庵语录》系伪书的三条理由均被否定掉了。从《乐庵语录》的传播源流来看，宋人著作以抄本传世，经过数百年后为明人发现并整理，完全符合古籍整理的历史真实；且传播者为原著者之同乡，表彰乡贤之举亦代有其人。从文本内容来看，书中所言很难判断与明代隆庆、万历年间心学相合；况且"识字说"自宋、明、清均见征引，说明文本部分真实可信。从天顺刻本序跋来看，周必大之跋绝非影撰，至今尚在其集中；其他跋语大多出自友生亲朋之手，且与《宋史》相合，据情理而论，也应为真。

《总目》的猜测缺少证据支撑。"伪书说"有两点难以说通：其一，无法证伪周必大之跋。其二，集中卷一所论"读书须识字"说被后人反复征引。《困学纪闻》《曝书亭集》均为常见名著，《总目》也多有征引，不知馆臣何以走了眼，而失之眉睫之前！

因此，《乐庵语录》是伪书还是真书，一时还难以下绝对的定论。但根据"无罪推定""疑罪从无"的原则，我们不妨将其视为真书。《总目》轻于疑古，拔茅以汇，连类而及，不免主观臆断，因而其结论也就不足为凭。

《读升庵集》真伪考

《四库全书总目》(以下简称《总目》)子部杂家类存目八《读升庵集》提要云:

> 明李贽编。是编裒集杨慎诸书,分类编次。凡采录诗文三卷,节录十七卷。去取毫无义例。且贽为狂纵之禅徒,慎则博洽之文士,道不相同,亦未必为之编辑。序文浅陋,尤不类贽笔。殆万历间贽名正盛之时,坊人假以射利者。

《伪书通考》子部杂家类"读升庵集"条径将其定伪书,依据正是《总目》上揭之文。无独有偶,《四库大辞典》子部杂家类"读升庵集"条亦云:

> 二十卷。明李贽(详见《九正易因》)编。此书收集杨慎诸书,分类编次。其中凡采录诗文三卷,节录十七卷,共二十卷。其去取毫无义例,况且李贽为狂纵之禅徒,杨慎则为博洽之文士,两人道自不相同,也未必为之编辑。序文也很浅陋,尤不像出自李贽的手笔。大概是万历年间李贽之名为正盛之时,书坊之人假以其名伪撰此书以射利耳。存明万历间刊本。

《四库全书总目》浙本刊成于乾隆六十年(1795),《四库大辞典》于1996年出版。二百年间如出一辙,似乎《读升庵集》系伪撰已成定谳。笔者以为,"伪撰"之说不能成立。下面拟从三个方面申述理由。

一、《读升庵集》之义例

《读升庵集》明刻本卷端通常题作《李卓吾先生读升庵集》,《四库全书存目丛书》收入此书,系浙江省图书馆藏明刻本。笔者在湖南图书馆见到另一明刻本,每半页九行行二十字，单鱼尾，四周单栏，版心记每页字数。《总目》认为：“是编裒集杨慎诸书，分类编次。凡采录诗文三卷，节录十七卷。去取毫无义例。”令人遗憾的是，《总目》这种说法不切实际：第一，《读升庵集》并非“裒集杨慎诸书”，而是直接取材于《升庵集》。笔者曾仔细比较了《读升庵集》与《升庵全集》(万有文库本，其祖本源于明刻本)，发现前者完全取自后者。合理的解释应是，《读升庵集》因陋就简，直接选自一书，无须裒集诸书。第二，“去取毫无义例”之说过于武断。《读升庵集》卷次为：

卷一：赋、露布、序；卷二：记、传、跋、论、书；卷三：古乐府、五言古诗、七言古诗、五言律诗、七言律诗、五言绝句、七言绝句、长短句、六言绝句；卷四：经籍(论语、孟子)；卷五：经籍(易、书、诗经、春秋、礼、乐)；卷六：诸子(老子、淮南子、……文公著书)；卷七：史类；卷八：史类；卷九：文类；卷十：诗类；卷十一：论诗；卷十二：论诗；卷十三：巢语；卷十四：字学；卷十五：法象；卷十六：仙佛；卷十七：鸟兽；卷十八：草木；卷十九至二十：杂类。

可见前三卷按文体编排，以后各卷大体按经、子、史、集编排。这种编排与其全集完全相符，并非毫无义例。

另外，《读升庵集》与一般选集还不完全相同，它是节取对编者产生共鸣的片段，编者撰写了很多阐发性批语。原作与批语已“打成一片”，如《经史相表里》条，首先节录杨慎原文：

苏老泉曰：“经以道法胜，史以事辞胜，经不得史，无以证其褒贬，史不得经，无以要其归宿。”言经史之相表里也。元儒张绅云：“史之为体，不本乎经，不足以成一家之言，故太史公之史，其体本乎《尚书》，司马公之《通鉴》，其体本乎《周礼》，惟《易》《诗》之体，未有得之者，而韩婴之《韩诗外传》，邵雍之《皇极演易》，可谓杰出。”此论甚新。

接着是编者的批语：

卓吾曰：经史一物也。史而不经则为秽史矣，何以垂戒鉴乎？经而不史则为说白话矣。何以彰事实乎？故《春秋》一经，春秋一时之史也，《诗经》《书经》，二帝三王以来之史也，而《易经》则又示人以经之所自出、史之所从来，为道屡迁，变易匪常，不可以一定执也，故谓六经皆史可也。

杨慎从苏老泉、张绅等宋元大儒那里受到启发，提出了“经史相表里”的观点，李贽又受杨慎启发，进一步阐发了该观点，提出“六经皆史”的观点，比杨慎的观点更新。这是学术史上值得珍视的史料。只有合而观之，才能更加清楚地看出“六经皆史”观点形成的过程。

二、李、杨二人之关联

杨慎(1488—1559)字用修，号升庵。杨慎著述之富，为明人第一。《四库全书总目·丹铅余录》云："平生所叙录不下二百余种。"林庆彰先生集各种书目所著录，以及各书所述及者，得二百五十余种①。李贽(1527—1602)，号卓吾，福建泉州人。李、杨二人时代相及，杨慎去世时，李贽已经32岁。杨慎主要活动在正德、嘉靖年间，李贽虽生于嘉靖六年(1527)，而思想变化已到万历年间。据容肇祖先生考证，李贽万历十年(1585)开始勤于读书著述②。杨慎与李贽是否有过交往，目前尚未找到证据。杨慎为一代名状元，文章、学问震耀一时。李贽做过二十余年小官，交游遍天下，至少对杨慎有所耳闻。李贽晚年所撰《续藏书》将杨慎列入文学名臣，他在生动地描述了杨慎的生平之后写道：

> 慎孝友性直，颖敏过人，家学相承，益以该博，凡宇宙名物、经史百家，下至稗官小说、医卜技能、草木虫鱼，靡不究心多识，阐其理，博其趣，而订其讹谬……乃若论王道之贼晋室，辨太王之非翦商，鲁之重祭，不始于成王周公，春秋五伯，深斥乎楚宋秦缪，引墨子及《修文御览》，以辨范蠡无载西施之事，引黄东发、苏东坡之言及李汉韩文序，以辨文公与大颠书之伪，驳欧阳氏非非堂之说，传节妇唐贵梅之死，此又证据古今，阐扬幽隐，谓其有功世教也非乎？至若陶情乎艳辞，寄意于声伎，落魄不羁，又慎所以用晦行权，匪恒性所易测者也。昔重庆守刘绘贻慎书曰："夫人情有所寄则有所忘，有所讥则有所弃，寄之笃则人无所忌，无所忌而后能安，无所贪而后能适。足下所为，盖求其适与安也。古人买田宅，拥声伎，皆豪杰盖世之才，岂独抱尺寸者之见也。仆观足下，自蒙难以来，呕心苦志，搴文读经，延搜百氏，穷探古迹，凿石辨剥泐，破冢出遗忘，有僻儒苦士，白首蓬藿，日自纂索所不能尽，而谓竭精荡神于逸欲声色者能之乎？"斯言也，可谓谅慎之深者也。慎常语人曰："资性不足恃，日新德业当自心力中来。"故好学穷理，老而不倦。③

知人论世，可谓知言。他还在卷末附列杨慎著述117种。《总目》云："且贽为狂纵之禅徒，慎则博洽之文士，道不相同，亦未必为之编辑。"这段推论似乎合情合理，实则经不起推敲：

第一，李贽为"狂纵之禅徒"是在万历十年(1582)以后，李贽之生平与思想可以划分为早年与晚年两个截然不同的时期。《总目》不加分析，颇为失考。

第二，李贽虽为"狂纵之禅徒"，但并不能证明他不是博洽之文士。事实刚好相反，李贽晚年"手不敢释卷，笔不敢停挥"④，撰写了大量的论著⑤：

---

① 林庆彰：《明代考据学研究》，华东师范大学出版社2015年版，第42页。
② 容肇祖：《李贽年谱》，三联书店1957年版，第42页。
③ 李贽：《续藏书》，中华书局1959年版，第503~504页。
④ 容肇祖：《李贽年谱》，三联书店1957年版，第113页。
⑤ 容肇祖：《李贽年谱》，三联书店1957年版，第113~115页。

《李氏藏书》六十八卷，《李氏续藏书》二十七卷，《李氏焚书》六卷，《李氏续焚书》五卷，《初潭集》十二卷，《卓吾老子三教妙述》四集，《李卓吾遗书》十二种二十三卷，《李氏文集》十八集，《易因》二卷，《李氏六书》六卷，《阳明先生道学抄》八卷，《龙溪王先生文录抄》九卷，《枕中十书》六卷，《批评忠义水浒传》一百卷一百回，《批评忠义水浒全传》一百二十回，《李卓吾先生批点西厢记真本》二卷，《李卓吾先生批评幽闺记》二卷，《李卓吾先生批评浣纱记》二卷，《评选三异人集》二十四卷，《读升庵集》二十卷，《世说新语补》二十卷，《坡仙集》十六卷，《九正易因》二卷，《李氏说书》九卷，《史纲评要》三十三卷，《姑妄编》七卷，《李温陵集》二十卷，《禅谈》一卷，《文字禅》四卷，《古德机缘》三卷，《李氏因果录》三卷。

可见其博洽程度虽前不及杨慎，后不及焦竑，但也相当可观。《总目》把“狂纵之禅徒”与“博洽之文士”截然分开，看做两个互不相交的集合，而忽视了二者之间有重合的可能，在逻辑上也犯了大错。

第三，《总目》认为李、杨二人“道不相同，亦未必为之编辑”，完全是悬揣之词，证据薄弱得实在可笑。此点后面还要谈到。《总目》将李贽视为眼中钉肉中刺，极尽谩骂之能事：

贽所著述，大抵非圣无法。①

(《藏书》)前有自序曰：“前三代吾无论矣，后三代汉、唐、宋是也。中间千百余年，而独无是非者，岂其人无是非哉？咸以孔子之是非为是非，固未尝有是非耳。然则予之是非人也，又安能已？”又曰：“《藏书》者何？言此书但可自怡，不可示人……但戒曰：‘览则一任诸君览，但无以孔夫子之定本行赏罚也则善矣。’”云云。贽书皆狂悖乖谬，非圣无法。惟此书排击孔子，别立褒贬，凡千古相传之善恶，无不颠倒异位，尤为罪不容诛。其书可毁，其名亦不足以污简牍。特以贽大言欺世，同时若焦竑诸人，几推之以为圣人。至今乡曲陋儒，震其虚名，犹有尊信不疑者。如置之不论，恐好异者转矜创获，贻害人心。故特存其目，以深暴其罪焉。②

贽所著《藏书》为小人无忌惮之尤……(《续藏书》)因自记其本朝之事，故议论背诞处比《藏书》为略少，然冗杂颠倒，不可胜举……毫无义例，总无一长之可取也。③

案贽悖才妄诞，敢以邪说诬民。所作《藏书》至谓“毋以孔夫子之是非是非我”。其他著作，无一非狂悖之词。④

(《初潭集》)大抵主儒释合一之说，狂诞谬戾，虽粗知字义者皆知其妄，而明季乃盛行其书。当时人心风俗之败坏，亦大概可睹矣。⑤

贽非圣无法，敢为异论。虽以妖言逮治，惧而自刭，而焦竑等盛相推重，颇荧众

---

① 《钦定四库全书总目》卷七。
② 《钦定四库全书总目》卷五〇。
③ 《钦定四库全书总目》卷五〇。
④ 《钦定四库全书总目》卷一一九。
⑤ 《钦定四库全书总目》卷一三一。

听，遂使乡塾陋儒，翕然尊信，至今为人心风俗之害。故其人可诛，其书可毁。而仍存其目，以明正其为名教之罪人，诬民之邪说，庶无识之士不至怵于虚名，而受其簧鼓，是亦彰瘅之义也。①

可笑的是，馆臣在破口大骂李贽之时，并未细读李贽的著作。李贽在给方讱庵信中写道：

夏来读《杨升庵集》，有《读升庵集》五百页。升庵先生固是才学卓越，人品俊伟，然得弟读之，益光彩焕发，流光于百世也。岷江不出人则已，一出人则为李谪仙、苏坡仙、杨戍仙，为唐、宋并我朝特出，可怪也哉！余琐琐别录，或三十叶，或七八十叶，皆老人得意之书，惜兄无福可与我共读之也……我虽贫，然已为僧，不愁贫也，唯有刻此二种书不得不与兄乞半俸耳。此二书全赖兄与陆天溥都堂为我刻行，理当将书付去，然非我亲校阅入梓，恐不成书耳。兄可以此书即付陆都堂。②

信中又云："《豫约》真可读，读之便泪流，老子于此千百世不得磨灭矣。"据容肇祖先生考证，李贽《豫约》写于万历二十四年(1596)：

李贽在麻城龙湖上院曾立下一个遗嘱，即所谓"豫约"。《豫约》的小引说："余年已七十矣，旦暮死皆不可知。然余四方之人也，无家属僮仆于此，所赖以供朝夕者，皆本院之僧，是故豫为之约。"③

据此，可知李贽《与方讱庵》写于1596年之后，《读升庵集》也就是在1596—1600年间完成的。晚年孤独的异端思想家李贽，从杨慎的著作中找到了新的思想资源，在《读升庵集》中，李贽对杨之称颂甚多，他把杨慎和李白、苏轼等量齐观。为了出版《读升庵集》，他向朋友方讱庵求援。至此，《总目》所谓"殆万历间李贽名正盛之时，坊人假以射利者耳"之说不攻自破。

笔者仔细比勘了《读升庵集》与《焚书》，发现《读升庵集》中李贽比较完整的评语大多已收入《焚书》卷五"读史"部分④。如《博南谣》，李贽批语为：

卓吾子曰：古今人情一也，古今天下事势亦一也，某也从少至老，原情论势，不见有一人同者，何哉？故余每每惊讶，以为天何生我不祥如此乎！夫人性不甚相远，而予独不同，非不祥而何？余初仕时，亲见南倭、北虏之乱矣……大概读书食禄之家，意见皆同，以余所见质之，不以为狂，则以为可杀也。今读先生集，记姜公事。姜公之心，正与予合，而先生取之如此，则知先生唯不用，用必为姜公无疑矣。生虽

① 《钦定四库全书总目》卷一七八。

② 李贽：《续藏书》，中华书局1959年版，第7~8页。

③ 容肇祖：《李贽年谱》，三联书店1957年版，第81页。

④ 李贽：《焚书》，中华书局1975年版，第208~221页。

后时，见符前哲，亦可以证余之非不祥也。因喜而录之。①

《焚书》此篇题为《蜻蛉谣》，二者内容大致相同，文字偶有小异；题目不同，《读升庵集》另有一篇《蜻蛉谣》，但没有批语，《焚书》张冠李戴，文不对题。《孝烈妇唐贵梅传》《焚书》题作《唐贵梅传》，文字亦同，《读升庵集》文中多处称“毛某”，《焚书》直称“毛玉”。《茶夹铭》《焚书》有云：“逐日子饭。”“饭”，《读升庵集》作“饮”，茶可言饮不可言饭，当以《读升庵集》为是。《李白诗题辞》二者相同。李贽对李白“生时无所容入，死而千百余年，慕而争者无时而已”感慨遥深。《读升庵集》有《岳忠武施全》，《焚书》改题为《岳王并施全》，前引杨慎原文亦未说明清楚。《张千载》《李涉赠盗》《封使君》《宋统似晋》《伯夷传》《经史相为表里》《钟馗即终葵》《陈恒弑君》《王半山》等篇《读升庵集》与《焚书》大体相同，《逸少经济》《孔北海》《文公著书》《段善本琵琶》《荀卿李斯吴公》《诗画》《季文子三思》等篇《焚书》暗引杨慎原文，未加说明。《读升庵集》有《樊敏碑跋》，《焚书》改题作《樊敏碑后》；《读升庵集》有《去丧无所不佩》，《焚书》改题为《无所不佩》。

另外，笔者还发现，《读升庵集》以上各篇又见于李贽的文集《李温陵集》。这就足以证明，《读升庵集》是李贽编辑。杨慎与李贽的关系向来未见揭示，杨慎对于李贽的影响是非常深刻的。此一问题因超过本书论述范围，暂不申论。

三、序文之文笔

《总目》云：“序文浅陋，尤不类贽笔。”笔者在武汉大学图书馆查阅《四库全书存目丛书》，未收序文，殊感遗憾。未几，在湖南图书馆见到《李卓吾先生读升庵集》，《读升庵集小引》赫然在目，为之狂喜。因《四库全书存目丛书》不收此序，一般读者难以见到，特全录于下：

> 李卓吾曰：余读先生文集，有感焉。夫古之圣贤，其生也不易，其死也不易。生不易，故生而人皆仰；死不易，故死而人尔思。于是乎前而生者，犹冀有待于后世；后而生者，又每叹恨于后时；同时而生者，又每每比之如附骥，比之如附青云，则圣贤之生死故大矣。
>
> 余读先生文集，欲求其生卒之年月而不得也。遍阅诸序文，而序文又不载。彼盖以为序人之文，只宜称赞其文云耳，亦犹序学道者必大其道，叙功业者必大其功，叙人品者必表扬其梗概，而岂知其不然乎？盖所谓文集者，谓其人之文的然必可传于后世，然后集而传之也。则其人之文当皎然如日星之炳焕，凡有目者能睹之矣，而又何借于叙赞乎？彼叙赞不已赘乎？况其人或未必能文，则又何以知其文之必可传，而遂赞而序之传也？故愚尝谓世之叙文者多，其无识子孙欲借他人位望以光显其父祖耳。不然，则其势之不容以不请，而又不容以不文辞者也。夫文而待人以传，则其文可知也，将谁传之也？若其不敢不请，又不敢辞，则叙文者亦只宜直述其生卒之日，与生平之次第，使读者有考焉，斯善矣。

① 《四库全书存目丛书》子部一二四，齐鲁书社1993年版，第331页。

吁！先生人品如此，道德如此，才望如此，而终身不得一试，故发之于文，无一体不备，亦无备不造，虽游其门者尚不能赞一辞，况后人哉！余是以窃附景仰之私，欲考其生卒始末，履历之详，如昔人所谓年谱者，时时置几案间，俨然如游其门，蹑而从之。而序集皆不载，以故恨也。况复有矮子者从风吠声，以先生但可谓之博学人焉，尤可笑矣！①

这篇被《总目》断为“不类贽笔”的“浅陋”之作，居然一见于《焚书》，再见于《李温陵集》，仅有两点小小的改动：一是将标题改为《杨升庵集》，二是将“李卓吾曰”四字删掉。该序热情赞美杨慎之人品、道德、才望，与李贽《与方讱庵》一文若合符契，怎么能够说“不类贽笔”？

四、结　　论

《读升庵集》是李贽编辑。该书直接选自《升庵集》，其评语精华已选入李贽《焚书》《李温陵集》。李贽深受杨慎之影响。《读升庵集》之序不伪，确出李贽之手。《总目》关于《读升庵集》的结论是完全错误的。这桩冤案，应该完全推翻。《总目》的辨伪态度不端正，先入为主，一见到异端之作便以感情代替理性，最终失掉理性。《总目》的辨伪方法也颇有漏洞，逻辑上不严密，推论上多臆测，从义例、思想、文笔三方面辨伪均有很大的主观随意性。如果连作者(编者)自己的著作都不肯一读，就大胆地下结论，这种“随心所欲”的辨伪也确实太危险了。《总目》在此个案上的失误，再次说明了传统辨伪方法的严重局限性。

① 湖南图书馆鉴定为明刻本，卷首，出版地、出版年均不详。

《野处类稿》真伪考

一、缘　起

《野处类稿》提要云：

> 宋洪迈撰……《宋史·艺文志》载迈《野处类稿》一百四卷、《琼野录》三卷，而陈振孙《书录解题》只载有此集二卷，且云前集未见，则当时传播已稀。观马端临《经籍考》以别集、诗集分类，而收此稿于别集中，不知其为诗集，则亦未见其本而循名误载者矣。惟《内阁书目》有《野处内外集》九册，不著卷数，当即《猥稿》之残本，今亦未见有传录者。世所行迈集独有此本而已……疑本就箧笥所贮偶然裒辑，故所录阙略如此。然其生平韵语，惟藉此以考见大概，则零珪断璧，未尝不足以珍惜也。①

钱大昕始发疑端：

> 细读此集，似不出文敏之手。如庚戌正月《谒普照塔》云："重来得寓目，归枕尾残汴。"当谓泗州大圣塔也。公生于宣和癸卯，至庚戌仅八岁，即早慧能诗，不应有"重来寓目"之句。又有《呈元声如愚起莘三兄及怀舍弟逢年时归婺源诗》，与文敏两兄字全别，益可疑矣。②

钱氏所疑甚当，但考证尚欠深入。陆心源《仪顾堂集》考证"此本当是乾隆中叶书估作

---

① 《钦定四库全书总目》卷一六〇。

② 钱大昕：《十驾斋养新录》卷十四，《嘉定钱大昕全集》，江苏古籍出版社1997年版，第393页。

伪”①，较钱氏有所推进。余嘉锡②、朱家濂③、李裕民④等皆以伪书视之，也未能最后定案。

二、比　勘

笔者在诸前哲时贤的基础上继续考察，通过比勘四库本《野处类稿》⑤与朱松《韦斋集》⑥，发现《野处类稿》并非伪书，而是典型的版本作伪——旧题洪迈之《野处类稿》绝大多数袭自宋代朱松《韦斋集》。

第一，二者篇目大体相同。具体情况详见下表：

《野处类稿》篇目	《韦斋集》篇目
秋日漫兴二首	睢阳谒双庙(按：与左完全不同)
庚戌正月十四日同友人丁晋年王蔚之谒普照塔	谒普照塔(按：与左同)
晓过吴县	晓过吴县(按：与左同)
陪余杭张无隅生坐饮	陪余杭张无隅生坐饮(按：与左同)
与潜道中	与潜道中(按：与左同)
度芙蓉岭	度芙蓉岭(按：与左同)
信州禅月台上	信州禅月台上(按：与左同)
送浑师住妙香寺□住云溪	送深师住妙香寺元住云溪(按：与左同)
坐睡	坐睡(按：与左同)
游山光寺	游山光寺(按：与左同)
送建州徐生	送建州徐生(按：与左同)
赠觉师	赠觉师(按：与左同)
休宁村落间有奇石如弹子涡所出者宜养石菖蒲程德藻许以馈我以诗督之	休宁村落间有奇石如弹子涡所出者宜养石菖蒲程德藻许以馈我以诗督之(按：与左同)
效渊明	效渊明(按：与左同)
酬冯退翁见示之什	酬冯退翁见示之什(按：与左同)
戏答胡汝能	戏答胡汝能(按：与左同)
谒吴公路许借论衡复留一日戏作	谒吴公路许借论衡复留一日戏作(按：与左同)

① 朱家濂：《读四库提要札记》(续)，《图书馆学通讯》1988年第4期。

② 余嘉锡：《四库提要辨证》，中华书局1980年版，第1470~1472页。

③ 朱家濂：《读四库提要札记》(续)，《图书馆学通讯》1988年第4期。

④ 李裕民：《四库提要订误》，书目文献出版社1990年版，第248页。

⑤ 旧题洪迈：《野处类稿》，四库本，台湾“商务印书馆”1985年版。

⑥ 朱松：《韦斋集》，四库本，台湾“商务印书馆”1985年版。

续表

《野处类稿》篇目	《韦斋集》篇目
新秋	新秋(按：与左同)
道中得雨	道中得雨(按：与左同)
道中	道中(按：与左同)
失题	陈伯辨为张氏求醉宾轩诗(按：与左同)
书窗对月	书窗对月(按：与左同)
宿野人家	宿野人家(按：与左同)
度石栋岭	度石栋岭(按：与左同)
用退之韵赋新霁	用退之韵赋新霁(按：与左同)
送金确然归弋阳	送金确然归弋阳(按：与左同)
至节日建州会詹士元	至节日建州会詹士元(按：与左同)
用前韵答翁子静	用前韵答翁子静(按：与左同)
微雨	微雨(按：与左同)
寄题叔父池亭	寄题叔父池亭(按：与左同)
赠谢彦翔建安人九岁异人与药至今不食建安有梅子真升仙处	赠谢彦翔建安人九岁异人与药至今不食建安有梅子真升仙处(按：与左同)
考亭陈国语以家酿饷吾友人卓民表民表以饮予香味色皆清绝不可名状因为制名曰武夷仙露仍赋一首	考亭陈国语以家酿饷吾友人卓民表民表以饮予香味色皆清绝不可名状因为制名曰武夷仙露仍赋一首(按：与左同)
久旱新岁乃雨	久旱新岁乃雨(按：与左同)
春日与卓民表陈国器步出北郊	春日与卓民表陈国器步出北郊(按：与左同)
蔬饭	蔬饭(按：与左同)
戏赠吴知伯	戏赠吴知伯(按：与左同)
送僧	送僧(按：与左同)
无	招民表
无	秋怀十首
无	和谢绰中观澜亭
无	寄题陈国器容膝斋
无	约金确然不至
无(以上为卷上)	确然雪中见过
书僧房	书僧房(按：与左同)
题芦雁屏	题芦雁屏(按：与左同)
题临赋轩	题临赋轩(按：与左同)

续表

《野处类稿》篇目	《韦斋集》篇目
答保安江师送米	答保安江师送米(按：与左同)
陈德瑞馈新茶	陈德瑞馈新茶(按：与左同)
次韵希旦喜雨	次韵希旦喜雨(按：与左同)
古风二首寄汪明道	古风二首寄汪明道(按：与左同)
建安道中	建安道中(按：与左同)
书事呈元声如愚起华三兄	书事呈元声如愚起华三兄(按：与左同)
寄题起莘家义轩	寄题起莘家义轩(按：与左同)
梅花	梅花(按：与左同)
十一月十九日与仲猷大年绰中饮于南台	十一月十九日与仲猷大年绰中饮于南台(按：与左同)
春礼斋禁连雨不止赋呈梦得	春礼斋禁连雨不止赋呈梦得(按：与左同)
次韵梦得见示长篇	次韵梦得见示长篇(按：与左同)
无题	久雨短句呈梦得
牡丹酴醿各一首呈周宰	牡丹酴醿各一首呈周宰(按：与左同)
次韵梦得浅红芍药长句	次韵梦得浅红芍药长句(按：与左同)
宿禅寂院	宿禅寂院(按：与左同)
诗约范直夫游万叶寺观瀑泉	诗约范直夫游万叶寺观瀑布(按：与左同)
次韵梦得见示之什	次韵梦得见示之什(按：与左同)
送瓯宁魏生赴武举(生后与金人战有功，战没于邮)	送瓯宁魏生赴武举(生后与金人战有功，战没于邮)(按：与左同)
陈仲仁止止堂	陈仲仁止止堂(按：与左同)
送志宏西上	送志宏西上(按：与左同)
有怀舍弟逢年时归婺源以诗督之	有怀舍弟逢年时归婺源以诗督之(按：与左同)
九月十七日夜度蔡道岭宿弥勒院	九月十七日夜度蔡道岭宿弥勒院(按：与左同)
游郑圃	游郑圃(按：与左同)
女贫苦难妍	女贫苦难妍(按：与左同)
溪南梅花	溪南梅花(按：与左同)
再和求首座	再和求首座(按：与左同)
奉酬令德寄示长句	奉酬令德寄示长句(按：与左同)
答林康民见和梅花诗	答林康民见和梅花诗(按：与左同)
上丁余膰置酒招绰中德粲德阙逢年	上丁余膰置酒招绰中德粲德茂逢年(按：与左同)

续表

《野处类稿》篇目	《韦斋集》篇目
用绰中韵送正臣正臣欲归隐而无资阙其意以告识者云尔	用绰中韵送正臣正臣欲归隐而无资故广其意以告识者云尔(按：与左同)
秋怀六首	秋怀六首(按：与左同)
逢年与德粲同之温陵谒大智禅师医作四小诗送之	逢年与德粲同之温陵谒大智禅师医作四小诗送之(按：与左同)
与陈彦时会华严道人偶书	与陈彦时会华严道人偶书(按：与左同)
书栟榈院壁	书栟榈院壁(按：与左同)
次志宏韵督成寿置酒	次志宏韵督成寿置酒(按：与左同)
无	内弟程十四复亨归省用绰中韵作二章送之

《野处类稿》上卷末又缺《招民表》《秋怀十首》《和谢绰中观澜亭》《寄题陈国器容膝斋》《约金确然不至》《确然雪中见过》六首，刚好是半页。下卷又比《韦斋集》少《内弟程十四复亨归省用绰中韵作二章送之》二首。《野处类稿》的标目多有阙文讹字，可见是书贾利用《韦斋集》的断烂残本作伪。

第二，二者内容大体相同。下面仅将不同之点一一为之揭出。《野处类稿》上卷第一首《秋日漫兴二首》不见于《韦斋集》，不知抄自何处。《谒普照塔》《韦斋集》原作“归枕尾残汴”，《野处类稿》改“枕”为“柁”；“弹指遍大川”，《野处类稿》改“川”为“千”；《晓过吴县》《韦斋集》原作“欹枕听呕轧”，《野处类稿》改“呕”为“瓯”；《陪余杭张无隅生坐饮》《韦斋集》原作“坐客千言不相领”，《野处类稿》改“坐”为“座”；“士林师范六十翁”，《野处类稿》改“十”为“一”；《坐睡》《韦斋集》原作“起看枯隙光”，《野处类稿》改“枯”为“孤”；“至人欲达观”，《野处类稿》改“欲”为“有”；《游山光寺》《韦斋集》原作“破壁龛石刻”，《野处类稿》改“破”为“败”；“俛仰阅古今”，《野处类稿》改“俛”为“俯”；《度芙蓉岭》《韦斋集》原作“泛泛浪蕊馥”，《野处类稿》改“蕊”为“蕋”；《送建州徐生》《韦斋集》原作“君家武夷下”，《野处类稿》改“夷”为“夺”；《赠觉师》《韦斋集》原作“家山亦何有，骯髒衣间宝”，《野处类稿》改“宝”为“蚤”；“云何恋故居”，《野处类稿》改“恋”为“慰”；《休宁村落间有奇石如弹子涡所出者宜养石菖蒲程德藻许以馈我以诗督之》《韦斋集》原作“起此泉石痫”，《野处类稿》改“痫”为“痌”；《微雨》《韦斋集》原作“晓晴新青匀”，《野处类稿》改“匀”为“句”；《书僧房》原作“几研无尘寒欲雾”，《野处类稿》改“研”为“砚”；《答保安江师送米》原作“矧肯索苍妇”，《野处类稿》改“苍”为“胡”；《陈德瑞馈新茶》《韦斋集》原作“朝来果得故人信”，《野处类稿》改“信”为“柬”；《次韵希旦喜雨》《韦斋集》原作“况乃耕与殖”，《野处类稿》改“乃”为“迺”；改“讙言令与佛”为“谁言今与佛”；《古风二首寄汪明道》《韦斋集》原作“不欲古人见”，《野处类稿》改“古”为“故”；《寄题起莘家义轩》《韦斋集》原作“弟子真羯胡”，《野处类稿》改“羯胡”为“下材”；《十一月十九日与仲猷大年绰中饮于南台》《韦斋集》原作“故园寄锄在千里”，《野处类稿》改“寄”为“可”；“我食吾言如此酒”，改“吾”为“斯”；《春礼斋禁连雨不止赋呈梦得》《韦斋集》原作“祈年被斋居”，《野处类稿》改“居”为“禁”；“芳意一如此”，改“一”为“倏”；《次韵梦得见示长篇》《韦斋集》原作“丘壑渠自有”，《野处类稿》改“丘”为“邱”；“永愧赋文玖”，改“文”为“琼”；《久雨短句呈梦得》，《韦斋集》有此题，《野处类稿》删去标题，但正文相同；《次韵梦得浅红芍药长句》《韦斋集》原作“一春颇困歌酒汙”，《野处类稿》改“酒汙”为“漫汗”；《诗约范直夫游万叶寺观瀑布》《韦斋集》原作“万侯隐下吏，夙尚本丘园”，《野处类稿》改“万”为“范”，改“丘”为“邱”；“泾渭非一源”，改“非”为“同”；《次韵梦得见示之什》《韦斋集》原作“粟”，《野处类稿》改为“栗”；《送瓯宁魏生赴武举》《韦斋集》原作“庙堂尺箠鞭羌胡”，《野处类稿》改为“庙堂胜算安边隅”；《陈仲仁止止堂》《韦斋集》原作“定元丘与夷”，《野处类稿》改“丘”为“邱”；《有怀舍弟逢年时归婺源以诗督之》《韦斋集》原作“夜叉叱九阙”，《野处类稿》改“阙”为“阍”；《九月十七日夜度蔡道岭宿弥勒院》《韦斋集》原作“飞辙无因依……沆瀣聊独挥……尽解纷华围”，《野处类稿》有阙文；《游郑圃》《韦斋集》原作“细磴争樵鱼”，《野处类稿》改“争”为“半”，改“鱼”为“渔”；《女贫苦难妍》《韦斋集》原作“恬无济世心”，《野处类稿》改“济”为“齐”；《溪南梅花》《韦斋集》原作“绝艳一洗朱铅空”，《野处类稿》改“朱”为“汞”。从以上可见，既有修辞方面的异同，也有文字狱的影响。二者之间版本来源不完全相同，但互勘的结果进一步证实，《野处类稿》是根据《韦斋集》的另外一种残本转抄而成，此残本因为首尾不全而不知作者姓名，抄写者或作伪者遂妄题为洪迈撰。四库馆臣修书之时也未加深究，导致以讹传讹。

第三，伪撰洪迈“自序”以售欺。其序云：

> 余自束发即喜学诗，然随作随弃，初不留意也。甲戌之春，家居卧病，因复作诗若干首，以自当缓忧之一物，昔人所谓内抑郁外物为声音者是也。鄱阳容斋洪迈自序。①

该序简短，易于藏拙，但仍有狐狸尾巴无处收藏之尴尬。“甲戌之春，家居卧病，因复作诗若干首，以自当缓忧之一物”，交代写作时间、地点、原因，似乎千真万确，毋庸置疑。但《秋日漫兴二首》《新秋》《秋怀六首》《九月十七日夜度蔡道岭宿弥勒院》《十一月十九日与仲猷大年绰中饮于南台》等诗均与“甲戌之春”时间不合；《庚戌正月十四日同友人丁晋年王蔚之谒普照塔》《与潜道中》《度芙蓉岭》《游山光寺》《宿野人家》《度石栋岭》《建安道中》《宿禅寂院》《诗约范直夫游万叶寺观瀑布》《九月十七日夜度蔡道岭宿弥勒院》等又与“家居卧病”显相抵牾。原诗本非成于一时一地，伪序不明此理，弄巧成拙，不打自招，可谓拙于作伪矣。

三、结　论

《总目》亦发现其时间有误，不去怀疑其真实性，反而为之辩解：

> 集前有迈自序，称甲戌之春，家居卧病，因复作诗若干首，以自当缓忧之一

① 《四库全书》第1158册，台湾“商务印书馆”1985年版，第224页。

物……甲戌为高宗绍兴二十四年，盖迈退居鄱阳时所作，而集中《谒普照塔》诗又有庚戌纪年，当在建炎三年，相去已二十四五岁。①

如此重大疑点，正是破案的最佳突破口，岂能随便放过？馆臣玩忽职守，未达一间。四库本《野处类稿》卷首为②：

详校官庶吉士臣初乔龄
主事臣吕云栋复勘
总校官中书臣杨懋珩
校对官中书臣李荃
誊录监生臣冯士新

四库本《韦斋集》卷首为③：

详校官中允臣瑭五珠
主事臣吕云栋复勘
复校官中书臣康仪钧
校对官中书臣吴裕德
誊录监生臣宋学濂

可见四库本《野处类稿》与四库本《韦斋集》是由不同的人整理的，只有“主事臣吕云栋复勘”是相同的。换言之，吕云栋在复勘时未能把好关，让本来可以消灭的错误蒙混过关。此等过失，理当罚俸。但罚俸事小，贻误后学事大。《总目》所谓“其生平韵语，惟借此以考见大概”，假如真以朱松之“韵语”去考见洪迈生平大概，岂不滑天下之大稽？故不惮烦琐，一一为之辨明，以免张冠李戴。

---

① 《钦定四库全书总目》卷一六〇。
② 《四库全书》第1158册，台湾“商务印书馆”1985年版，第223页。
③ 《四库全书》第1133册，台湾“商务印书馆”1985年版，第425页。

《黄陵庙记》真伪考

一、缘　起

2005年10月2日《文汇报》第7版上发表了流沙河先生《东坡剽诸葛》一文，该文认为苏东坡《念奴娇·赤壁怀古》“乱石穿空，惊涛拍岸”剽用诸葛亮《黄牛庙记》中的“乱石排空，惊涛拍岸”。苏轼的这首词历来被认为是豪放词派的代表作之一。设若剽用之说成立，《念奴娇》一阕的文学价值将大打折扣。然而，《黄牛庙记》一文是否果真出自诸葛之手，前人早启疑端。

《黄牛庙记》，通常作《黄陵庙记》。为了讨论的方便，我们先将此文抄录如下：

> 仆躬耕南阳之亩，遂蒙刘氏顾草庐，势不可却。计事，善之。于是情好日密，相拉总师。趋蜀道，履黄牛，因睹江山之胜。乱石排空，惊涛拍岸。敛巨石于江中，崔嵬巑岏，列作三峰，平治绛水，顺遵其道，非神扶助于禹，人力奚能致此耶？仆纵步环览，乃见江左大山壁立，林麓峰峦如画。熟视于大江重复石壁间，有神像影现焉，鬓发须眉，冠裳宛然，如彩画者，前竖一旌旗，右驻一黄犊，犹有董工开导之势。古传所载助禹开江治水，九载而功成，信不诬也。惜乎庙貌废去，使人太息。神有功助禹开江，不事凿斧，顺济舟航，当庙食兹土。仆复而兴之，再建其庙，貌目之曰黄牛庙，以显神功。

流沙河的立足点在于《黄陵庙记》系诸葛亮所作，他丝毫也没有怀疑该文的真实性。如此做法，实在有简单化之嫌。

二、辨　伪

综合前人研究的成果，笔者认为《黄陵庙记》是依托之作，并不是诸葛亮的作品，理由有五：

第一，著录较晚。明董斯张撰《广博物志》卷十四、明张溥辑《汉魏六朝百三家集》卷二二、明周复俊编《全蜀艺文志》卷三七、明贺复征编《文章辨体汇选》卷五六三以及清迈柱等监修《湖广通志》卷一〇四均收录《黄陵庙记》。明杨时伟《诸葛忠武书引》云：

> 陈寿《志》所载诸葛氏集二十四篇，《开府作牧》等书具存目录，而裴松之《注》时引亮集云云，至苏东坡、叶水心乃有不见全书之叹，则侯集之亡久矣。追惋散轶，弥深艳羡。近岁娄东王冏伯重辑武侯全书，匪特在侯不容少此。至于弘济世业，劝奖忠孝，郁为大观，而世多不见，见亦不赏。嗟夫枕中《鸿宝》，帐内《论衡》，岂可为不知者道哉！今余是编，实本冏伯，更张位置，仅三之一，增损事辞，殆十之九，盖因合刻而自成别本，匪掩前书，而故立同异也，互考当自悉之。

可见，诸葛亮集早已散佚，至明代万历年间才由王冏伯、杨时伟等人重辑。明人辑佚前人著作，一般而言，不讲究学术规范，不注明出处，往往真伪杂糅，甚至伪造古书。四库本《诸葛忠武书》卷首提要云：

> 《诸葛忠武书》十卷，明杨时伟编。时伟字去奢，吴县人。初，王士骐撰《武侯全书》十六卷，时伟病其芜累，更撰是书，存其《连吴》《南征》《北伐》《调御》《法检》《遗事》六卷，而增《年谱》《传略》《绍汉》《杂述》四卷，共十卷。昔陈寿所进诸葛亮集二十四篇，其文久佚，惟其目尚见亮传末。今世所传亮集四卷，由后人采摭而成，文多依托。

今世所传亮集由后人采摭而成，文多依托，不足尽据。一概尊信，难免上当。

第二，未见称引。《四库全书总目》（以下简称《总目》）卷一七四《诸葛丞相集》提要云：

> 《诸葛丞相集》四卷，国朝朱璘编。璘字青岩，常熟人。官至南阳府知府。是编首卷所录诸葛亮遗文一卷，陈寿所上目录皆不载，盖摭拾《三国志注》及诸类书而成。其《黄陵庙记》，明杨时伟作诸葛书，尝以摭用苏轼"大江东去"词语驳辨其伪。今考陆游《入蜀记》作于乾道六年，记黄牛庙事引古谚及李白、欧阳修诗、张咏赞甚详，独一字不及亮记。袁说友所刻《成都文类》作于庆元五年，亦无此文，然则赝托之本出于南宋以后明甚。璘乃仍然载入，绝无考订。

《总目》以陆游《入蜀记》记黄牛庙事不及此记、袁说友所刻《成都文类》亦无此文，推断此赝托之本出于南宋以后，殊有见地。

第三，风格不类。明代杨时伟认为："《黄陵庙记》中'乱石排空，惊涛拍岸'二语，见东坡'大江东去'，二语在坡词则佳，而于记为不韵，疑非孔明时浑朴语也。"其《诸葛忠武书引》亦云："《黄陵庙记》亦绝不类当时语气，别有附乙，以竢明者。又按：传封武乡侯谥忠武，而后人止称武侯，不解何义，因题其端曰《诸葛忠武侯书》，言书不言集，不忘原集也。原集既亡，安得云全？而取赝恩真，疑误后学，如《心书》《将苑》等类，则匪必陈、裴不载，罔伯不取，而始辨也，是用商之同志，宁核毋滥云。”杨时伟的做法，得到四库馆臣的高度称赞。四库本《诸葛忠武书》卷首提要云：“《黄陵庙记》称……其中‘乱石排空，惊涛拍岸’之语，乃剽袭苏轼大江东词，其伪妄尤不待言。”《总目》认为“乱石排空，惊涛拍岸”剽袭苏轼词，持论与杨时伟如出一辙，称杨氏“较诸家颇为精审”，而与流沙河之论适相反背。

第四，称呼不当。四库本《诸葛忠武书》卷首提要云：“《黄陵庙记》称昭烈帝为刘氏，亮之忠悫，断不敢轻蔑其主如是。”

第五，版本不同。《念奴娇·赤壁怀古》流传有不同的版本，《御定词谱》卷二八云：

> 此词前段第二句三字，第三句六字，后段第二句五字，第三句四字，前后段第四句，俱四字，第五句俱九字，与前词异，宋元人如此填者甚少，故以前词作谱。《容斋随笔》载此词云：大江东去，浪声沈，千古风流人物。故垒西边，人道是三国孙吴赤壁。乱石崩云，惊涛掠岸，卷起千堆雪。江山如画，一时多少豪杰。遥想公瑾当年，小乔初嫁了，雄姿英发，羽扇纶巾，谈笑处，樯橹灰飞烟灭。故国神游，多情应是，笑我生华发。人间如梦，一尊还酹江月。

朱彝尊《词综》卷六加按语：“他本‘浪声沈’作‘浪淘尽’，与调未协；‘孙吴’作‘周郎’，犯下公瑾字；‘崩云’作‘穿空’，‘掠岸’作‘拍岸’，又‘多情应是，笑我生华发’作‘多情应笑我，早生华发’，益非。今从《容斋随笔》所载黄鲁直手书本更正。”《御定词谱》认为：“容斋洪迈南渡词家，去苏轼不远，又本黄鲁直手书，必非伪托，词综所论最为谛当，但此词传诵已久，采之以备一体。”而流沙河不了解古书版本存在异文的特点，反而认为是遮掩伪迹：“可能坡公自己觉得总不太好，所以又想遮掩，改为‘乱石崩云，惊涛裂岸’。但读者不依，今本仍照旧。”先入为主，未达一间。另外，流沙河所引用的本子出自《蜀藻幽胜录》，此书《四库全书总目》卷四六总集类存目三又作《蜀藻幽胜集》，殿本提要云：

> 《蜀藻幽胜集》四卷，明傅振商编。蜀虽僻处一隅，而自汉、晋以来，文章为盛。宋庆元中有程遇孙等《成都文类》，明嘉靖中又有周复俊《全蜀艺文志》，搜罗赅备，业已巨细兼登，菁华毕萃。振商此集，采掇十一，分为二十五类，去取颇无条理，盖当时书帕之本。

浙本提要较上述引文多一句断语：“不足以言别裁也。”既然不能别裁伪体，也就不足为据。读书治学均要讲究版本，而书帕本是明代最无学术价值的陋本，早为有识之士所摒弃。

为什么会将《黄陵庙记》记在诸葛亮名下？相传黄牛神辅佐大禹治水有功，诸葛为之建祠，一名黄牛庙。因此，后人附会诸葛亮建黄陵庙之事，杜撰《黄陵庙记》，以冒诸葛亮之名。

三、结　论

综上所述，《黄陵庙记》一文可能是南宋至明初之间文士所为，实非诸葛之手笔。“乱石排空，惊涛拍岸”一语，不是东坡剽诸葛，而是后人袭用东坡《念奴娇·赤壁怀古》“乱石穿空，惊涛拍岸”之句。流沙河“石破天惊”的新论，因为缺少文献根据，实则难以成立。诸葛亮的文章，历来存在真伪之争。何者为真，何者为伪，需要谨慎辨伪，绝不可马虎从事，妄下断语。诸葛大名垂宇宙，岂以陋文亵渎之？故为之一一辨明，以正视听。

《伪书通考》史源考

一、缘　　起

近人张心澂《伪书通考》(下称《通考》)考辨经部73部，史部93部，子部317部，集部129部，所辨四部书共612部，另外道藏31部，佛藏416部(1959年版所收伪书较前增加45部，笔者遍访各大图书馆，均未见有收藏，此处以上海书店出版社1998年版为准)。此书问世后，一时洛阳纸贵，好评如潮，如黄云眉称其"搜辑之勤，良不可没"。林庆彰先生也认为："收录伪书一千零五十九种，可谓集伪书大成之作……则数千年来之伪书和辨伪之言，大抵已萃于是。学者执一编而备众说，其有功于学术自不待言。"①

近年，李学勤先生在一次题为"走出疑古时代"的著名发言中说过这样一段话：

> 我觉得我们今天研究古代文献，一个很重要的问题还是真伪与年代。在这方面，有两本书可以作为标志，一本就是50年代张心澂的那部《伪书通考》，各个图书馆都有这本书。(李零：国外汉学家也是必读此书。他们要用哪本书，总要先翻翻此书!)张心澂的书前面有一部分是讲方法论，举了多少条，代表他的辨伪方法。其影响之大，你别看余嘉锡先生的那本书，也比不了。余先生的书，即《古书通例》，是上海出的。其实《古书通例》比张心澂写的好得多。②

从李学勤与李零的谈话中，我们不难看到张心澂《通考》在中外学术界的影响。杨绪敏《中国辨伪学史》列有专节介绍，标题即为《集伪书考辨之大成——〈伪书通考〉》。

张氏自称："我编著这书的动机，是在《古史辨》第一册出版未久时，我读了它感觉到

① 林庆彰：《评郑良树编著续伪书通考》，《图书文献学论集》，文津出版社1990年版，第66页。

② 李学勤：《走出疑古时代》，辽宁大学出版社1997年版，第10~11页。

辨伪对于学术和考察各时代思想和情况的重要性。我阅读了姚际恒的《古今伪书考》，引起我对于伪书的辨别很感兴趣，又得着宋濂的《诸子辨》和胡应麟的《四部正讹》，于是把这三部书拼合起来，以书名为纲，对于某一部书辨伪之说，集合在一起，以便于自己阅读，初无意于编著。以后在他书得有辨伪资料，也随时加入，逐渐发展，所集渐多，遂立意编著一部《伪书通考》。"①张氏虽然留心此事较早，但真正动手是在1936年至1937年。《通考》在如此短暂的时间内完成，到底又是如何集大成的呢？如果仅仅把宋濂的《诸子辨》、姚际恒的《古今伪书考》和胡应麟的《四部正讹》这三部书拼合起来，无论如何也拼不成一部一千余页的大书。张氏所谓"在他书得有辨伪资料"又到底是些什么书？所谓"逐渐发展，所集渐多"也有点故弄玄虚。如果前人没有很好的基础，独立编纂大规模的专题研究资料，需要查读大量的原始文献，少说也得十年八年才能完成。《通考》在极短的时间内一气呵成，并成为一部中外学术界的必读之作，至少其中的秘诀值得探索。该书例言第六条云："本书所列古今人之说，均一一注明其出处；惟间有展转得来，遗其出处者，则暂从略。"此话并非实话实说，亏他说得出！笔者在做博士论文时，仔细比较了《通考》与《四库全书总目》(下称《总目》)相对应的条目，发现该书主要资料来源就是《总目》，该书引用《总目》的地方非常之多，但令人遗憾的是，大多未能严格遵守学术规则，给中外学术界造成了极大之错觉。笔者不惮烦琐，借用史源学的方法，将其来源——特别是"展转得来，遗其出处者"一一寻根究底，列表加以辨明。

二、探　　源

书名	旧题作者	真伪	《总目》	《通考》
子夏易传	卜子夏	伪中生伪	今本既非子夏书，亦并非张弧书。	从顾实《重考古今伪书考》转引。
周易举正	唐 郭京	作者疑伪	疑为宋人依托。晁公武始疑之。	《通考》漏收。
周易大传	明 胡广等	袭取成作	朱彝尊《经义考》谓广等就前儒成编，杂为抄录而去其姓名。《易》则取诸天台、鄱阳二董氏，双湖、云峰二胡氏……今勘验旧文，一一符合彝尊所论，未可谓之苛求。	直接引用《总目》。《总目》入易类，《通考》入经总类，在《五经大全》条。
合订删补大易集义粹言	纳喇性德	作者疑伪	相传谓其稿本出陆元辅，后署性德之名。	《通考》漏收。
乾坤凿度		伪	晁公武疑宋人依托，元祐间始出。	直接引用《总目》。增补晁公武、陈振孙、黄震、胡应麟之说。
周易乾凿度			今考《宋志》有郑康成注《易乾凿度》三卷，而不及《乾坤凿度》，则知宋时固自单行也。说者称其书出于先秦，自《后汉书》、南北朝诸史，及唐人撰《五经正义》，李鼎祚作《周易集解》，征引最多，皆于《易》旨有所发明，较他纬独为醇正。至于"太乙，九宫，四正，四维，皆本于十五"之说，乃宋儒"载九履一之图"所由出，朱子取之列于《本义》图说，故程大昌谓"汉魏以降，言《易》学者皆宗而用之，非后世所托为"，诚稽古者所不可废矣。	直接引用《总目》。增补晁公武、姚际恒之说。《总目》以为真，《通考》以为伪。

① 张心澂：《伪书通考·修订版序》，《伪书通考》，上海书店出版社1998年版。

续表

书名	旧题作者	真伪	《总目》	《通考》
易纬稽览图		真	陈振孙疑为后人依托，《总目》不以为伪。	直接引用《总目》。
易纬辨终备		疑伪	其文颇近《是类谋》，而《史记正义》所引《辨中备》，孔子与子贡言世应之说，与此反不类。或其书先佚，而后人杂取他纬以成之者，亦未可定也。然别无可证，姑仍旧题云。	直接引用《总目》。未提供任何新信息。《总目》疑伪，《通考》以为伪。
易纬通卦验			马端临《经籍考》及宋史《艺文志》俱载其名，黄震《日抄》谓其书大率为卦气发。朱彝尊《经义考》则以为久佚。今载于《说郛》者，皆从类书中凑合而成，不逮什之二三，盖是书之失传久矣。《经籍考》《艺文志》旧分二卷，此本卷帙不分。核其文义，似于“人主动而得天地之道，则万物之蕴尽矣”以上为上卷。“曰：凡《易》八卦之气，验应各如其法度”以下为下卷。上明稽应之理，下言卦气之征验也。至其中讹脱颇多，注与正文往往相混。其字句与诸经注疏、《续汉书》刘昭补注、欧阳询《艺文类聚》、徐坚《初学记》、宋白《太平御览》、孙瑴《古微书》等书所征引，亦互有异同。第此书久已失传，当世并无善本可校，类书所载亦辗转讹舛。	直接引用《总目》。《总目》以为真，《通考》以为伪。
易纬是类谋	郑康成注		其书通以韵语缀辑成文，古质错综，别为一体。《艺文类聚》《太平御览》诸书引其文颇多，与此本参校并合，盖视诸纬略称完备。其间多言禨祥验，并及于姓辅名号，与《乾凿度》所引《易历》者义相发明。	直接引用《总目》。按：纬书不等于伪书。
易纬坤灵图			儒者多称谶纬，其实谶自谶，纬自纬，非一类也。谶者，诡为隐语，预决吉凶，《史记·秦本纪》称卢生奏录图书之语，是其始也。纬者，经文支流，衍及旁义，《史记·自序》引《易》“失之毫厘，差以千里”，《汉书·盖宽饶传》引《易》“五帝官天下，三王家天下”，注者均以为《易纬》之文是也。盖秦、汉以来，去圣日远，儒者推阐论说，各自成书，与经原不相比附。如伏生《尚书大传》，董仲舒《春秋·阴阳》，核其文体，即是纬书。特以显有主名，故不能托诸孔子。其他私相撰述，渐杂以术数之言，既不知作者为谁，因附会以神其说。迨弥传弥失，又益以妖妄之词，遂与谶合而为一。然班固称：“圣人作经，贤者纬之。”杨侃称纬书之类谓之“秘经”，因谶之类谓之“内学”，河、洛之书，谓之“灵篇”。胡应麟亦谓谶、纬二书虽相表里，而实不同。则纬与谶别，前人固已分析之。后人连类而讥，非其实也。	直接引用《总目》。按：纬书不等于伪书。

续表

书名	旧题作者	真伪	《总目》	《通考》
易纬乾元序制记		疑伪	《后汉书》注《七纬》名并无其目。马氏《经籍考》始见一卷，陈振孙疑为后世术士附益之书。今考此篇首简"文王比隆兴始霸"云云，孔颖达《诗》疏引之，作《是类谋》。《疏》又引《坤灵图》"法地之瑞"云云，今《坤灵图》亦无其文，而与此篇文义相合。又《隋书·王劭传》引《坤灵图》"泰姓商，名宫"之文，亦在此篇。至其所言风雨寒温消息之术，乃与《稽览图》相近。疑本古纬所无，而后人于各纬中分析以成此书者。晁公武谓其本出于李淑，当亦唐、宋间人所妄题耳。	直接引用《总目》。
关氏易传	北魏 关朗	伪	陈师道等云阮逸伪撰，更无疑义。	直接引用《总目》。又误将姚际恒《古今伪书考》之说归入胡应麟的《四部正讹》名下。
周易系辞精义	宋 吕祖谦	疑伪	陈振孙以为托名。	直接引用《总目》。
周易辑说明解	宋 冯椅	伪	卷数悬殊，体例不合，内容不合。	直接引用《总目》。未提供任何新信息。
大易衍说	元 李简	伪	核其文义，与村塾讲章相类。	未提供任何新信息。
易序丛书	宋 赵汝楳	部分伪	疑偶得残本，杂抄而成。	《通考》漏收。
古易世学	明 丰坊	伪	诡言古本以欺世，当时已知其妄。	《通考》漏收。
顾氏易解	明 顾曾唯	序伪	自序节抄《慈湖易解》之序，改题顾氏名。	《通考》漏收。
易经渊旨	明 归有光	疑伪	《明史》《经义考》等皆不著录。	直接引用《总目》。未提供任何新信息。
古三坟		伪	周秦以来绝无引用，不见著录。古来伪书之拙莫过于是。	直接引用《总目》。增补郑玄、贾逵、《孝经纬援神契》、刘知幾、毛渐、杨时、程颐、叶梦得、郑樵、《中兴书目》、晁公武、朱熹、罗泌、陈振孙、黄震、金履祥、吾端临、吾丘衍、吴莱、胡应麟、焦竑、姚际恒、朱彝尊之说。该书第110页在引《四部正讹》时误增一段引文。
书序	孔子	伪	《小序》之伪托，久论定矣。	未引用《总目》。

续表

书名	旧题作者	真伪	《总目》	《通考》
古文尚书		伪	其书虽伪，其言则缀合古经而成。	直接引用《总目》。增补孔安国、司马迁、班固、王充、范晔、孔颖达、《隋书经籍志》、陆德明、崔述、吴棫、晁公武、洪迈、朱熹、蔡沈、陈振孙、吴澄、马端临、郑瑗、梅鷟、归有光、郑晓、顾炎武、朱彝尊、阎若璩、姚际恒、惠栋、顾栋高、李巨来、崔述、康有为、崔适、刘汝霖之说。
尚书大传	汉 伏生		旧本题汉伏胜撰。胜，济南人。考《史记》《汉书》但称伏生，不云名胜，故说者疑其名为后人所妄加。然《晋书·伏滔传》称远祖胜，则相传有自矣。《汉志》《书类》载经二十九卷，传四十一篇，无伏胜字，《隋志》载《尚书》三卷，郑元注，亦无伏胜字。陆德明《经典释文》称《尚书大传》三卷，伏生作。《晋书·五行志》称汉文帝时伏生创纪大传。《玉海》载《中兴馆阁书目》引郑康成《尚书大传序》曰："盖自伏生也。伏生为秦博士，至孝文时年且百岁。张生、欧阳生从其学而受之，音声犹有讹误，先后犹有舛差，重以篆隶之殊，不能无失。生终后，数子各论所闻，以己意弥缝其阙，别作章句，又特撰大义，因经属指，别之曰传，刘向校书，得而上之，凡四十一篇，铨次为八十一篇。"云云。然则此《传》乃张生、欧阳生所述，特源出于胜尔，非胜自撰也。	直接引用《总目》。增引晁公武、陈振孙等说。按：《通考》引用《总目》任意删节，不用原文。
书传大全	明 胡广等	抄袭	其书虽不似《诗经大全》之全抄刘瑾《诗传通释》，《春秋大全》之全抄汪可宽《胡传纂疏》，而实非广等所自纂。顾朱彝尊《经义考》引吴任臣之言曰："……大旨本而今陈氏。二陈氏者，一为陈栎《尚书集传纂疏》，一为陈师凯《书蔡传旁通》。"	直接引用《总目》。增引顾炎武、朱彝尊原文。《通考》入经总类，《总目》入书类，分类不同。
尚书孔传	汉 孔安国	伪	自宋至清，咸以孔传为依托。	未引用《总目》。引孔安国、陆德明、孔颖达、朱熹、陈振孙、梅鷟、朱彝尊之说。
尚书精义	宋 黄伦	真	其所征引，自汉迄宋，亦极赅博，惟编次不以时代。每条皆首列张九成之说，似即本九成所著《尚书详说》而推广之，故陈振孙颇疑其出于伪托。然九成《详说》之目仅见《宋志》，久经湮晦，即使果相沿袭，亦未尝不可藉是书以传九成书也。	引陈振孙之说，未引用《总目》。按：陈振孙疑之，《总目》认为不伪。
古书世学	明 丰坊	伪	与《七经孟子考文补遗》绝不相同。	《通考》漏收。

续表

书名	旧题作者	真伪	《总目》	《通考》
诗序	子夏	真赝相半	《诗序》称子夏，而所引高子孟仲子，乃战国时人，固后来搀续之明证。即成伯玙等所指篇首一句，经师口授，亦未必不失其真。然去古未远，必有所受，意其真赝相半，亦近似公羊。全信全疑，均为偏见。案《诗序》之说，纷如聚讼。以为《大序》子夏作，《小序》子夏、毛公合作者，郑元《诗谱》也。以为子夏所序诗，即今《毛诗》序者，王肃《家语注》也。以为卫宏受学谢曼卿，作《诗序》者，《后汉书·儒林传》也。以为子夏所创，毛公及卫宏又加润益者，《隋书·经籍志》也。以为子夏不序诗者，韩愈也。以为子夏惟裁初句，以下出于毛公者，成伯玙也。以为诗人所自制者，王安石也。以《小序》为国史之旧文，以《大序》为孔子作者，明道程子也。以首句即为孔子所题者，王得臣也。以为《毛传》初行，尚未有序，其后门人互相传授，各记其师说者，曹粹中也。以为村野妄人所作，昌言排击而不顾者，则倡之者郑樵、王质，和之者朱子也。然樵所作《诗辨妄》一出，周孚即作《非郑樵诗辨妄》一卷，摘其四十二事攻之，质所作《诗总闻》亦不甚行于世。朱子同时如吕祖谦、陈傅良、叶适皆以同志之交，各持异议。黄震笃信朱学，而所作《日抄》，亦申序说。马端临作《经籍考》，于他书无所考辨，惟《诗序》一事，反复攻诘，至数千言。自元、明以至今日，越数百年，儒者尚各分左右袒也，岂非说经之家第一争诟之端乎？考郑玄之释《南陔》，曰子夏序诗篇义各编，遭战国至秦而《南陔》六诗亡。毛公作传，各引其序冠之篇首，故诗虽亡而义犹在也。程大昌《考古编》亦曰今六序两语之下，明言有义无辞，知其为秦火之后，见序而不见诗者所为。朱鹤龄《毛诗通义序》又举《宛岳》篇序首句与《毛传》异辞，其说皆足为《小序》首句原在毛前之明证。邱光庭《兼明书》举《郑风·出其东门》篇，谓《毛传》与序不符。曹粹中《放斋诗说》亦举《召南·羔羊》《曹风·鸤鸠》《卫风·君子偕老》三篇，谓传意、序意不相应，序若出于毛，安得自相违戾？其说尤足为续申之语出于毛后之明证。观蔡邕本治《鲁诗》，而所作《独断》，载《周颂》三十一篇之序，皆只有首二句，与毛序文有详略，而大旨略同。盖子夏五传至孙卿，孙卿授毛亨，毛亨授毛苌，是《毛诗》距孙卿再传。申培师浮邱伯，浮邱伯师孙卿，是《鲁诗》距孙卿亦再传。故二家之序大同小异，其为孙卿以来递相授受者可知。其所授受衹首二句，而以下出于各家之演说，亦可知也……今参考诸说，定序首二句为毛苌以前经师所传；以下续申之词，为毛苌以下弟子所附，仍录冠诗部之首，明渊源之有自。	直接引用《总目》。增补郑玄、陆玑、王肃、沈重、《隋书经籍志》、陆德明、韩愈、成伯玙、丘光庭、欧阳修、王安石、程颢、苏辙、王得臣、晁说之、曹粹中、叶梦得、郑樵、晁公武、程大昌、范处义、朱熹、叶适、章如愚、陈栎、朱彝尊、姚际恒、范家相、姜炳章及崔述之说。

续表

书名	旧题作者	真伪	《总目》	《通考》
诗经大全	明 胡广等	抄袭	有元一代之说诗者，无非朱传之笺疏，至元祐行科举法……广等无可与谋，乃剽窃旧文以应诏。此书名为官撰，实本元安成刘瑾所著《诗传通释》而稍损益之。今刘氏自书尚有传本，取以参校，大约于其太冗蔓者略删数条，而余文如故。惟改其中"瑾按"二字为"刘氏曰"，又刘书以《小序》分隶各篇，是书则从朱子旧本合为一篇，小变其例而已。	引用《总目》原文而不注明出处。《通考》入经总类，《总目》入诗类，分类不同。
毛诗正变指南图		疑伪	义例浅陋，不似古人著作。	《通考》漏收。
国风尊经	明 陶宗仪	伪	词气不类，不见著录，穿凿不通，陶宗仪之水平不至于此，似为明万历以后人赝托。	《通考》漏收。
毛诗草木鸟兽虫鱼疏	吴 陆玑		明北监本《诗正义》全部所引皆作陆机。考《隋书经籍志》，《毛诗草木虫鱼疏》二卷，注云乌程令吴郡陆玑撰。陆德明《经典释文序录》：陆玑《毛诗草木鸟兽虫鱼疏》二卷，注云字元恪，吴郡人，吴太子中庶子，乌程令。《资暇集》亦辩玑字从玉，则监本为误，又毛晋《津逮秘书》所刻，授陈振孙之言，谓其书引《尔雅》郭璞注，当在郭后，未必吴人，因而题曰唐陆玑。夫唐代之书，《隋志》乌能著录？且书中所引《尔雅注》，仅及汉犍为文学樊光，实无一字涉郭璞，不知陈氏何以云然。姚士粦跋已辨之，或晋未见士粦跋欤？原本久佚。此本不知何人所辑，大抵从《诗正义》中录出。然《正义》《卫风·淇澳》篇，引陆玑疏淇澳二水名，今本乃无此条。知由采摭未周，故有所漏，非玑之旧帙矣。又《卫风》"椅桐梓漆"一条，称今云南牂牁人绩以为布。考《汉书·地理志》，益州郡有云南县，《后汉书·郡国志》，永昌郡有云南县，皆一邑之名。《唐书·地理志》，姚州云南郡，武德四年以汉云南县地置。盖至是始升为大郡，而袁滋《云南记》、窦滂《云南别录》诸书作焉。玑在三国，即以云南配牂牁，似乎诸家传写，又有所窜乱，非尽原文。然勘验诸书所引，一一附合，要非依托之本也。末附四家诗源流四篇，而《毛诗》特详。考王柏《诗疑》，已诋玑所叙与《经典释文》不合。王应麟《困学纪闻》亦议其误以曾申公。则宋本已有之，非后人所附益矣。	直接引用《总目》。增补晁公武之说。按：此非伪书。
鲁诗世学	明 丰坊	伪	诡称祖父所传。	《通考》漏收。
诗传	子贡	伪	旧本题曰子贡撰，实明丰坊所作。《明史·坊本传》称坊为《十三经训诂》，类多穿凿，世所传《子贡诗传》，即坊编本者是也。其说升鲁于邶、鄘之前，降郑于邻、曹之后，《大雅》《小雅》，各分为三，曰续曰传，皆与所作《申培诗说》同。二书皆以古篆刻之，不知汉代传经悉用隶书。故孔壁科斗，世不能辩，谓之古文。安得独此二书，参用籀体？郭子章、李维桢皆为传刻释文，何镗收入《汉魏丛书》，毛晋收入《津逮秘书》，并以为曾见宋拓，皆谬妄也。	未引《总目》。引王谟、毛晋、崔述、朱彝尊等说。《通考》改题《子贡诗传》。按：《总目》因袭王谟之说。

续表

书名	旧题作者	真伪	《总目》	《通考》
诗说	申培	伪	旧本题曰申培撰，亦明丰坊伪作也。何楷《诗世本古义》、黄虞稷《千顷堂书目》、毛奇龄《诗传诗说驳义》皆力斥之。今考《汉书·杜钦传》，称“佩玉晏鸣，《关雎》叹之”。《后汉书·杨赐传》称“康王一朝晏起，《关雎》见几而作”。注皆称《鲁诗》，而此传乃训为太姒思淑女。又《坊记》注引“先君之思，以畜寡人”，为卫定姜之作。《释文》曰此是《鲁诗》，而此仍为庄姜送戴妫。培传《鲁诗》乃用《毛传》乎？其伪妄不待问矣。	未引《总目》。引王谟、陈宏绪、朱彝尊等说。《通考》改题《申培诗传》。按：《总目》因袭朱彝尊之说。
周礼	周公		《周礼》一书，上自河间献王，于诸经之中，其出最晚。其真伪亦纷如聚讼，不可缕举。惟《横渠语录》曰：“《周礼》是的当之书，然其闲必有末世增入者。”郑樵《通志》引孙处之言曰：“周公居摄六年之后，书成归丰，而实未尝行。盖周公为《周礼》，亦犹唐之显庆、开元《礼》，预为之以待他日之用，其实未尝行也。惟其未经行，故仅述大略，俟其临事而损益之。故建都之制不与《召诰》《洛诰》合，封国之制不与《武成》《孟子》合，设官之制不与《周官》合，九畿之制不与《禹贡》合。”云云，其说差为近之，然亦未尽也。夫《周礼》作于周初，而周事之可考者，不过春秋以后。其东迁以前三百余年，官制之沿革，政典之损益，除旧布新，不知凡几。其初去成、康未远，不过因其旧章，稍为改易。而改易之人，不皆周公也，于是以后世之法窜入之，其书遂杂。其后去之愈远，时移势变，不可行者渐多，其书遂废。此亦如后世律令条格，率数十年而一修，修则必有所附益。特世近者可考，年远者无征，其增删之迹，遂靡所稽，统以为周公之旧耳。迨乎法制既更，简编犹在，好古者留为文献，故其书阅久而仍存。此又如《开元六典》《政和五礼》，在当代已不行用，而今日尚有传本，不足异也。使其作伪，何不全伪六官，而必阙其一，至以千金购之不得哉！且作伪者必剽取旧文，借真者以实其赝，《古文尚书》是也。刘歆宗《左传》，而《左传》所云“礼经”，皆不见于《周礼》。《仪礼》十七篇，皆在《七略》所载古经七十篇中，《礼记》四十九篇，亦在刘向所录二百十四篇中，而《仪礼·聘礼》宾行饔饩之物，禾米刍薪之数，笾豆簠簋之实，铏壶鼎瓮之列，与《掌客》之文不同。又《大射礼》天子诸侯侯数侯制，与《司射》之文不同。《礼记·杂记》载子男执圭，与《典瑞》之文不同，《礼器》天子诸侯席数与《司几筵》之文不同。如斯之类，与二礼多相矛盾。歆果赝托周公为此书，又何难牵就其文，使与经传相合，以相证验，而必留此异同，以启后人之攻击？然则《周礼》一书，不尽原文，而非出依托，可概睹矣。	《通考》认为“误认撰人及时代，并有改窜”。未引《总目》。征引司马迁、班固、荀悦、郑玄、范晔、萧子显、《隋书经籍志》、陆德明、孔颖达、贾公彦、张载、程颐、苏辙、胡宏、郑樵、范浚、陈汲、晁公武、洪迈、程大昌、朱熹、邵博、王炎、叶时、魏了翁、刘炎、包恢、陈振孙、黄震、罗璧、王若虚、何异孙、方孝孺、杨慎、王道、金瑶、郝敬、章潢、陈仁锡、万斯大、毛奇龄、姚际恒、方苞、崔述、康有为、廖平、皮锡瑞、顾实、梁启超之说，并下己意，从来历不明、先佚而后详、初出及推行时有反对、所言制度与周初不合、三次试验无效等方面证明《周官》非周公作。
礼记大全	明 胡广等	抄袭	抄袭陈澔《集说》。	引用《总目》原文而不注明出处。所引无关于真伪。

续表

书名	旧题作者	真伪	《总目》	《通考》
家礼	宋 朱熹	伪?	王懋竑《白田杂著》有《家礼考》，曰："《家礼》非朱子书也。《家礼》载于《行状》，其序载于文集，其成书之岁月载于《年谱》，其书亡而复得之由，载于《家礼附录》，自宋以来，遵而用之，其为朱子书，几无可疑者，乃今反覆考之，而知决非朱子之书也。李公晦叙《年谱》：《家礼》成于庚寅，居祝孺人丧时。文集序不记年月，而序中绝不及居丧事。《家礼附录》陈安卿述朱敬之语，以为'此往年僧寺所亡本。有士人录得，会先生葬日携来，因得之'。其录得携来，不言其何人，亦不言其得之何所也。黄勉斋作《行状》，但云'所辑《家礼》，世所遵用，其后有损益，未及更定'。既不言成于居母丧时，亦不言其亡而复得，其《书家礼后》亦然。敬之，朱子季子，公晦、勉斋、安卿，皆朱子高第弟子。而其言参错，不可考据如此。案文集，朱子《答汪尚书书》《与张敬夫书》《吕伯恭书》，其论《祭仪》《祭说》往复其详。汪、吕书在壬辰、癸巳，张书不详其年，计亦在其前后也。壬辰、癸巳，距庚寅仅二三年，《家礼》既有成书，何为绝不之及？而仅以《祭仪》《祭说》为言耶？陈安卿录云：向作《祭仪》《祭说》甚简而易晓，今已亡之矣。则是所亡者乃《祭仪》《祭说》，而非《家礼》也明矣。文集、语录，自《家礼序》外，无一语及《家礼》者，惟《与蔡季通书》有已取《家礼》四卷纳一哥之语，此《仪礼经传通解》中，《家礼》六卷之四，而非今所传之《家礼》也。甲寅八月跋《三家礼范》跋语而依仿以成之者，盖自附于'后之君子'而传者，遂以托之朱子所自作。其序文亦依仿《礼范》跋语，而于《家礼》反有不合。《家礼》重宗法，此程、张、司马氏所未及，而序中绝不言之，以跋语所未有也。其《年谱》所云居母丧时所作，则或者以意附益之尔。敬之但据所传，不加深考，此如司马季思刻温公书之比。公晦从游在戊申后，其于早年固所不详，只叙所闻以为谱。而勉斋《行状》之作，在朱子没后二十余年。其时《家礼》已盛行，又为敬之所传录。故不欲公言其非。但其词略而不尽，其《书家礼后》谓《经传通解》未成，为百世之遗恨，则其微意亦可见矣。后之人徒以朱子季子所传，又见《行状》《年谱》所载，廖子晦、陈安卿皆为刊刻，三山杨氏、上饶、周氏，复为之考订，尊而用之，不敢少致其疑。然虽云尊用其书，实未有能行者，故于其中谬误，亦不及察，徒口相传，以熟文公《家礼》云尔。惟元应氏作《家礼辨》，其文亦不传，仅见于明邱仲深濬所刻《家礼》中。其辨专据《三家礼范跋》，语多疏略，未有以解世人之惑，仲深亦不然之。故余今遍考《年谱》《行状》及朱子《文集》《语录》所载，俱附于后，而一一详证之。其应氏、邱氏语，亦并附焉。其他所载谬误，亦数十条，庶来者有以知家礼决非朱子之书。而余亦得免于凿空妄言之罪。"云云，其考证最明。又有《家礼后考》十七条，引诸说以相印证，《家礼考误》四十六条，引古礼以相辨难，其说并精核有据。懋竑之学，笃信朱子，独于《易本义》九图及是书断断辨论，不肯附会，则是书之不出朱子，可灼然无疑。	《通考》漏收。按：陈来等有考辨。

续表

书名	旧题作者	真伪	《总目》	《通考》
重校古周礼	明 陈仁锡	伪	注释多剽朱申《句解》，体例猥杂。	《通考》漏收。
周礼注疏合解	明 张采	疑伪	疏浅特甚。	《通考》漏收。
周礼文物大全		伪	于《五经图》中摘录窜乱而成。	《通考》漏收。
仪礼		真	毛奇龄诋为伪。	直接引毛奇龄之说，未引《总目》。
释宫	宋 朱子	作者伪	实李如圭作，作者误题。	《通考》漏收。
批点檀弓	宋 谢枋得	伪	莫知所自来，批点不类宋人体例。	《通考》漏收。
月令七十二候集解	元 吴澄	疑伪	不闻更有此书，疑托名也。	《通考》漏收。
礼记要旨补	戈九畴	伪	殆书贾合并窜乱以成此本欤。	《通考》漏收。
三礼考	宋 真德秀	伪	不见著录；内引元人著作。	《通考》漏收。
三礼考注	元 吴澄	伪	碑传、思想、篇目等皆不相合。	未引用《总目》，直接引杨士奇、罗伦、何乔新、郑瑗、王圻、朱彝尊、姚际恒之说，并下己意。
别本家礼仪节	明 杨慎	伪	核其书，即丘濬之本，改题慎名。	《通考》漏收。
春秋左传	左丘明	真	自刘向、刘歆、桓谭、班固皆以《春秋》传出左丘明，左丘明受经于孔子，魏晋以来儒者更无异议。至唐赵匡始谓左氏非丘明。盖欲攻传之不合经，必先攻作传之人非受经于孔子……宋元诸儒，相继并起。王安石有《春秋解》一卷证左氏非丘明者十一事，陈振孙《书录解题》谓出依托，今未见其书，不知十一事者何据。其余辨论，惟朱子谓“虞不腊矣”为秦人之语，叶梦得谓纪事终于智伯，当为六国时人，似为近理。然考《史记·秦本纪》称“惠文君十二年始腊”，张守节《正义》称“秦惠文王始效中国为之”，明古有腊祭，秦至是始用，非至是始创。阎若璩《古文尚书疏证》亦驳此说曰：“史称秦文公始有史以记事，秦宣公初志闰月，岂亦中国所无，待秦独创哉？则腊为秦礼之说，未可据也。”《左传》载“预断祸福，无不征验”，盖不免从后傅合之。惟“哀公九年”称“赵氏其世有乱”，后竟不然，是未见后事之证也。经止获麟，而弟子续至孔子卒。传载智伯之亡，殆亦后人所续。《史记·司马相如传》中有扬雄之语，不能执是一事指司马迁为后汉人也。则载及智伯之说，不足疑也。今仍定为左丘明作，以祛众惑。	直接引用《总目》。增补司马迁、刘向、刘歆、班固、王充、许慎、杜预、范晔、啖助、赵匡、王安石、叶梦得、郑樵、朱熹、叶适、陈振孙、黄震、罗璧、程端学、赵汸、顾炎武、姚鼐、崔述、刘逢禄、康有为、廖平、皮锡瑞、崔适、章炳麟、钱玄同、卫聚贤、桥木增吉、高本汉、胡适、刘汝霖及梁启超之说。
春秋公羊传	公羊高	真	罗璧等疑之。	《通考》漏收。
春秋传	宋 刘敞	真	其书晚出，核其议论、体裁，不伪。	《通考》漏收。
春秋比事	宋 沈棐	作者伪	《总目》存疑。	《通考》漏收。

续表

书名	旧题作者	真伪	《总目》	《通考》
春秋左传要义	宋 魏了翁	跋伪	跋之年月、内容均有漏洞。	《通考》漏收。
春秋大传	明 胡广等	抄袭	延祐科举新制，始以《春秋》用胡安国传，定为功令。汪克宽作《春秋纂疏》，一以安国为主，盖尊当代之法耳。广等之作是编，即因克宽之书，稍为点窜……实则全袭成书。	引用《总目》原文而不注明出处。《通考》入经总类，《总目》入春秋类，分类不同。
春秋繁露	汉 董仲舒	真	考仲舒本传，《蕃露》《玉杯》《竹林》皆所著书名，而今本《玉杯》《竹林》乃在此书之中。故《崇文总目》颇疑之，而程大昌攻之尤力。今观其文，虽未必全出仲舒，然中多根极理要之言，非后人所能依托也。	直接引程大昌之说。
左传节文	宋 欧阳修	伪	序、作者伪。	《通考》漏收。
春秋道统		伪	书名、卷数、作者、内容、序等均伪。	《通考》漏收。
春秋图说		伪	掇取《六经图》部分内容而成。	《通考》漏收。
丰坊春秋世学	明 丰坊	伪	“案断”之名，闻所未闻。	《通考》漏收。
孝经	孔子		孝经类序云：蔡邕《明堂论》引魏文侯《孝经传》，《吕览·审微篇》亦引《孝经·诸侯章》，则其由来久矣。然授受无绪，故陈骙、汪应辰皆疑其伪。今观其文，去二戴所录为近，要为七十子徒之遗书。惟其各出别行，称孔子所作，传录者又分章标目，自名一经，后儒遂以不类《系辞》《论语》绳之，亦有由矣。	直接引用《总目》。增补《孔子家语》《史记·仲尼弟子列传》《孝经纬钩命决》《孝经中契》《孝经援神契》《汉书艺文志》、何休《公羊传序》、郑玄《六艺论》、《宋书符瑞志》《隋书经籍志》、司马光《孝经指解》、晁公武、朱熹、吴澄、郑瑗、归有光、姚际恒、姚鼐、李巨来、崔述、皮锡瑞、武内义雄、佐藤广志、梁启超、王正己之说。
古文孝经	周 孔丘	伪	《总目》未列专条。《孝经正义提要》云：《孝经》有今文、古文二本。今文称郑玄注，其说传自荀昶，而《郑志》不载其名；古文称孔安国注，其书出自刘炫，而《隋书》已言其伪。至唐开元七年三月，诏令群臣质定，右庶子刘知幾主古文，立十二验以驳郑；国子祭酒司马贞主今文，摘《闺门章》文句凡鄙，《庶人章》割制旧文，妄加“子曰”字，及句中“脱衣就功”诸语以驳孔。其文具载《唐会要》中。厥后，今文行而古文废。	未引用《总目》。引用《汉书艺文志》、桓谭《新论》、许慎《说文序》、刘玄(《孝经正义》引文)、《隋书经籍志》、司马光《古文孝经指解序》、晁公武、朱熹、吴澄、郑瑗、崔述、康有为、王正己之说。
古文孝经孔氏传	汉 孔安国	伪	……其传文虽证以《论衡》《经典释文》《唐会要》所引，亦颇相合。然浅陋冗漫，不类汉儒释经之体，并不类唐、宋、元以前人语。殆市舶流通，颇得中国书籍，有桀黠知文义者摭诸书所引孔传影附为之，以自夸图籍之富欤。	直接引用《总目》。增补《汉书艺文志》《隋书经籍志》《唐会要》引司马贞语、陈振孙、盛大士、康有为之说。

续表

书名	旧题作者	真伪	《总目》	《通考》
郑注孝经	汉 郑玄	疑伪	《总目》未列专条。《孝经正义提要》云：《孝经》有今文、古文二本。今文称郑玄注，其说传自荀昶，而《郑志》不载其名。	未引用《总目》。引用萧子显《南齐书陆澄传》、《隋书经籍志》、桓谭《新论》、《经典释文》、刘肃《大唐新语》、《唐会要》、《崇文总目》、陈振孙之说。并下己说。
六经奥论	宋 郑樵	伪	议论与《通志略》不合。今检书中论《诗》皆主毛、郑，已与所著《诗辨妄》相反。又《天文辨》一条引及樵说，称夹漈先生，足证不出樵手；又论《诗》一条，预称朱子谥号。	直接引用《总目》。未提供任何新信息。增补朱彝尊跋亦被《总目》先引用。
五经纂注	明 钟惺	伪	谬陋至极，殆书贾托名。	《通考》漏收。
孟子正义	宋 孙奭	疏伪	《宋史・邢昺传》不云有《孟子正义》。《涑水纪闻》亦不云有《孟子正义》。其不出奭手，确然可信。其疏皆敷衍语气，如乡塾讲章。至赵岐注好用古事为比，疏多不得其根据。《总目》又因《孟子音义》证此疏之伪。	直接引用《总目》，但随意增删字句，不够规范。明引《朱子语录》，而《总目》是间接引用。
论语义疏	何晏、皇侃	真	与《古经解钩沉》所引相合，确为古本。	《通考》漏收。
论语笔解	韩愈、李翱	真	以意推之，韩、李共相讨论而成。	《通考》漏收。
苏评孟子	宋 苏洵	伪	断非北宋人笔，亦断非宋人语。	《通考》漏收。
孟子解	宋 尹焞	疑伪	词义肤浅，卷数悬殊，来历不明。	《通考》漏收。
或问小注	宋 朱子	伪	剽窃《四书大全》，不见著录，不见称引。	《通考》漏收。
四书问目	朱元晦	伪	书中问答不类朱子语；序颇支离。	《通考》漏收。
圣门释非录	清 毛奇龄	作者伪	考究始末，实陆邦烈所为。	《通考》漏收。
尔雅	周公	作者伪	《七录》载犍为文学《尔雅注》三卷，陆德明《经典释文》以为汉武帝时人，则其书在汉武帝以前。曹粹中《放斋诗说》曰……大抵小学家缀缉旧文，递相增益，周公、孔子皆托词……同文复出，知非纂自一手也……今观其文，大抵采诸书训诂名物之同异，以光见闻，实自为一书，不附经义。	直接引用《总目》，但随意增删字句，不够规范。如末句“其中取于《楚辞》《庄子》《列子》《穆天子传》《管子》《吕氏春秋》《山海经》《尸子》《国语》之文者不可殚数”，本为隐括大意，竟然置于引文之内。所引张揖《上广雅表》、郭璞《尔雅注序》等已见于《总目》。增引《西京杂记》、颜之推、《晋书・束皙传》、郑樵《尔雅注序》、朱熹、焦竑、姚际恒、崔述、康有为、内藤虎次郎、胡适、梁启超之说，并下己意。
小尔雅	楚 孔鲋	疑伪	《总目》未列专条，《孔丛子提要》云：其中第十一篇即世所传《小尔雅》，注疏家往往引之，然皆在晋、宋以后，惟《公羊传疏》所引贾逵之说，谓“俗儒以六两为锊”，正出此书，然谓之“俗儒”，则非《汉艺文志》之《小尔雅》矣。	未引用《总目》。引《汉志》《隋志》、两唐志、《中兴书目》、晁志、陈录以及钱大昕、康有为、陈秋千之说，但钱大昕文未注明详细出处。

续表

书名	旧题作者	真伪	《总目》	《通考》
方言	汉 扬雄	疑伪	称雄作《方言》实自应劭始。魏晋以后，诸儒转相沿述，皆无异词。惟洪迈《容斋随笔》始考证《汉书》，断非扬雄作……疑雄本有此未成之书，歆借观而未得，故《七略》不载，《汉志》亦不著录……反复推求，其真伪皆无显据。	直接引《容斋随笔》，较《总目》所引为详。显然受《总目》启发，且未提供其他新信息。
字通	宋 李从周	有窜乱	卷末窜入俗书82字。	《通考》漏收。
字孪	明 叶秉敬	有窜乱	其末比旧本增多124字。	《通考》漏收。
崔氏小尔雅	明 崔铣	伪题姓名	实即《孔丛子》中之《小尔雅》。	《通考》漏收。
篇海类编	明 宋濂	伪	引文时代较晚；内容错误极多。	《通考》漏收。
石鼓文音释	明 杨慎	内容伪	陆深始疑其以补缀为奇。	《通考》漏收。
金石遗文	明 丰道生	疑伪	丰坊好撰伪书，遂无不可疑。	《通考》漏收。
五侯鲭字海	明 汤海若	书贾作伪	体例芜杂，谬陋至极。	《通考》漏收。
正字通	清 廖文英	作者伪	此书本张自烈作，廖氏掩为己有。	《通考》漏收。
韵经	梁 沈约	伪	与沈集用韵矛盾；序与凡例矛盾。	《通考》漏收。
史记	汉 司马迁	部分伪	非惟有所散佚，且有所改易。《总目》引用刘知幾《史通》、周密《齐东野语》、焦竑《笔乘》、王懋竑《白田杂著》等说，认为字句或有窜乱，全书则仍司马迁原本。	未引用《总目》。引用刘知幾《史通》原文，增补叶大庆《考古质疑》、赵翼《廿二史劄记》、康有为《新学伪经考》及崔述《史记探源》之说。
班马异同	宋 倪思		旧本或题宋倪思撰，或题刘辰翁撰。杨士奇跋曰："《班马异同》三十五卷，相传作于须溪。观其评泊批点，臻极精妙，信非须溪不能。而《文献通考》载为倪思所撰，岂作于倪，而评泊出于须溪耶？"其语亦两持不决。案《通考》之载是书，实据《直斋书录解题》，使果出于辰翁，则陈振孙时何得先为著录？是固可不辨而明矣。	引用《总目》。未增加任何新信息①。
订正史记真本凡例	宋 洪遵	伪	是编载曹溶《学海类编》中。前有自序，称手录司马迁《史记》一帙，尽汰去杨恽、褚少孙等所补十篇，并取其各篇中所增益之语，而以己所校定者录于下方。此其书前凡例也。诸家言史学者，如《汉书刊误》《新唐书纠谬》《五代史纂误》，俱表表于世。自宋以来亦从无引及此书者。今观其所刊正，不尽无理，而云得司马迁名山所藏真本，与今本核其异同，知其孰为杨恽所增，孰为褚少孙所补，则三洪皆读书人，断不谬妄至此。岂由汉及宋，尚有司马迁真本藏于山中，遵忽然得之耶？其为明季妄人伪撰，殆无疑义。且既谓之凡例矣，而某篇同，某篇异，某篇自某处至某处删若干句，某篇某句下删若干字，直以全书悉载例中，可使人按例而涂乙之，即得真本，无庸更有全书矣。此尤作伪之一证也。	引用《总目》。未增加任何新信息。《通考》把作者误作"洪迈"。

① 今按：此书不伪。

续表

书名	旧题作者	真伪	《总目》	《通考》
竹书纪年	周时魏国史记	疑伪	今本非汲冢原书。《总目》证明今本非束皙、杜预所见本，非郭璞所见本，非郦道元所见本，非刘知幾所见本，非李善所见本，非瞿昙悉达所见本，非司马贞所见本，非王存所见本，非罗泌、罗苹所见本，非鲍彪所见本，非董逌所见本。	引用《总目》。引文将"咸和七年"径改为"太康二年"，未审其故。增补黄伯思《东观余论》、姚际恒《古今伪书考》、崔述《考古续说》以及梁启超之说。
元经	隋 王通	伪	晁公武《读书志》曰："案《崇文》无其目，疑阮逸依托为之。"陈振孙《书录解题》曰："河汾王氏诸书，自《中说》以外，皆《唐艺文志》所无，其传出阮逸，或云皆逸伪作也。唐神尧讳渊，其祖景皇讳虎，故《晋书》戴渊、石虎皆以字行。薛收唐人，于传称戴若思、石季龙，宜也。《元经》作于隋世大业四年，亦书曰'若思'，何哉？"今考是书，晋成帝咸和八年，书张公庭为镇西大将军。康帝建元元年，书石虎侵张骏。公庭即骏之字，犹可曰书名书字，例本互通。至于康宁三年，书"神虎门"为"神兽门"，则显袭《晋书》，更无所置辨矣。且于周大定元年，直书杨坚辅政。通生隋世，虽妄以圣人自居，亦何敢于悖乱如是哉？陈师道《后山谈丛》、何薳《春渚纪闻》、邵博《闻见后录》并称逸作是书，尝以稿本示苏洵。薳与博语未可知，师道则笃行君子，断无妄语，所记谅不诬矣。逸字天隐，建阳人。天圣五年进士，官至尚书屯田员外郎。《宋史·胡瑗传》：景祐初，更定雅乐，与镇东军节度推官阮逸同校钟律者，即其人也……生平喜作伪书，此特其一耳。《文献通考》载是书十五卷，此本止十卷，自魏太和以后，往往数十年不书一事，盖又非阮逸伪本之全矣。至明邓伯羔《艺彀》，称是书为关朗作。朗，北魏孝文帝时人，何由书开皇九年之事？或因宋人记关朗《易传》与此书同出阮逸，偶然误记耶。	引用《总目》。增补胡应麟之说，但未注明出处。经考证，实为《四部正讹》中语①。
续宋编年资治通鉴	宋 李焘	托名	旧本题朝散郎尚书礼部员外郎兼国史院编修官李焘经进。考《宋史·艺文志》及焘本传，惟载所著《续通鉴长编》，无此书之名。体例与《宋史全文》相似，而缺漏殊甚。	引用《总目》。未增加任何新信息。
明六朝索隐	明 雷礼	疑伪	考《明史·艺文志》不载是书，疑后人从《实录》抄撮而成，托名于礼。其称"索隐"，亦不知何所取义也。	引用《总目》。未增加任何新信息。
明史纪事本末	清 谷应泰	窃名	《总目》引邵廷采说，重金购张岱《石匮藏书》以成此作②。	引用《总目》，引文亦不忠实于原文。所引邵廷采之说转引自《总目》，未增加任何新信息。

① 今按：王素等认为今本《元经》犹存旧本之真，前人仅据讳例证伪，证据不足。

② 今按：清高宗认为系谷应泰所撰，见《纂修四库全书档案》第 1944～1945 页，故《四库全书总目》不敢讼言。

续表

书名	旧题作者	真伪	《总目》	《通考》
逸周书		部分伪	旧本题曰《汲冢周书》……反复考证，确以为不出汲冢，斯论定矣……其文皆在今书中，则春秋时已有之。特战国以后，又展转附益，故其言驳杂耳。究厥本始，终为三代之遗文，不可废也。	引用《总目》。《通考》将该篇提要稿分为四段排列，只在首段注明引用《总目》，而不标明起讫，给人造成后三段抄自别处的错觉。增补《汉书艺文志》、刘知幾、晁公武、李焘、陈振孙、黄震、王应麟、黄鲞、郑瑗、焦竑、姚际恒、姜士昌、姚鼐、章学诚、崔述、朱右曾、梁启超之说，并下己意。
东观汉记	汉 刘珍等	误题撰人	《隋书·经籍志》称长水校尉汉刘珍等撰。今考之范书，珍未尝为长水校尉。且此书创始在明帝时，不可题珍等居首。今按：余嘉锡认为此处刻舟求剑。	引用《总目》。未提供新信息。所引陈振孙《书录解题》亦不出《总目》引用范围。
隆平集	宋 曾巩	伪	今考巩本传，不载此集。曾肇作巩行状及韩维撰神道碑，胪述所著书甚备，亦无此集……巩在史馆，首尾仅五月，不容遽撰此本以进。其出于依托，殆无疑义。今按：《总目》以为宋人依托，余嘉锡有驳议。	引用《总目》，未提供新信息。所引晁公武《读书志》亦不出《总目》引用范围。
契丹国志	宋 叶隆礼	？	余嘉锡认为元人伪撰。尚存争议。	《通考》漏收。
大金国志	宇文懋昭	疑伪	似是杂采诸书，排比而成。所称义宗即哀宗，《金史》谓息州行省所上谥，而此则云金遗臣所上，与史不合。又懋昭既降宋，即当以宋为内词。乃书中分注宋年……《进书表》题端平元年正月十五日，而金亡即在是月十日，相距仅五日，岂遽能成书进献？又纪录蔡州破事如上之详，于情理颇不可信。又端平正当理宗时，而此书大书宋宁宗太子不得立，立其侄为理宗。于济邸废立，略无忌讳。又生而称谥，舛谬显然。又懋昭以金人归宋，乃于两国俱直斥其号，而独称元兵为大军，又称元为大朝，转似出自元人之辞，尤不可解。又《开国功臣传》仅寥寥数语，而《文学翰苑传》多至三十二人。验其文，皆全录元好问《中州集》中小传，而略加删削。考好问撰此书时在金亡之后，原序甚明，懋昭更不应预袭其文。凡此皆疑窦之极大者。	引用《总目》。未提供新信息①。
穆天子传	晋 郭璞注	不伪	世所传《汲冢书》《师春》之类，久已亡佚，《逸周书》又属误入《纪年》，伪妄显然。其真存于今者，惟此传矣。	未引用《总目》②。

① 今按：钱大昕全集玖有《跋大金国志》，可与《总目》相参证。钱云："新城王尚书贻上谓是书宋人伪造，予读其词，称蒙古曰大朝，曰大军，曰天使，而于宋事无所隐讳，盖元初人所撰。其表文则后之好事者为之，而嫁名于懋昭也。"李慈铭断为伪作，并宇文懋昭之名亦是影撰。今人刘浦江《再论大金国志的真伪》载《文献》1990年第3期，可资参考。

② 《通考》将此既列入"疑伪"，同时又列为"不伪"，自相矛盾。为什么要设置如此怪圈？《总目》入子部小说家类，《通考》入史部杂史类。

续表

书名	旧题作者	真伪	《总目》	《通考》
晋史乘·楚史梼杌	不著撰人名氏	伪	前有大德十年吾丘衍序称："《晋史乘》于刘向校雠未之闻，近年与《楚史梼杌》并得之。观其篇目，疑出于一时。"云云。《乘》凡四十二篇，《梼杌》凡二十七篇，皆摭《左传》《国语》《说苑》《新序》及诸子书汇而次之，其伪不待辨。序文浅陋，亦决不出衍手也。	引用《总目》。增补胡应麟《四部正讹》之说。《总目》入载记类，《通考》入杂史类①。
国语	周　左丘明		《国语》出自何人，说者不一，然终以汉人所说为近古。所记之事与《左传》俱迄智伯之亡，时代亦复相合。中有与《左传》未符者，犹《新序》《说苑》同出刘向，而时复抵牾。盖古人著书，各据所见之旧文，疑以传疑，不似后人之轻改也。	引用《总目》。《通考》认为"撰人存疑，书经割裂"。增补班固、韦昭、晁公武、李焘、陈振孙、黄震、顾炎武、姚际恒、崔述、康有为、梁启超以及卫聚贤之说。
战国策	刘向编	误题撰人	《战国策》乃刘向裒合诸记，并为一编，作者既非一人，又均不得其主名。今按：《隋志》题为"刘向撰"，非是。	引用《总目》。增补刘向《战国策叙录》《汉志》《隋志》、刘知幾及罗根泽之说。罗氏以《战国策》作始于蒯通，《通考》大不以为然。
战国策注	汉　高诱	作者误题	旧本题汉高诱注，今考其书实宋姚宏校本也……其为宏校本无疑。其卷卷题高诱名者，殆传写所增以赝古书耳。	引用《总目》。未提供任何新信息。
平宋录	元　平庆安	作者误题	此书实刘敏中所撰，庆安特梓刻以传。后人以其书首不题敏中姓名，未加深考，遂举而归之庆安耳。	引用《总目》。未提供任何新信息。
左逸·短长			实为王世贞所撰。《总目》误断。	《通考》漏收。
艺祖受禅录	赵普、曹彬	疑伪	以赵普、曹彬二人为文武佐命，假借其名。	引用《总目》。未提供新信息。
龙飞记	宋　赵普	疑伪	疑与《受禅录》皆后人所依托。以普及曹彬为文武佐命，各假借其名耳。	引用《总目》。未提供新信息。
孤臣泣血录	宋　丁特起	疑伪	《总目》以为托名："旧本题太学生丁特起撰……特起不知何许人。又直书太学生丁特起上书者三，皆不似自述之语。前载特起自序，粗鄙少文，其叙事亦多俚语，岂当时好事者所为，以特起上书有名，故以托之欤？"	引用《总目》。未提供新信息。今按：余嘉锡认为此书实为丁特起撰，并非依托。
靖康蒙尘录		伪	所载宋徽、钦二帝北狩事，与《南烬纪闻》文多相同。徐梦莘《三朝北盟会编》载所采集书目甚详，亦无此书。盖坊贾改易其名以欺世者……而所纪北狩本末，寥寥数条，年月皆舛错不合，作伪之尤甚者也。	引用《总目》。未提供新信息。
北狩行录	宋　蔡鞗	误题作者	是书卷末云……则是此书为若冲所作。惟是《宋史·艺文志》亦以此书为蔡鞗撰，疑不能明。或鞗述其事，而冲润色其文欤？	引用《总目》，并下己意②。

① 今按：王重民《中国善本书提要》云："按是书原为衍撰，《提要》已言之，盖成化以后人始伪撰衍序，托之古人，于是众遂目为伪书矣。"

② 今按：余嘉锡认为蔡为监修，王为纂修。

续表

书名	旧题作者	真伪	《总目》	《通考》
靖炎两朝见闻录	陈东	误题作者	是编记徽、钦北迁，高宗改元时事特详，末及绍兴以后事，亦足资考据。然东以建炎元年八月见杀，何由得记绍兴后事？盖传本阙撰人，后人不考，误题为东也。	引用《总目》。未提供新信息。
南渡录·窃愤录	辛弃疾	伪	此二书所载，语并相似。旧本或题无名氏，或并题为辛弃疾撰。盖本出一手伪托，故所载全非事实……必南北宋间乱臣贼子不得志于君父者，造此以泄其愤怨，断断乎非实录也。	引用《总目》。未提供新信息①。
平巢事迹考	宋人	版本作伪	旧本题曰宋人撰，不著名氏，曹溶收入《学海类编》。近时平湖陆烜又刊入《奇晋斋丛书》，后有烜跋，称为元人抄本。今考其书，即明茅元仪之《平巢事迹考》，但删去元仪原序耳。盖溶为狡黠书贾所给，烜又沿溶之误也。	引用《总目》。未提供新信息②。
碧溪丛书	不著编辑名氏	版本作伪	诸家书目亦不著录。其目凡八……其书皆删节之本，盖书贾从《说郛》中抄合，伪立此名也。	引用《总目》。未提供新信息③。
南迁录	金 张师颜	伪	按《金史》……世次俱不合……与史较，多一代，尤不可信。至《金史》郑王允蹈诛死绝后，不闻有爱王大辨其人。所称天统、兴庆等号，《金史》亦无此纪年。舛错谬妄，不可胜举。故赵与时《宾退录》、陈振孙《书录解题》皆断其伪……盖必出于宋人雪愤之词，而又假造事实以证佐之。	引用《总目》。未提供新信息。今按：崔富章有驳议。
国初礼贤录	明 刘基	作者伪	此书《艺文志》《千顷堂书目》皆作基撰。然《录》中所载，即明太祖任用基及叶琛、章溢、宋濂四人事，且有“基驰驿归里，居家一月而薨”，则非基作审矣。	引用《总目》。未提供新信息。
北征事迹	明 袁彬撰	或误题撰人	《千顷堂书目》载此书，云一作尹宣撰。未知何据，似不然也。	引用《总目》。未提供新信息。
明倭寇始末	清 谷应泰	版本作伪	应泰有《明纪事本末》，已著录。此即《本末》中之一卷，书贾抄出，以给收藏之家也。	引用《总目》。未提供新信息④。
列女传	汉 刘向	误题撰人，后人增益	《古列女传提要》云：《汉书·艺文志》儒家类载向所序六十七篇，注曰《新序》《说苑》《世说》《列女传颂图》也。《隋书·经籍志》杂传类载《列女传》十五卷，注曰刘向撰，曹大家注。其书屡经传写，至宋代已非复古本。	引用《总目》。所引刘向、班固、《隋志》、曾巩、王回、晁公武之说较《总目》为详，又增补罗根泽之说。
高士传	晋 皇甫谧	或疑有增益	南宋李石《续博物志》曰：“刘向传列仙七十二人，皇甫谧传高士亦七十二人。”知谧书本数仅七十二人，此本所载乃多至九十六人。然《太平御览》五百六卷至五百九卷全收此书，凡七十一人……当由后人杂取《御览》，又稍摭他书附益之耳。	引用《总目》。增补晋皇甫自序及《书录解题》，并加按语：“《四库提要》乃不信谧自序而据石说，殊非也。”“或疑有增益”其实指《总目》，未明说耳。

① 今按：余嘉锡认为初非伪托，为无名氏所撰。

② 今按：此为典型的版本作伪，而《通考》不加区分，未达一间。

③ 今按：此为典型的版本作伪，而《通考》不加区分，未达一间。

④ 今按：此为典型的版本作伪。

续表

书名	旧题作者	真伪	《总目》	《通考》
卓异记	唐 李翱	撰人不明	《唐书·艺文志》则作陈翱，注曰宪、穆时人。案李翱为贞元、会昌间人，陈翱为宪、穆间人，何以纪及昭宗？其非李翱亦非陈翱甚明……其序称开成五年七月适宜日，乃文宗之末年，其次年辛酉乃为武宗会昌元年，何以书中两称武宗？则非惟名姓舛讹，并此序年月亦后人妄加，而书则未及窜改耳。	引用《总目》。未提供新信息。
别本洪武圣政记		伪	书与跋语皆伪，抄撮《实录》而成。	《通考》漏收。
方改亭奏草	明 方凤	序伪	卷首王守仁题词，疑为托名。	《通考》漏收。
孔子编年	宋 胡舜陟	作者伪	考书首有绍兴八年舜陟序，乃自静江罢归之日，命其子仔所撰，非舜陟自作也。	引用《总目》。增补《书录解题》之说。
东家杂记	宋 孔传	歌伪	内载孔子之歌伪妄，不辨而明。	《通考》漏收。
晏子春秋	齐 晏婴	作者依托	是书所记，乃唐人《魏徵谏录》《李绛侯事集》之流，特失其编次者之姓名耳。题为晏婴者依托也……妄人又有所窜，非原本矣。	引用《总目》。增补《史记管婴列传》、刘向上《晏子》序、《汉书艺文志》、柳宗元、《崇文总目》《书录解题》、章学诚、梁章钜、孙星衍、梁启超之说①。
孔子论语年谱	元 程复心	作者伪	复心原不应谬妄至于如是。考篇末辨季本《圣迹图考》之妄，本，王守仁之弟子，元人何自见其书？殆明季妄人所为，而掺录者伪题复心之名欤。	引用《总目》。未提供任何新信息。
孟子年谱	元 程复心	作者伪	复心既作《孔子论语年谱》，更取《孟子》七篇为编年。其以某章为某年之言，谬妄与《孔子年谱》相等……盖与《孔子年谱》一手所伪撰也。考朱彝尊《经义考》载“谭贞默《孟子编年略》一卷，今未见其书”，然彝尊所载贞默《自述》一篇，则与此书之自述不异一字，疑直以贞默之书诡题元人耳，伪妄甚矣。	引用《总目》。未提供任何新信息②。
圣贤图赞	不著刊书人姓名	伪	今书标爵，皆袭开元。高宗作赞，亦不应近废祥符而远从唐制，疑非宋之原石。且图画诸贤……尤如戏剧，其妄决矣。	引用《总目》③。
宗圣志	明 吕兆祥	有增益	书成于崇祯中，而《世家志》述其谱系乃载及国朝康熙中事，《恩典志》内亦载及顺治初年，不知何人所增，盖非尽兆祥之旧也。	引用《总目》。未提供新信息。
薛文清年谱	明 杨鹤	作者伪	此本实出其子杨嗣昌之手。	《通考》漏收。

① 《总目》入史部传记类，《通考》入子部儒家类，分类不同。《通考》又将书名改为《晏子》。今按：临沂出土汉简《晏子》，证明本书不伪。

② 今按：“复心既作《孔子论语年谱》，更取《孟子》七篇为编年”一句似有语病。既然已辨明《孔子论语年谱》为伪书，就不应再说此话了。此句如果作为虚拟语气，倒也无妨。

③ 今按：《通考》误解《总目》文义，以不伪为伪。“妄”不等于“伪”。

续表

书名	旧题作者	真伪	《总目》	《通考》
草莽私乘	明 陶宗仪	疑伪	王世贞集有此书跋语，云系宗仪手抄，然孙作《沧螺集》载有《宗仪小传》，纪所作书目……无此书名，疑好事者依托也。	引用《总目》。未提供新信息①。
内阁行实		书贾售欺	王重民有驳议。	《通考》漏收。
逸民传	明 皇甫涍	作者伪	王重民认为确为皇甫涍撰。	《通考》漏收。
勤王记	宋 臧梓	作者误题	臧梓编次吕颐浩之文，非所自撰。	《通考》漏收。
乌台诗案	宋 朋九万	作者疑伪	或后人摭拾(胡)仔之所录，稍附益之，追题朋氏之名，以合九万本书欤。	引用《总目》。未提供新信息。
张邦昌事略	宋 王称	版本作伪	核其文，即《东都事略·僭伪传》也。摘其一卷，别立名目，又改王偁为王称，可谓愈伪愈拙。	引用《总目》。未提供新信息②。
两晋南北朝奇谈	宋 王涣	时代误题③		《通考》漏收。
吴越春秋	汉 赵晔	不伪④		引用《总目》。增补杨慎之说，并加辨证。
越绝书	子贡	作者伪	隋、唐志皆云子贡作，非其实矣。	引用《总目》。增补《隋志》《崇文总目》、陈振孙、黄震、胡应麟、姚际恒、顾实之说。《总目》入载记类，《通考》入杂史类。
续越绝书		伪	《经义考》谓为钱䌹。	《通考》漏收。
十六国春秋	魏 崔鸿	伪	旧本题魏崔鸿撰，实即明嘉兴屠乔孙、项琳之伪本也……《崇文总目》始佚其名，晁陈诸家书目亦不载，是亡于北宋也。万历以后，此本忽出，莫知其所自来。证以《艺文类聚》诸书所引，一一相合，遂行于世……然其文皆联缀古书，非由杜撰。	引用《总目》。增补姚际恒《古今伪书考》、朱彝尊《经义考》之说。《总目》入载记类，《通考》入杂史类⑤。
邦计汇编	宋 李维	伪题作者	是书载曹溶《学海类编》中，实《册府元龟》邦计一门之总叙。案晁公武《读书志》载修《册府元龟》时预修者十五人，维居第四。真宗以体制不一，遂择李维、钱惟演、陈彭年、刘筠、夏竦等，付杨亿审定。其剽劂此序，诡题书名，而以维之所撰，盖以此也。	引用《总目》。未增加任何新信息⑥。

① 今按：此条证据相当薄弱，胡玉缙有驳议。

② 今按：此处亦不辨别“版本作伪”与“伪书”两个不同概念。

③ 王为明人。余嘉锡考证为长洲人。

④ 今按：此书不伪，本无须辨别，但有异议，如杨慎误认撰人。

⑤ 今按：钱大昕《十驾斋养新录》卷十三有说，余嘉锡亦不以《总目》为然，均可补入。《通考》又引《别本十六国春秋提要》，实则《总目》另立专条，不能与此本强相牵合。余嘉锡认为别本系明人抄撮群书伪充古籍。

⑥ 今按：此本为一典型的版本作伪，而非伪书。

续表

书名	旧题作者	真伪	《总目》	《通考》
贡举叙略	宋 陈彭年	版本作伪	载曹溶《学海类编》中，实《册府元龟》贡举一门之总序。以彭年为作序五人之一，遂题彭年之名，然原本不言此序出彭年也。	引用《总目》。未增加任何新信息①。
绍熙州县释奠仪图	宋 朱熹	有附益	其所行仪节，大抵采自杜氏《通典》及《五礼新仪》而折衷之。后来二丁行事，虽仪注少有损益，而所据率本是书。惟所列两庑从祀位次，有吕祖谦、张栻，则其事在理宗以后。又有咸淳三年改定位次之文。检勘《宋史·礼志》载咸淳诏书，其先儒名数，及东西次序，与此书一一吻合，与朱子益不相及。盖后人随时附益，又非其原本矣。	引用《总目》。未增加任何新信息②。
拯荒事略	元 欧阳玄	疑伪	是书前有自序……与本传尝知芜湖县语相合，然其书但引故实二十二条，无一事之擘画。其"唐天复甲子竹放花结米"一条，尤不近理……《学海类编》所载诸书十有五伪，此书殆亦托名于玄也。	引用《总目》。未增加任何新信息。今按：《总目》连类而及，证据薄弱。
元海运志	明 危素	版本作伪	是编载曹溶《学海类编》中。验其文，乃丘濬《大学衍义补》之海运一条也。亦不善作伪矣。	引用《总目》。未增加任何新信息③。
盐法考略·钱法纂要	明 危素	版本作伪	此二书诸家书目皆不载。以其文考之，即濬《大学衍义补》中之两篇也。曹溶割裂其文，并载《学海类编》中。较其以《元海运志》为危素著者，犹为近实。然摘录巨帙之一篇，即别立新名，亦犹之乎作伪也。	引用《总目》。未增加任何新信息④。
国赋纪略	明 倪元璐	疑伪	疏陋万状，必非倪元璐所为。	引用《总目》。未增加任何新信息。
明漕运志	清 曹溶	伪	即《明史纪事本末·河漕转运篇》。	《通考》漏收。
通鉴答问	宋 王应麟	真伪难知	与应麟他书殊不相类，别无显证。	《通考》漏收。
历代名贤确论	华亭 钱福	托名		《通考》漏收。
世史积疑	元 李士实	时代伪	自序改窜纪年，以掩劣迹。	《通考》漏收。
兀涯西汉书议	明 张邦奇	作者误题	实则因霍韬旧稿而增修之。兀涯者，韬别号也。	引用《总目》。未增加任何新信息。
诗史	明 顾正谊	窃名	……是书为唐汝询作，正谊乃买其稿而刻之耳。	引用《总目》。未增加任何新信息。

① 今按：此本为一典型的版本作伪，而非伪书。

② 今按：此为附益，而非伪书。《通考》未区别部分之伪与全部之伪。

③ 今按：此类作伪为版本作伪，而非伪造之伪书。

④ 今按：此类作伪为版本作伪，而非伪造之伪书。

续表

书名	旧题作者	真伪	《总目》	《通考》
孔子家语	魏 王肃注	伪?	考《汉书艺文志》有《孔子家语》二十七卷，颜师古注云："非今所有《家语》。"……又载马昭之说，谓《家语》王肃所增加，非郑所见。故王柏《家语考》曰："四十四篇之《家语》乃王肃自取《左传》《国语》《荀》《孟》、二戴《记》割裂织成之。孔衍之序，亦王肃自为也。"……《家语》袭大戴，非大戴袭《家语》。就此一条，亦其明证。其割裂他书亦往往类此。反复考证，其出于肃手无疑。	引用《总目》。增补孔安国、孔衍、《汉志》《晁志》《陈录》、何孟春、范家相、孙志祖、隋士珂、丁晏、钱馥、崔述、沈钦韩、武内义雄、刘汝霖之说①。
曾子	宋 汪晫辑	辑佚	考《汉志》载《曾子》十八篇，《隋志》有《曾子》二卷，目一卷。《唐志》亦载《曾子》二卷。晁公武《郡斋读书志》著录二卷十篇，称即唐本。高似孙《子略》称其与《大戴礼》四十九篇、五十八篇及杂见《小戴记》者无异同，后人掇拾以为之。陈振孙《书录解》题并称有慈湖杨简注。是宋时原有《曾子》行世，殆晫偶未见，故辑为此书。	引用《总目》。增补晁公武、朱熹、高似孙、《周氏涉笔》、黄震、宋濂之说②。
子思子	宋 汪晫辑	辑佚	考晁公武《读书志》载有《子思子》七卷，晫盖亦未见其本，故别作是书。凡九篇：……其割裂《中庸》别列名目，与《曾子》、载《孝经》《大学》同……至《孔丛子》一书，朱子反覆辨其伪，而晫采之独多，已失鉴别。又往往窜乱原文……轻改旧文，均失先儒详慎之道，且与《曾子》所引均不著其出典，亦非辑录古书之体，较薛据《孔子集语》，盖瞠乎后矣。	引用《总目》。增补司马迁、班固、沈约、宋濂及梁启超之说。按：《通考》认为"后人所辑"。既为辑佚，就不能等同于伪书。
荀子	荀子	不伪	王应麟《困学纪闻》据《韩诗外传》所引，卿但非十子，而无子思、孟子，以今本为其徒李斯等所增。不知子思、孟子后来论定为圣贤耳，其在当时固亦卿之曹偶，是犹朱、陆之相非，不足讶也。	引用《总目》。增补梁启超之说③。
孔丛子	孔鲋	伪	《朱子语类》谓《孔丛子》文气软弱，不似西汉文字，盖其后人集先世遗文而成之者……然《家语》出于王肃依托，《隋志》既误以为真，则所云《孔丛》出孔氏所传者亦未为确证。朱子所疑，盖非无见。	引用《总目》。增补《隋书经籍志》、宋咸、《晁志》、洪迈、《陈录》、高似孙、宋濂、姚际恒、惠栋、王谟、顾实、罗根泽之说。今按：昔以为伪，今尚存争议。
新语	汉 陆贾	疑伪	惟是书之文，悉不见于《史记》……又《穀梁传》至汉武帝时始出，而《道基篇》末乃引及《穀梁传》曰，时代尤相牴牾。其殆后人依托，非贾原本欤。	引用《总目》。增补司马迁、《汉书艺文志》、黄震、唐晏、严可均、胡适、罗根泽、余嘉锡、张西堂之说。

① 今按：昔以为伪，今尚存争议。

② 今按：《总目》认为"割裂补缀，已非唐以来之旧本"。《通考》认为"后人所辑"。既为辑佚，就不能等同于伪书。

③ 今按：《通考》认为"或有增"，未能区分附益与伪书的关系。

续表

书名	旧题作者	真伪	《总目》	《通考》
新书	汉 贾谊	?	其书多取谊本传所载之文，割裂其章段，颠倒其次序，而加以标题……疑谊《过秦论》《治安策》等本皆为五十八篇之一，后原本散佚，好事者因取本传所有诸篇，离析其文，各为标目，以足五十八篇之数，故饾饤至此。其书不全真，亦不全伪。朱子以为杂记之稿，固未核其实；陈氏以为决非谊书，尤非笃论也。	引用《总目》。增补《崇文总目》《晁志》《陈录》、姚鼐、余嘉锡之说。《通考》将书名改为《贾谊新书》①。
新序	汉 刘向	不伪，《通考》误断。	大抵采百家传记，以类相从，故颇与《春秋》内外传、《战国策》《太史公书》互相出入……在诸子中犹不失为儒者之言也。	未引用《总目》。引班固《汉书·楚元王传》《汉书艺文志》、司马贞、罗根泽之说，并下己见②。
说苑	汉 刘向	不伪，《通考》误断。	(《说苑》《新序》)二书同出向手，而自相矛盾，殆捃拾众说，各据本文，偶尔失于参校也……议论醇正，不愧儒宗。	未引用《总目》。引刘向《说苑叙录》、黄震、罗根泽之说。今按：《通考》所谓“误题撰人”亦不能成立。
中论	汉 徐干	不伪，《通考》误断。	其书在宋仁宗时尚未尽残阙。(曾)巩特据馆阁不全本著之于录，相沿即久，所谓别本者不可复见，于是二篇遂佚不存。又书前有原序一篇，不题名字。陈振孙以为干同时人所作。今验其文，颇类汉人体格，知振孙所言不诬。	未引用《总目》。引《晁志》《陈录》以证“非本书”③。
中说	隋 王通	伪?	今考(王)通以仁寿四年自长安东归河汾，即不复出，故《世家》亦云大业元年一征又不至，而《周公篇》内乃云：“予游太乐，闻龙舟五更之曲。”……是通于大业末年复至长安矣。其依托谬妄，亦一明证。考杨炯集有《王勃集序》，称祖父通，隋秀才高第，蜀郡司户书佐，蜀王侍读。大业末，退讲艺于龙门。其卒也，门人谥之曰“文中子”。炯为其孙作序，则记其祖事必不误。杜牧《樊川集》首有其甥裴延翰序，亦引文中子曰“言文而不及理，王道何从而兴乎”二语，亦与今本相合。知所谓文中子者实有其人。所谓《中说》者，其子福郊、福畤等纂述遗言，虚相夸饰，亦实有其书。第当有唐开国之初，明君硕辅，不可以虚名动，又陆德明、孔颖达、贾公彦诸人，布列馆阁，亦不可以空谈惑，故其人其书皆不著于当时，而当时亦无斥其妄者。至中唐以后，渐远无征，乃稍稍得售其说耳。宋咸必以为其书出阮逸所撰，诚为过当……据伪迹炳然，诚不足采，然大旨要不甚悖于理。	引用《总目》。增补阮逸《中说序》、司马光《文中子补传》、程颐、《晁志》、洪迈、朱熹、王明清、邵博、王应麟、郑瑗、宋濂、姚际恒、谭献及章炳麟之说，其中《晁志》、洪迈、王应麟诸家观点已见于《总目》。《通考》将书名改为《文中子》。按：王素等认为此书并非有意作伪，但中多附益。考证甚翔实，亦极平允。
儒志编	宋 王开祖	真伪难考	其书久湮复出，真伪不可考。	《通考》漏收。

① 今按：陈振孙证伪，《总目》调停，余嘉锡反驳。《通考》认为“非谊本书”。

② 今按：《通考》所谓“误题撰人”不能成立，古人并不严格区分“序”与“撰”。采百家传记以成一家之言，非“撰”而何?

③ 今按：《通考》没有区分“残缺之书”与“伪书”。如果以“残缺之书”为“伪书”，则古书无一不伪。

续表

书名	旧题作者	真伪	《总目》	《通考》
二程外书		真伪错杂	不能审所自来；其说殊有可疑。	《通考》漏收。
政经	宋 真德秀	真伪难知	敢以己之条教题曰经；不见著录。	《通考》漏收。
忠经	汉 马融撰、郑玄注	伪	其文拟《孝经》为十八章，经与注如出一手。考融所述作，具载《后汉书》本传。玄所训释，载于《郑志》，目录尤详。《孝经注》依托于玄，刘知幾尚设十二验以辨之，其文具载《唐会要》。乌有所谓《忠经注》哉？《隋志》《唐志》皆不著录，《崇文总目》始列其名，其为宋代伪书，殆无疑义。《玉海》引宋《两朝志》载有《海鹏忠经》。然则此书本有撰人，原非赝造。后人诈题马、郑，掩其本名，转使真本变伪耳。	引用《总目》。增补姚际恒、惠栋及王谟之说。今按：《总目》断为宋人作，余嘉锡以为唐人作。
女孝经	唐 郑氏	误认撰人	《唐书·艺文志》不载，《宋史·艺文志》始载之……其书仿《孝经》分十八章，张首皆假班大家以立言。《进表》所谓“不敢自专，因以班大家为主”，其文甚明。陈振孙《书录解题》直以为班昭所撰，误之甚矣。	引用《总目》。未增加任何新信息。《通考》将书名改为《女诫》。
千秋金鉴录	唐 张九龄	伪	王士禛《皇华纪闻》曰：“隆庆间，曲江刻张文献《千秋金鉴录》一卷，又伪撰序表。平湖陆世楷为南雄守，著论辨之。此等谬伪，凡略识之无者亦不肯为，而粤中新刻《曲江文集》竟收入。故孝山谓急应火其书，碎其板。”云云。今此书序中所谓“非吾子孙不得记录……”诸语，皆与世楷所指驳者合……盖粗识字义而不通文理者所为。	引用《总目》。未增加任何新信息。
渔樵对问	宋 邵子	伪	旧本题宋邵子撰，晁公武《读书志》又作张子，刘安上集中亦载之。三人时代相接，未详孰是也……或后人摭其绪论为之，如《二程遗书》，不尽出于口授欤。	引用《总目》。未增加任何新信息①。
潜虚	宋 司马光	疑伪	晁公武《读书志》曰：“……然其辞有阙，盖未成也。其手写草稿一通，今在子建侄房。”朱子跋张氏《潜虚图》亦曰：“……近见泉州所刻，乃无一字之阙，始复惊疑，读至数行，乃释然曰：此赝本也。”其说与公武合。此本首尾完备，当即朱子所谓泉州本，非光之旧。	未引用《总目》。直接引《晁志》《朱子大全集张氏所刻潜虚图后》以证“伪”②。
正蒙释	明 高攀龙	作者伪	为徐必达所自定，非高攀龙之本。	《通考》漏收。
伊川粹言	宋 张栻	伪	考宋濂《潜溪集》有此书跋，谓“前序不著姓氏，相传为张南轩栻撰”，则明初此书尚不著栻之名。此本当为后人据濂语补题也。其序题乾道丙戌正月十有八日，然栻《南轩集》但载《二程遗书跋》，而无此序。使果栻作，不应讳而削之也。盖并编次之说皆在影响之间矣。	引用《总目》。未增加任何新信息。

① 《通考》将书名改为《渔樵问答》。按：余嘉锡考证为邵雍作。中华书局整理本将人名“刘安上”误断为“刘安”，大谬。

② 《通考》列子部儒家类，而《总目》入术数类，二者分类不同。今按：《通考》没有区分“部分之伪”与“全书之伪”。余嘉锡有驳议。

续表

书名	旧题作者	真伪	《总目》	《通考》
浩斋语录	宋 过源	伪	然所列书名，《宋史》及诸家书目皆不著录。其中疑窦尤多。如《行实》称源生于丙子，不著年号。以召于嘉祐卒于崇宁推之，当生于仁宗景祐丙子，则卒时年七十一，召时年二十余，是于邵、周、张、程皆为行辈，当时所称不过曰尧夫、茂叔、子厚、伯淳、正叔而已，诸家之书可考。而此曰邵子、周子、张子、程子，非同时语也。李焘《长编》凡有所征召，如胡瑗、孙复、常秩之类，无不具书。源见征既在嘉祐中，何以嘉祐首尾八年，《长编》皆不见其事？伊川《易传》，据杨时跋，则临没以稿授张绎，至政和初，时乃排比成书。源卒于崇宁五年，在伊川前，其时《易传》未出，何以论程传之得失？自朱子以前，无以《大学》为曾子作者，故攻朱子者以《章句》为口实。此书乃已称曾子，何以子北宋以来无人引及……其依托可以概见……其伪尤不问而知矣。	引用《总目》。未增加任何新信息。
训子诗	宋 朱子	伪	其诗浅陋，决非朱子所为。	《通考》漏收。
紫阳宗旨	宋 王佖	疑伪	书中疑窦甚多。	《通考》漏收。
玉溪师传录	宋 童伯羽	疑伪	后附墓表、行实，载朱子诗二首及《敬义堂铭》，考朱子文集及续刊诸集，皆所未载，莫详所自。其称伯羽撰《四书集成》《孝经衍义》《群经训解》三书，《宋志》不著录。朱彝尊《经义考》亦惟载伯羽有《四书训解》，无此诸名。又前有丘濬序，其文不类……疑即(童)训捃拾《语类》附益之，非果出伯羽也。	引用《总目》。未增加任何新信息。
性理字训	宋 程端蒙	托名	端蒙所作凡三十条，若庸广之，为《造化》《性情》《学力》《善恶》《成德》《治道》六门，凡百八十三条……皆以四字为句，规仿李瀚《蒙求》而不谐声韵，不但多棘唇吻，且亦自古无此体裁。端蒙游诸子之门，未必陋至于此。疑或村塾学究所托名也。	引用《总目》。未增加任何新信息①。
研几图	宋 王柏	伪	考《宋史》(王)柏传虽载柏尝撰《研几图》，然其本不传。元代诸儒亦未尝一字及是书。至明永乐中突出此本……即真出柏，亦无组采，更无论其伪撰矣。	引用《总目》。未增加任何新信息②。
薛子道论	明 薛瑄	版本作伪	皆自瑄《读书录》中摘出，别立此名，以眩俗听。盖明末诡诞之习，凡属古书多改易其面目以求售。虽习见如《读书录》尚不免删窜以市欺也。	引用《总目》。未增加任何新信息③。
性理综要	明 詹淮	版本作伪	前有凡例一条云："《性理》有詹柏山、诸理斋、黄葵阳、李九我、董思白诸刻，或病其太简略。兹刻从《大全》增益之。"云云。柏山即詹淮之号，则凡例必非淮语。殆仁锡取淮原本稍增辑之……则是书为庸俗坊本决矣。	引用《总目》。未增加任何新信息④。

① 今按：《总目》据文体与作者学识起疑，但无确据。王重民先生疑为明朱升所定。
② 今按：原书失传，《总目》因其来历不明而疑之。
③ 今按：此为版本作伪，而非伪书。
④ 今按：此为版本作伪，而非伪书。

续表

书名	旧题作者	真伪	《总目》	《通考》
性理标题汇要	明 詹淮、陈仁锡	版本作伪	检核其文，与《性理综要》相同。盖坊贾以原刻习见，改新名以求速售，非两书也。	引用《总目》。未增加任何新信息①。
握奇经	风后	伪	《汉书艺文志》兵家阴阳《风后》十三篇，班固自注曰："图二卷，依托也。"并无"握奇经"之名。且十三篇，《七略》著录，固尚以为依托，则此经此解，《七略》不著录者，其依托更不待辨矣……疑唐以来好事者因诸葛亮八阵之法，推演为图，托之风后。其后又因及此记，推衍以为此经，并取《记》中"握机制胜"之语以为之名。《宋史·艺文志》始著于录，其晚出之显证矣。	引用《总目》。增补《朱子语录》《古今伪书考》之说。
六韬	周 吕望	伪(?)	旧本题周吕望撰……《汉书艺文志》兵家不著录，惟儒家有《周史六韬》六篇，班固自注曰："惠、襄之间，或曰显王时，或曰孔子问焉。"则《六韬》别为一书。颜师古注以今之《六韬》当之，毋亦因陆德明之说而牵合附会欤?《隋志》始载《太公六韬》五卷，注曰……周文王师姜望撰。唐宋志皆因之。今考其文，大抵词意浅近，不类古书。中间如避正殿，乃战国以后之事。"将军"二字，始见《左传》，周初亦无此名。其依托之迹，灼然可验。	引用《总目》。增补《汉书艺文志》《隋书经籍志》《周氏涉笔》、叶适、陈振孙、王应麟、黄震、胡应麟、焦竑、《古今伪书考》、崔述、沈涛、谭献、顾实之说②。
孙子	周 孙武	真	考《史记·孙子列传》载武之书十三篇，而《汉书艺文志》乃载《孙子兵法》八十二篇，图九卷，故张守节《正义》以十三卷为上卷，又有中、下二卷。杜牧亦谓"武书本数十万言，皆曹操削其繁剩，笔其精粹，以成此书"。然《史记》称十三篇，在《汉志》之前，不得以后来附益者为本书。牧之言固未可以为据也……叶适以其人不见于《左传》，疑其书乃春秋末、战国初山林处士之所为。然《史记》载阖闾谓武曰："子之十三篇，吾尽观之矣。"则确为武所自著，非后人嫁名于武也。	引用《总目》。增补《史记·孙子吴起列传》《汉书艺文志》《隋书经籍志》、叶适《习学记言》、宋濂《诸子辨》、姚际恒《古今伪书考》、全祖望、姚鼐、孙星衍、斋藤拙堂、武内义雄、钱穆及梁启超之说③。
吴子	周 吴起	有附益	司马迁称"起兵法世多有"，而不言篇数。《汉艺文志》载《吴起》四十八篇，然《隋志》作一卷，贾诩注，唐志并同。郑樵《通志略》又有孙镐注一卷，均无所谓四十八篇者。盖亦如孙武之八十二篇出于附益，非其书本不传也。	引用《总目》。增补姚际恒《古今伪书考》、姚鼐、章太炎之说，以为依托。
司马法	齐 司马穰苴	伪	今考《史记·穰苴列传》称齐威王使大夫追论古者《司马兵法》，而附穰苴于其中，因号曰《司马穰苴兵法》。然则是书乃齐国诸臣所追辑，隋、唐诸志皆以为穰苴所自撰者非也。	引用《总目》。增补姚际恒《古今伪书考》、姚鼐、康有为、顾实之说。今按：《总目》以为伪，余嘉锡有驳议。

---

① 今按：此为版本作伪，而非伪书。

② 今按：《总目》认为"将军"的词源不会早于春秋，又发现"伪撰者不知'阴符'之义"，从而论证了《六韬》决非周代吕望之作。余嘉锡有驳议。银雀山汉墓出土了此书残简。另外，戴埴、杨慎亦辨及此书，详参拙著《四库全书总目研究》有关部分。

③ 今按：《总目》之说为银雀山竹简《吴孙子》所证实。《通考》以为"撰人不明"，未免因袭疑古派之陋说。

续表

书名	旧题作者	真伪	《总目》	《通考》
尉缭子	周　尉缭	真	《汉志》杂家有《尉缭》二十九篇，《隋志》作五卷，《唐志》作六卷，亦并入杂家。郑樵讥其见名而不见书，马端临亦以为然。然《汉志》兵形势家内，实别有《尉缭》三十一篇。故胡应麟谓兵家之《尉缭》即今所传，而杂家之《尉缭》并非此书……则后来已有所亡佚，非完本矣。	引用《总目》。增补《汉书艺文志》《隋书经籍志》、晁公武、陈振孙、宋濂《诸子辨》、姚际恒《古今伪书考》、姚鼐、谭献、顾实以及钱穆《先秦诸子系年》之说①。
黄石公三略	黄石公	伪	"三略"之名则始见于《隋书经籍志》……唐宋艺文志所载并同……盖自汉以来言兵法者往往以黄石公为名。史志所载有《黄石公记》三卷……《兵书统要》一卷。今虽多亡佚不存，然大抵出于附会。是书文义不古，当亦后人所伪托。	引用《总目》。增补晁公武、陈振孙、黄震、姚际恒《古今伪书考》之说。郑瑗《井观琐言》已为《总目》所引。今按：《总目》以为疑以传疑，余嘉锡对此有驳议。
素书	黄石公	伪	黄震《日抄》……以商英之注为非，而不甚斥本书之伪。然观其(指张商英)后序，所称……尤为道家鄙诞之谈，故晁公武谓"商英之言世未有信之者"。至都穆《听雨纪谈》以为自晋迄宋，学者未尝一言及之，不应独出于商英，而断其有三伪……前后注文与本文亦多如出一手。以是核之，其为商英所伪撰明矣。	引用《总目》。增补张商英《素书序》、晁公武、陈振孙、胡应麟《四部正讹》、姚际恒《古今伪书考》及谭献《复堂日记》之说②。
李卫公问对	唐　李靖	伪	史称所著兵法世无完书，惟《通典》内略见大概。此书出于宋代，大旨因杜氏所有者而附益之……今考阮逸伪撰诸书，一见于《春渚纪闻》，再见于《后山谈丛》，又见于《闻见后录》……今虽正其为赝作，而仍著之于录云。	引用《总目》。增补晁公武、陈振孙、胡应麟《四部正讹》、马端临《文献通考》及姚际恒《古今伪书考》之说③。
太公兵法		伪	歌诀辞甚鄙俚，其伪托不待辨也。	《通考》漏收。
十六策	汉　诸葛亮	伪	考亮所著作，陈寿详列于本传之后，初无是书之名，故晁公武《读书志》疑附托者所为。	未引用《总目》，直接引用晁公武《郡斋读书志》，其实并未超过《总目》所引。实为暗袭。又将书名改为《武侯十六策》。
将苑	汉　诸葛亮	伪	考此书诸家不著录，至尤袤《遂初堂书目》乃载其名，亦称亮撰。盖伪书之晚出者。又明焦竑《经籍志》更有亮《心书》《六军镜》《心诀》《兵机法》诸书，益为依托。	引用《总目》。未提供任何新信息④。

① 今按：《四库全书简明目录》云："不知即《汉志》所载否？"在存疑之列。此书文气不古，世以为伪，但银雀山汉墓出土了此书残简。

② 今按：姚际恒仅凭直觉下断语。《总目》综合前人之说后认为此书为宋张商英所伪撰。

③ 今按：陈师道等认为阮逸伪撰，《总目》认为"阮逸尚不应鄙陋至此"，"必出于有学识谋略者之手"。

④ 今按：《总目》所谓"盖宋以来兵家之书多托于诸葛亮，明以来术数之书多托于刘基"是带有规律性的总结。

续表

书名	旧题作者	真伪	《总目》	《通考》
心书	汉 诸葛亮	伪	考五十篇内之文，大都窃取孙子书，而附以迂陋之言，至不足道。盖妄人所伪作，又出于《将苑》之后也。	引用《总目》。增补姚际恒《古今伪书考》、谭献《复堂日记》及顾实《重考古今伪书考》之说①。
兵要望江南歌	唐 李靖	伪	段安节《乐府杂录》，《望江南词》本李德裕为亡妓秋娘所作，则其调起于中唐。世传《海山记》隋炀帝作，实出伪托。靖在唐初，安得预制是词？推厥所由，盖以《望江南》调始德裕，德裕实封卫国公。言兵者多称靖，靖亦封卫国公。此书以《望江南》谈兵，遂合两卫公而一之。	引用《总目》，增补晁公武《郡斋读书志》之说。按：此书伪妄不待辨；附篇亦伪托。
美芹十论	宋 辛弃疾	伪题作者	史不言弃疾有此书。	《通考》漏收。
古今将略	明 冯时宁	窃名	时宁妄窃父书，凿改己名。	《通考》漏收。
武备新书	明 戚继光		当即谢三宾所损益。	《通考》漏收。
广名将谱	黄道周	伪	序词意鄙陋，决不出道周之手。	《通考》漏收。
历代平战叙略	清 张泰交	剽窃	剽窃《山堂考索后集·车战篇》。	《通考》漏收。
管子	管仲	多附益	今考其文岩，大抵后人附会多于仲之本书。其他姑无论，即仲卒于桓公之前，而篇中处处称桓公。其不出仲手，已无疑义也。书中称《经言》者九篇，称《外言》者八篇，称《内言》者九篇，称《短语》者十九篇，称《区言》者五篇，称《杂篇》者十一篇，称《管子解》者五篇，称《管子轻重》者十九篇。意其中孰为手撰，孰为记其绪言如语录之类，孰为述其逸事如家传之类，孰为推其义旨如笺疏之类，当时必有分别。观其五篇明题《管子解》者，可以类推。必由后人混而一之，致滋疑窦耳。	引用《总目》。增补司马迁、刘向、《汉志》、傅玄、孔颖达、杜佑、苏辙、叶梦得、朱熹、叶适、黄震、王应麟、宋濂、梅士享、顾炎武、姚际恒、俞正燮、梁章钜、严可均、章学诚、胡适、内藤虎次郎、罗根泽、梁启超之说。今按：余嘉锡有驳议。
管子注	唐 房玄龄	疑伪	旧有房玄龄注，晁公武以为尹知章所托，然考《唐书艺文志》，玄龄注《管子》不著录，而所载有尹知章注《管子》三十卷。则知章本未托名，殆后人以知章人微，玄龄名重，改题之以炫俗耳。	引用《总目》。未增加任何新信息。今按：此书《总目》未单列，在《管子提要》内。
邓析子	周 邓析	部分伪	至于"圣人不死大盗不止"一条，其文与《庄子》同。（邓）析远在庄周以前，不应预有剿说，而《庄子》所载又不云邓析之说。	引用《总目》。增补《荀子·非十二子》《淮南子》《崇文总目》、王应麟《汉书艺文志考证》、钱穆、梁启超之说，并下己意。《通考》入名家类，《总目》入法家类。

① 今按：姚际恒仅凭直觉下断语，谭献亦然，顾实从历代著录及篇幅长短入手，对《总目》有所补充。

续表

书名	旧题作者	真伪	《总目》	《通考》
商子	秦 商鞅		《周氏涉笔》以为鞅书多附会后事，拟取他词，非本所论著。然周氏特据文臆断，未能确证其非。今考《史记》称秦孝公卒，太子立，公子虔之徒告鞅欲反，惠王乃车裂鞅以徇。则孝公卒后，鞅即逃死不暇，安得著书？如为平日所著，则必在孝公之世，又安得开卷第一篇即称“孝公”之谥？殆法家者流掇鞅余论，以成是编。	引用《总目》。增补司马迁、黄震、谭献、胡适、顾实、刘汝霖之说。
慎子	周 慎到		慎子之学近乎释氏，然《汉志》列之于法家。今考其书，大旨欲因物理之当然，各定一法而守之，不求于法之外，亦不宽于法之中，则上下相安，可以清净而治。然法所不行，势必刑以齐之。道德之为刑名，此其转关，所以申、韩多称之也……此本虽亦分五篇，而文多删削，又非陈振孙之所见。盖明人捃拾残剩，重为编次。	未引用《总目》。《通考》入法家类，认为“后有伪作”；《总目》入杂家类，不以为伪。
韩子	周 韩非	疑有伪	考《史记》非本传，称“非见韩削弱，数以书谏韩王，韩王不能用。悲廉直不容于邪枉之臣，观往者得失之变，故作《孤愤》《五蠹》《内外储说》《说林》《说难》十余万言”，又云“人或传其书至秦，秦王见其《孤愤》《五蠹》之书”，则非著书，当在未入秦前。《史记》自叙所谓韩非囚秦，《说难》《孤愤》者，乃史家驳文，不足为据。今书冠以《初见秦》，次以《存韩》，皆入秦后事，虽似与《史记》自叙相符，然《传》称“韩王遣非使秦，秦王悦之，未信用。李斯、姚贾害之，下吏治非。李斯使人遗之药，使自杀”，计其间未必有暇著书。且《存韩》一篇，终以李斯驳非之议，及斯上韩王书。其事与文，皆为未毕。疑非所著书本各自为篇，非殁之后，其徒收拾编次，以成一帙。故在韩、在秦之作，均为收录。并其私记未完之稿，亦收入书中。名为非撰，实非非所手定也。	引用《总目》。增补司马迁、王应麟、胡适、顾实、容肇祖、邓思善、刘汝霖、高亨、梁启超之说，并下己意。今按：郑良树有考辨。
刑法叙略	宋 刘筠	伪题作者	即《册府元龟·刑法》一门之总序。	《通考》漏收。
续刑法叙略	清 谭瑄	疑伪	不知掇何类书数页，赝题此名。	《通考》漏收。
齐民要术	贾思勰	疑有窜乱	自序称“起自《耕农》，终于《醯醢》，资生之乐，靡不毕书，凡九十二篇”。今本乃终于《五谷果蓏非中国物者》。自序又称“商贾之事阙而不录”，今本《货殖》一篇乃列于第二十六，莫知其义。中第三十篇为《杂说》，而卷端又列杂记数条，不入篇数。一名再见于例殊乖。其词亦鄙俗不类，疑后人所窜入。	引用《总目》。未增加任何新信息。
黄帝素问	黄帝	伪	《汉书艺文志》载《黄帝内经》十八篇，无“素问”之名。后汉张机《伤寒论》引之，始称《素问》。晋皇甫谧《甲乙经序》称《针经》九卷、《素问》九卷，皆为《内经》，与《汉志》十八篇之数合，则《素问》之名起于汉、晋间矣，故《隋书经籍志》始著录也。	引用《总目》。增补晁公武、陈振孙、姚际恒、崔述、梁启超之说。今按：余嘉锡有驳议。

续表

书名	旧题作者	真伪	《总目》	《通考》
灵枢经		伪	盖其书虽伪，而其言则缀合古经，具有源本。譬之梅赜古文，杂采逸书，联成篇目。虽抵牾罅漏，赝托显然，不可废也。	未引用《总目》。所引晁公武、吕复《群经古方论》及杭世骏之说，实转引自《总目》。仅增补姚际恒一条①。
难经	周 秦越人		《难经》八十一篇，《汉艺文志》不载，隋唐志始载《难经》二卷，秦越人著，吴太医令吕广尝注之，则其文当出三国前。广书今不传，未审即此本否？然唐张守节注《史记·扁鹊列传》所引《难经》悉与今合，则今书犹古本矣。	引用《总目》。增补晁公武、陈振孙、姚际恒、廖平之说。今按：《通考》以为伪。《总目》以为真。余嘉锡有驳议。
伤寒论	汉 张机		《伤寒论》前有宋高保衡、孙奇、林亿等校上序……又称“自仲景于今八百余年，惟王叔和能学之”云云。而明方有执作《伤寒论条辨》，则诋(王)叔和所编与(成)无已多所改易窜乱，并以《序例》一篇为叔和伪托而删之。国朝喻昌作《尚论篇》，于叔和编次之舛，序例之谬，及无已所注，林亿等所校之失，攻击尤详，皆重为考定，自谓复长沙之旧本……然叔和为一代名医，又去古未远，其学当有所受。	未引用《总目》，直接引用姚际恒、顾实、章炳麟之说②。
褚氏遗书	南齐 褚澄	疑伪	《宋史》始著于录。前有后唐清泰二年萧渊序，云黄巢时群盗发冢，得石刻弃之，先人偶见载归，后遗命即以褚石为椁……宋代已有此本。所谓刻于嘉泰中者殆非虚语……疑宋时精医理者所著，而伪托澄以传，然其言可采，虽赝本不可废也。	引用《总目》。未增加任何新信息。今按：余嘉锡考证为宋僧义堪所作。
银海精微	唐 孙思邈	伪	唐、宋《艺文志》皆不著录。思邈本传亦不言有是书。其曰“银海”者，盖取“目为银海”之义。考苏轼《雪诗》有“冻合玉楼寒起粟，光摇银海眩生花”句。《瀛奎律髓》引王安石之说，谓“道书以肩为玉楼，目为银海”。银海为目，仅见于此。然迄今无人能举安石所引出何道书者，则安石以前绝无此说，其为宋以后书明矣。	引用《总目》。未增加任何新信息。《总目》据“银海”的词源不会早于北宋，从而断定《银海精微》不会是唐代之书③。
颅囟经		托名		《通考》漏收。
黄帝内经素问遗篇		托名		《通考》漏收。
卫济宝书	东轩居士	疑伪	后序不足信；原序荒诞不可稽。	《通考》漏收。

① 今按：此条实为暗袭《总目》。

② 今按：余嘉锡认为王叔和似是张仲景弟子，故定其师之书，不可轻诋。张仲景汉建安中(196—220)曾任长沙太守，王叔和尝依刘表避荆州，仕魏为太医令，二人时代相接。又按：此书实非伪书，而是古人辑佚之作。

③ 今按：《总目》此处因袭王懋竑，而未加以注明，详见《四库全书》第859册第788页。

续表

书名	旧题作者	真伪	《总目》	《通考》
伤寒直格方·伤寒标本心法类萃	金 刘完素	疑伪	检《宣明论》中已有《伤寒》二卷，则完素治伤寒法已在其中，不别为书。	《通考》漏收。
病机气宜保命集	金 刘完素	作者误题	李时珍定为出于张元素之手。	《通考》漏收。
此事难知	金 李杲	作者误题	作者应为元王好古。	《通考》漏收。
脉诀	晋 王叔和	伪	歌诀鄙陋，晁公武以为后人依托。	《通考》漏收。
杜天师了证歌	唐 杜光庭	伪	光庭所著多神怪之谈，不闻以医显。此书殆出伪托，其词亦不类唐末五代人……多引《脉诀》，而不知叔和有《脉经》，则北宋以后人矣。	引用《总目》。未增加任何新信息。
疮疡经验全书	宋 窦汉卿	疑伪	考《宋史艺文志》不载此书……疑其说出于附会。且其中治验，皆梦麟所自述，或即梦麟私撰，托于乃祖也。	引用《总目》。未增加任何新信息。
大本琼瑶发明神书	刘真人	伪	序作于宋代，而序中涉及元末明初人。	引用《总目》。未增加任何新信息。
崔真人脉诀	紫虚真人	疑伪	评语无可征信；明代始著录。	《通考》漏收。
珍珠囊指掌补遗药性赋	金 李杲	托名	世传东垣《珍珠囊》乃后人所伪托，李时珍《本草纲目》辨之甚详。是编……俱浅俚不足观，盖庸医至陋之本，而亦托名于杲。	引用《总目》。未增加任何新信息。
类编南北经验医方大成	元 孙允贤	版本作伪	前有题识云："《医方集成》一书，四方尚之久矣。本堂今得名医选取奇方，增入孙氏方中，俾得贯通，名曰《医方大成》。"云云，则坊贾所为，非允贤之久矣。	引用《总目》。未增加任何新信息。今按：《通考》以为"误题书名"，而以伪书对待。此本实为版本作伪，而非伪书也。
雷公炮制药性解	明 李中梓	疑伪	《江南通志》载中梓所著书有……五种，独无是书……殆庸妄书贾随意裒集，因中梓有医名，故托之耳。	引用《总目》。未增加任何新信息。
金螅秘论	梁 李药师	疑伪	不知何许人，殆亦寓名欤。	《通考》漏收。
石室秘箓	清 陈士铎	伪	托名岐伯所传，怪妄至极。	《通考》漏收。
水牛经	唐 造父	伪	造父，未详何许人。原序……其词俚陋。盖方技家闻古有善御之造父，误以为唐人而托之也。	引用《总目》。未增加任何新信息。
安骥集		伪	大抵方技依托之言。	《通考》漏收。
周髀算经		疑有窜入	其首章周公与商高问答……与本文已绝不相类，疑后人传说而误入正文者。	引用《总目》。增补陈振孙、姚际恒之说。姚氏认为伪。《总目》疑有窜入。《通考》定为"伪托撰人"。

续表

书名	旧题作者	真伪	《总目》	《通考》
九章算术			今考书内有长安上林之名，上林苑在武帝时，苍在汉初，何缘预载？知述是者在西汉中叶后矣。旧本有注，题曰刘徽所作。	引用《总目》。增补李贤、晁公武之说。按：《通考》以为伪托撰人，《总目》云："《九章算术》盖《周礼》保氏之遗法，不知何人所传。"
孙子算经		?		《通考》漏收。朱彝尊以为确出于孙武。
数术记遗	汉 徐岳	伪	唐时好事者因托而嫁名于徐岳。	《通考》漏收。
星经	甘公、石申	伪	是书卷数虽与《隋志》合，而多举隋、唐州名，必非秦汉间书也。所载星象，今亦残缺不全，不足以备考验。	引用《总目》。增补陈振孙、姚际恒、王谟、顾实之说。今按：《通考》将书名改为《甘石星经》。
步天歌		疑伪	丹元子为隋人，不见他书，不知(郑)樵何所据。使果隋时所作，不应李淳风不知其人。《隋书经籍志》中竟不著录，至《唐书》乃称王希明也。疑以传疑，阙所不知可矣。	引用《总目》。未增加任何新信息①。
星象考	宋 邹淮	书贾伪托	大抵袭《景祐新书》之旧……似从《天文考异》中录出，而别题此名。	引用《总目》。未增加任何新信息。
元包	卫 元嵩		王世贞以为依托，似非无见。	直接引用《总目》。增补胡应麟之说。《通考》将书名改为《元命包》。《通考》入易类，《总目》入术数类。
宅经	黄帝	托名	《汉志》《隋志》皆不云出黄帝，是书盖依托也。考书中称黄帝二《宅经》及淮南子、李淳风、吕才等《宅经》二十有九种，则作书之时本不称黄帝。特方技之流欲神其说，诡题黄帝作耳。	引用《总目》。未增加任何新信息。
葬书	晋 郭璞	疑伪	葬地之说，莫知其所从来……惟《宋志》载有璞《葬书》一卷，是其书自宋始必以为出自璞手，则无可征信。	引用《总目》，增补宋濂《诸子辨》之说。
撼龙经疑龙经葬法倒杖	唐 杨筠松	作者误题	宋时不题筠松作，今本不知何据而云然。	引用《总目》。未增加任何新信息。
青囊奥语·青囊序	唐 杨筠松			余嘉锡力证其伪。
天玉经内传·外编	唐 杨筠松	疑伪	是否为杨氏所撰，在影响之间。	引用《总目》。未增加任何新信息。
灵城精义	南唐 何溥	伪	自宋以来诸家书目皆不著录……大抵因《皇极经世》而推演之。其法出自明初宁波幕讲僧，五代时安有是说？其非明以前书确矣。	引用《总目》。未增加任何新信息②。

① 今按：薄树人认为此书是王希明所作。
② 今按：《总目》认为："术数之书无非依托。"

续表

书名	旧题作者	真伪	《总目》	《通考》
灵棋经	汉 东方朔	术士依托	旧本题汉东方朔撰，或又以为出自张良，本黄石公所撰，后朔传其术……或又谓淮南王刘安所撰。其说纷纭不一，大抵皆术士依托之词。	引用《总目》，增补晁公武之说。
易林	汉 焦延寿	?	至旧本《易林》首有费直之语，称王莽时建信天水焦延寿。其词盖出伪托，郑晓尝辨之审矣。赣尝从孟喜问《易》，然其学不出于孟喜。《汉书·儒林传》记其始末甚详。盖《易》于象数之中别为占候一派者，实自赣始。所撰有《易林》十六卷，又《易林变占》十六卷，并见《隋志》。《变占》久佚，惟《易林》尚存。其书以一卦变六十四，六十四卦之变共四千九十有六。各系一词，皆四言韵语。考《汉·艺文志》所载《易》十三家，蓍龟十五家，不及焦氏。《隋经籍志》始著录于五行家，唐王俞始序而称之。似乎后人所附会。故郑晓古言疑其"明夷之咸林"，似言成帝时事。"节之解林"，似言定陶傅太后事，皆在延寿后。顾炎武《日知录》亦摘其可疑者四五条，然二家所云某林似指某事者，皆揣摩其词。炎武所指彭离济东迁之上庸者，语虽出《汉书》，而事在武帝元鼎元年，不必《汉书》始载。又《左传》虽西汉未立学官，而张苍等已久相述说。延寿引用《传》语，亦不足致疑。惟"长城既立，四夷宾服，交和结好，昭君是福"四句，则事在元帝竟宁元年。名字炳然，显为延寿以后语。然李善注《文选》任昉《竟陵王行状》引《东观汉记》曰："沛献王辅永平五年秋京师少雨，上御云台，诏尚席取卦具自卦，以《周易卦林》占之。其由曰：'蝗封穴户，大雨将集。'明日大雨，上即以诏书问辅曰：道宁有是耶。辅上言曰：案易卦震之蹇，蚁封穴户，大雨将集。蹇，艮下坎上，艮为山，坎为水，出云为雨，蚁穴居而知雨，将云雨，蚁封穴，故以蚁为兴文。"云云。今书蹇由实在《震林》，则书出焦氏，足为明证。昭君之类，或方技家辗转附益，窜乱原文，亦未可定耳。	直接引用《总目》，增补丁晏、梁启超、顾实之说。《通考》入易类，《总目》入术数类。按：余嘉锡认为后汉崔篆所撰。
李虚中命书	鬼谷子撰 唐 李虚中注	真伪杂出	详勘书中义例，首论六十甲子，不及生人时刻干支。其法颇与韩愈《墓志》所言始生年月日者相合。而后半乃多称四柱，其说实起于宋时，与前文殊相谬戾。	引用《总目》。未增加任何新信息①。
玉照定真经	晋 郭璞	托名	考《晋书》璞传，不言有此书。《隋志》《唐志》《宋志》遗迹诸家书目皆不著录，惟叶盛《菉竹堂书目》载有此书一册，亦不著撰人，盖晚出依托之本。张颙亦不知何许人。勘验书中多涉江南方言，疑书与注文均出颙一人之手，而假名于璞以行。	引用《总目》。未增加任何新信息。

① 《通考》将书名改为《命书》。《总目》对该书义例考而不核，出现了纰谬。纪昀曾加以检讨："所说实兼论八字，非不用时。"

续表

书名	旧题作者	真伪	《总目》	《通考》
星命溯源		依托	怪妄不足与辨。	《通考》漏收。
三命指迷赋	宋 岳珂	疑伪	独不闻其有是书。《宋史艺文志》亦不载其名……自元明以来，诸家命书多引用其文。以此本检勘，知犹宋人所为也。	引用《总目》。未增加任何新信息。
星命总括	辽 耶律纯	疑伪	遍检(《辽史》)列传，独无纯名。殆亦出于依托也。	引用《总目》。未增加任何新信息。
月波洞中记		依托	人名、年号均有疑点。	《通考》漏收。
玉管照神局	南唐 齐邱		是书专论相术，疑即出其门下客所撰集，而假齐邱名以行世者也。	引用《总目》。未增加任何新信息。
太清神鉴	后周 王朴	依托	欧阳修《新五代史》、薛居正《旧五代史》皆不言其善于相法，且此书前有自序，称离林屋洞下山三载，编搜古今，集成此书。考朴家世东平，入仕中朝，游迹未尝一至江左，安得有隐居林屋山事？其为依托无疑……然其间所引各书篇目，大都皆宋以前本，非后来术士之妄谈也。其书《宋史艺文志》不载，诸家书目亦罕著录。	引用《总目》。未增加任何新信息。
正易心法	麻衣道者	伪	朱子认为是戴师愈所作。	直接引用朱子之说，未引《总目》。《通考》入易类，《总目》入术数类。
皇极经世节要		有附益	《浙江遗书目录》题元周爽撰。案朱彝尊《经义考》载："《经世节要》，宋周奭著。奭，湘乡人。乾道间尝与胡安国、张栻，潜心于《易》。"云云。则是周奭非周爽，是宋人，非元人也。然书中推步元会运世，至于明嘉靖辛巳登极，壬午改元。则又非奭之旧本矣，盖明人所附益也。	引用《总目》。未增加任何新信息。按：内容下限为嘉靖，盖明人所附益。胡玉缙有补正。
黄石公行营妙法		伪	词义殊为浅陋，盖亦术家所假托。	《通考》漏收。
天文鬼料窍	不著撰人名氏	疑伪	考郑樵《通志》称《步天歌》只传灵台，不传人间，术家秘之，名曰《鬼料窍》，即《步天歌》也。而钱曾《读书敏求记》称《天文机要鬼料窍》十卷，前半详解丹元子之说，后则兼采众论，附列诸图，而终以汪默《浑天注疏》、张素宗《浑象图说》。合二说观之，盖《步天歌》称《鬼料窍》，特转相珍秘之隐语，而未尝竟改书名。后人因樵此言，遂辑《鬼料窍》一书，而摭《步天歌》于其内。以实而论，则《鬼料窍》该《步天歌》，《步天歌》不该《鬼料窍》。以名而论，则《步天歌》兼《鬼料窍》，《鬼料窍》不兼《步天歌》也。此本所载，与《步天歌》多有异同。所注占语，亦多冗滥。又不载汪、张二家之书，已非钱曾之所见。	引用《总目》。未增加任何新信息①。

① 今按：《总目》认为："盖儒者讲求古义，务得源流，稍笃实者，皆不敢窜乱旧文。方技家一知半解，则必以新说相附益。"

续表

书名	旧题作者	真伪	《总目》	《通考》
东方朔占书	东方朔	伪	其词皆鄙俚不文……盖古来杂占之书，托于朔者甚多……则刘克所见之《占书》已出依托，此又伪本中之伪本也。	引用《总目》。未增加任何新信息。
乙巳占略例	唐 李淳风	疑伪	按淳风有《乙巳占》十卷，盖以贞观十九年乙巳，在上元甲子中，书作于是时，故以为名。《唐志》《宋志》所载卷数并同，惟《宋志》别出有《乙巳指占图经》三卷，不言何人所撰，而无此书。尤袤《遂初堂书目》、焦竑《国史经籍志》亦仅载《乙巳占》，不云别有《略例》。检《永乐大典》，绝无一字之征引，可知明以前无出书矣。钱曾《述古堂书目》始以《乙巳占》《乙巳略例》二书并列，而又不言其所自来……且所占至于天宝九载，其非淳风所作甚明。书中援引庞杂无绪，疑后人取《开元占经》与《乙巳占》之文，参互成书，而别题此名，托之淳风也。	引用《总目》。未增加任何新信息。
玉历通政经	唐 李淳风	伪	旧本题唐李淳风撰。历代史志及诸家书目皆不载，惟陈振孙《书录解题》有之，卷数与今本合，盖南宋人所依托也。盖宋人所依托。天文占验多不足凭。此书不过采摭唐以前各史天文、五行诸志，略损益之，即真出淳风亦无可取，况伪本乎。	引用《总目》。未增加任何新信息。
观象玩占	唐 李淳风	术家作伪	古书日亡而日少，淳风之书愈远而愈增。	引用《总目》。未增加任何新信息。
玄珠密语	唐 王冰	术家作伪	时代事迹皆不相合。宋时已知其伪。	引用《总目》。未增加任何新信息。
太乙金镜式经	唐 王希明	内有伪	其间推太乙积年有至宋景祐元年者，则后人已有所增入，非尽希明之旧也。	引用《总目》。未增加任何新信息。
天文主管	武亢	疑伪	亢乃哀宗末人，不应章宗时已为司天台少监，校正此书，疑其出于托名，故时代舛异也。其书诸家皆未著录，惟晁氏《宝文堂书目》有之……末附《周天立象赋》……题曰李淳风撰，其词亦不类唐人。	引用《总目》。未增加任何新信息。
天文秘略	新安胡氏	疑伪	前有刘基序，词旨肤浅，基集亦不载，殆妄人所依托也。	引用《总目》。未增加任何新信息。
白猿经风雨占候说	明 刘基	伪	注文及序浅陋，决非基作……然则基之术数且不肯传其子孙，又安有此种注释流传于世乎？	引用《总目》。未增加任何新信息。
神枢鬼藏经		伪	所言极冗杂不伦，自序亦夸诞不足信。	《通考》漏收。
灵台秘苑	庾季才	伪	考《北史·庾季才传》称所著有《灵台秘苑》一百二十卷……并行于世。此书书名卷数皆与相合，然书中所征引故实迄于元末，又所记冬至以日躔箕宿四度起算，则明人所编辑，仍袭季才之名耳……盖方技之流杂抄占书为之耳。	引用《总目》。未增加任何新信息。
汉原陵秘葬经		术家依托		《通考》漏收。

续表

书名	旧题作者	真伪	《总目》	《通考》
葬经	青乌子	伪	考青乌子名见《晋书·郭璞传》。《唐志》有《青乌子》三卷，已不知为真古书否。此本文义浅近，经与注如出一手，殆又后人所依托矣。	引用《总目》。未增加任何新信息①。
天机素书	唐 丘延翰	疑伪	《通志·艺文略》无此书名，是书尤词旨猥鄙，不类唐以前书。	引用《总目》。未增加任何新信息。
内传天皇鳌极镇世神书	唐 丘延翰	伪	核检其文，实出伪托……离方位而言星象，断非杨、赖之旧法，无论丘延翰也。	引用《总目》。未增加任何新信息。
天玉经外传四十八局图	宋 吴克城	伪	宋人议论尚无此派，断为明人赝托无疑。	引用《总目》。未增加任何新信息。
九星穴法	宋 廖瑀	疑伪	地理家以杨、曾、廖、赖并称，而瑀书独佚不传，故诸家著录皆无其目。是书莫知所自来，盖依托也。	引用《总目》。未增加任何新信息。
玉尺经	元 刘秉忠	伪	史不载其著有是书，《永乐大典》备收元以前地理之书，亦无是编。明嘉、隆以前人语地学者，皆未尝引及。知其书晚出，特依托于秉忠。基注中有“贵州北界”之语。贵州在元季为顺元宣慰司，明初改贵州宣慰司，永乐间始置贵州布政司。基当太祖时，何由与广州、云南并称？是注之伪托，亦不问可知。	引用《总目》。未增加任何新信息。
披肝露胆经	明 刘基	嫁名	文义浅俗，大半剽掇。	引用《总目》。未增加任何新信息。
九天玄女六壬课	唐 袁天纲	疑伪	末题大德十年丙午，盖元人所伪托也。	引用《总目》。未增加任何新信息。
河洛真数	宋 陈抟	伪	前有抟自序，又有邵子序，词皆鄙倍，殆术士不学者所伪。	引用《总目》。未增加任何新信息。
邵子加一倍法	邵子	伪	妄造大定数、蠢子术，托名康节。	引用《总目》。未增加任何新信息。
皇极大定动数得一论	元 吴正		传授源流不明，托邵子以神其说。	《通考》漏收。
六壬兵占		术士作伪	大抵出自术士伪托，非其本真。	《通考》漏收。
九天玄女课		术士依托	鄙陋殊甚。	《通考》漏收。
易衍	汉 东方朔	伪	其歌括皆作七言律诗，则伪妄不待辨也。	引用《总目》。未增加任何新信息。
康节内秘影	宋 邵子	依托	引文涉及张轼，则南宋以后人作矣。	引用《总目》。未增加任何新信息。
演禽图诀	明 刘基	依托	《明史·艺文志》不载，亦近代所依托也。	引用《总目》。未增加任何新信息。

① 今按：余嘉锡认为唐以后人所伪作。

续表

书名	旧题作者	真伪	《总目》	《通考》
相掌金龟卦	鬼谷子	依托	盖俚俗猥鄙之谈，托之古人也。	引用《总目》。未增加任何新信息。
贵贱定格三世相书	鬼谷子	术士作伪	在术数之家亦最俚浅。	引用《总目》。未增加任何新信息。
贵贱定格五行相书	唐　袁天纲	术士作伪	盖依托也。其说……诞谬不足诘矣。	引用《总目》。未增加任何新信息。
玄女经	黄帝	术士作伪	盖术数家依托所为。	引用《总目》。未提供任何新信息。
珞琭子		依托	《珞琭子》书为言禄命者所自出，其法专以人生年月日时八字推衍吉凶祸福……然禄命之说至唐李虚中尚仅以年月日起算，未有所谓八字者，弘景之时，又安有是说乎？考其书始见于《宋艺文志》，而晁公武《读书志》亦云宣和建炎之间始行，则当为北宋人所作，旧称某某皆依托也。	引用《总目》。增补陈振孙之说。今按：《总目》未列专条，在《徐氏珞琭子赋注》内。
黄帝奇门遁甲图		依托	官阶不合；文辞鄙拙，不类宋人。	《通考》漏收。
佐元直指图解	明　刘基	？	《总目》未提供任何证据。	《通考》漏收。
太素脉法		术士依托	其法非古；其文鄙浅；原序荒诞。	《通考》漏收。
神几相字法	景齐	术士依托	浅陋术士假借王安石之名。	《通考》漏收。
梦林玄解	明　陈士元	序伪	孙序词气纤俗，术家依托。	《通考》漏收。
续画品	陈　姚最	有附益	至张僧由条下注曰“五代梁时吴兴人”，则决不出最手，盖后人所益也。凡所论断，多不过五六行，少或止于三四句，而出以俪词，气体雅俊，确为唐以前语，非后人所能依托也。	引用《总目》。未提供任何新信息。
画山水赋附笔法记	唐　荆浩	疑伪	二书文皆拙涩，中间忽作雅词，忽参鄙语，似艺术家粗知文义而不知文格者依托为之，非其本书。	引用《总目》。未提供任何新信息。按：文中或雅或俗，风格不一。《总目》根据书中风格不一，断定为依托。
林泉高致集	宋　郭思		前四篇郭熙作，余为郭思撰。	《通考》漏收。
画鉴	宋　汤垕	非原本	案卷首有题词曰：“采真子妙于考古，在京师时与今鉴画博士柯君敬仲论画，遂著此书，用意精到，悉有据依。”云云，则垕与柯九思同时。九思为鉴画博士，在元文宗天历元年，则作此书时，上距宋亡五十三年，下距元亡仅三十九年，垕安得复称宋人？且书中称元曰“本朝”，称宋曰“宋朝”，内元外宋，尤不得以遗民借口，旧本盖相沿误题也。又题词称“惜乎尚多疏略，乃为删补，编次成帙，名曰《画鉴》。后有高识，赏其知言。采真子，东楚汤垕君载之自号也”云云，则此书乃因垕旧稿重为润色，不但非垕之原本，并《画鉴》之名亦非垕所自命矣。惟《题词》不著名氏，遂不能详考其人耳。	《通考》漏收。按：崔富章有反驳。

续表

书名	旧题作者	真伪	《总目》	《通考》
图绘宝鉴续编	明 韩昂	有附益	核其书中如文彭、陆治、钱谷等以下皆嘉靖时人，殆后来有所增补。	引用《总目》。未提供任何新信息。
寓意编	明 都穆	下卷伪	考其上卷所载书画，每条各系以收藏之家，而下卷则否。上卷之末云……云云，详其语意，已为终篇之词，不应更有下卷。	引用《总目》。未提供任何新信息。按：《总目》据体例、语意等断定下卷为人附益。
琴谱正传	明 无锡宋仕校正 杨嘉森编		黄虞稷《千顷堂书目》有黄献《梧冈琴谱》十卷……今此本目止六卷，亦无陈经序，而有嘉靖辛酉总督漕运都御史吉阳何迁序……则此书盖黄献原本，杨嘉森等所重刻，而并其卷数。其卷首列三十八势及详明字母等篇，鄙俚尤甚，当亦嘉森等所增入也。	引用《总目》。未提供任何新信息。按：《总目》不以为伪，《通考》认为“据他作增刊”。
赵氏铁网珊瑚	明 朱存理	作者误题	原本无撰人姓名，决非朱氏所为。	《通考》漏收。
山水松石格	梁元帝	伪	是书《宋史艺文志》始著录，其文凡鄙，不类六朝人语。	引用《总目》。未提供任何新信息①。
后画录	唐 释彦悰	伪	前有彦悰自序称为《帝京寺录》，就所见长安名画，系以品题，凡三十七人，盖以续姚最之书者。序题贞观九年，故称阎立本犹为“司平太常伯”，然末一人为广陵郡仓曹参军李凑。考张彦远《名画记》，李凑，林甫之侄也……则凑为明皇时人。彦悰远在太宗之世，何以能预录之乎？	引用《总目》。未提供任何新信息。按：崔富章认为妄增一人，伪作小序。
续画品录	唐 李嗣真	伪	然嗣真唐人，而称梁元帝为“湘东殿下”，仍同姚最之文，其序又云“今之所载，并谢赫之所遗”，转不及最一字。恐嗣真原本已佚，明人剽姚最托书稍为附益，伪托于嗣真耳。《法书要录》载嗣真《书品后》一卷，所载八十一人，分为十等，各有叙录，又有评有赞，条理秩然。计其《画品》体例亦必一律，不应草草如此，是尤作伪之显证矣。	引用《总目》。未提供任何新信息。原本已佚；体例不一，尤作伪显证。
画学秘诀	唐 王维	伪	词作骈体，而句格皆似南宋人语。明代始著录。	引用《总目》。未提供任何新信息。
山水诀	唐 李成	伪	李成为宋人，题唐者误矣。是书《宋志》及晁、陈书目皆不著录。宋人诸家画录亦不言成有是书，殆后人依托其文。	引用《总目》。未提供任何新信息。
宣和论画杂评	宋徽宗	伪	勘验其文，即《宣和画谱》中绪论也。明人丛书往往如是，亦拙于作伪也。	引用《总目》。未提供任何新信息。
华光梅谱	宋 僧仲仁	伪	此书盖后人因仲仁之名，依托为之。其口诀一则，词旨凡鄙。	引用《总目》。未提供任何新信息。
画山水诀	宋 李澄叟	伪	今勘验书中所载，皆世传李成《画山水诀》之文，而小变其字句。殆原本散佚，妄人剿李成之书，伪撰此本。	引用《总目》。未提供任何新信息。

① 今按：余绍宋认为伪托者至迟亦为北宋人。

续表

书名	旧题作者	真伪	《总目》	《通考》
湖州竹派	明 释莲儒	伪	今以所载考之，其李公择妹、苏轼二条，乃米芾《画史》之文……乃邓椿《画继》之文……乃陶宗仪《画史会要》之文，皆剽窃原书，不遗一字……拙于作伪。	引用《总目》。未提供任何新信息。
宣和集古印史	明 来行学	依托	此书则自宋以来诸家书目所不载……况桐棺易朽，何以南宋至明犹存，其为依托显然明白。	引用《总目》。未提供任何新信息。
古今刀剑录	梁 陶弘景	真伪参半	且弘景先武帝卒，而帝王刀剑一条乃预著武帝谥号，并直斥其名，尤乖事理。疑其书已为后人窜乱……不尽出后人赝造。	引用《总目》。未提供任何新信息。
鼎录	梁 虞荔	真伪难辨	其书不见于本传，《唐志》始著录……屡经窜乱，真伪已不可辨。	引用《总目》。未提供任何新信息。
墨经	晁氏	疑伪	《简目》径题晁季一。李裕民有辨。	《通考》漏收。
禽经	师旷	伪	汉、隋、唐诸志及宋《崇文总目》皆不著录，其引用自陆佃《埤雅》始……考书中……称晋安曰怀南，江左曰逐隐，春秋时安有是地名？其伪不待辨……其伪当在南宋之末。	引用《总目》。增补王楙、王谟之说。
绍兴内府古器评	宋 张抡	伪	是书宋以来诸家书目皆不著录……皆即《博古图》之文割剥点窜，词义往往不通……其为明人妄剽《博古图》而伪作，更无疑义。	引用《总目》。未提供任何新信息。
古玉图谱	宋 龙大渊	伪	《宋史艺文志》不载，他家著录者皆未之见……案宋制，凡修书处有“提举监修”“详定编修”诸职名，从无“总裁”“副总裁”之称，其可疑一也。宋制翰林学士承旨以学士久次者为之……是大渊官本武阶，不应为是职……且考《宋志》检校官一十九，但有“检校尚书”，从无检校侍郎者，殊为不合……据《宋志》，只设“学士待制直阁”，从无“提举”一官。若提举秘阁则当用“宰执”，又非抡所应为。显为不考宋制……《宋志》皇城司但有“干当官”，无“提举”之名，此作“提举皇城司事张青”，与《志》不合，其可疑六也。又士禄列衔称“带御器械忠州防御使直宝文阁”，叶盛列衔称“带御器械汝州团练使直敷文阁”。案“带御器械”“防御”“团练”皆环卫武臣所受阶官，而“直阁”为文臣帖职，南宋一代从未有以加武职者。《宋志》枢密院无“都事”，工部无“司务”，文思院只有“提辖”“监管”“监门”诸职，无“掌院”之名，种种乖错不合。	引用《总目》。未提供任何新信息。按：《总目》指出 12 条疑点。
燕几图	宋 黄伯思	伪	考伯思卒于徽宗初年，此本前有自序，乃题绍熙甲寅(1194)十二月丙午，则南宋光宗之五年……前乎此者，甲寅为神宗熙宁七年(1074)；后乎此者，甲寅为高宗绍兴二十四年(1154)，亦皆不相及。	引用《总目》。未提供任何新信息。按：此书疑点有二：时间不合；名字颠倒。
别本茶经	玉茗堂主	伪	编次无法，疏舛颇多，毫无体例。	引用《总目》。未提供任何新信息。

续表

书名	旧题作者	真伪	《总目》	《通考》
酒史	明 冯时化	《通考》误断	卷末载吴淑《事类赋》中《酒赋》一篇，以补其遗。题曰燕山居士，亦不知其为何许人也，又浙江鲍士恭家别本，其文并同，而改题曰徐渭撰。案书中所载有袁宏道《觞政》《酒评》。渭集虽宏道所编，然宏道实不及见渭，渭何由收宏道作乎？其为坊贾伪题明矣。	引用《总目》。未提供任何新信息①。
易牙遗意	元 韩奕	疑伪	考奕与王宾、王履齐名，明初称"吴中三高士"，未必营心刀俎若此，或好事者伪撰托名于奕耶？周氏《夷门广牍》、胡氏《格致丛书》、曹氏《学海类编》所载古书，十有九伪，大抵不足据也。	引用《总目》。未提供任何新信息。按：《总目》连类而及，证据不足。
鬻子	周 鬻熊	伪	今其书乃有"昔者周鲁公"语，又有"昔者周鲁公使康叔往守于殷"语，而贾谊《新书》亦引其成王问答凡五条，时代似不相及。刘勰《文心雕龙》云："鬻熊知道，文王咨询，遗文余事，录为《鬻子》。"则哀辑成编，不出熊手，流传附益，或构虚词，故《汉志》别入小说家欤……似乎六朝之末，尚无此本，或唐以来好事之流，依仿贾谊所引，撰为赝本，亦未可知。观其标题甲乙，故为佚脱错乱之状，而谊书所引则无一条之偶合。岂非有心相避，而巧匿其文，使读者互相检验，生其信心欤？且其篇名冗赘，古无此体。又每篇寥寥数言，词旨肤浅，决非三代旧文。	引用《总目》。增补《汉志》、叶梦得、李焘、高似孙、黄震、宋濂、王世贞、杨慎、胡应麟、姚际恒、崔述、谭献之说。《通考》入道家类，而《总目》入杂家类。
墨子	宋 墨翟		书中多称"子墨子"，则门人之言，非所自著……第五十二篇以下皆兵家言。其文古奥，或不可句读，与全书为不类。疑因五十一篇言公输般九攻、墨子九拒之事，其徒因采摭其术，附记于末。	引用《总目》。增补鲁胜、毕沅、孙星衍、孙诒让、王闿运、曹耀湘、胡适、张煊、梁启超、朱希祖、张其鍠、冯友兰之说。《通考》入墨家类，而《总目》入杂家类。
子华子	晋人程本	伪	按"程子"之名见于《家语》，"子华子"之名见于《列子》，本非一人。《吕氏春秋》引《子华子》者凡三见……是秦以前原有子华子书。然《汉志》已不著录，则刘向时书亡矣。此本……颇巧于作伪……殆能文之士发愤著书托起名于古人者……诸子之书，伪本不一，然此最有理致文彩。辨其赝则可，以其赝而废之则不可。陈振孙谓其文不古而亦有可观，当出近世能言之流，实为公论。晁公武以谬误浅陋讥之，过矣。	《通考》引用《总目》。增补刘向上《子华子》序、晁公武、朱熹、《周氏涉笔》、陈振孙、宋濂、焦竑、胡应麟、谭献及钱穆《先秦诸子系年》之说②。

① 今按：《总目》著录内府藏本为明冯时化撰，而以别本(即浙江鲍士恭家藏本)为"坊贾伪题"。《通考》以冯时化本为伪，显然误解文义，以不伪为伪。

② 今按：宋王应麟《困学纪闻》认为《子华子》"决非先秦古书"："程子"见《家语》，"子华子"见《庄子》。近有《子华子》之书，谓程本字子华，即孔子倾盖而语者。后序谓鬼谷子之师水心铭巩仲至所谓程子即此书也。朱文公谓词艰而理浅，近世巧于模拟者所为，决非先秦古书。

续表

书名	旧题作者	真伪	《总目》	《通考》
尹文子	周 尹文		序中所称熙伯，盖缪袭之字。其“山阳仲长氏”不知为谁？李淑《邯郸书目》以为仲长统。然统卒于建安之末，与所云“黄初末”者不合。晁公武因此而疑史误，未免附会矣。	引用《总目》。增补《汉志》、高诱、仲长统、晁公武、洪迈、陈振孙、宋濂、顾实、马叙伦、钱基博、唐钺、钱穆、梁启超之说。《通考》入名家类，而《总目》入杂家类。
鹖冠子	周 鹖冠子	不伪	刘勰《文心雕龙》称：“鹖冠绵绵，亟发深言。”《韩愈集》有《读鹖冠子》一首……谓其“施于国家，功德岂少”。《柳宗元集》有《鹖冠子辨》一首，乃诋为言尽鄙浅，谓其《世兵编》多同《鹏赋》，据司马迁所引贾生之语以决其伪。然古人著书，往往偶用旧文，古人引证，亦往往偶随所见，如“谷神不死”四语今见《老子》中，而《列子》乃称为《黄帝书》。“克己复礼”一语今在《论语》中，《左传》乃谓“仲尼称：志有之”，“元者，善之长也”八句，今在《文言传》中，《左传》乃记为穆姜语。司马迁惟称贾生，盖亦此类。未可以单文孤证遽断其伪……其说虽杂刑名，而大旨本原于道德，其文亦博辨宏肆。自六朝至唐，刘勰最号知文，而韩愈最号知道，二子称之。宗元乃以为鄙浅，过矣。	引用《总目》。增补《崇文总目》《周氏涉笔》《困学纪闻》、宋濂、胡应麟、姚际恒、崔述、钱穆《先秦诸子系年》以及梁启超之说。《通考》入道家类，而《总目》入杂家类①。
公孙龙子	周 公孙龙	不伪	其书，《汉志》著录十四篇，至宋时八篇已亡，今仅存《迹府》《白马》《指物》《通变》《坚白》《名实》凡六篇……然其书出自先秦，义虽恢诞，而文颇博辨。陈振孙《书录解题》概以“浅陋迂僻”讥之，则又过矣。	引用《总目》。增补《汉志》、姚际恒、顾实、刘汝霖之说。《通考》入名家类，而《总目》入杂家类②。
鬼谷子	周 鬼谷子	不伪	《汉志》不著录。《隋志》纵横家有《鬼谷子》三卷，注曰周时隐于鬼谷……宋濂《潜溪集》诋为“蛇鼠之智”，又谓其文浅近，不类战国时人，又抑之太甚。柳宗元《辨鬼谷子》以为“言益奇而道益隘”，差得其真。盖其术岁不足道，其文奇变诡伟，要非后世所能为也。	引用《总目》。增补裴骃、王劭、张守节、长孙无忌、柳宗元、《新唐书艺文志》《中兴书目》、晁公武、宋濂、胡应麟、杨慎、姚际恒以及顾实之说③。
吕氏春秋	秦 吕不韦		实其宾客所撰。洪亮吉等皆有说。	《通考》漏收。
淮南子注	汉 高诱	二人之作混淆	《总目》卷一一七《淮南子提要》云：“(晁)公武谓许慎注称记上，陈振孙谓今本题许慎注，而详序文即是高诱，殆不可晓。芦泉刘绩又谓记上犹言标题进呈，并非慎为之注。然《隋志》《唐志》《宋志》皆许氏、高氏二注并列。陆德明《庄子释文》引《淮南子注》，称许慎。李善《文选注》、殷敬顺《列子释文》引《淮南子注》，或称高诱，或称许慎，是原有二注之明证。后慎注散佚，传刻者误以诱注题慎名也。”	引用《总目》。增补《汉志》、高诱《淮南子注序》《隋志》《旧唐书经籍志》《新唐书艺文志》、苏颂、晁公武、陈振孙、王应麟、《宋史艺文志》、刘绩、钱塘、钱遶吉、王引之、孙冯翼、劳格以及陶方琦之说④。

① 今按：柳宗元证伪，而唐兰、李学勤、吴光、裘锡圭等皆认为此书不伪。

② 今按：庞朴有“辨真”之作。

③ 今按：《通雅》卷三云：“《鬼谷子》有《揣篇》《摩篇》《捭阖篇》，人或信苏秦揣摩本此。鬼谷即鬼庾区，曾知为无是公乎？伪作者因秦揣摩成而附会耳。”

④ 今按：余嘉锡有驳议，杨树达亦有补证。

续表

书名	旧题作者	真伪	《总目》	《通考》
刘子	作者未定		《隋志》不著录，《唐志》作梁刘勰撰。陈振孙《书录解题》、晁公武《读书志》据唐播州录事参军袁孝政序作北齐刘昼撰。《宋史艺文志》亦作刘昼撰……史惟称其（指刘勰）撰《文心雕龙》五十篇，不云更有别书……其称“殷辛作靡靡之乐，始为北音”，与勰说迥异，必不出于一人。又史称勰长于佛理……此书末篇乃归心道教，与勰志趣迥殊……刘孝标之说，《南史》《梁书》俱无明文，未足为据……刘昼之名则介在疑似之间，难以确断。	引用《总目》。增补晁公武、陈振孙、黄震、宋濂、胡应麟、姚际恒以及顾实之说。袁孝政序、《旧唐书经籍志》《新唐书艺文志》之说已见于《总目》。《通考》将书名改为《刘子新论》。按：此书作者是刘昼还是刘勰？目前尚存争议。
两同书	唐 罗隐	真	《书录解题》引《中兴书目》，以为唐吴筠撰。考《宋史·艺文志》，别有吴筠《两同书》二卷，与此书同载之杂家类中，非一书也。	引用《总目》。增补《崇文总目》、晁公武、陈振孙之说①。
化书	南唐宋齐丘	窃名	旧传陈抟言谭峭景升在终南著《化书》……齐丘遂夺为己有而序之。则此书为峭所撰，称《齐丘子》者非也。	引用《总目》。陈景元跋系转引自《总目》。增补宋濂《诸子辨》、胡应麟《四部正讹》、姚际恒《古今伪书考》之说。
乐庵遗书	宋 李衡	疑伪	授受渊源不详；序跋亦出影撰。	引用《总目》。未增加任何新信息。
白虎通义	汉 班固	真	有所脱佚。朱翌以为伪撰。	引用《总目》。未增加任何新信息。
独断	汉 蔡邕	有窜乱	今书中序历代帝系末云：从高祖乙未至今岁壬子，四百一十年。壬子为灵帝建宁五年，而灵帝世系末行小注乃有二十二年之事。又有（汉）献帝之谥，则决非（蔡）邕之本文，盖后人亦有所窜乱也。	引用《总目》。未增加任何新信息。
古今注	晋 崔豹		豹书无序跋，缟书前有自序，称昔崔豹《古今注》博识虽广，殆有阙文。洎乎黄初，莫之闻见。今添其注以释其义。然今互勘二书，自宋、齐以后事二十九条外，其魏晋以前之事……所载并皆相同，不过次序稍有后先，字句偶有加减，缟所谓添注释义，绝无其事……豹书久亡，缟书晚出，后人摭其中魏以前事，赝为豹作。	引用《总目》。未增加任何新信息②。
中华古今注	后唐 马缟		又检校《永乐大典》所载苏鹗《演义》，与二书相同者十之五六，则不特豹书出于依托，即缟书亦不免于剿袭。	引用《总目》。未增加任何新信息③。

① 今按：《总目》考证此书为同书异名，并非伪书。

② 今按：《总目》以为伪，余嘉锡以为真。《通考》不加区别，误断为伪。

③ 今按：《总目》以为真，余嘉锡以为伪。

续表

书名	旧题作者	真伪	《总目》	《通考》
疑耀	明 李贽	嫁名	贽悖才妄诞，敢以邪说诬民。所作《藏书》，至谓“毋以孔夫子之是非是非我”。其他著作，无一非狂悖之词。而是编考证故实，循循有法。虽间倡儒、佛归一之说，其言亦谨而不肆。至云“儒不必援佛，佛不必援儒”，又云“经典出六朝人润色，非其本真”。且与贽论相反，断乎不出其手。	引用《总目》。所引《古夫于亭杂录》亦系转引《总目》之文，并未增加什么新信息①。
仇池笔谈	宋 苏轼	疑伪	多不类苏轼语，未必出其手著。	《通考》漏收。
东坡志林	宋 苏轼		陈振孙《书录解题》载《东坡手泽》三卷，注曰“今俗本《大全集》中所谓《志林》者也”。今观所载诸条，多自署年月者，又有署读某书书此者……盖轼随手所记，本非著作，亦无书名。其后人裒而录之，命曰《手泽》，而刊轼集者不欲以父书目之，故题曰《志林》耳。	未引用《总目》。引钱谦益、姚际恒之说。钱谦益所引马氏《经籍考》之说实即陈振孙《书录解题》之说②。
岩下放言	宋 叶梦得	真	《蒙斋笔谈》剽此书而作。	《通考》漏收。
蒙斋笔谈	宋 郑景望	伪	今考其书，乃全录《岩下放言》之文，但删其十分之三四，而颠倒其次序。	引用《总目》。未增加任何新信息。
诚斋挥麈录	宋 杨万里	伪	今检其本，实从王明清《挥麈录》内摘出数十条，别立此名。凡明清自称其名者，俱改作万里字。	引用《总目》。未增加任何新信息。按：王国维有辨证。
鹤山笔录	宋 魏了翁	版本作伪	末有悔余老人跋，称……近因笺注苏诗，试取检阅……而慎行补注苏诗亦无一字引此书……其实即书贾剽《经外杂抄》伪为之。	引用《总目》。未增加任何新信息③。
紫微杂说	宋 吕祖谦	作者误题	今考赵希弁《读书志》载《东莱吕紫微杂说》一卷……皆吕本中居仁之说……盖吕氏祖孙，当时皆称为东莱先生，传写是书者，遂误以为出祖谦之手。不知本中尝官中书，人故称曰“紫微”。若祖谦仅终于著作郎，不得有紫微之称。又书中有“自岭外归”之语，而本中《东莱集》有避地过岭诗，于事迹亦适相合。其为本中所撰无疑也。	引用《总目》。未增加任何新信息。按：《总目》据职官、事迹考证此书为吕本中所撰。
东园丛说	宋 李如篪	伪	不见著录；来历不明；其说晚出。	《通考》漏收。
蠡海集	宋 王逵	时代伪	王氏为明人而非宋人。	《通考》漏收。
井观琐言	宋 郑瑗	时代伪	书中称明为国朝，决非宋人所为。	《通考》漏收。
绀珠集	朱胜非	疑伪	胡玉缙认为确出朱氏。	《通考》漏收。

① 《总目》比较了《疑耀》的思想与李贽不符，从而断定此书不出其手。《古夫于亭杂录》认为张萱自纂而嫁名于李贽。近人容肇祖有考辨。

② 今按：余嘉锡有辨证。此书确系苏轼随手笔记，《通考》以为伪作，乃是以不伪为伪。

③ 今按：《经外杂抄》系魏了翁之作，此为版本作伪，而非伪书。

续表

书名	旧题作者	真伪	《总目》	《通考》
于陵子	齐 陈仲子	伪	王士禛《居易录》曰："万历间学士多撰伪书以欺世，如《天禄阁外史》之类，人多知之。今类书中所刻唐韩鄂《岁华纪丽》，乃海盐胡震亨孝辕所造。《于陵子》，其友姚士粦叔祥所作也。"……前有元邓文元题词，称前代《艺文志》《崇文总目》所无，惟石廷尉熙明家藏，又称得自道流，其说自相矛盾。又有王鏊一引一跋，鏊集均无其文，其伪可验。惟沈士龙一跋引扬雄《方言》所载《齐语》及《竹书纪年》《战国策》《列女传》所载沃丁杀伊尹、齐楚战重邱及楚王聘仲子为相事，证为古书，其说颇巧。然摭此四书以作伪，而又援此四书以证非伪，此正朱子所谓采《天问》作《淮南子》，又采《淮南子》注《天问》者也。	引用《总目》，增补姚际恒《古今伪书考》。姚亦以为姚士粦伪撰，与王同①。
天禄阁外史	汉 黄宪	伪	前有晋谢安、唐田宏、陆贽题词。每篇又有宋韩洎赞，而冠以王鏊之序，词旨凡鄙，显出一手。《总目》引用朱国桢《涌幢小品》、李诩《戒庵漫笔》、张习孔《云谷卧余》证此书出王逢年。	未明引《总目》，而直接引用晋谢安、唐田宏、陆贽题词以及王鏊之序。又增补江翼圣、姚际恒、王谟之说以掩其迹②。
樵谈	宋 许棐	伪	词气不类宋人，或出明末人之手。	《通考》漏收。
学问要编	元 刘君贤	疑伪	文格类明末小品，元人无此体裁。	《通考》漏收。
钱子测语	明 钱琦	疑伪	明末小品，正、嘉时无此体裁。	《通考》漏收。
搜采异闻集	宋 永亨	伪	诸家书目皆不载。今考起文，皆剽窃洪迈《容斋随笔》而颠倒其次序。盖明季士风浮伪，喜以藏蓄异本为名高，其不能自真得古书者，往往赝作以炫俗，其不能自作者，则又往往窜乱旧本，被以新名。	引用《总目》。未提供任何新信息。
续古今考	金 元好问	伪	考好问著述存者有《遗山集》《中州集》《续夷坚志》，佚者有《壬辰杂编》。此外诸家著录别无他书。此编莫省所自来。前有永乐四年解缙序，词意凡鄙，殊不类缙文。其论《晋书》以十六国为载记，不若《东都事略》以辽、金、夏为附录，决非金人之言。	引用《总目》。未提供任何新信息。按：《总目》发现此书不见著录，来历不明，最后断定"近时人所为"。
灼薪剧谈	明 朱承爵	疑伪	杂抄唐、宋说部之文，殆书贾所为。	《通考》漏收。
纬略类编		伪	取《丹铅》诸录，窜乱次序，抄合成编。	《通考》漏收。
试笔	宋 欧阳修	跋伪	跋语凡猥殊甚，决非苏轼语。	《通考》漏收。

① 今按：谭献《复堂日记》以为徐渭伪撰。胡玉缙认为谭献臆断，当以王士禛为近是。

② 将《总目》之考辨文章转换为《通考》之资料汇编，不动声色，但并非无迹可求。《通考》入杂史类，而《总目》入杂家类。今按：作伪者未定。李慈铭云："世谓杨升庵伪撰，以余观之，殆出宋、元之间马医夏畦辈所为，升庵尚不至此也。"

续表

书名	旧题作者	真伪	《总目》	《通考》
蕉窗杂录	稼轩居士	伪	凡遇“宋”字必加“皇”字于上，以明其为真弃疾作。然是中乃引杨慎《丹铅录》、焦竑《类林》、王世贞《艺苑卮言》，其妄殆不足辨……殆妄劣书贾抄合明人说部，诡题此名。	引用《总目》。未提供任何新信息。
木笔杂抄	宋 无名氏	伪	今考其书，皆宋吴子良《荆溪林下偶谈》之文，原书本八卷，此本摘抄二卷，别标新名，又伪撰小序弁于首。	引用《总目》。未增加任何新信息。
袖中锦	太平老人	伪	杂抄说部之文，漫无条理，命名亦不雅驯。盖书贾所依托。	引用《总目》。未增加任何新信息。
月下偶谈	宋 俞琰	版本作伪	今核其文，即俞琰所著《席上腐谈》中摘录数十条，别题此名耳。	引用《总目》。未增加任何新信息①。
春雨杂述	明 解缙	疑伪	多从诗话、书谱中抄撮而成，罕逢新义。又逐条标题重复，漫无体例，疑或出于依托也。	引用《总目》。未提供任何新信息。
稽古堂论古	明 张燧	伪	抄自《千百年眼》，伪立此名。	《通考》漏收。
感应类从志	晋 张华	伪	隋、唐以来经籍、艺文诸志皆所不载，诸家书目亦不著录。语多俚陋，且皆妖妄、魇制之法。其为依托无疑也。	引用《总目》。未提供任何新信息。
物类相感志十八卷	东坡先生	伪	旧本题东坡先生撰，然不闻苏轼有此书。又题僧赞宁编次。按晁公武《读书志》及郑樵《通志·艺文略》皆载《物类相感志》十卷，僧赞宁撰。是书分十八卷，既不相符。又赞宁为宋初人，轼为熙宁、元祐间人，岂有轼著此书而赞宁编次之理?	引用《总目》。增补晁公武之说。
物类相感志一卷	东坡先生	伪	疑十八卷之本即因此本而衍之。	《通考》漏收。
事物纪原		有增益	陈振孙《书录解题》亦云：“《中兴书目》作十卷，高承撰，元丰中人。凡二百十七事。今此书多十卷，且多数百事，当是后人广之耳。”云云。则此书实出高承，敬序盖未详考。惟检此本所载凡一千七百六十五事，较振孙所见更数倍之，而仍作十卷，又无项彬原序，与陈、赵两家之言俱不合。盖后来又有所增益，非复宋本之旧。	暗引《总目》中材料与结论。《通考》入杂家类，而《总目》入类书类。
格物粗谈	苏轼	伪	伪书中之伪书。元人已知其伪。罕见著录。	引用《总目》。未提供任何新信息。
多能鄙事	明 刘基	伪	体近琐碎，殊失雅驯。立名取孔子之言，亦属僭妄。殆托名于基也。	引用《总目》。未提供任何新信息②。
都氏铁网珊瑚	明 都穆	书贾作伪	盖奸黠书贾杂裒成编，借穆之名。	引用《总目》。未提供任何新信息。

① 今按：《通考》以为“抄袭他书”，非是。

② 今按：王重民认为此书抄自《居家必用事类全集》。

续表

书名	旧题作者	真伪	《总目》	《通考》
蕉窗九录	明 项元汴	书贾作伪	今考其书，陋略殊甚，彭序亦弇鄙不文，二人皆万万不至此。殆稍知字义之书贾以二人有博雅名，依托之以炫俗也。	引用《总目》。未提供任何新信息。
筠轩清秘录	董其昌	书贾作伪	今考其书，即张应文所撰《清秘藏》，但析二卷为三卷。书贾以其昌名重，故伪造(陈)继儒之序以炫俗射利耳。	引用《总目》。未提供任何新信息。
飞凫语略	明 沈德符	版本作伪	凡十八条，其中多与所著《敝帚轩剩语》相同，疑即从《剩语》中抄出者。	引用《总目》。未提供任何新信息①。
纲常懿范	明 周是修	疑伪	核其所述，大抵荒芜弇鄙，类村塾野老稍知字义者所为，殊不似是修之笔。殆原书久佚，而其后人赝补之，如张九龄《千秋金鉴》类也。	引用《总目》。未提供任何新信息。
帝皇龟鉴	宋 王钦若	版本作伪	考宋以来史志书目皆不著录。详检其文，即《册府元龟》中"帝王"一部。卷首钦若序即原书之总类也。伪妄剽窃之书，本不足辨。	引用《总目》。未提供任何新信息。
卧游录	宋 吕祖谦	伪	凡四十五则，前二十一则全录刘义庆《世说新语》，次十八则全录苏轼杂著及陶潜集，惟后二则不知为谁语。其言参差不伦，了无取义。祖谦必不如是之陋。此本出陈继儒《普秘籍》中，殆明人依托也。	引用《总目》。未提供任何新信息。
石屏新语	宋 戴复古	伪	是编以"石屏新语"为名，则当为复古所手著。乃编中惟录张询古《五代新说》、陈郁《藏一话腴》二种，而多所删节。当是后人依托其名，抄撮成帙也。	引用《总目》。未提供任何新信息。
补妒记	京兆王绩	疑伪	殆于类书剽取之。	《通考》漏收。
古今艺苑谈概	宋 俞文豹	书贾作伪	此编所引明代诸书，盖伪托也。书中杂采故实，无所辨论……当是无知书贾抄撮说部，伪立新名也。	引用《总目》。未提供任何新信息。
景行录	元 史弼	伪	所录格言数百条，多剽掇《省心录》之语。前有弼自序，其词潦倒可笑，似出妄人所依托。复有明瞿佑序……词亦庸劣，佑似不应至此。	引用《总目》。未提供任何新信息。
女红余志	龙辅	伪	钱希言《戏瑕》称"好事者所依托"，则明人已灼知其伪。	引用《总目》。未提供任何新信息。
琅環记	元 伊世珍	伪	所引书名，大抵真伪相杂，盖亦《云仙散录》之类。钱希言《戏瑕》以为明桑怿所伪托。	引用《总目》。未提供任何新信息。
俨山外记	明 陆深	伪	抄袭《俨山堂外集》，非所自著。	《通考》漏收。
读升庵集	明 李贽	不伪	李、杨道不相同；序文浅陋，不类贽笔。	引用《总目》。未提供任何新信息②。

① 今按：胡玉缙考证此书即《野获编》卷二六之玩具一门。《总目》误断，《通考》亦未加辨证。

② 今按：《总目》误断。详见拙文《读升庵集真伪考》。

续表

书名	旧题作者	真伪	《总目》	《通考》
诸子汇函	明 归有光	伪	是编以自周至明子书每人采录数条，多有本非子书而摘录他书数语称以子书者。且改易名目，诡诞不经……皆荒唐鄙诞，莫可究诘。有光亦何至于是也。	引用《总目》。未提供任何新信息。
天池秘集	明 徐渭	作者伪	所载如叶向高、陈继儒之里皆在其(指徐渭)之后，渭安得见其诗文？盖即一观所辑，伪托于渭也。	引用《总目》。未提供任何新信息。
古今名贤说海		伪刻序目	得《古今说海》残本，伪刻序目。	《通考》漏收。
名贤汇语		书贾作伪	序词鄙陋，疑为坊贾之笔。	《通考》漏收。
二十九子品汇释评	翰林状元	书贾作伪	毫无伦次；评语谬陋不可言状。	《通考》漏收。
再广历子品粹	明 汤宾尹	疑伪	考《明史艺文志》及《江南通志》皆无此书名。前有尹宾序称……授以《广历子》云云，而卷端又称《再广历子》，已参错无绪。而所列二十四家子书，又多杜撰名目。	引用《总目》。未提供任何新信息。今按：《总目》从不见著录与杜撰名目两点证伪。
广百川学海	明 汤可宾	版本作伪	核其所载，皆正续《说郛》所有，板亦相同。盖奸巧书贾于《说郛》印板中抽取此一百三十种，别刊序文目录，改题此名，托言出于可宾也。	引用《总目》。未提供任何新信息。
资麈新闻	清 魏裔介	疑托名	遇仙佛名号，必跳行出格书之，已决非裔介所为……全书体例猥杂，谬陋百出，与裔介他书如出二手。又裔介讲学为事，而此书推尊二氏如恐不及，亦与其生平言行如出两人。疑或妄人所托名欤。	引用《总目》。未提供任何新信息。按：生平、言行皆与魏裔介不合。
艺圃蒐奇	明 徐一夔	未定	凡一百三种，其中舛谬颠倒，不可缕举，其最甚者，如……大抵改易书名人名以售其欺……其为近时所赝托，不问可知矣。	引用《总目》。未提供任何新信息①。
皇书帝佚	明 蒋轶凡	伪	不善作伪。	《通考》漏收。
眉公十集	明 陈继儒	版本作伪	是书名为十集，实十一种……皆在《宝颜堂秘笈》之内。惟《读书十六观》一种为《秘笈》所未收。简端各缀以评，其评每卷分属一人，而相其词气，实出一手，刊版亦粗恶无比，盖继儒名盛一时，坊贾于《秘笈》中摘出，翻刻又妄加批点也。	引用《总目》。未提供任何新信息②。
溪堂丽宿集		伪	无序跋，无目录。盖庸陋书贾抄合说部，伪立名目以售欺。	引用《总目》。未提供任何新信息。
翰苑丛抄		伪	取左圭《百川学海》所载诸书，删其书名、卷数与撰人颠倒次序，连缀抄为一编。伪书之最拙者也。	引用《总目》。未提供任何新信息。
学海类编	清 曹溶	托名	改头换面别立书名；移甲为乙伪题作者。	引用《总目》。未提供任何新信息。

① 今按：《总目》认为伪，钱大昕有此书跋，认为不伪。

② 今按：此非伪书，而是版本作伪。

续表

书名	旧题作者	真伪	《总目》	《通考》
编珠	隋 杜公瞻	疑伪	《隋志》不载，《唐志》……无此书，《宋志》始著于录，然世无传本，始出于(高)士奇家。疑明人伪托。	引用《总目》。未提供任何新信息。
艺文类聚	唐 欧阳询	有附益	四子(指苏味道、李峤、沈佺期、宋之问)皆后人，欧阳安得预编之？则传写又有所窜乱。	引用《总目》。未提供任何新信息。
小名录	唐 陆龟蒙	疑伪	未能信其必真，亦无以断其必伪。	《通考》漏收。
圣贤群辅录	晋 陶潜	伪	称引《尚书》伪孔传。	引用《总目》。未提供任何新信息。
锦带	昭明太子	伪	详其每篇自叙之词，皆山林之语，非帝胄所宜言。且词气不类六朝，亦复不类唐格。	引用《总目》。未提供任何新信息。
锦带补注	宋 杜开	疑伪	词旨颇鄙，注文尤谬……余则无一不出杜撰。疑亦妄人依托也。	引用《总目》。未提供任何新信息。
锦绣万花谷	不著撰人名氏	有附益	黄虞稷《千顷堂书目》所载，则前集、后集、续集外，又有别集三十卷。今案序中明言自九华之归，粗编成为三集，每集析为四十卷。可知后集为陈氏偶遗，别集为后人所续增，不在原编之数。故明人刊本亦只三集也。序中称命名者为乌江萧恭父(案尤侗《明艺文志注》，此书为萧恭父作，盖因此语而误)河南胡恪，皆不知何许人。前集之末，独附载衢州卢襄《西征记》一篇，于体例殊不相类。或撰此书者亦衢人，故附载其乡先辈之书欤？又其书既成于淳熙中，而纪年类载理宗绍定、端平年号，帝后诞节类载宁宗瑞庆节、理宗天基节诸名，并称理宗为今上。是当时书肆已有所附益，并非淳熙原之旧矣。	引用《总目》。未提供任何新信息。
事文类聚		版本作伪	此书为元代麻沙版。前、后、续、别四集，皆宋祝穆撰。新集、外集，元富大用撰。遗集元祝渊撰。其合为一编，则不知始自何人，疑即建阳书贾所为也……穆书成于淳祐间，而书中有称理宗庙号者，殆大用等有所追改，非尽原文。是则乱古书，开明人一代之恶习，为可憎耳。	引用《总目》。未提供任何新信息①。
岁华纪丽	唐 韩鄂	?	今类书中所刻唐韩鄂《岁华纪丽》，乃海盐胡震亨孝辕所造。	引用《总目》。未提供任何新信息②。
文选双字类要	宋 苏易简	疑伪	疑其时科举之徒辑为此书，托易简名以行也。	引用《总目》。增补陈振孙之说。
文选类林	宋 刘攽	疑伪	刘攽兄弟以文章学问与欧阳修、苏轼诸人驰骋上下，未必为此饾饤之学。疑亦南宋时业词科者所依托也。	引用《总目》。未提供任何新信息。

① 今按：此非伪书，而是版本作伪。

② 今按：或以为胡震亨伪造，钱曾驳之，《总目》驳钱曾，余嘉锡驳《总目》。

续表

书名	旧题作者	真伪	《总目》	《通考》
记室新书	宋 方龟年	版本作伪	考世传抄本《翰苑新书》，有明沔阳陈文烛序，谓是宋人书抄自秘阁者，无撰人姓氏，凡分四集。其别集二十卷，即此书之前二十卷。其前集七十卷，此书割去前十二卷，以十三卷以下五十八卷续别集后，仍足七十卷之数。盖坊贾得残缺《翰苑新书》，并两集为一集，改此名以售欺也。	引用《总目》。未提供任何新信息①。
诗律武库前后集	宋 吕祖谦	疑伪	与《历代制度详说》皆祖谦年谱所不载……在类书中最为浅陋；断非祖谦所为。	引用《总目》。未提供任何新信息。
侍儿小名录拾遗	宋 张邦畿	作者讹传	踵谬传讹，愈传愈远。初题朋溪先生。	引用《总目》。未提供任何新信息。
四六膏馥	宋 杨万里	书贾作伪	万里一代词宗，谬陋不应至此。	引用《总目》。未提供任何新信息。
裁纂类函		书贾作伪	删录《册府元龟》，不足与辨真伪。	《通考》漏收。
八诗六帖	宋 王状元	书贾作伪	盖坊贾所为之赝本。	《通考》漏收。
类编古今事林群书一览	宋 祝穆	伪	卷首即为大兴府，决非穆所作矣。盖元人未完之本。	引用《总目》。未提供任何新信息。
可知编	明 杨慎	书贾作伪	《升庵书目》不载此名。	引用《总目》。未提供任何新信息。
五车霏玉	明 吴昭明	书贾作伪	兔园册子之最陋者。疑坊刻托名也。	引用《总目》。未提供任何新信息。
诗学事类	明 李攀龙	托名	攀龙其学终有根柢，不应疏芜至此。	引用《总目》。未提供任何新信息。
韵学事类	明 李攀龙	伪托	庞杂疏陋，亦伪托也。	引用《总目》。未提供任何新信息。
韵学渊海	明 李攀龙	伪托	盖取坊间伪托攀龙所著《韵学事类》《诗学事类》二书合并成编。	引用《总目》。未提供任何新信息。
异物汇苑	明 王世贞	伪	世贞著述何至陋劣至此乎。	引用《总目》。未提供任何新信息。
汇苑详注	明 王世贞	疑伪	剽掇《事文类聚》《合璧事类》而成。	引用《总目》。未提供任何新信息。
古今类腴	王麟洲	伪	殆坊刻陋本，必不出世懋之手。	引用《总目》。未提供任何新信息②。

① 今按：此为典型的版本作伪，而非伪书。《通考》以为"抽录他书"，作为伪书处理，不够准确。

② 今按：王重民考证为陈世宝撰。《明史·艺文志》著录陈世宝《古今类腴》十八卷，《千顷堂书目》同。而《宣统太仓州镇洋县志》《民国太仓州志》均著录为王世懋《古今类腴》十八卷，显然失考。

续表

书名	旧题作者	真伪	《总目》	《通考》
缥缃对类	明 屠隆	书贾作伪	屠隆尚不至此。	《通考》漏收。
姓氏谱纂	明 李日华	伪	时间矛盾；内容谬漏。	《通考》漏收。
时物典汇	明 李日华	疑伪	杂剽类书故实，舛误百出。	《通考》漏收。
经世篇	顾炎武	书贾作伪	抄撮类书为之，坊贾托名于炎武。	《通考》漏收。
韵粹	清 朱彝尊	疑伪	彝尊学有本原，何至如此。	《通考》漏收。
考古原始	清 王文清	疑伪	自叙著述不及是书。	《通考》漏收。
西京杂记	晋 葛洪		至段成式《酉阳杂俎·广动植篇》始载葛稚川就上林令鱼泉问草木名，今在此书第一卷中。张彦远《历代名画记》载毛延寿画王昭君事，亦引葛洪《西京杂记》，则指为葛洪者实起于唐……晁公武《读书志》亦称江左人，或以为吴均依托……以此书所纪，与班书参校，又往往错互不合……是以陈振孙等深以为疑……今故从原跋，兼题刘歆、葛洪姓名。	引用《总目》，但误将“段成式”写作“役成式”，似为手民误植。增补胡应麟、谭献之说，并下己见。《总目》入小说家类，《通考》入杂史类。按：余嘉锡认为不伪。
朝野佥载	唐 张鷟	真中有伪	《佥载》乃鷟所作，《补遗》后人附益。	《通考》漏收。
刘宾客嘉话录	唐 韦绚	真中有伪	窜乱旧书，真伪杂糅。	唐兰有考辨。
云仙杂记	唐 冯贽	伪	无论所引书目，皆历代史志所未载，即七自序称天复元年所作，而序中乃云天祐元年退归故里，书成于四年之秋，又数岁始得终篇。年号先后皆不免颠倒，其为后人依托，未及详考明矣。	引用《总目》。增补张邦基《墨庄漫录》、洪迈《容斋随笔》、《书录解题》、胡应麟《四部正讹》之说。《通考》将书名改为《云仙散录》①。
钱氏私录		著作权有争议	是书固非彦远所为，亦非尽偭所纂，盖偭尝记所闻见，而世昭叙而集之尔。	引用《总目》。未提供任何新信息，所引钱曾之说不过转引自《总目》②。
后山谈丛	宋 陈师道	不伪	陆游《老学庵笔记》颇疑此书之伪，又以为或其少作。然师道《后山集》前有其门人魏衍附记，称《谈丛》《诗话》别自为卷，则是书实出师道手。洪迈……称其笔力高简，必传于后世，不云他人所赝托。迈去师道不远，且其考证不草草，知陆游之言未免失之臆断也。	引用《总目》。未提供任何新信息。今按：陆游以为伪，洪迈以为真，余嘉锡有考辨。
孔氏谈苑	宋 孔平仲	疑伪	以宰相押麻，不合当时体制，疑为不知典故者所为，必非孔氏真本。今考其所载，往往与他书相出入。	引用《总目》。增补朱熹之说。今按：余嘉锡、李裕民有考辨。
辍耕录	明 陶宗仪	疑为抄袭	郎瑛《七修类稿》谓宗仪多录旧书，皆攘为己作。	引用《总目》。未提供任何新信息。

① 今按：曹之师撰有《〈云仙杂记〉真伪考》，以为伪书。拙撰有《〈云仙杂记〉详考》，证明宋本不伪，他本有附益。

② 今按：此书不伪。《钱氏私志》或题钱彦远、或题钱偭、或题钱世昭等。

续表

书名	旧题作者	真伪	《总目》	《通考》
山海经	伯益	作者疑伪	卷首有刘秀校上奏，称为伯益所作。案《山海经》之名，始见《史记·大宛列传》，司马迁但云"《禹本纪》《山海经》所言怪物，余不敢道"，而未言为何人所作。《列子》称"大禹行而见之，伯益知而名之，夷坚闻而志之"似乎即指此书，而不言其名"山海经"……观书中载夏后启、周文王及秦、汉长沙、象郡、余暨、下巂诸地名，断不作于三代以上，殆周秦间人所述，而后来好异者又附益之欤。	引用《总目》。二者分类不同，《通考》列入史部地理类，而《总目》列入子部小说家类，认为"诸家并以为地理书之冠，亦为未允。核实定名，实则小说家之最古者尔"。《通考》增补历代资料甚多，现代部分有顾实《汉书艺文志讲疏》、卫聚贤《山海经的研究》及梁启超《饮冰室专集》。梁启超认为："《四库提要》所论最为平允。"
水经	汉 桑钦		《水经》作者《唐书》题曰桑钦。然班固尝引钦说，与此经文异。道元注亦引钦所作《地理志》，不曰《水经》。观其涪水条中称广汉已为广魏，则决非汉时。钟水条中称晋宁仍曰魏宁，则未及晋代。推寻文句，大抵三国时人。	引用《总目》。增补《隋志》、杜佑《通典》、《晁志》、王应麟《困学纪闻》、欧阳圭斋、姚际恒《古今伪书考》、胡渭《禹贡锥指》及王谟《汉魏丛书·水经跋》。
三辅黄图	不著撰人名氏	不伪	惟兼采《西京杂记》《汉武故事》诸伪书……爱博嗜奇，转失精核。	引用《总目》。《通考》以不伪为伪，不免误断。引用伪书不等于就是伪书。
南中志	晋 常璩	伪	考隋以来经籍、艺文诸志，皆无此书……且汉王恢攻南越，在建元六年，张骞使大夏，在元狩元年。此云骞以白帝东越攻南越，大行王恢救之。年月之先后既殊，事迹亦不知何据……杨慎好撰伪书，此书当亦《汉杂事秘辛》之类也。	引用《总目》。未增加任何新信息。
吴地记	唐 陆广微	伪	然书中……称唐讳虎，钱氏讳鏐，改为浒墅。考《五代史·吴越世家》乾符二年董昌表始表钱鏐为偏将，光启三年始拜鏐左卫大将军、杭州刺史，景福二年始拜鏐为镇海军节度使、润州刺史，乾宁元年始加鏐同中书门下平章事，二年始封鏐为彭城郡王，天祐元年封吴王，至朱温篡立始封鏐为吴越王，安得于乾符三年以董昌一偏将能使人讳其嫌名？且乾符三年亦安得预称吴越？	引用《总目》。未增加任何新信息。
历代地理指掌图	苏轼	伪	书中有建炎二年改江宁为建宁府、绍兴三十三年升洪州为隆兴府诸语。《总目》引费衮《梁溪漫志》曰："……最后有本朝升改废置州郡一图，乃有崇宁以后迄于建炎、绍兴所废置者，此岂出于东坡之手哉？"按：苏轼为北宋时人，此书涉及南宋地理，显然可疑。	引用《总目》。未增加任何新信息。今按：王重民有考辨。
舆地广记	宋 欧阳忞	或托名		未引用《总目》。

续表

书名	旧题作者	真伪	《总目》	《通考》
吴郡志	宋 范成大	或疑伪，不伪	是书为成大末年所作，郡人龚颐、滕茂、周南相与赞成之。时有求附于籍不得者，会成大没，乃腾膀谓不出成大手，遂寝不行……赵汝谈为之序，以周必大所撰成大墓志定是书实所自为，并声明龚颐三人者尝为成大搜访，故谤有自来，其论乃定。	未引用《总目》。引用陈振孙《书录解题》。
高丽记	宋 徐兢	版本作伪	案兢别有《高丽图经》四十卷，已著于录。此本所载，即从《图经》中摘抄而成，非两书也。	引用《总目》。未增加任何新信息①。
记古滇说	宋 张道宗	疑伪	前有嘉靖己酉沐朝弼序，则称道宗为元人。卷末题咸淳元年春正月八日滇民张道宗录，而书中又载元统二年立段信苴实为大理宣慰使司事，颠倒抵牾，猝不可诘。其书大抵阴剽诸史西南夷传，而小变其文……其说荒诞，与史传尤异。文句亦多不雅驯，殆出赝托。况书中明言宋兴以北有大敌，不暇远略，使传往来，不通中国。何以度宗式微之时转奉正朔。然则非惟道宗时代恍惚难凭，即其人之有无且不可遽信矣。卷首有杨慎点校字，其即慎所依托而故谬其文以疑后人欤。	引用《总目》。未增加任何新信息。
大涤洞天记	元 邓牧	版本作伪	核其书，即牧所撰《洞霄图志》内宫观、山水、洞府、古迹、碑记五门，而删其人物。每门又颇有刊削，不皆全文。卷首吴全节、沈多福二序亦同，惟增入洪三十一年正一嗣教真人张宇初一序。称今年春某宫道士某持宫志请序，将广于梓。盖明初道流重刻时，妄以其意删节之，而改其名也。	引用《总目》。未增加任何新信息②。
华岳全集	明 李时芳	版本作伪	今按时芳之本，《千顷堂书目》作十卷，乃嘉靖四十一年所修。至万历二十四年，汝州张维新为潼关道副使，以时芳书多舛错，与华阴知县贵州马明卿重加铨叙……题时芳所撰，误也。	引用《总目》。未增加任何新信息③。
朝鲜杂志	明 董越	版本作伪	以越所撰《朝鲜赋》校之，皆赋中越所自注。盖好事者抄出别行，伪立名目，非越又有此书也。	引用《总目》。未增加任何新信息④。
山左笔谈	明 黄淳耀	疑伪	是编所记皆山东风土……诸事宜……案淳耀生平未尝游山东，所著《陶庵集》内亦无此书名。此本见曹溶《学海类编》中，疑亦出伪托也。	引用《总目》。未增加任何新信息。

① 今按：此处亦未区别版本作伪与伪书。

② 今按：此本为一典型的版本作伪，而非伪书，因为作者还是邓牧，并未托之他人。

③ 今按：此本为一特殊的版本作伪，而非伪书，以原本作者邓牧覆盖增修作者张维新、马明卿。王重民先生有考辨，可参观。

④ 今按：此本为一典型的版本作伪，而非伪书，因为作者还是董越，并未托之他人。《通考》谓“录自他书”，相当含混。并非“他书”，而是已作。

续表

书名	旧题作者	真伪	《总目》	《通考》
山东考古略	清 顾炎武	疑伪	《说铃》载炎武书四种，其三皆杂剽《日知录》，而此书独《日知录》所不载……考王士禛《居易录》，记炎武预修《山东通志》，或是时所遗稿本，亦未可知也。	引用《总目》。未增加任何新信息。《通考》列为“剿取他书”，没有确据，未免含混不清。又误将书名改为“京东考古略”。经胡玉缙考证，此书见于《日知录》者亦十数条。
别本坤舆外纪	清 南怀仁	版本作伪	案怀仁《坤舆外纪》别有全本，已著于录。此本摘录其文，并删其图说，乃丛书之节本，犹明季坊刻窜乱古书之陋习也。	引用《总目》。未增加任何新信息①。
唐六典	唐玄宗撰 李林甫注		《唐会要》载开元二十三年(张)九龄等撰是书，而《唐书》载九龄以开元二十四年罢知政事，则书成时九龄犹在位。后至二十七年，林甫乃注成独上之。宋陈騤《馆阁录》载书局有经修经进、经修不经进、经进不经修三格说，与九龄皆所谓经修不经进者，卷首独著林甫，盖即此例。	引用《总目》。未增加任何新信息②。
历代铨政要略	宋 杨亿	版本作伪	此书《宋史·艺文志》不著录，亿本传亦不载，惟曹溶《学海类编》收之。细核其文，乃《册府元龟》铨政一门总序也，已为割裂作伪。又亿虽预修《册府元龟》，而据晁氏《读书志》，总其事者尚有王钦若，同修者更有钱惟演等五人。亿于诸序，不过奉敕点窜，何所见而此序出亿手？此真随意支配者矣。	引用《总目》。未增加任何新信息③。
官制备考	明 李日华	疑伪	舛漏颇多，不足以备考证……疑日华未必至此，殆坊贾托名也。	引用《总目》。未增加任何新信息。今按：此条证据薄弱。
汉官旧仪	汉 卫宏	不伪		引用《总目》。所谓“撰人或误”，误解《总目》文义。
别本汉旧仪	汉 卫宏	不伪	盖原书久佚，后人从《汉书注》中摘录而成……此后人裒集之本，固可置而不论矣。	引用《总目》。《通考》所谓“后人杂录”，实为辑佚，而非作伪，此处显然误解《总目》文义，以不伪为伪。
神异经	汉 东方朔	伪	此书既刘向《七略》所不载，则其为依托更无疑义……其伪在隋以前矣。观其词华缛丽，格近齐、梁，当由六朝文士影撰而成。	引用《总目》。增补陈振孙、胡应麟之说。
海内十洲记	汉 东方朔	伪	考刘向所录朔书无此名。书中所载武帝华林园射虎事……武帝时安有是号？盖六朝词人所依托。	引用《总目》。增补晁公武、陈振孙、胡应麟之说。

① 今按：此本为一典型的版本作伪，而非伪书，因为作者还是南怀仁，并未托之他人。

② 今按：此书不伪。古代官修书的著作权与现代不同。《通考》所谓“所题撰人与实际不符”，有以今测古之嫌。

③ 今按：此本为一典型的版本作伪，而非伪书。

续表

书名	旧题作者	真伪	《总目》	《通考》
汉武故事	汉 班固	伪	旧本题汉班固撰，然史不云固有此书。《隋志》著录传记类中，亦不云固作。	引用《总目》。增补姚际恒说，并下已见。《总目》入小说家类，《通考》入杂史类。
汉武帝内传	汉 班固	伪	《隋志》著录二卷，不注撰人，《宋志》亦注曰不知作者。此本题曰班固，不知何据。殆后人因《汉武故事》伪题班固，遂并此书归之欤……与(《汉书》)传赞自相矛盾，其不出于固，灼然无疑……则其伪在齐梁间……其殆魏晋间文士所为乎。	引用《总目》。增补王谟之说，并下已见。《总目》入小说家类，《通考》入杂史类。按：余嘉锡认为葛洪所依托。
汉武洞冥记	后汉 郭宪	伪	至于此书所载，皆怪诞不根之谈，未必真出宪手。又词句缛艳，亦迥异东京，或六朝人依托为之。	引用《总目》。增补晁公武、陈振孙、胡应麟之说①。
搜神记	晋 干宝	辑佚	考《太平广记》所引，一一与此本相同。以古书所引证之……亦皆具在此本中。似此本即宝原书……至于六、七两卷，全录两《汉书·五行志》。司马彪虽在宝前，《续后汉书》宝应及见，似决无连篇抄录一字不更之理，殊为可疑。然其书叙事多古雅，而书中诸论，亦非六朝人不能作，与他伪书不同。疑其即诸书所引，缀合残文，附以他说，亦与《博物志》《述异记》等。	引用《总目》。增补《晋书干宝传》、王谟之说。《隋志》、新旧《唐志》、《崇文总目》及胡应麟之说均已见于《总目》②。
搜神后记	晋 陶潜	嫁名	陶潜卒于元嘉四年，而此有十四、十六年事。陶集多不称年号，而此书题永初、元嘉，其为伪托，固不待辨……题陶潜者固妄，要不可谓非六代遗书也。	引用《总目》。所引沈士龙跋亦见于《总目》。今按：余嘉锡有考辨。
续齐谐记	梁 吴均	不伪	《唐艺文志》作吴筠。案：唐有道士吴筠，乃大历时人。是书《隋志》著录，杜公瞻《荆楚岁时记注》、欧阳询《艺文类聚》已先引其文，非筠甚明，《唐志》盖传写之讹……岂原书久佚，后人于《太平广记》诸书内抄合成编，故偶有遗漏欤。	引用《总目》。未提供任何新信息。
博异记	唐 谷神子		证以《太平广记》所引，又确为本书。	《通考》漏收。
甘泽谣	唐 袁郊	真	周亮工以为伪，《总目》认为裒辑散佚，重编成帙，亦不得谓之赝书。	《通考》漏收。
博物志	晋 张华		今本并非宋人所见之本。或原本散佚，好事者掇取诸书所引《博物志》，而杂采他小说以足之，故证以《艺文类聚》《太平御览》所引，亦往往相符。其余为他书所未引者则大抵剽剟《大戴礼记》《春秋繁露》《孔子家语》《本草经》《山海经》《拾遗记》《搜神记》《异苑》《西京杂记》《汉武内传》《列子》诸书。	引用《总目》。增补晋王嘉《拾遗记》、姚际恒《古今伪书考》之说。今按：《总目》以为辑佚，余嘉锡有辨证。

① 今按：《通考》将书名改为《洞冥记》。余嘉锡有考辨。

② 今按：余嘉锡认为："缀缉古书不得谓之作伪。"辑佚如不规范，易被指控为作伪，可不慎乎？《总目》未能区分"辑佚"与"辨伪"两个不同概念。

续表

书名	旧题作者	真伪	《总目》	《通考》
述异记	梁 任昉	伪	其书文颇冗杂，大抵剽掇(唐、宋)诸小说而成……其为后人依托，盖无疑义……考《太平广记》所引《述异记》，皆与此本相同，则其伪在宋以前。	引用《总目》。仅首节明引，后四节未加引号，给人造成错觉。增补晁公武、王谟之说①。
清异录	宋 陶谷	伪	陈振孙《书录解题》以为不类宋初人语。胡应麟《笔丛》尝辨之。今案：谷虽入宋，实五代旧人，当时文格，不过如是。应麟所云良是。惟谷本北人，仅一使南唐，而"花九品九命"一条云"张翊者，世本长安，因乱南来，先主擢置上列"，乃似江南人语，是则稍不可解耳。岂亦杂录旧文，删除未尽耶？所记诸事，如出一手。大抵即谷所造，亦《云仙散录》之流，而独不伪造书名，故后人颇引为词藻之用。	引用《总目》。增补陈振孙、胡应麟之说。今按：《总目》以为伪，余嘉锡有辨证。
续博物志	晋 李石	疑伪	庙号、引文有疑点，《总目》以为宋人旧笈，或剽掇说部以为之。	《通考》漏收。
燕丹子	不著撰人名氏		所载皆燕太子丹事。《汉志》法家有《燕十事》十篇，注曰不知作者，杂家有《荆轲论》五篇……无"燕丹子"之名。至《隋书经籍志》始著录于小说家，唐李善注《文选》，始援引其文，是其书在唐以前……明初尚存，然其文实割裂诸书燕丹、荆轲事，杂缀而成。其可信者，已见《史记》，其他多鄙诞不可信，殊无足采。	引用《总目》。增补《中兴艺文志》《周氏涉笔》、宋濂、胡应麟之说，并下己见②。
汉杂事秘辛	不著撰人名氏		其文淫艳，亦类传奇，汉人无此体裁也。	引用《总目》。增补杨慎跋、胡震亨跋、姚士粦跋、沈士龙、姚际恒、王谟、梁启超之说，并下己见③。
飞燕外传	汉 伶玄	伪	末有玄自序称："字子于，潞水人。由司空小吏历三署。刺守州郡，为淮南相。其妾樊通德……能道飞燕姊弟故事，于是撰《赵后别传》。"其文纤靡，不类西汉人语。序末又称"玄为河东都尉时，辱班彪之从父躅，故彪《续史记》不见收录"。其文不相属，亦不类玄所自言……又载荀勖校书奏一篇，中经簿所录，今不可考。然所校他书，无载勖奏者，何独此书有之？又首尾仅六十字，亦无此体。大抵皆出于依托。且闺帏媟亵之状，嫕虽亲狎，无目击理，即万一窃得之，亦无娓娓为通德缕陈理，其伪妄殆不疑也……夫文士引用，不为典据……安得以《通鉴》误引，遂指为真古书哉？	引用《总目》。《总目》列入子部小说家类存目，并加案语说明："此书记飞燕姊妹始末，实传记之类。然纯为小说家言，不可入之于史部。"《通考》将其列入史部传记类，分类与《总目》不合。增补《隋志》《晁志》《陈录》、胡应麟《四部正讹》及姚际恒之说。

① 今按：《通考》在引文、书名、归类等方面玩弄手法，或暗袭，或删改，或颠倒次序，"重新洗牌"，企图掩耳盗铃，瞒天过海。惜乎螳螂捕蝉，黄雀在后。一部所谓集大成的辨伪著作，居然也有作伪之嫌，呜呼哀哉！

② 今按：《总目》认为割裂诸书杂缀而成。《通考》曲解其意，以不伪为伪。

③ 今按：关于本书的作者，姚际恒认为是王世贞，沈德符、梁启超、张心澂皆认为是杨慎。《通考》将书名改为《杂事秘辛》。

续表

书名	旧题作者	真伪	《总目》	《通考》
大业拾遗记	唐 颜师古	伪	文词俚俗，可疑。	引用《总目》。增补胡应麟之说。
海山记·迷楼记·开河记	不著撰人名氏	伪	皆近于委巷之传奇，同出依托，不足道也。	引用《总目》。未提供任何新信息。《通考》分为三种。
续世说	唐 李垕	伪	今考其书，惟取李延寿南、北二史所载碎事，依《世说》门目编之，而增以博洽、介洁、兵策、骁勇、游戏、释教、言验、志怪、感动、痴弄、凶悖十一门，别无异闻可资考据，盖即(明俞)安期辈依托为之，诡言宋本。其序中所设之疑，正以防后人之攻诘。明代伪书往往如是，所谓欲盖而弥彰也。	引用《总目》。未提供任何新信息。
谈薮	宋 庞元英	伪	元英为宰相籍子，乃元丰中人。此书乃多书南宋宁、理两朝事，相距百载，其伪殆不足攻。殆书贾抄合旧文，诡立新目。	引用《总目》。未提供任何新信息。
养疴漫笔	宋 赵晋	伪	录自说部，托为旧本。	《通考》漏收。
朝野遗记	宋 无名氏	疑伪	似杂采小说为之。	《通考》漏收。
三朝野史	宋 无名氏	疑伪	书仅十九条，率他说部所有，似杂摭成编之伪本。	引用《总目》。未提供任何新信息。
幽居录	不著撰人名氏	版本作伪	诸家书目亦多未著录。检勘其文，乃全载今本周密《齐东野语》第六卷至第十卷之文，无一字异同，惟次第稍有颠倒，盖书肆所伪托也。	引用《总目》。未提供任何新信息。今按：此为版本作伪，而非伪书。《通考》定为“抄袭他书”，未明确区分伪书与伪本。
螨头密语	明 杨仪	疑伪	其书杂记明代时事，仅二十余条，而语多不经……皆里巷无稽之谈……《常熟志》载仪所著有《南宫集》《高坡异纂》，独无此书，疑或出于伪托也。	引用《总目》。未提供任何新信息。
世说新语补	明 何良俊	书贾依托	良俊《语林》三十卷，于汉、晋之事，全采《世说新语》而摭他书以附益之。本非补《世说新语》，亦无《世说补》之名。凌濛初刊刘义庆书，始取《语林》所载，削去与义庆书重见者，别立此名，托之世贞，盖明季作伪之习。	引用《总目》。未提供任何新信息。今按：王重民、崔富章、李裕民皆有辨证。
龙城录	唐 柳宗元	伪	宋葛峤始编之柳集中，然《唐艺文志》不著录……子厚叙事文字多少笔力，此记衰弱之甚，皆寓古人诗文中不可知者于其中，似暗影出。今观录中所载“帝命取书事”，似为韩愈《调张籍诗》“天官遣六丁，雷电下取电”二句作解。赵雄师罗浮梦事，似为苏轼《梅花诗》“月下缟衣来扣门”作解。朱子所论，深得实情。	引用《总目》。增补陈振孙、胡应麟之说。今按：或以为王铚，或以为刘无言作，未详孰是。
陆氏集异记	唐 陆勋	疑伪	卷数可疑。	引用《总目》。未提供任何新信息。

续表

书名	旧题作者	真伪	《总目》	《通考》
剑侠传	唐人	疑伪	皆纪唐代剑侠之事，与《太平广记》一百九十三卷至一百九十六卷所载豪侠四卷文尽相同。次序及句下夹注，如潘将军条下所附“忘其名，疑为潘鹘硉也”九字亦吻合……盖明人剿袭《广记》之文，伪题此名也。	引用《总目》。未提供任何新信息。今按：余嘉锡考证为王世贞之作。
开元天宝遗事	五代 王仁裕		苏轼集中，有读《开元天宝遗事》四绝句。司马光作《通鉴》，亦采其中张彖指杨国忠为冰山语，则其书实在二人以前，非《云仙散录》之流晚出于南宋者可比。盖委巷相传，语多失实，仁裕采摭于遗民之口，不能证以国史，是即其失。必以为依托其名，则事无显证。刘义庆《世说新语》，刘孝标注，往往摘其牴牾，要不以是谓不出义庆手也。	引用《总目》。增补胡应麟《四部正讹》之说。今按：《总目》以为不伪，《通考》以不伪为伪。
涑水纪闻	宋 司马光	不伪	此书实当日是非之所系，故绍述之党务欲排之，然明清所举诸条，今乃不见于书中，殆避而删除欤？陈振孙《书录解题》亦曰：“此书……记吕文靖数事，吕氏子孙颇以为讳，盖常辨之为非温公全书……”	引用《总目》。增补梁启超《古书真伪及其年代》之说。今按：《通考》以为伪，余嘉锡认为此书为司马光作。梁启超之说亦不足为据。
括异志	宋 张师正	不伪	《默记》以是书即魏泰伪作。	引用《总目》。未提供任何新信息。《通考》将书名改为“括异记”，未知何据。今按：《总目》以为伪，《通考》亦然，今人李裕民证真。
广夷坚志	明 杨慎	伪	是编前有嘉靖二十年慎门人夏林嘘，文词猥陋，舛误叠出……其为依托已无疑义。及核其书，乃全录乐史《广卓异记》，一字不异，可谓不善作伪矣。	引用《总目》。未提供任何新信息。
明百家小说	明 沈廷松	版本作伪	其书全与陶珽《续说郛》同，盖坊贾以不全《说郛》伪镌序目售欺也。	引用《总目》。未提供任何新信息。按：此为版本作伪，而非伪书。
前定录	明 蔡善继	伪	全剽《太平广记》定数一门之文。	《通考》漏收。
笑海丛珠	唐 陆龟蒙	伪	书中有苏轼、黄庭坚、僧了玄及党进事。龟蒙生于唐末，何得预知？其为妄人依托可知也。	引用《总目》。未提供任何新信息。
东坡问答录	宋 苏轼	伪	所记皆与僧了玄往复之语，诙谐谑浪，极为猥亵。又载佛印环叠字诗及东坡长亭诗，词意鄙陋，亦出委巷小人之所为，伪书中之至劣者。	引用《总目》。未提供任何新信息。
渔樵闲话	宋 苏轼	伪	书中多引唐小说，议论皆极浅鄙。疑宋时流俗相传有是书，而明人重刻者复假轼以行耳。	引用《总目》。未提供任何新信息。按：晁公武始疑之。
谐史	宋 沈俶	疑伪	书与书名殊不相应，疑杂抄成编。	《通考》漏收。
法喜志	明 夏树芳	序伪	顾宪成序与其人观点不同。	《通考》漏收。

续表

书名	旧题作者	真伪	《总目》	《通考》
阴符经解	黄帝	伪	胡应麟《笔丛》乃谓苏秦所读即此书，故书非伪，而托于黄帝，则李筌之伪。考《战国策》载苏秦发箧得太公《阴符》，具有明文。又历代史志皆以《周书阴符》著录兵家，而以黄帝《阴符》入道家，亦足为判然两书之证。应麟假借牵合，殊为未确。	引用《总目》。增补陈振孙《书录解题》、《黄氏日抄》、吴莱、胡应麟、姚际恒、王谟以及梁启超之说。按：余嘉锡认为决非李筌伪托。王明认为出于北朝一隐者。
老子注	河上公	疑伪	案晁氏(公武)所引乃《史记·乐毅传赞》之文，叙述源流甚悉。然《隋志》道家载："老子《道德经》二卷，汉文帝时河上公注；又载梁有战国时河上丈人注《老子经》二卷，亡。"则两河上公，各一人；两《老子》书，各一书。战国时河上公书在隋已亡，今所传者，实汉河上公书耳……何以刘向《七略》载注《老子》者三家，独不列其名……详其词旨，不类汉人，殆道流之所依托欤。	引用《总目》。增补刘知幾、司马贞、陈振孙《书录解题》、《黄氏日抄》、姚鼐以及章炳麟之说。
道德指归论	汉 严遵	伪	曹学佺作《玄羽外编》，序称近刻严君平《道德指归论》，乃吴中所伪作……至于所引《庄子》，今本无者十六七，不应遵之所取皆向、郭之所弃。此必遵书散佚好事者摭吴澄《道德经》注跋中"庄君平所传章七十有二"之语，造为上经四十、下经三十二之说。且又因《汉志》《庄子》五十二篇，今本惟三十三篇，遂多造《庄子》之语……以是推求，则学佺之说，不为无据。	引用《总目》，但未提供任何新信息。今按：李学勤、郑良树等有考辨。
关尹子	周 尹喜	伪	考《汉志》有《关尹子》九篇……而《隋志》《唐志》皆不著录，则其佚久矣。南宋时徐蒧子礼始得本于永嘉孙定家……故宋濂《诸子辨》以为文既与向不类，事亦无据，疑即定之所为。然定为南宋人，而《墨庄漫录》载黄庭坚诗"寻师访道鱼千里"句，已称用《关尹子》语，则其书未必出于定，或唐、五代间方士解文章者所为也……要之，其书虽出于依托，而核其词旨，固远出天隐、无能诸子上，不可废也。	引用《总目》，但不够规范。又增补刘向上《关尹子》序、《陈录》《黄氏日抄》《诸子辨》《四部正讹》以及王世贞、梁启超之说。今按：余嘉锡亦有辨证①。
列子	周 列御寇	真伪至今未定	……其不出御寇，更无疑义。然考《尔雅》疏引《尸子·广泽》篇曰……是当时实有列子，非庄周之寓名。又《穆天子传》处于晋太康中，为汉人所未睹。而此书第三卷《周穆王篇》所叙驾八骏……一一与传相合。此非刘向之时所能伪造，可信确为秦以前书。	引用《总目》，但不够规范。又增补刘向序、《汉志》、张湛《列子序》、《柳柳州文集》《子略》《黄氏日抄》《诸子辨》《古今伪书考》、胡适《中国哲学史大纲》、马叙伦《列子伪书考》、梁启超、顾实、武义内雄以及刘汝霖之说。今按：柳宗元认为不可信，高似孙、宋濂、梁启超、马叙伦、顾实、杨伯峻、季羡林、张永言、裘锡圭等皆以为伪，但严灵峰认为决非张湛伪造，属于先秦古书无疑，目前仍未最后定案。

① 余嘉锡以为，此书其出最晚，其词甚近，盖为宋之文士所作，与《子华子》等文笔亦不相上下，其非唐以前古书。见氏著《四库提要辨证》卷一九。

续表

书名	旧题作者	真伪	《总目》	《通考》
庄子注	晋 郭象	窃名	……(郭象)窃据向(秀)书，点定文句者，殆非无据。	引用《总目》，但未提供任何新信息。
文子	周 辛计然	?	(班固)注曰："老子弟子，与孔子并时。而称周平王问，似依托者也。"……因《史记·货殖列传》有"范蠡师计然"语，又因裴骃《集解》有"计然姓辛，字文子，其先晋国公子"语，北魏李暹作《文子注》，遂以计然、文子合为一人……是截然两人、两书，更无疑义。暹移甲为乙，谬之甚矣。	引用《总目》。增补《晁志》《周氏涉笔》《容斋随笔》《陈录》《黄氏日抄》《诸子辨》《四部正讹》《古今伪书考》、陶方琦《汉孳室文抄》以及章炳麟、梁启超之说。今按：《汉志》以为依托，柳宗元以为驳书。定县八角廊汉简出土证明：《文子》本非伪书，今本《文子》实经后人窜乱。
列仙传	汉 刘向	伪	陈振孙《书录解题》谓不类西汉文字，必非向撰。或魏晋间方士为之，托名于向耶。	引用《总目》。增补颜之推、黄伯思、《陈录》《四部正讹》《古今伪书考》之说。今按：余嘉锡有辨证。
真诰	梁 陶弘景	?	朱子、黄伯思皆疑此书窃《四十二章经》。	《通考》漏收。
亢仓子	庚桑楚	王士元作伪	柳宗元尝辨其伪……今此书乃(王)士元补亡者，宗元不知其故，而遽诋之，可见其锐于讥议也。今考《新唐书·艺文志》载王士元《亢仓子》二卷，所注与(晁)公武所言同，则公武之说有据。又考《孟浩然集》首有宜城王士元序，自称修《亢仓子》九篇；又有天宝九载韦滔序，亦称宜城王士元藻思清远，深鉴文理，常游山水，不在人间，著《亢仓子》数篇，传之于代云云，与《新唐书》所言合，则《新唐书》之说亦为有据……然士元亦文士，故其书虽杂剽《庄子》《老子》《列子》《文子》《商君书》《吕氏春秋》、刘向《说苑》《新序》之词，而联络贯通……非他伪书之比。	引用《总目》。增补王士源、韦滔、柳宗元、刘肃、李肇、《晁志》、李石、《黄氏日抄》《子略》《周氏涉笔》《陈录》《诸子辨》、王世贞、《四部正讹》、方苞之说。今按：柳宗元辨其伪，晁公武反驳；宋濂断为唐人所伪，《总目》再反驳。
古文龙虎经注疏	宋 王道		此书《宋史·艺文志》不著录，或疑出羽流依托。然《龙虎经》之为古书尚无确验，亦何必究注之真伪。	引用《总目》。未提供任何新信息。
阴符经三皇玉诀	黄帝	伪	词旨鄙浅，前有黄帝御制序一首，文尤谬陋。	引用《总目》。增补《道藏目录》。
古老子	许剑道人		其文视今本《老子》惟增减数虚词。	《通考》漏收。
枕中书	晋 葛洪	伪	考隋、唐、宋《艺文志》，但有《墨子枕中记》及《枕中素书》，而无葛洪《枕中书》……其出后人伪撰无疑也。	引用《总目》。未提供任何新信息。按：余嘉锡认为无确证。
真灵位业图	梁 陶弘景	伪	此书杜撰凿空，不足与辨真伪。	《通考》漏收。

续表

书名	旧题作者	真伪	《总目》	《通考》
金丹诗诀	唐 吕岩	伪	其诗不类唐格；棋路之数亦不合。	引用《总目》。未提供任何新信息。
韩仙传	唐 韩若云	伪	即世俗所传韩湘事，然湘字北渚，不识何以称韩若云也。传中自称遇吕洞宾传授得道。考吕岩为吕渭之孙，当在湘后，何以转师之……与传皆不合，其为依托明矣。	引用《总目》。增补陈继儒之说。按：《总目》据时代舛误以证伪。
西山群仙会真记	施肩吾	伪	引文存在疑点。	《通考》漏收。
集仙传		伪	抄袭《太平广记》。	《通考》漏收。
墉城集仙录	蜀 杜光庭		真伪盖不可知。	《通考》漏收。
疑仙传	隐夫玉简	疑伪	其词拙陋，殆粗知文义者所为。	《通考》漏收。
按节坐功法	宋 陈抟	疑伪	《宋志》不著录。	引用《总目》。未提供任何新信息。
极没要紧	公是先生	伪	此书皆采掇郭象《庄子注》语，联缀成文。	引用《总目》。未提供任何新信息。
海琼传道集	宋 洪知常	伪	文词鄙倍；藏书印亦伪。	《通考》漏收。
摄生消息论	元 丘处机	疑伪	此书皆言四时调摄之法。其真出处机与否，无可证验。考处机答元太祖之问，亦止以节欲保躬无为清净为要，与此书颇相发明。或有所受之，亦未可知。然曹溶《学海类编》所收伪本居十之九，不能不连类疑之耳。	《通考》漏收。按：《总目》连类而及，证据薄弱。
修龄要指	明 冷谦	疑伪	此本载曹溶《学海类编》中。所言皆养生、调摄之事，如十六段锦、八段锦之类，汇辑成编，疑亦依托。	引用《总目》。未提供任何新信息。
至游子		姚汝循托名	前有嘉靖丙寅姚汝循序，谓原书不著名氏。考宋曾慥，号至游子，慥尝作《集仙传》，盖亦好为道家言者，则似乎当为慥作。然《玉芝篇》首引朝元子注曰："陈举宝，元人。"则明人所撰矣。毛渐传《三坟》，世以为即出于渐；张商英传《素书》，世以为即出于商英。然则是书也，其亦汝循所托名欤。	《通考》漏收。按：《总目》据传者推测为姚汝循托名，缺少证据。余嘉锡以为实出曾慥(曾氏号至游子)之手。
扬子云集	汉 扬雄	疑有增益	《隋书经籍志》《唐文艺文志》皆载扬雄集五卷。宋谭愈始取《汉书》及《古文苑》所载四十余篇，仍辑为五卷，已非旧本。	引用《总目》。增补晁公武、叶大庆之说。《郡斋书录解题》云："盖古本已不存在，好事者于史传、类书中抄录，以备一家之作。"据余嘉锡考证，隋、唐相传之《扬雄集》盖已亡于唐末五代之乱。

续表

书名	旧题作者	真伪	《总目》	《通考》
蔡中郎集	汉 蔡邕		《荐董卓表》或疑为后人赝作。	引用《总目》。增补《蔡中郎集序》。
孔北海集	汉 孔融	部分伪	六言诗三章词旨凡近，盛称曹操，可疑。	《通考》漏收。
曹子建集	魏 曹植	部分伪	《善哉行》一篇，诸本皆作古辞，乃误为植作，不知其下所载《当来日大难》即当此篇也。	引用《总目》。未提供任何新信息。按：《通考》将书名改为《陈思王集》。
陶渊明集	晋 陶潜	部分伪	《四八目》即《群贤圣辅录》也……其《五孝传》文义庸浅，决非潜作。	引用《总目》。增补晁公武、李公焕之说。
昭明太子集	昭明太子	部分伪	误收梁简文帝诗多首；《锦带书》《十二月启》亦不类齐、梁文体。	引用《总目》。未提供任何新信息。
李翰林集	唐 李白	有伪篇	中如《广武战场怀古》一首……非太白之诗，厘置卷末，亦具有所见，其于白集固不为无功焉。	引用《总目》。增补苏轼、晁公武之说。《通考》与《总目》书名著录不同，后者著录为《分类补注李太白集》。
何水部集	梁 何逊	有窜乱	《拟青青河畔草》，转韵体……考六朝以前之诗题无此体格，显为后人所妄加。又《青青河边草》为蔡邕之作，《青青河畔草》为枚乘之作，六朝人所拟截然有别，此效邕体而题作“畔”字，明为后人据《十九首》而改，复以古诗不换韵，此诗换韵，妄增转韵体云云，盖字句亦多所窜乱，非其旧矣。	引用《总目》。未提供任何新信息。
孟浩然集	唐 孟浩然	有窜乱	洪迈《容斋随笔》尝疑其《示孟郊诗》时代不能相及。今考《长安早春》一首，《文苑英华》作张子容，而《同张将军蓟门看灯》一首，亦非浩然游迹之所及，则后人窜入者多矣。	引用《总目》。未提供任何新信息。
钱仲文集	唐 钱起	附骥而行	集末《江行绝句》一百首，胡震亨《唐音统签》以为本钱珝之诗，误入起集，有考辨甚详。然旧本流传，相沿已久，且珝固其孙，即附录祖集之末，亦无不可。	暗引《总目》，却注为《唐音统签》，实系转引，并未提供任何新信息。另外，误解《总目》文义，将编撰上的“附骥而行”视为作伪，未免误断。
宗玄集	唐 吴筠		《吴尊师传》与自序均为伪撰，至《内丹九章经》，核之以序，伪妄显然。	《通考》漏收。
毗陵集	唐 独孤及		《马退山茅亭记》乃柳宗元作。	《通考》漏收。

续表

书名	旧题作者	真伪	《总目》	《通考》
昌谷集外集	唐 李贺	部分疑伪	吴正子又谓外集词意儇浅，不类贺作，殆出后人摹仿。然正集如《苦篁调》《啸引》之类，句格鄙率，亦不类贺作。古人操觚，亦时有利钝，如杜甫诗之“林热鸟开口，水浑鱼掉头”，使非刊在本集，谁信为甫作哉？疑以传疑可矣。	引用《总目》。未提供任何新信息。
王司马集	唐 王建	宫词伪	此本为国朝胡介祉所校刊，前有介祉序，谓虞山毛氏曾有刊本行世，校对亦未尽善。至宫词自宋南渡后逸去其七，好事者妄为补之，如“泪尽罗巾”，白乐天诗也。“鸳鸯瓦上”，花蕊夫人诗也。“宝帐平明”，王少伯诗也。“日晚长秋”与“日映西陵”，乐府《铜爵台》诗也。“银烛秋光冷画屏”与“闲吹玉殿昭华管”皆杜牧之诗也。独《杨升庵集》中别载七首，云得着古本，今录于后云云。介祉所论，盖本之胡仔《苕溪渔隐丛话》，其考证皆精确。惟杨慎之言多不足据。《石鼓文》尚能伪造，何有于王建宫词？介祉遽从而增入，未免轻信之失。	引用《总目》。增补胡仔之说，胡介祉一条则系转引自《总目》。《通考》将书名改为《王建宫词》。按：赵与时《宾退录》卷一对于王建宫词有明确考辨。
沈下贤集	唐 沈亚之		其中如《秦梦记》《异梦录》《湘中怨解》，大抵讳其本事，托之寓言，如《唐人后土夫人传》之类，刘克庄《后村诗话》诋为“名检扫地”……考《秦梦记》《异梦录》二篇，见《太平广记》二百八十二卷，《湘中怨解》一篇，见《太平广记》二百九十八卷，均注曰出《异闻集》，不云出亚之本集。	引用《总目》。未提供任何新信息。
白氏长庆集	唐 白居易	有窜乱	至彭叔夏《文苑英华辨证》谓集中《进士策问》第二道俗本妄有所增。又冯班《才调集评》亦称每卷首古调、律诗、格诗之目为重刻改窜，则今所行本已迥非当日之旧矣。	未明引《总目》。《通考》将书名改为《白乐天长庆集》。
孙可之集	唐 孙樵	真	汪师韩认为《唐文粹》所载十篇为真，余一十五篇皆后人伪撰。然卷帙分合，古书多有，未可以是定真伪。且师韩别无确据，但以其字句格局断之，尤不足以为定论也。	引用《总目》。未提供任何新信息。
司空表圣文集	唐 司空图		《耐辱居士墨竹笔铭》伪，时间不合。	《通考》漏收。
周元公集	宋 周子	疑有伪篇	《爱莲说》一篇，江昱《潇湘听雨录》力攻其出于依托，然亦别无显证。	引用《总目》。未提供任何新信息。
临川集	宋 王安石	有窜乱	其文迄无善本，如“春残密叶花枝少”云云，皆王元之诗；《金陵独酌》《寄刘原甫》皆王君玉诗；“临津艳艳花千树”云云，皆王平甫诗。	暗引《总目》。未提供任何新信息。
东坡诗集注	宋 王十朋	书贾作伪	……(赵)夔序亦出依托。核书中体例，与杜诗千家注相同，殆必一时书肆所为，借十朋之名以行耳。	引用《总目》。未提供任何新信息。

续表

书名	旧题作者	真伪	《总目》	《通考》
精华录	宋 任渊编		朱承爵题词称"尝得其目录，盖宋元祐间刻板，而亡其文，心宝其名而窃病其实。久之，始获旁稽载籍，缘目寻词，以还故物，若《太史大全诗》《宋文鉴》《文苑英华》《文翰类选》《光岳英华》诸集，悉掇拾无遗"云云。考庭坚卒于徽宗崇宁四年乙酉，是书之选虽无年月，然称"黄太史《山谷集》几万篇，尝节其略而谬注三十之一也"，则成于所注《内集》后。《内集注》中已称徽宗为"徽考"，潘海许尹叙《内集注》亦称作于绍兴时。此集既刻于元祐中，何以反在其后？且录中诗文以本集年月核之，已有崇宁中作，何以预刻于元祐之时？集中之目往往与本集不合，如《夜发鄂渚晓自汉阳亲旧携酒追送》一题，是时庭坚自武昌赴宜州贬所，故亲旧追送至于汉阳，此本割裂其文，作"汉阳亲旧追送"，则亲旧属之汉阳，追送字不可通矣。又《用前韵赠高子勉》一题，乃庭坚自用其韵，本集可考，此本乃作和高子勉，则事实全乖矣……甚至《双井茶》诗"人间风日不到处"四句，乃七言古诗之前半，而割为绝句，改其题曰《内直观化》，第十一首之《竹笋初生》一绝，改其题曰《三月江南》，《修水记》一篇乃取庭坚《书函芳亭》一篇，摘其中一段而增末数语，其余窜乱不可胜数。渊所注《内集》年经事纬，考证详明，何以此集愦至此？至于所录集中不载诸评理，《西湖徙鱼和苏公》二首乃陈师道三首之二，见《后山集》中，渊亦尝注师道诗，何以两集并收，漫无一语之订正？其《新竹》一首乃陆游诗，题曰《东湖新竹》，见《剑南集》中，渊何以能于数十年前预见之？其为伪托固可不攻而破。且承爵序既称"缘目寻词"，集中一题数首者，目中并无明文摘选某首，何以摘选者较多？又称所采之诗有《文苑英华》，乃宋太宗时宋白等奉敕编撰，所录诗文止于唐代，何以有庭坚之作？"排律"之名，唐、宋、元人皆无之，旧集具存，可以覆按，至元末杨士弘所选《唐音》，始以"排律"标目。高棅选《唐诗品汇》仍之不改，乃沿用至今，何以此本刊于宋时，已有"五言排律"？其为承爵依托为之，亦确凿无疑。何景明曰：《山谷精华录》任渊选者，其所采取多不惬人意。王士禛曰：《精华录》八卷，有天社任渊自序，录中取舍未惬人意。张宗楠亦曰：观其录取大意，只以备体，且多阑人游戏之作，非上选也。宗楠所见者称嘉靖间摹宋椠本，士禛所见者称明章丘李开先家宋椠本，皆在承爵之后。何景明虽正德时人，而比承爵亦差后，盖皆即承爵此刻，托诸宋椠。观士禛所记任渊序，与此本不异一字，而承爵之序与渊序貌为轧茁，如出一手，其作伪之迹固了然矣。	引用《总目》。未提供任何新信息。《通考》将书名改为《山谷精华录》。

续表

书名	旧题作者	真伪	《总目》	《通考》
和靖集	宋 尹焞		《朱子语录》谓其文字有关朝廷者多门人代作。孰为假手，孰为真笔，已不可复考。	《通考》漏收。
北山集	宋 郑刚中	部分伪	今集中所载《谏和议》四疏及和议不屈一疏，大旨虽不以和议为非，而深以屈节求和为不可。又有救曾开一疏、救胡铨一疏，与史皆不合。徐梦莘《三朝北盟会编》于当时章奏事迹搜括无遗，独不及此七疏……或者良嗣耻其父依附秦桧，伪撰以欺世欤。	引用《总目》。未提供任何新信息。
东莱集	宋 吕祖谦	部分伪	……祖俭编集时失于别择，未免收入赝作，然无从辨别。	暗引《总目》。未提供任何新信息。《通考》又将书名改为《吕东莱集》。
叠山集	宋 谢枋得	部分伪	原本有《蔡氏宗谱》一首，末署至元二十五年。其词气不类枋得，确为依托。又有《贺上帝生辰表》《许旌阳飞升贺表》，此类凡十余篇，皆似道流青词，非枋得所宜有，亦决非枋得所肯作。	引用《总目》。未提供任何新信息。
柳塘外集	宋 释道璨	真	宋以来诸家书目皆未著录。书虽晚出，而核其格意，确为宋末江湖之体，不缘赝造。	《通考》漏收。
湛渊集	元 白珽	部分伪	有诗用明代《洪武音韵》。	《通考》漏收。
雁门集	元 萨都喇	部分伪	《城东观杏花》显为误入。	《通考》漏收。
筠轩集	元 唐元	疑伪	《玉堂夜直》《李陵台》等与其身份不符。	《通考》漏收。
圭峰集	元 卢琦	有误入	原本多窜入他作。	引用《总目》。未提供任何新信息。
梅花道人遗墨	元 吴镇	真伪杂糅	考镇杜门高隐，终于魏塘，足迹未至京师，不应有东华客梦之句……又镇画深自矜重，不肯轻为人作，后来假名求售，赝迹颇多，亦往往有庸俗画贾伪为题识……鄙俚荒谬，亦决非镇之所为……然伪本所多，真迹亦在，披沙拣金，往往见宝。	引用《总目》。未提供任何新信息。
练中丞集	明 练子宁	疑有误入	可疑者三事。	引用《总目》。未提供任何新信息。
逊志斋集	明 方孝孺	疑有误入	都穆《南濠诗话》曰："方正先生集……其中多杂以他人之诗，如《勉学》二十四首乃陈子平作，《渔樵》一首乃杨孟载作。又有《牧牛图》一绝，亦元人作。"然两集互见，古人多有。	暗引《总目》。未提供任何新信息。
诸葛丞相集		部分伪	至《心书》五十条显然伪托。《武侯十六策》其伪与《心书》同。	引用《总目》。未提供任何新信息。
杜律注	元 虞集	伪	欧阳玄撰集墓碑，不载其有此书。观其词意，亦皆浅近……合二家(指曹安、李东阳)之言观之，则此注实出张伯成手，特后人假集之名以行耳。	引用《总目》。增补姚际恒之说。

续表

书名	旧题作者	真伪	《总目》	《通考》
丰溪存稿	唐 吕从庆	伪	其集历代史志书目皆不著录。此本为乾隆庚申其裔孙积祚所刊，称其从叔高祖元进所手录，黄之隽、邵泰、储大文皆为之序，称其湮没八百年而始显。然其书晚出，授受源流渺不可考，越宋、元、明至今，忽传于世，论者颇以为疑其诗如《贼警》……《游多宝寺》……《即景》……《草堂坐雨》……《薄暮步村径》……《里人扶归》……《咏菊》……皆不似晚唐五代人语。又其中有《怀严子陵前辈》一题……无称人以某"前辈"之事，况远隔千年，忽被此目，唐人诸集实未前闻。又《春雪往栅山题》中有"敲诗驴子背上"语，案：贾岛咏推敲二字不定……在今日为故典，在唐末犹为近事，不应从庆用之。且称吟诗为"推敲"，已属割裂。至改为"敲诗"，明以前人实无此语，疑为赝鼎，盖亦有由矣。	引用《总目》。未提供任何新信息。
谭藏用诗集	唐 谭用之	疑伪	众说纷纭，莫能考定。自宋以来阅数百年，收藏者从未著录，而忽得于吴岫家……反复检勘，颇多疑窦，如"经历"官名，不特《唐・百官志》所无，即宋代亦未曾置，至元时始有此职，而集中《梦祝直》诗乃有"忽梦浔州祝经历"句……又《吴真人奉旨求贤》诗不似唐人语……又集中《赠胡守》诗铺叙时事极详……而证诸《唐书》亦无闽广作乱之事……又《送赵容》……其意似指南宋之亡，若唐末五代时，则钱氏据有临安，势方全盛，安得有此语？	引用《总目》。未提供任何新信息。按：其人时代不见于史；其书自宋以来从未著录；内容颇多疑窦。
东坡外集	不著编辑者名氏	真伪相杂	世传《东坡集》多乱以他人之作，如老苏《水官》《九日上魏公》《送僧智能》三诗、《叔党飓风》《思子台》二赋，人知其谬，至《和陶拟古》九首、《大悲圆通阁记》本子由作，见《栾城集》。《虚飘飘》三首，与黄、秦倡和见《少游集》……大率纪次无伦，真赝相杂……且外集之名以别内集，轼之诗文既已全载于此，别无所谓内集，则外集之名殊无根据。(焦)竑称得之秘阁，不知明代之书尽于杨士奇、张萱所录，二家之目不载，竑又何从而得之？	引用《总目》。未提供任何新信息。按：《通考》未列专条，附记于《东坡全集》条下，而《东坡全集》不伪，未免移花接木。
支离子集	梁 黄希旦	疑伪	其诗亦凡近无深致，不类出世有道者之言。且希旦没于熙宁甲寅，不云有诗，越一百七十五年，是集忽出于羽流，则非惟仙去之说事涉荒诞，并此集殆亦依托矣。	引用《总目》。未提供任何新信息。
斜川集	宋 苏过	版本作伪	此集乃近时坊间所刊，其本但有边阑而不界每行之乌丝。此本染纸作古色，每页补画乌丝，而伪镌"虞山汲古阁毛子晋图书"一印，印于卷末，盖欲以宋板炫俗。然考晁说之所作墓志，过卒于宣和五年，此集中所称乃"嘉泰""开禧"诸年号，以及周必大、姜尧章、韩侂胄诸人，过何从见之？其中所指时事，亦皆在南渡以后，尤为乖剌。案刘过《龙洲集》中所载之诗与此尽同，盖作伪者因二人同名为"过"而抄出，冒题为《斜川集》，刊以渔利耳。	引用《总目》。未提供任何新信息。按：此本剽窃刘过《龙洲集》；时代不相合；伪刻图书印。《斜川集》所载之诗与刘过《龙洲集》全同，作伪者因二人同名为"过"而抄出，自题为《斜川集》。这就是典型的版本作伪。

续表

书名	旧题作者	真伪	《总目》	《通考》
清閟阁集	元 倪瓒	部分伪	今考集中所载，如《题天香深处卷后》《题紫华周公碑传行状后》《题狮子林图》《题重览紫华周公碑传》《题周逊学府君遗翰后》《鹤林周元初像赞》等六篇，皆词意猥鄙，决非瓒笔，盖自伪本墨迹抄撮窜入。	引用《总目》。未提供任何新信息。
双峰存稿	宋 舒邦佐	疑伪	《宋志》及诸家书目皆不著录。厉鹗《宋诗纪事》亦不载其名。前有自序称……则邦佐当为北宋末人。集中有《和洪龟父岁晏》诗……又在徽宗以前。	引用《总目》。未提供任何新信息。按：或以为虽有赝作，亦不能掩其真，未可以伪本视之。
陈文恭公集	宋 陈康伯	疑伪	遗文亦多伪作，如所载《谢敕命修家谱表》称“昨进家谱，敕令史院编修填讳”，自古以来无是事理……原序一篇其词鄙陋殊甚。朱子年谱具在，不言有此师，朱子集中亦无此文，盖无往不伪也。	引用《总目》。未提供任何新信息。
志道集	宋 顾禧	疑伪	莫知其所自来……宋时无此官名（指“行省”）……殊参错不可解。诗仅三十余首，且多俚句。疑其出于依托也。	引用《总目》。未提供任何新信息。
锦绣论	宋 杨万里	书贾作伪	体例拘陋，未必真出于万里。疑并书中“国子监批点”，皆坊贾托名耳。	引用《总目》。未提供任何新信息。
蕊阁集	宋 辛弃疾	伪	今按唐韵及宋礼部韵，皆上平二十八部，下平二十九部。及理宗末，平水刘渊始并为上、下平各十五部。（辛）弃疾当高、光、宁之朝，平水韵未出，安得而用其部分……文笔亦颇类明末竟陵一派，决不出弃疾之手也。	引用《总目》。未提供任何新信息。
棠湖诗稿	宋 岳珂	疑伪	宋以来公私书目悉不著录，不知其所自来……好事者嫁名于珂耶。	引用《总目》。未提供任何新信息。按：余嘉锡、刘尚恒皆有辨证。
松垣集	宋 幸元龙	疑伪	是集《宋志》亦不著录……殊非臣子对君之体。他文亦多鄙浅，而诗谓一篇为一韵，尤古无是例，殆出依托。	引用《总目》。未提供任何新信息。
断肠集	宋 朱淑真		前有田艺蘅《纪略》一篇，词旨鄙俚，似出依托；《生查子》词乃欧阳修作；《璇玑图记》亦殊可疑。	《通考》漏收。
待清遗稿	宋 潘音	疑伪	词气颇涉粗率，未知果音之手迹否。	《通考》漏收。
心史	宋 郑思肖	不伪	此书至明季始出……皆记宋亡时杂事，后附自序、自跋、盟言及疗病咒一则，文词蹇涩难通，纪事亦多与史不合。如杂文卷中于魏徵避仁宗讳作“证”，而李觏则不避高宗讳，又记蒲寿庚作“蒲受耕”。原本果思肖亲书，不应错漏至此。其载二王海上事，谓少保张世杰奉祥兴皇帝奔遁，或传今驻军离里。卫王溺海，当时国史、野史所记皆同，思肖尤不宜为此无稽之谈。此必明末好异之徒作此以欺世，而故为眩乱其词者。徐乾学《通鉴后编考异》以为姚士粦所伪托，其言必有所据也。	引用《总目》。增补姚际恒之说。今按：《总目》认为徐说言必有据。余嘉锡反驳。汪荣祖、姜纬堂等证伪，陈福康、张新民等证真。笔者以为真，详见本书有关部分。
罗沧洲集	宋 罗公升		不近事理；不合生平；是否公升所作，殊在影响之间。	引用《总目》。未提供任何新信息。

续表

书名	旧题作者	真伪	《总目》	《通考》
安南即事诗	元 陈孚	版本作伪	此集诗及自注，皆自孚《交州集》中抄出，别题此名。	引用《总目》。未提供任何新信息。按：《通考》谓“录之他书”，失之笼统。
赵仲穆遗稿	元 赵雍	疑伪	疑好事者依托雍作。	引用《总目》。未提供任何新信息。
太平金镜策	元 赵天麟		语意鄙陋；自古无此对扬之体。	《通考》漏收。
道园集	元 虞集	伪	坊刻摘录，疏漏极多，不当以侨寓之地改其祖贯。	引用《总目》。未提供任何新信息。《通考》将书名改为《道园遗稿》。
虞伯生诗续编	元 虞集	伪	射利之本。	《通考》漏收。
王鲁公诗抄	元 王士熙	伪	此本与顾嗣立《元诗选》所载士熙《江亭集》八十余首一一相同，惟次第小异。	《通考》漏收。
肃雝集	元 郑允端	伪	其诗词意浅弱，失沾落韵者不一而足。钱惟善等皆一代胜流，不应滥许至是。	引用《总目》。未提供任何新信息。
荻溪集	元 王偕	妄题撰人	慈仁寺建于明代，亦与偕时世不相合。	引用《总目》。未提供任何新信息。
七星诗文存	明 刘鸿撰	部分伪	《西凉词》误收他人之作。	《通考》漏收。
唐百家诗选	宋 王安石	疑伪	是书去取，绝不可解。自宋以来，疑之者不一，曲为解者亦不一，然大抵指为王安石，惟晁公武《读书志》云……宋敏求次道编……其言当必有自。	引用《总目》。未提供任何新信息。
江湖小集	宋 陈思	疑有增补	疑原本残缺，后人掇拾补缀，已非陈起之旧矣。	引用《总目》。未提供任何新信息。
两宋名贤小记	宋 陈思		有绍定三年魏了翁序及国朝朱彝尊二跋。考所载了翁序，与《宝刻丛编》之序字句不易，惟更书名数字，其为伪托无疑……然考彝尊《曝书亭集》有宋高菊磵遗稿序，中述陈起罹祸之事甚悉，未尝混及陈思，而集中亦不载此跋。当由近人依托为之，未必真出彝尊手……编诗之人虽同赝托，而所编之诗则非赝托。	引用《总目》。未提供任何新信息。
尊前集	不著编辑者名氏	不伪	不必定求其人以实之也。	引用《总目》。未提供任何新信息。今按：此本不知作者，并非伪书。《通考》误断。
古乐府	元 左克明编	有窜乱	私增解题。	引用《总目》。未提供任何新信息。
皇霸文纪	明 梅鼎祚	真伪杂糅	不免百伪一真。	《通考》漏收。
东汉文纪	明 梅鼎祚	真伪互陈		《通考》漏收。
隋文纪	明 梅鼎祚	真伪杂糅		《通考》漏收。

续表

书名	旧题作者	真伪	《总目》	《通考》
文章辨体汇选	明 贺复征		张飞《新都县真多山铭》系后人伪撰，概为收入，失于别裁。	《通考》漏收。
二家宫词	明 毛晋	真伪参半	帝姬长公主跋殆出于依托。此书皆后人裒辑得者，真伪参半，不尽可凭。	引用《总目》。未提供任何新信息。
诗准·附录·诗翼	宋 何无适	伪	作伪之迹显然。疑为明人所伪托。	引用《总目》。未提供任何新信息。
宋遗民录		伪	黄溍、吴师道皆元臣，纳新为元色目人，与宋尤渺不相涉。	《通考》漏收。
赠言小集	不著编辑者名氏	伪	顾禄与顾瑛同时同姓，而瑛名较重，故移掇于瑛，复以伪跋实之。	引用《总目》。未提供任何新信息。
尺牍筌蹄	明 陈柽	疑伪	村塾俗书，未必真出陈氏。	《通考》漏收。
春秋词命	明 王鏊	疑伪	似非鏊之所作，疑为书肆所托名，然序文载鏊集中。朱彝尊《经义考》亦著录，则事之不可解者也。	引用《总目》。未提供任何新信息。
广文选	明 刘节	有窜乱	……至于诸葛亮《黄陵庙记》之类，以赝文窜入，更无论矣。	引用《总目》。增补陈继儒之说。
金石古文	明 杨慎	真伪错杂	石鼓文不无讹缺，慎臆为补足，诡称得自李东阳。	《通考》漏收。
翰苑琼琚	明 杨慎	疑伪	类乡塾兔园册子……疑非慎之所为。	引用《总目》。未提供任何新信息。
三苏文苑	明 杨慎	疑伪	所取皆近于科举之文，亦不类慎之所为。	引用《总目》。未提供任何新信息。
骊珠随录	明 杨慎		《比干墓铭》之类，本属依托。	《通考》漏收。
唐诗选	明 李攀龙	版本作伪	攀龙所选历代之诗，本名《诗删》，此乃割取其所选唐诗。	引用《总目》。未提供任何新信息。今按：此非伪书，而是伪本。
三异人集	明 李贽	托名		《总目》以为俞允谐托名，王重民同意此说。
文章指南	明 归有光	疑伪	间杂以骈体……殊不类有光之所为……此晚出选本不足为信。	引用《总目》。未提供任何新信息。
诗女史	明 田艺蘅	伪	艺蘅未必至此，毋乃书肆所托名耶。	引用《总目》。未提供任何新信息。
翰墨选注	明 屠隆	伪	屠隆其陋不应至是，必书肆伪托也。	引用《总目》。未提供任何新信息。
钜文	明 屠隆	疑伪		引用《总目》。未提供任何新信息。《总目》未提供任何证据。

续表

书名	旧题作者	真伪	《总目》	《通考》
评注八代文宗	明　袁黄	伪	舛谬百出，不能缕举，在坊刻中亦至陋之本。黄虽不以文章名，未必纰缪至是也。	引用《总目》。未提供任何新信息。
中原文献	明　焦竑	伪	焦竑在明人中尚属赅博，何至颠舛如是。	引用《总目》。未提供任何新信息。
明文隽	明　袁宏道	伪	盖坊间刻本，托袁宏道等以行。	《通考》漏收。
诗归	明　钟惺等	不伪	朱彝尊《诗话》谓是书乃其乡人托名。《总目》认为钟、谭二人门径不过如是。	引用《总目》。未提供任何新信息。
明诗归	明　钟惺等	伪	王士禛称其鄙俚可笑，托名竟陵。	引用《总目》。未提供任何新信息。
名媛诗归	明　钟惺	伪	其间真伪杂出，尤足炫惑后学。王士禛《居易录》亦以为坊贾所托名。今观书首有书坊识语，称名媛诗未经刊行，特觅秘本……其不出(钟)惺手明甚。	引用《总目》。未提供任何新信息。
古文汇编	明　陈仁锡	疑伪	考仁锡尝刻《古周礼》，不应此选自乱其例，其托名欤。	引用《总目》。未提供任何新信息。
秦汉文尤	明　倪元璐	疑伪	元璐气节文章，震耀一世，而是书庞杂特甚，殊不类其所为。	引用《总目》。未提供任何新信息。《通考》误将书名讹为《秦汉文元》。
汉魏诗乘	明　梅鼎祚	真伪杂糅		《通考》漏收。
书记洞诠	明　梅鼎祚		真赝并收，殊少甄别。	《通考》漏收。
又玄集	韦庄	伪	原书已佚，今所传者乃赝本。	《通考》漏收。
翠楼集	清　刘之份		朱彝尊尝讥其真赝交错。	《通考》漏收。
玉台新咏	陈　徐陵	有改窜	茅元桢本颠倒改窜更甚。	引用《总目》。未提供任何新信息。
薛涛李冶诗集	唐　薛涛 李冶	疑有伪	其中《恩命追入留别唐陵故人》一首，详其词意，不类冶作，殆好事者欲裒冶诗与涛相配，病其太少，姑摭他诗足之也。	引用《总目》。未提供任何新信息。按：余嘉锡、万曼有辨证。
才调集	蜀　韦縠	有伪篇	贺知章录《柳枝词》乃刘采春女所歌，非知章作；刘禹锡录《别荡子怨》乃隋薛道衡《昔昔盐》；王之涣录《惆怅词》，所咏乃崔莺莺、霍小玉事，之涣不及见，实王涣。	引用《总目》。未提供任何新信息。
古文苑	不著编辑者名氏	有伪篇	所录……皆史传、文选所不载。然所录汉魏诗文多从《艺文类聚》《初学记》删节之本，石鼓文亦与近本相同，其真伪盖莫得而明也……至《柏梁》一诗，顾炎武《日知录》据所注姓名，驳其依托。钱曾《读书敏求记》则谓旧本但称官位，自樵增注，妄以其人实之，因启后人之疑。	引用《总目》。未提供任何新信息。
姚江逸诗	清　黄宗羲	有附益	第十五卷《韩应龙传》末云："黎洲先生选逸诗，广极搜辑，不解何故遗此。"则此卷为后人所续，非宗羲之原书，不知何以混而一之。	引用《总目》。未提供任何新信息。

续表

书名	旧题作者	真伪	《总目》	《通考》
文心雕龙	梁 刘勰	部分伪	《隐秀》一篇，皆有缺文。明末钱允治抄补四百余字。《总目》以《永乐大典》校之，认为其书晚出，其词亦颇不类，殆亦影撰。	《通考》漏收。按：黄侃另撰一篇以代之，不顾宋本所缺者仅中间一页，其首尾尚存。王利器颇以黄侃为多事。
文章缘起	梁 任昉	疑伪	其书亡于隋，唐亦不见。《太平御览》所引无此书。引据颇疏，疑为依托。	引用《总目》。未提供任何新信息。
后山诗话	宋 陈师道	伪	今考其中于苏轼、黄庭坚、秦观俱有不满之词，殊不类师道语……安能预知宣和中有雷大使？借为譬况，其出于依托，不问可知矣。	引用《总目》。未提供任何新信息。按：陆游认为此书必非师道所撰，《总目》亦认为出于依托。李裕民有驳议。
乐府古题要解	唐 吴兢	伪	疑兢书久佚，好事者因捃拾郭茂倩所引《乐府解题》伪为此书。	引用《总目》。未提供任何新信息。《总目》认为此书为元人所赝造。
诗式	唐 释皎然	疑伪	参差可疑。疑原书散佚，而好事者摭拾补之。	引用《总目》。未提供任何新信息。
诗法源流		序伪	其谬陋殆不足辨。杨载序俚拙万状，亦必出于依托。	《通考》漏收。
二南密旨	唐 贾岛	伪	数皆不合。词意拙俚，议论荒谬，贾岛何至如此。	引用《总目》。未提供任何新信息。陈振孙始疑为伪。
唐子西文录	宋 强行父	伪	前有绍兴戊午行父自序……其说殊为可疑……剽掇之迹显然。	引用《总目》。未提供任何新信息。按：余嘉锡、郭绍虞、李裕民皆有辨证。
艺苑雌黄	宋 严有翼	伪	至其第四卷以后，则全录葛立方《韵语阳秋》而颠倒其次序。	引用《总目》。未提供任何新信息。郭绍虞有辑佚本。
吟窗杂录	状元 陈应行	伪	前列诸家诗话……率出依托，鄙倍如出一手。	引用《总目》。未提供任何新信息。
全唐诗话	宋 尤袤	作者伪	盖贾似道假手廖莹中，而莹中又剽窃旧文……后人恶似道之奸，改题袤名。	引用《总目》。未提供任何新信息。按：王重民、傅增湘皆有考辨。
诗法家数	元 杨载	伪	载在元代，号为作手，其陋何至如是？必坊贾依托也。	引用《总目》。未提供任何新信息。
木天禁语	元 范德机	伪	盖与《诗法家数》出一手伪撰。考二书所论，多见赵撝谦《学范》中。	引用《总目》。未提供任何新信息。
诗学禁脔	元 范德机	伪	浅陋尤甚，亦必非真本。	引用《总目》。未提供任何新信息。
东坡诗话	元 陈秀民	伪	秀民既元人，而书中乃引《西湖游览志》一条，是书为明田汝成作，秀民何自见之。	引用《总目》。未提供任何新信息。按：所引书中出现明人著作，时代不相及。

续表

书名	旧题作者	真伪	《总目》	《通考》
余冬诗话	明 何孟春	版本作伪	今检其文，实于孟春《余冬序录》中摘其论诗者诡题此名也。	引用《总目》。未提供任何新信息。按：此为伪本，而非伪书。
全唐诗说·全唐诗评	明 王世贞	版本作伪	割剥世贞《艺苑卮言》，抄为两卷，世贞著作初无此二名也。	引用《总目》。未提供任何新信息。
诗文原始	明 李攀龙	伪	自明以来不闻为攀龙所作，其持论亦不类攀龙语。	引用《总目》。未提供任何新信息。按：此本掇拾割裂，诡题作者。
余山诗话	明 陈继儒	伪	其文皆摭拾继儒他说部而成，殆非本书。	引用《总目》。未提供任何新信息。
四六金针	清 陈维崧	伪	取元陈绎曾《文说》中所论四六之法，割剥成编，必非维崧之笔。	《通考》漏收。
六一词	宋 欧阳修	有伪篇	欧阳词之浅近者，谓是刘煇伪作。	暗引《总目》。未提供任何新信息。
东坡词	宋 苏轼	有伪篇	此本乃毛晋所刻，后有晋跋云："得金陵刊本，凡混入黄、晁、秦、柳之作，俱经芟去。"然刊削尚有未尽者，如开卷《阳关曲》三首，已载入诗集之中，乃饯李公择绝句……以是收之词集，未免泛滥。	引用《总目》。未提供任何新信息。按：《总目》云："前人著作，时有改定，何必定以真迹为断乎？"此乃通达之论也。
书舟词	宋 程垓	有伪篇	毛晋跋《意难忘》《一剪梅》诸阕俱定为苏(轼)作。	引用《总目》。未提供任何新信息。
溪堂词	宋 谢逸	有伪篇	《花心动》一阕鄙俚不文，定为赝作。	引用《总目》。未提供任何新信息。
初寮词	宋 王安中	疑有伪篇	《安阳好》九阕……似此词宜属韩琦。	引用《总目》。未提供任何新信息。
白石词集	宋 姜夔	有伪篇	其中咏草《点绛唇》一阕，不出于夔。	《通考》漏收。
断肠词	宋 朱淑真	有伪篇		引用《总目》。未提供任何新信息。
蕉窗蕙隐词	元 吴管	伪	诸家书目皆不著录；诸选本亦绝不及之。详考其词，皆明刘基之作。	引用《总目》。未提供任何新信息。
词林万选	明 杨慎	伪	序与书不相符，且极其夸张。	引用《总目》。未提供任何新信息。
空同词	宋 洪瑹	有伪篇	卷末咏渔父《清平乐》一阕，据《花庵词选》本连久道词，且载其本事甚明。因二人之词相连，遂误入之瑹词中。	《通考》漏收。
群贤梅苑	朱鹤龄		详勘其书，乃取宋黄大舆《梅苑》而颠倒之……殆书贾售伪者为之，鹤龄不至于斯也。	引用《总目》。未提供任何新信息。

三、结　　论

黄云眉认为：“《通考》一书……取材多非原始，别择断制，亦嫌不足。”这是相当中肯的批评。通过上表的细致考察，笔者认为，《通考》主要存在四大缺失：

第一，材料与方法严重脱节。张心澂的书前面有一部分是总论，分“辨伪之缘由”“伪之程度”“伪书之来历”“作伪之原因”“伪书之发现”“辨伪律”“辨伪方法”“辨伪手续”“辨伪事之发生”等节。“辨伪方法”并非代表他本人的辨伪方法，而是引述胡应麟的八法、胡适的五法、梁启超的“辨伪公例”以及瑞典人高本汉的九法。诚如李学勤先生所说：“其影响之大，你别看余嘉锡先生的那本书，也比不了。”①为什么它会产生如此巨大的影响？主要在于它与古史辨派为主导的疑古思潮配合得天衣无缝，将《古史辨》的最新成果“覆盖”在《总目》之上，喧宾夺主，而又不漏声色。它在材料方面主要来源于《总目》，而在方法上又与《总目》背道而驰。表面上看来似乎“集古今中外之大成”，其方法实与梁启超的所谓“公例”雷同。材料自材料，方法自方法，这种材料与方法的二律背反，居然蒙骗了无数中外学人。

第二，该书中的核心概念“伪书”始终模糊不清。该书没有区分辨伪与辑佚的关系，没有区分伪书与伪本(即版本作伪)的关系，没有区分辨伪与编纂的关系，等等。因此，在收录“伪书”时缺少统一的标准，把一些不伪之书收了进来。与此同时，又将《总目》已经辨别为伪书的反而漏收不少。之所以既“误”且“漏”，主要还是因为概念不清，科学性也就大大削弱。

第三，大量征引康有为的《新学伪经考》。康有为打着“考据”的幌子，玩的是置考据于死地的毒招。章太炎口诛之于前，钱穆笔伐之于后。至《通考》编纂之时，此种谬说已少有认同，而《通考》对此种“伪考据”不但不加辨别，反而大加征引，爱博嗜奇，自然适得其反。

第四，没有严格遵守学术规范。在引文、书名、归类等方面大肆玩弄手法，或暗袭《总目》，或删改书名，或隐瞒出处，或颠倒次序，“重新洗牌”，企图掩耳盗铃，瞒天过海。一部所谓“集大成”的辨伪专著，居然也有作伪之嫌!

有鉴于此，今后应组织力量，重新编纂一部高质量的《伪书通考新编》，在全面清理材料的基础上，认真总结辨伪学的历史与方法，使文献辨伪学建立在坚实可靠的基础之上。

① 李学勤：《走出疑古时代》，辽宁大学出版社1997年版，第10页。

《经学常识》抄袭《经学通诰》举证

《经学常识》，吴江徐敬修撰。该书卷首有《经学常识提要》一则，称："通经致用，非所期于今日学子，但其大要不可不知。本书关于群经之旨，摘其要者述之。至于经学家之著述，则自汉京以后迄于近世，其源流派别，皆为有统系之叙述，俾研究汉学者得备参考焉，不仅有裨常识而已。"

《经学通诰》是叶德辉撰写的一部经学著作，初稿成于1907年，1915年以湖南教育会的名义正式出版。

通过比对两书，我们发现了徐敬修抄袭叶德辉《经学通诰》的两大秘诀：

一、将笔记体改为章节体

叶德辉《经学通诰》原文曰：

六证

一、以经证经。如以《礼》证《易》，则有张惠言之《虞氏易礼》；以《春秋》证《易》，则有毛奇龄《春秋占筮书》；以《春秋》证《礼》，则有宋张大亨《春秋五礼例宗》；以《公羊》证《礼》，则有凌曙《公羊礼疏》《公羊礼说》、陈奂《公羊逸礼考征》；以《穀梁》证《礼》，则有侯康《穀梁礼征》；以《礼》证《诗》，则有包世荣《毛诗礼征》；以《公羊》证《论语》，则有刘逢禄《论语述何》。昔人云："不通群经，不能治一经。"此解经第一要义也。

一、以史证经。司马迁受经于孔安国，言汉学者推为古文家，不尽然也。《史记》一书，《五帝本纪》《夏本纪》《殷本纪》《周本纪》可以证《尚书》，春秋列国世家可以证《尚书》，亦可证《左传》；《孔子世家》《仲尼弟子列传》可以证《论语》；《荀孟列传》可以证《孟子》。其余前汉诸人，其列传中引用经文多与今本殊异，近人缪荃孙有《两汉书引解考》，最为详洽，可以参观。《史》《汉》以外，则《三国志》《南北史》不独经师遗说时有异同，即其授受源流亦足以费考索。至《国语》《国策》《逸周书》，本属经类，或与《春秋》相表里，或与《尚书》相贯通，虽纯驳不同，而参考必备。《四库全书》均入于史部杂史，非知三书源流也。

一、以子证经。诸子皆六艺之支流，其学多出于七十子。周秦两汉，九流分驰，清儒往往摭其书之遗言，以发明诸经之古学。今试举其书论之。如《京氏易传》(《隋书·经籍志》五行家《京易占》即此书也)为孟喜《易》义；焦赣《易林》(翟云升考定为崔篆撰)为京房《易》义；《韩诗外传》为《韩诗》义；班固《列女传》为《鲁诗》义；《韩非子》《淮南子》为《春秋左氏》义；《白虎通德论》为《春秋》《礼》义；《荀子》、蔡邕《独断》为《礼》义。此其彰明较著者。至墨子有古尚书，有百国春秋；管子有周礼遗法；淮南子有九师《易》义；是又在读者之善为沟通而无所用其比较已。

一、以汉人文赋证经。王逸《离骚注》《蔡中郎集》有《鲁诗义》。阮元辑《三家诗》、陈寿祺《三家诗遗说考》已详举靡遗。其他两汉书中诸人封事文赋，或释经有异义，或引经有异文，大概有清诸儒各治一经，无不贯澈源流，搜采遗夫，其书见于前、续两《经解》中者，可以按目求之，即小有出入异同，亦无损其全书之例。乾嘉两朝江浙间诸经师，不得不推为经苑之功臣矣。

一、以《说文解字》证经。许为古文学，而兼采众家之言，故其书同一引经，往往先后异字，解义亦各不同，陈瑑《说文引经考证》、吴玉搢《说文引经考》、柳荣宗《说文引经考异》，皆有专书，可取而细绎之也。

一、以汉碑证经。汉儒治经，最重师说，凡流传碑本，其引经与他本异者，皆家法之各殊。亡友皮锡瑞有《汉碑引经考》一书，疏证详明，真伟作也。

四知

一、当知源流。六经亡于秦，惟《易》得以占筮独存；其余或出口授，或出壁藏。传自何人，授之谁氏，检《史记·儒林传》、两汉《儒林传》、《汉书·艺文志》《释典释文》诸书；便知其详。近人毕沅著有《通经表》《传经表》，亦简要，便于检寻，以之寻《史》《汉》《志》《传》《释文》诸书，尤不至虚耗光阴，竭殚究之力。外此，则《三国志》列传、《南北史·儒林传》其间师承家法，承两汉之流风，取而读之，诸经之源流了然于心目矣。

一、当知存亡。自两汉以后，诸经注之或存或亡，当以《四库全书提要》、阮元《四库未收书目》为之主(经一类)，上溯《汉书·艺文志》《隋书·经籍志》、新旧《唐书志》、《宋史·艺文志》、晁公武《郡斋读书志》、《绍兴四库编到阙书目》、陈振孙《直斋书录解题》、朱彝尊《经义考》、翁方纲《经义考补正》等书，按其部目，考其书之存亡。存者，择其精者，以供研求；亡者，搜其佚文，以存古谊。大要：汉学一派，皆萃于《皇清经解》《续皇清经解》二书；宋学一派，皆萃于《通志堂经解》《经苑》二书。古经解散佚为后人从他书所引辑出者，如孙堂《汉魏二十一家易注》、余萧客《古经解钩沉》、王谟《汉魏遗书钞》(经之类)、马国翰《玉函山房辑佚书》(经一类)，皆苦心搜辑，有功古人。博观而约取之，积蓄既深，根柢益厚。毋逞毛奇龄之口辨，毋蹈王夫之之冥思，毋染龚自珍、魏源之猖狂，无效王某(似指王闿运——引者注)之杜撰。至廖平、康有为虚诞陋儒，托经术以祸天下，此乃亡国之妖孽，更不必与之言学矣。夫不知经之存亡，即不能脚踏实地，辨别是非，自毛、王以下，皆坐斯害。

其好为臆说以炫惑一时，正所以文其固陋之智也。

一、当知体例。何谓体例？曰注，曰疏。注之属：有传，有记，有笺，有注，有诂训，有解诂，有章句，有章指，有集解。传者，传通其义也（孔颖达《诗毛传正义》）。博释经义，传示后人也（又《春秋左传正义》）。传通其义，如《毛诗训诂传》是也；博释经义，传示后人，如《春秋左氏传》《公羊传》《穀梁传》是也。记者，共撰所闻，编而录之（《礼记》大题《正义》）。始出于七十子之徒，如《大戴礼记》《小戴礼记》是也。一曰疏也（《说文·言部》），疏通也（《说文·疋部》），谓条录之也（《汉书·苏武传》数疏光过失注），许慎《说文解字》《淮南鸿烈间诂》下题汉太尉祭酒许慎记是也。笺者，表识书也（《说文·竹部》）。表，明己意使可识也（《诗毛传笺正义》）。《诗》毛传、郑氏笺是也。训诂者，故言也（《说文·言部》）。《尔雅》释诂、释训为毛传所从出。如《诗》毛传题《诂训传》是也。注者，注也。六书有注字，无注字。义取灌注之注（《说文·水部》）。注义于经下若水之注物（《仪礼郑氏注正义》）。一曰解书之名（《礼记·曲礼正义》）。注者，著也，书为之解决使其义著明也（《诗毛传郑氏笺正义》）如三礼郑氏注是也。解诂者，诂事也，言解其事意也（《后汉书·卢植传》三礼解诂章怀太子注）。如《公羊》何休解诂是也。章句者，章者，明也，句者，局也，局言者，联字以分疆明情者，总义以包体（《文心雕龙·章句》），如赵岐《孟子章句》是也。一曰章指，如宋本孟子赵注称章指是也（曲阜孔氏微波榭刻本有《章指》，系重刻宋本，明监毛本无）。集解者，集诸家之说，记其姓名，有不安者一愿为改易，如《论语》何晏集解是也。疏之属：有义疏，有正义。义疏者，引取众说，以示广闻（《论语皇侃义疏·自序》），如皇侃《论语义疏》是也。正义者，正前人之疏义，奉诏更裁定名曰正（黄承吉撰《刘孟淇〈左传旧疏考正〉序》），如孔颖达《易》《书》《诗》《左传》《礼记正义》是也。一曰义赞。《唐书·孔颖达传》称《五经正义》为《五经义赞》是也（《说文·疋部》），兼举众说，疏通证明（黄承吉撰《刘孟淇左传旧疏考正序》）。如贾公彦《周礼》《仪礼》是也。然合言之曰义疏，分言之既可曰疏，又可曰义，如皇侃《论语》《礼记义疏》，《梁书》本传但云论《论语》《礼记义》是也。此皆就见存诸经注疏论列也（皇侃《礼记疏》，日本有唐卷子抄残本，故非逸书）。《春秋左傅正义》孔序称沈文何为《左传义疏》，《经典释文》则云沈为《春秋义疏》，王元规续而成，沈所著及元规所续书乃名义略，又孔序称刘炫作《左氏传义疏》，《隋书》炫本传则云炫著《论语》《孝经》《春秋》《尚书》《毛诗述议》，《隋书·经籍志》经部又云述义志，于孝经类称王劭访得孔传送炫，炫因述其议疏，此议疏即义疏，犹之述议即述义，名虽殊，实则一也。至《周易》或题“兼义”者，阮文达《校勘记》云并正义而刻之，以别于单注本。陈鳣《经籍跋文》云：“他经附每节后，独《周易》总附卷末，故题为兼义，而不附音，盖北宋刻经注疏皆分刻单行，至绍熙后始合刻并附释音，世传南宋九行本《十三经注疏》，即元、明诸刻所从出也。”单疏今有汪士锺所刻《仪礼》、陆心源所刻《尔雅》，试取二书观之，可知单疏旧式。若北宋单注，则仅存黎庶昌刻《古逸丛书》中之《尔雅郭注》，盖犹从孟蜀石经重刻，所谓蜀大字本也。大抵注不破经，疏不破注。注或迂曲，疏必繁称博引以明之。唐宋人诸经义疏多本六朝，而淹为己有。观邢昺《论语》大半袭用皇侃，刘文淇欲作《易》《书》《诗》《礼》《春秋旧疏考正》，仅成《左传》一种，其子毓崧成《周易旧疏考证》《尚书旧疏考证》二种，搜赃鞫盗，使孔、贾诸人读之，亦俯首而服谳矣。

一、当知真伪。《子夏易传》伪于唐张弧(今《通志堂经解》中《子夏易传》乃宋人伪作，又并非张弧书矣)。《关朗易传》伪于宋阮逸。《子贡诗传》《申公诗说》伪于明丰坊。《古文孝经》孔安国传伪于日本。此人人得知者也。《书》之《伪孔传》始于晋梅赜，宋朱子发其端，明梅鷟《古文尚书考异》、清阎若璩《古文尚书疏证》胪举证据，抉发靡遗，已成千秋定谳。毛奇龄作《古文尚书冤词》，割裂史文句读，曲为之护，殆所谓好恶拂人之性者。然有其举之亦不必废。梅赜虽工于作伪，犹见晋以前古书，故其精理名言，能使唐人为之屈服。前清光绪十二年，王文敏懿荣奏请复《古本尚书》，以孙星衍《今古文尚书注疏》，援《二十四史》附《旧唐书》《五代史》之例，附入《十三经注疏》事下礼部议，为户科给事中洪良品所驳。湖北学者多尊信伪古文，宜其有此封驳，要亦王自扰之也。《孟子》孙奭疏出于宋邵武士人之手。《朱子语录》云："蔡季通识其人。"《语录》又谓："其全不似疏体，不会解出名物制度，只绕缠越岐之说，至岐注好用古事为比，疏多不得其根据。"朱子所云，切中其失。宋时刻《十三经注疏》强以配入，其实不能肩随邢昺，又安能追踪孔、贾哉？故知一书之真伪，而后不至误入歧途，此固治经者所当分晓者矣。

五通

一、当通章句。《后汉书·徐防传》云："诗书礼乐，定自孔子。发明章句，始于子夏。"后人动轻人为章句之儒，不知章句为治经第一要义。《礼记·学记》："一年视离经辨志。"郑注："离经，断句绝也。辨志，谓别其心意所趣乡也。"疏："离经谓离析经理，使章句断绝也。"两汉经师以章句之学名者，西汉《易》有施雠、孟喜、梁邱贺章句；《尚书》有欧阳章句，大小夏侯章句；《春秋》有《公羊章句》《穀梁章句》，见《汉书·艺文志》。《易》有京房章句，见《隋书·经籍志》；有费直章句，见《经典释文》引《七录》；东汉《易》有刘表章句，见《隋志》《释文》。《尚书》有桓君太常大小章句，见《后汉·桓郁传》；《礼》有庆氏章句，见《后汉书·曹褒传》；有桥居学章句，见《后汉书·桥元傅》。盖章句不明，即无由通知大谊。今诸书虽已亡佚，略举例之易见者一二以明之。如《论语·述而》："子于是日哭则不歌。"《释文》云：旧以为别章，今宜合前章亡而为有。《释文》云：此旧别为章，今宜与前章合。先进德行以下疏云：郑氏以合前章，皇氏别为一章，此分章之不同也。《八佾》："君子无所争，必也射乎?"《释文》云：郑读以必也绝句。"揖让而升下。"《释文》云：郑注《诗·宾之初筵》引此则云下而饮。《公冶长》："吾党之小子狂简。"《释文》云：郑读至小子绝句。子罕：子曰：沽之哉！沽之哉！郑注：鲁读沽之哉，不重，今从古也。(敦煌石室残卷子本)此分句之不同也。略举数事，可见汉人读经之法，各有师承。欲知其详，古人之书，宜考《经典释文》，今人之书，宜考翟均《周易章句证异》、吴廷华《仪礼章句》、翟灏《四书考异》、武亿《经读考异》。有此五书，章句之学事半功倍矣。

一、当通校雠。一夔已足，宣圣释疑；三豕渡河，子夏辨误。圣门治学如此，何况治经夫？一字之差，谬以千里。众家之异，归往一尊。刘向校书，所以考之中古；郑玄注礼，所以存其故书。自后陆德明《经典释文》罗列群经之异字，岳珂《九经三传沿革例》参稽各本之善长，于是有清一代之儒兀兀穷年，人人同好，如顾炎武《九经误字》、齐召南《注疏考证》、阮文达《十三经注疏校勘记》，几于搜罗尽净矣。又有王引之《经义述闻》、俞樾《群经平议》，精于声音训诂之学，四通八达，几于推阐靡遗矣，然犹有未尽者，日本唐、宋旧本倍于乾嘉之时，敦煌石室秘藏腾于中外之口，其中关于经学者，如《左传》昭公二十七年传："夫鄢将师矫子之命，以灭三族。三族，国之良也。"日本古钞卷子本如此，今我国各本下不重"三族"字，则文句不通矣。《书·顾命》："率循大下。"敦煌石室残叶作"率循大法"。明"下"为"法"之残形。《伪孔传》云："率群臣，循大法。"义本了然。自讹为"下"，于是千言万语解之不适矣。略举二事，可知校雠之学尤治经者之所当用心。否则，西郊四郊，段玉裁、顾广圻讦讼不已；生谥死谥，何焯、方粲如辨争不休(王应麟《困学纪闻集证六》)。疑狱千秋，难期定识，岂非治经之大厄乎？

一、当通小学。古之小学，识字为先。洒扫应对，又其次也。《汉志》小学十家，自史籀以下，皆为字书。《志》云："古者，八岁入小学，故《周官》保氏掌养国子，教之六书，谓象形、象事、象意、象声、转注、假借，造字之本也。"按此六书，可总为文字、声音、训诂三类。形、事，文字也。声与假借，声音也。意与转注，训诂也。知篆隶之传变，则知文字之用宏。知假借之相资，则知声音之类广。至于训诂渊海，不外《尔雅》《说文》。《尔雅》为《毛诗传》之根源，《说文》多古文学之遗说。今举字义之最浅近而易晓者言之。如《中庸》"仁者，人也；义者，宜也"，《孟子》"庠者，养也；校者，教也；序者，射也"，《易·乾卦》"乾，健也；坤，顺也；离，丽也；坎，陷也；震，动也；巽，入也；兑，悦也；艮，止也"，皆取字声之同以释其义，此训诂之本乎声出者也。《易》"乾元亨利贞"，《汉史晨飨孔庙后碑》作"长亨利贞"，以"长"代"元"；华山碑作"永亨利贞"，以"永"代"元"。《象传》百谷草木麗乎土。《说文·草部》蘪下引"百谷草木蘪乎地"，以"地"代"土"。《书·尧典》"钦若昊天"，《史记·五帝本纪》引作"敬顺昊天"，以敬代钦，以顺代若。"平秩东作，平秩南讹，平秩西成"，引作"便程东作，便程南讹，便程西成"，以"便"代"平"，以"程"代"秩"，皆以训诂之字代经。此训诂之不本乎声出者也。若夫文字之别，有古篆，有隶书，今亦举其最简省而易晓者言之。如《论语·宪问》有荷蕢，《说文·草部》蕢下古文臾引《论语》作有荷臾。汉武梁祠画像标题作何馈。《书·大诰》"不敢替上帝命"，魏三体石经敢古作𢽟，篆作𠭖，隶作敢，替古作𣈆，篆作㬱，隶作替。《左传》宣十有四年经曹伯寿卒，魏三体石经寿古作寿，篆作寿，隶作寿。古者，古文也。隶者，今文也。此文字之宜辨别也。声音者，以依声或同声之字互相通用，即六书之假借也。《说文·序》说假借云："本无其字，依声托事，令长是也。"盖秦分郡县，始有令长。未有令长以前，则令为号令之令，长为长久之长。既有令长之后，则因其号令百姓，故借令以称之，欲其致治长久，故借长以称之。此一字为两字之用。如次弟之弟，即为兄弟之弟，夫妇之夫，即为丈夫之夫，所谓依声之假借也。同声字之假借，为读经之假借，与造字之假借微有不同。大都两字为一字之用。如《诗·关雎》"君子好逑"，《汉书·匡衡传》引作"君子好仇"，仇与逑两字一用也。《书·吕刑》"士制百姓于刑之中"，《后汉书·梁统传》引作"于刑之衷"，衷与中两字一用也。所谓同声之假借也。亦有因形误而沿用者。如《诗·邶风·绿衣》序笺绿当为禒，转作绿字之误也。《礼·檀弓》自败于台鲐始也。注：败于台骀，晋襄四年秋也。台当为壶字之误也。《春秋传》作狐骀。又有因声误而沿用者。《诗·小雅》"舟人之子，熊羆是裘"笺云：

舟当作用，裘当作求，声相近故也。《周颂·臣工之什》有瞽应田县鼓，笺曰：当作𫐐。𫐐，小鼓在大鼓旁，声转字误，变而作田。《礼·曲礼》拾级聚足，郑注：拾当为涉声之误也。《礼运》蒉桴而土鼓，郑注：蒉读凷，声之误也。大抵小学为经学之关键，其事为至难，吾恒欲于《尔雅》《说文》外得一简捷之书以示人，迄不可得，无已，则有阮文达《经籍纂诂》一书，再进之以刘淇《助字辨略》、王引之《经传释词》、段玉裁《说文解字注》，或有深入自得之一日乎？

一、当通大谊。班志云："仲尼没而微言绝，七十子丧而大义乖。"微言已绝，不可复续。汉人有为之者，如《志》载春秋家有《左氏微》《铎氏微》《张氏微》《虞氏微》是也。他经无微，取微言在《春秋》也。然其书久亡，去圣日远，无端倡为怪诞之论，托于《公羊》，如康有为其人，未有不祸国家、害风俗者，故吾不言微言，而言大义。大义虽乖，可以随时匡正。君不君，臣不臣，父不父，子不子，是之谓乖；君君、臣臣、父父、子子，是之谓不乖。汉昭帝有言："公卿大臣当用经术，明于大谊者。"即此意也。《汉书·儒林传》：丁宽作《易说》三万言，训诂举大谊，是《易》有大义也。《志》叙尚书家云："古文读应尔雅。"故解古今语而可知。张晏注："尔，近也；雅，正也。"是《书》有大义也。又叙诗家云："或取《春秋》，[采]杂说，咸非其本义。与不得已，鲁最为近之。"是《诗》有大义也。叙礼家云："有夫妇、父子、君臣、上下，礼义有所错(同措)。"是《礼》有大义也。又叙春秋家云："丘明论本事而作传，明夫子不以空言说经。"是《春秋》有大义也。吾今举诸经大义一略言之。《易·系辞》曰："天尊地卑，乾坤定矣。卑高以陈，贵贱位矣。"《序卦》曰："有天地然后有万物，有万物然后有男女，有男女然后有夫妇，有夫妇然后有父子，有父子然后有君臣，有君臣然后有上下，有上下然后礼义有所错。"此《易》之大义也。《尚书大传》引孔子曰："《尧典》可以观美，《禹贡》可以观事，咎由可以观治，《鸿范》可以观度，六誓可以观义，五诰可以观仁，甫荆可以观诫。"通斯七观，《书》之大义举矣。此《书》之大义也。《论语》："子曰：《诗》可以兴，可以观，可以群，可以怨。迩之事父，远之事君，多识于鸟兽草木之名。"此《诗》之大义也。《大戴礼记》："哀公问孔子曰：民之所由生，礼为大。非礼无以节事天地之神明也，非礼无以辨君臣上下长幼之位也，非礼无以别男女父子兄弟之亲、昏姻疏数之交也。君子以之为尊敬然，然后以其所能教百姓。"此《礼》之大义也。孟子曰："世衰道微，邪说暴行有作，臣弑其君者有之，子弑其父者有之，孔子惧，作《春秋》。《春秋》，天子之事也。"孔子曰："知我者其惟《春秋》乎？罪我者其惟《春秋》乎？"此《春秋》之大义也。非独此也。读《十翼》而后明《易》之大义，读《论》《孟》《左传》而后明《书》之大义，读《大小序》而后明《诗》之大义，读《大戴》《小戴礼记》而后明《周官》《仪礼》之大义，读《孝经》《论》《孟》而后知《春秋》之大义，读《大戴礼》曾子十篇而后明《孝经》之大义。大义明而后六经如日月之昭垂，治经之能事毕矣。

一、当通政事。孔子之诏伯鱼曰："不学诗，无以言；不学礼，无以立。"此为过庭时训也。又曰："诵诗三百，授之以政，不达；使于四方，不能专对。虽多，亦奚以为？"此为及门人训也。六经而无实用，则圣人为空作矣。《汉书·孔光传》："博士选有三科，高第为尚书，次为(列)[刺]史，其不(道)[通]政事，以次补诸侯太傅。"《萧望之传》："昭帝时，选博士，通政事，补郡国守相。"汉世崇经，即本此意。

《礼·经解》引孔子曰："入其国，其教可知也：温柔敦厚，《诗》教也；疏通知远，《书》教也；广博易良，《乐》教也；洁静精微，《易》教也；恭俭庄敬，《礼》教也；属辞比事，《春秋》教也。"此六经有用之效也。战国时，七雄并争，诸子异学，遭秦灭籍，六经晦盲。汉兴，高祖敬太牢祀孔，叔[孙]通采古礼，酌秦法，定朝仪(此据《史记》本传文。后汉曹褒论云："叔孙通采礼经，适物观，救崩弊。")。孝文时，乐人窦公献周官太宗伯大司乐章。汉世礼乐之兴，即由于此。其后，董仲舒以《春秋》决狱，王式以三百五篇诗当谏书，平当以经明，《禹贡》使行河，兒宽通《尚书》，以古法议决疑大狱，载在《史》《汉》纪传，成为美谈。至何休以《春秋》驳汉事四百余条，既非见诸施行，不过逞其辨难。王莽、王安石伪托《周礼》，惑古殃民。此其人于经术本无所知，仅乃拾其鳞爪皮毛，为饰奸文过之计，其不能以一二人之私慝玷及圣经明矣。至于诸子之学，亦未尝不可治世。如曹参以黄老家言治汉，武侯以申、韩之法治蜀，要知天下初定，与民休息，不得不以清静代纷更，天下已乱，与民更始，不得不以刑法救宽厚，其效在一时，不如经术之垂久。宋越普谓以半部《论语》佐太祖，以半部《论语》佐太宗，后世不信其人与言，比于汉京儒吏之设施，未见其全为夸诞也。

十戒

一、当戒僭妄。扬雄以《太玄》拟《易》，以《法言》拟《论语》；王通以《中说》拟《论语》，以《元经》拟《春秋》，文辞虽工，阳虎之似也，僭也。宋薛瑄《书古文训》袭取《汗简》，伪造古文。宋俞庭椿之《周礼复古编》、元丘葵之《周礼补亡》、明舒芬之《周礼定本》，窜乱五官，妄补《冬官》。宋王柏之《书疑》《诗疑》，割裂经文，悍然非圣，言论虽辨，少正之雄也，妄也。不仅此也。王充《论衡》问孔、刺孟，刘知幾《史通》疑古惑经，或据寻常文则悬论孔经，或凭传疑古书妄讥圣作。王书虽为蔡邕鸿宝，刘书亦为徐坚推崇，要其信口雌黄，不免鸿文无范。至于明代，季本(如《易学四同》《易学别录》《春秋私考》)丰坊(如《古易世学》《易辨》《古书世学》《鲁诗世学》《春秋世学》)之作，动矜秘本，妄改古经。沧海横流，无异秦火，斯诚经籍之大厄矣。

一、当戒武断。朱子以《论语》放郑声一语，遂疑郑、卫皆淫诗；方苞以王安石行新法，遂疑《周官》有莽制，其意在厚风俗，正人心，而不觉其言之流于偏宕，况学问远不如朱子、方苞者乎？汉世左传家说以刘为尧后(《后汉书·贾逵传》)赎公羊家说以为汉制作，此乃依托谶纬，冀本经之立学官，语虽无稽，尚非有心武断。梅赜《伪尚书孔传》，名言奥义，初不悖乎圣人，犹之《诗序》出于汉人，不妨归之于子夏。《尔雅》续于东汉，仍可系之于周公，此亦不得以武断而废之也。

一、当戒杜撰。郭公夏五，存鲁史之旧文。不知而作，信君子之盖辟。杜撰之害，吾于前已痛言之。纪文达云：毛奇龄好异叛经。阎若璩讥汪琬周姥制礼。两人皆有清儒家巨子，其学问之鸿博，人犹得乘其隙漏而攻之，何况近人如王某、廖平、康有为，其人一味自欺欺人，而欲以臆造之空谈求胜于往哲，其能以一人之手掩天下人之目乎？是亦徒耗心方而已矣。

一、当戒割判。《汉章帝纪》建初八年诏曰："五经割判，去圣弥远，章句疑词，乖离难正，恐先师微言，将遂废绝，非所以重稽古，求道真也。"是则割判经句，汉之中叶，已倡其风。自后晋梅赜割补《伪孔传尚书》，而齐姚方兴于大舫头得《舜典》“粤若稽古”以下二十八字，类太康中书，乃表上之，事未施行，方兴以罪致戮。至隋开皇初，购求遗典，始得之。北宋余焘请移《洪范》“王省惟岁”以下八十七字于“四五纪”一节，为台谏所弹。历朝改经之事，准驳胥听之朝廷，然其说一倡，贤如朱子，犹不免蹈其弊，如取程子之意，以补《大学》，移改《礼记》之篇章，借胡宏之说，以刊《孝经》，删定唐人之经注，书虽传于后世，事不餍于人心。迨于元代，胡一中谓《洪范》经传次弟紊乱，而《定正洪范》出矣。邱葵谓冬官一职，散在五官，而《周官补亡》行矣。此其弊，则并僭妄、武断、杜撰三者而有之。有清乾嘉诸儒，如江声《尚书集注音疏》、孙星衍《尚书今古文注疏》，摭拾《史》《汉》、诸经注疏引《秦誓》之文，以补马、郑《太誓》，弊正相等，不必讳言。他如卢文弨、戴震、严可均诸人校注古书，往往援据《史》《汉》《文选注》、唐宋人类书，改补本书旧文，尤不足以昭信守。吾尝言：“有清一代之儒学，扶微理坠，诚有复古之功，而信古与自信甚深，亦颇滋人口实，学者取其长而去其短，斯善矣。”

一、当戒空疏。宋儒说经，明理切事，诚为有功于六经；惟其高语精微，空谈性理，为之者固以圣人之徒自命，学之者将以语录之作配天。不知性与天道，不可得闻，言语高贤，岂能阻人以不巍富美诚，以罕书仁命，余力学文，《论语》开宗教人，惟在“学而时习”一语。圣人一生自勉，惟好学而不厌为归，学则非性理，亦非空一谈，穷理尽性，以至于命，此何时乎？吾于宋人说经之书，专取其切于人事者列之，所以救空疏之病也。朱学大行且五六百年，宋非不求实学者，后人安得以来儒藉口乎？

一、当戒破碎。桓谭有云(《汉书·艺文志》引谭《新论》)，秦近君能说《尧典》篇目两字之说至十余万言，但说曰若稽古三万言。班固《汉书·艺文志》云：“博学者又不思多闻阙疑之义，而务碎逃难，便词巧说，破坏形体，五字之文，至于二三万言，后进弥以驰逐，故幼童而守一艺，自首而后能言，安其所习，毁所不见，终以自蔽，此学者之大患也。”又《儒林传》赞云：“自武帝设科射策，劝以官禄，迄于元始，百有余年，传业者浸盛，支叶繁滋，一经说至百余万言，大师众至千余人，盖禄利之路然也。”《后汉书·桓郁传》云：“初荣受朱普学章句四十万言，浮词繁长，多过其实。及荣入授显宗，减为二十三万言。郁复删省，定成十二万言。”可见诠经破碎，自汉已然。其为禄禄之心，与唐人尚诗赋，宋以后重制艺，设科虽异，流弊则同，岂有一代经师蹈此陋习之理？然而《皇清经解》前后两编，所收犹不免有此失者，岂非习尚已久，骤不能变革乎？

一、当戒穿凿。越宾解《易》“箕子”为“荄滋”，本传谓其持论巧慧。郑立解《尚书·顾命》执瑁，古冃似同，从误作同，训为酒杯，解凭几洮颒面为擀水，虞翻讥其违失事，因是穿凿之病，两汉相同，正不必为之深讳。宋王安石《字说》以坡为土之皮、诗为寺人之言。杨简慈湖《诗传》解聊乐我员，以员为姓，解天子葵之为向日之葵。元陶宗仪《国风尊经》多袭王氏《字说》之谬。小学久废，更不足以责宋人。至乾嘉诸老，好以钟鼎彝器字解经。如钱大歆、段玉裁、王筠、桂馥、孙星衍、阮元诸人，皆有信古太过之病。近世吴大澂尤酷好之。吴作字说，据兮钟及追敦前文人铭词，谓前文人即《书·大诰》前宁人，并诋郑注以“宁王”为“武王”之失。字说尤好据金石文字纠驳《说文》，以似真非真之文，据半信半疑之字，遽然推翻旧说，自认新知，较之兰台贿改漆书，其勇于自信，不恤人言，有其过之矣。夫金石之学，萌芽于汉人。许慎《说文序》言："郡图往往于山川出彝鼎，其铭皆前代之古文。"《汉书·艺文志》春秋家有《奏事》二十篇本，注云秦时大臣奏事及刻石名山文也。虽然，传世信今，金不如石，鸿都石经之万人共睹，胜于宣和、博古之一人宝藏。存其学，以为泽古之一端，未始不自成一子。若据以说经解字，则纷纷赝鼎又谁为之辨别乎？

一、当戒附会。汉人以灾异神谕说《易》，傅会也；以《参同契》说《易》，亦傅会；六朝人以老、庄说《易》，傅会也；宋陈抟以图书说《易》，邵子以《皇极》数理说《易》，亦傅会；汉人以五行灾异说《洪范》，傅会也；宋儒以河洛说《洪范》，亦傅会；汉人以四始、五际说《诗》，傅会也；以《春秋》杂说说《诗》，亦傅会；宋人以叶韵说《诗》，傅会也；以妙悟说《诗》，亦傅会；汉儒以明堂、阴阳说《礼》，傅会也；以封禅、群祀说《礼》，亦傅会；汉人以新周、故宋、王鲁为汉制作说《春秋》，傅会也；以年月日时例说《春秋》，亦傅会。故学无论汉、宋，惟求其实。汉无论古文、今文，宋无论为朱为陆，惟求其是。执一偏之见，挟求胜之心，正理不足，乃不得已，而以傅会出之，此古今学者之大病也。

一、当戒攘窃。有清一代，考据之学，引书必注明出处；引旧人说，必标举姓名。此可师可法者也。诸家说经一派，以校勘与疏证二者为多，而注家甚少，即有之，大都采集前人旧注，加以发明，未有掩取群言，据为己有者也。自戴望注《论语》，摹仿汉人，王某笺《礼》补《诗》，抹杀前人训诂，开著书简易之路，成末流蔑古之风。盗憎主人，祸及学术，加以自造新义，炫骇俗儒，一经流传，使人如饮狂药。吾虽乡人，不能为之曲护矣。

一、当戒党伐。刘(韵)[歆]有言："保残守阙，挟恐见破之私意，而无从善服义之公心，或怀妒嫉，不考情实，雷同相从，随声是非。"此党同伐异之见所由来也。夫博学原须明辨，离经亦在辨志，五经然否，讨论不厌其详。假如郑玄之《箴膏肓》《起废疾》《发墨守》，虽操戈何休之室，当之者将俯首而无异词。又如玄驳许慎《五经异义》，虽残篇断简，不见全文，然大敌相当，输攻墨守，自非后人一知半解所能鉴其津涯。盖玄为东汉通经之儒，学无常师，故不主张门户。《魏志·王肃传》云："肃善贾、马之学，而不好郑氏。集《圣证论》以讥短玄。孙叔然授学郑玄之门人驳而释之。"《旧唐书·元行传》云："子雍规玄数十百件，守郑学者，时有中郎马昭，上书以为肃谬诏王学之辈，占答以闻。又遣博士张融案经论诘，融等召集，分别推处理之是非，具《圣证论》。"是时郑学大行，故肃嫉之，务废其学。今《圣证论》已佚，残文偶见于礼诗疏为多，孙叔然、马昭、张融等驳释推处之文亦多具载。肃穷无经引，即据所注伪造《家语》以实之，或引贾逵旧说，多玄不取，是肃之于郑学全出党伐之私。吾友皮锡瑞有《圣证论疏证》一书，可取以一参校也。其后隋刘炫作《左传杜预规过》，以纠杜注之非，孔疏复左杜而右刘，不辨杜注强经就传之失，是则安其所习，由所不见班固之所深讥(《艺文志》)，沉溺研习，颓守旧文，陈元之所非是(元本传)，况乃因门户而水火，因水火而储胥。在野则为笔舌之争，在朝则为朋党之祸。有今古文之争立，辽以开新莽篡汉之机。有几、复社之呼号，遂以授马、阮亡明之券。有清末造，康有为假托《公羊》，比附时政，以致新旧相轧，邪说朋兴，亡国咎征，至今为梗。今之倡明正学，有所折衷，读者勿以为犹有异同之见也。

而《经学常识》第四章《治经之方法》则“大胆抄袭”为：

第一节 《古人治经之方法》

昔之经生家，其治经也，往往不再治他学，故有皓首穷一经，原原本本，用功至深者。至其治经之方法，则有所谓证、知、通、戒四种，兹分述于下：

一、何谓证？古人解经，最重考据，是以有“不通群经，不能治一经”之语；至其证经之法，则又可分为数种：

1. 以经证经。如张惠言之《虞氏易礼》，则以《礼》证《易》；毛奇龄之《春秋占筮书》，则以《春秋》证《易》；包世荣之《毛诗礼征》，则以《礼》证《诗》；刘逢禄之《论语述何》，则以《公羊》证《论语》。以上所述，皆以经证经也。(《民国时期经学丛书》第一辑第四册第 153 页)

2. 以史证经。《史记》中之《五帝本纪》《夏本纪》《殷本纪》《周本纪》可以证《尚书》，《春秋列国世家》可以证《尚书》，亦可证《左傅》；《孔子世家》《仲尼弟子列传》可以证《论语》；《荀孟列传》可以证《孟子》；近人缪佑孙有《两汉书引解考》，言之最详。

3. 以子证经。诸子乃六艺之支流，其学皆出于七十子：如《韩诗外传》为《韩诗》义；班固《列女传》为《鲁诗》义；《韩非子》《淮南子》为《春秋》《左氏》义；《白虎通德论》为《春秋》《礼》义：荀子，蔡邕《独断》为《礼》义；此皆彰明较著者，其它则在读者之善为沟通耳。(《民国时期经学丛书》第一辑第四册第 154 页)

4. 以汉人文赋证经。如王逸《离骚注》，《蔡中郎集》有《鲁诗义》。

5. 以《说文解字》证经。许为古文学，而兼采众家之言，故其引经也，往往先后异字，解义亦各不同，陈瑑《说文引经考证》、吴玉搢《说文引经考》、柳荣宗《说文引经考异》，言之甚详。

6. 以汉碑证经。汉儒治经，最重师说，凡流传碑本，其引经与他本异者，皆家法之不同也。近人皮锡瑞有《汉碑引经考》一书，疏证颇为详明。

二、何谓知？六经亡于秦火，惟《易》得存；其余或出自壁藏，或出自口授；其间师承家法，源流派别，书本今古，学者皆不可不知，兹分远之：

1. 当知源流。欲知经学之源流，当读两汉《儒林传》《汉书·艺文志》《释典释文》诸书；而《三国志》列传、《南北史·儒林传》亦不可不读。近人毕沅著《通经表》《传经表》，颇简要便于检寻，以之寻《史》《汉》志传、《释文》诸书，尤不至虚耗光阴。

2. 知存亡。自两汉以后，经注之或存或亡，学者不可不知；《四库全书提要》及阮元《四库未收书目》中之经类书籍，则颇可以备查考；而朱彝尊之《经义考》，翁方纲之《经义考补》，学者亦可按其部目，以考其书之存亡。

3. 当知体例。何谓体例？曰注，曰疏。注之属，有传，有记，有笺，有注，有诂训，有解诂，有章句，有章指，有集解；疏之属，有义疏，有正义。大抵注不破经，疏不破注；注或迂曲，疏必繁称博引以明之。(《民国时期经学丛书》第一辑第四册第 156 页)

4. 当知真伪。如《书》之《伪孔传》，始于晋梅赜；而《子夏易传》，伪于唐张弧（《通志堂经解》以《子夏易传》为宋人伪作）等是也。

三、何谓通？凡治经者，不可不通经文之句读，经文之大义，以及字音字义，皆当彻底贯通者也。而通之要点，则有五端：

1. 当通章句。世人以为章句之儒，乃含轻视之意。不知通章句，为治经之第一义。按章句始于子夏；而西汉《易》有施、孟、梁丘章句；《尚书》有欧阳章句，大小夏侯章句；《春秋》有《公羊章句》《穀梁章句》等。盖通章句，则能通其大谊矣。

2. 当通校雠。刘向校书，考之中古；郑玄注礼，存其故书；陆德明《经典释文》，罗列群经之异字；岳珂《九经三传沿革例》，参稽各本之善长；他如顾炎武之《九经误字》，齐召南之《注疏考证》，阮元之《十三经注疏校勘记》，几于搜罗尽净；而王引之之《经义述闻》、俞樾之《群经平议》，亦几推阐靡遗，然犹有未尽者，日本唐、宋旧本，倍于乾嘉之时，敦煌石室秘藏，腾于中外之口，其中关于经学者，如《左传》昭公二十七年传："夫鄅将师矫子之命，以灭三族。三族，国之良也。"日本古钞卷子本如此，而我国各本下不重"三族"字，则文句不通矣。由此可知校雠之学，治经者之所当用心也。

3. 当通小学。古者，八岁入小学，故《周官》保氏掌养国子，教之六书。而治经学者尤不可不明小学，盖小学为经学关键。凡治经者，如阮元之《经籍纂诂》，刘淇《助字辨略》，王引之《经传释词》，段玉裁《说文解字注》，皆不可不一读也。

4. 当通大谊。班《志》云："仲尼没而微言绝，七十子丧而大义乖。"微言已绝，不可复续。汉人有为之者，然其书久亡。《汉书·儒林传》："丁宽作《易说》三万言，训故举大谊。"是《易》有大义也；其他如《书》《诗》《礼》《春秋》等经，亦莫不有大义也。大义明，而后六经如日月之昭垂，治经之能事毕矣。（《民国时期经学丛书》第一辑第四册第158页）

5. 当通政事。孔子曰："诵诗三百，授之以政；不达便于四方，不能专对，虽多亦奚以为。"盖经学者，治世之学，当有实用也。董仲舒以《春秋》决狱，王式以三百五篇诗当谏书，而赵普谓"以半部《论语》治天下"，其言虽夸，然可知经术之作以治世，确乎不可易也。

四、何谓戒？治经有当戒者数事，兹分述之：

1. 当戒僭妄。扬雄以《太玄》拟《易》，以《法言》拟《论语》；王通以《中说》拟《论语》，以《元经》拟《春秋》，其他如伪造《古文尚书》，如妄补《冬官记》，皆可谓之僭妄。

2. 当戒武断。朱子以《论语》"放郑声"一语，遂疑郑、卫皆淫诗；方苞以王安石行新法，遂疑《周官》有莽制，此皆武断之意也。

3. 当戒杜撰。凡笺解经文，切不可臆测杜撰。以毛奇龄、阎若璩之为有清儒家巨子，纪晓岚尚以好异叛经目之。

4. 当戒割判。《汉·章帝纪》建初八年诏曰："五经割判，去圣弥远，章句疑词，乖离难正，恐先师微言，将遂废绝，非所以重稽古，求道真也。"是则割判经句，汉之中叶已倡其风矣。

5. 当戒空疏。宋儒说经入其明理切事者，诚有功于六经；而高语精微，空谈性理，则犯空疏之病矣。

6. 当戒破碎。汉儒说经，浮词繁冗，往往过乎其实，盖说经破碎，自汉已然。

7. 当戒穿凿。如王安石《字说》以坡为土之皮，诗为寺人之言，此即穿凿之病也。清乾、嘉时好以钟鼎彝器字解经，此虽由于信古太过，然犯穿凿之病，则不可讳也。(《民国时期经学丛书》第一辑第四册第161页)

8. 当戒附会。汉人以灾异说《易》，傅会也；其后以《参同契》说《易》，以老、庄说《易》，以图书说《易》，以皇极数理说《易》，皆傅会也。(《民国时期经学丛书》第一辑第四册第161页)

9. 当戒攘窃。考据之学，引书必注明出处；引旧人说，必标姓名。若掩取群书，据为己有，则直攘窃。(《民国时期经学丛书》第一辑第四册第161页)

10. 当戒党伐。东汉通经之儒，学无常师，故不主张门户。自此以后，门户之见渐起，党同伐异，代有所闻。在朝则为朋党之祸，在野则为笔舌之争，学者所当深戒也。

第二节　今后吾人治经之方法

吾人处此中西学术交互之时代，既不能如古人之皓首穷一经；而研究经学，又不能不旁及其它各种学术；古人谓“不通群经，不能治一经”，今之治经学一门，不得不兼治其它学术，正与之相同耳。故今后吾人之治经学也，不能与古人同日语。如无谓之考订(如穿凿傅会)，家派之拘泥(如党同伐异)，皆不足以助长学术之进步。吾人应具远大之目光，以科学之方法而研求之，则庶几其可。至其方法，则如上节所述以外，吾人所尤当注意者，则约有所端：

一、当知经书之真伪。不知书之真伪，最易走入迷途；所以研究经学，必先知书之为真为伪：如《尚书》五十八篇中，三十三篇为今文，自汉时流传至今；其二十五篇，则晋梅赜所假造者。其它如《子贡诗传》，则出明丰坊之手，如孔安国《尚书传》，郑注《孝经》，《孟子》孙奭《疏》，均为伪书，学者不可不知也。(《民国时期经学丛书》第一辑第四册第162页)

一、当知经学之派别。明经学之派别，而后治经学乃可得其纲领，否则家派不明，书籍之研求，亦将无从采择。如两汉有今古文之分：今文家言，多以经术饰吏治，又详于礼制，喜言灾异五行；古文家言，详于训诂，穷声音文字之原，各有偏长也。南北朝时，北儒学崇实际，喜以汉儒之训说经，或直质寡文；南儒学尚浮夸，多以魏晋之注说经，故新义日出。唐人作义疏，黜北学而崇南学，故汉训多亡。宋、明说经者，喜空言义理，不遵古训；或以史事说经，或以义理说经。清儒说经，崇尚汉学，吴中学派掇拾故籍，训诂昭明；徽州学派详于名物典章，复好深思，心知其意；常州学派宣究微言大义，或推经致用，学者于此，苟能知其源委，则其究经也，必有真实之心得；否则迷离惝恍，令人莫知所从也。(《民国时期经学丛书》第一辑第四册第163页)

一、当知群经之性质。经书之性质：有关于科学(理化博物)者，有关于史学者，有关于政治学者，有关于社会学者，有关于伦理学者，有关于哲学者，有关于数学者，有关于文学者。至各种经书，虽无显著之可分，然如《春秋》则偏于史学，《易经》则偏于哲学，《礼经》则偏于社会学及伦理学，其他各经，亦各有所偏长，是在学者之善为研究耳。

一、当研究小学。治经学者，当参考古训，诚以古经非古训不明也；故研究经学，非兼研究小学不可。研究小学时所当注意者盖有三端：一为当通音韵，二为当明训诂，三为辨别形体。学者苟能于此三者加以工夫，则治经时之困难，可以减少许多也。(《民国时期经学丛书》第一辑第四册第164页)

一、当知校勘之学。校勘一事，为整理国故最要之条件，且最合科学之方法。盖古经传至今日，遭兵火虫鱼之劫，其间脱误及损坏之处必多，非加以校勘，无以补其缺点。古来学者多有研究及此。然以清代王念孙、王引之、卢文弨、孙星衍、顾广圻、孙诒让、俞樾诸人为最完密谨严，合科学之方法。孙诒让《札迻序》云："大氐以旧刊精校为据依，而究其微旨，通其大例，精研博考，不参成见。其諟正文字讹舛，或求之于本书，或旁证之他籍，及援引之类书，而以声类通转为之錧键。"能明乎此，则校勘之学思过半矣。(《民国时期经学丛书》第一辑第四册第165页)

经过比较之后，我们不难发现，二者文字大体相同，只是略为颠倒次序而已！

又按：《清稗类钞》会党类"经有六证"条云：

叶奂彬深于经学，尝谓经有六证，可以经证经，以史证经，以子证经，以汉人文赋证经，以《说文解字》证经，以汉碑证经。今录其证经之言如下：

一，以经证经。如以《礼》证《易》，则有张惠言《虞氏易礼》；以《春秋》证《易》，则有毛奇龄《春秋占筮书》；以《春秋》证《礼》，则有宋张大亨《春秋五礼例宗》；以《公羊》证《礼》，则有凌曙《公羊礼疏》《公羊礼说》、陈奂《公羊逸礼考征》；以《穀梁》证《礼》，则有侯康《穀梁礼征》；以《礼》证《诗》，则有包世荣《毛诗礼征》；以《公羊》证《论语》，则有刘逢禄《论语述何》。昔人云："不通群经，不能治一经。"此解经第一要义也。

一，以史证经。司马迁受经于孔安国，故言汉学者推为古文家，不尽然也……史汉以外，则《三国志》《南北史》不独经师遗说时有异同，即其授受源流亦足以资考索。至《国语》《国策》《逸周书》，本属经类，或与《春秋》相表里，或与《尚书》相贯通，虽纯驳不同，而参考必备。《四库全书》均入于史部杂史，非知三书源流者也。

一，以子证经。诸子皆六艺之支流，其学多出于七十子，周秦两汉九流分驰，诸儒往往摭其书之遗言，以发明诸经之古学……是又在读者之善为沟通，而无用其比较已。

一，以汉人文赋证经。王逸《离骚注》、蔡中郎集有《鲁诗》义，阮元辑《三家诗》，陈寿祺《三家诗遗说考》已详举靡遗，其他两汉书中诸人封事文赋，或释经有异义，或引经有异文，大抵诸儒各治一经，无不贯澈源流，搜采遗佚，其书见于前续两经解中者，可以按目求之，即小有出入异同，亦无损其全书之例。乾嘉两朝江、浙间诸经师不得不推为经苑之功臣矣。

一，以说文解字证经。许为古文学，而兼采众家之言，故其书同一引经，往往先后异字，解义亦不相同。陈瑑《说文引经考证》、吴玉搢《说文引经考》、柳荣宗《说文引经考异》皆有专书，可取而细绎之也。

一，以汉碑证经。汉儒治经最重师说，凡流传碑本其引经与他本异者，家法皆各殊。皮锡瑞有《汉碑引经考》一书，疏证详明，真伟作也。

《清稗类钞》明引其言，合乎学术规范。

二、将文字叙述改为图表列示

叶德辉原文为：

西汉经学派(举其有书传于今者)

今文

伏生(《尚书大传》)

董仲舒(《春秋繁露》)

按：伏、董之书均出后人辑本，然在唐以前，较近二人辑佚书稍为完整，故特存此二家云。

古文

河间献王(《毛诗》《周礼》)

东汉经学派

今文

何休(《公羊》)

古文

许慎(《说文》《五经异义》)

按：《说文》兼采今文说，要其学则古文也。《五经异义》虽出后人辑本，然四库已经著录，故取以备考云。

通学

郑玄(《毛诗笺》《周礼注》《仪礼注》《郑氏佚书》)

按：两汉经师皆分门户，至郑氏而集大成。有清一代，为许、郑之学者，以江、浙为最盛。刘逢禄、龚自珍、魏源、宋翔凤倡为今文之学，摭拾西汉残缺之文，欲与许、郑争席。至康有为、廖平之徒肆邪说，经学晦盲，而清社亦因之而屋焉。追原祸始，至今于龚、魏犹有余痛。昔人谓明季钟惺、谭友夏为亡国诗妖，如康、廖者，亦亡国之文妖已矣。

北宋经学派

周敦颐(《太极图说》《通书》)

程颐(《易传》)

按：北宋经义，以精研性理，阐明人事为宗，观此二家之书，可知其时经学大概，虽以王安石之别创新义，苏轼之偶涉义理，不过见深见浅，识解不同，要于性理、人事二者不甚相出入。苏氏之学具《两苏经解全书》。王氏之学有《三经新义》，今仅存《周官新义》。为其学者，有龚原《周易新讲义》、陆佃《尔雅新义》《埤雅》等书，是亦可备考证也已。

南宋经学派

朱子(《易本义》《诗集传》《仪礼经传通解》《四书集注》《朱子全书》《朱子遗书》)

按：南宋经学，以朱子为大宗。三传而为王应麟，四传而为黄震，遂开有清顾、惠二氏之学，流衍至于乾嘉，号为汉学。毛奇龄逞其雄辨，时值开辟，名为宗汉，实以攻朱，风气初开，无足深较。乃纪文达、戴震之徒，于其学所从出，而反唇以相讥，则亦数典忘祖之甚矣。朱子五经，《易》复古本，《尚书》辟伪孔，《诗》采三家，《礼》通古今，《春秋》虽无成书，所撰《通鉴纲目》，意在上续获麟，《尚书》又有蔡沈《集传》，《乐》有蔡元定《律吕新书》，是六经通学，郑氏以后，惟朱子一人。同时虽有金溪之陆九渊、永嘉之叶适、陈傅良与之异同，而有吕祖谦、张栻并轸而驰，羽翼既张，流派益远，故自元、明迄于有清，即以其一家之书列之学官，令以取士。盖一学派之成立，必其人有绝大精力，贯彻始终，后人立异，与之为难，虽暂晦而复明，如寒暑之相嬗，诚以学问为天下之公器，固非一二人之力所能扩张，亦非一二人之力所能推倒。吾生平颇尚汉学，而独崇朱子。然非曾文正、陈澧调人之说，所谓汉、宋兼采者，则以朱子自有真实之处，在学者之探求，不在口说之争辨耳。

清经学北派

博野

颜元

李塨(《周易传注》《诗经传注》《李氏学乐录》)

按：习斋之学，一传而为李塨。塨又受学于毛奇龄，此南学合北学之始。再传而为程廷祚，则又以南人而为北学。然如所著《晚书订疑》《禘祫辨误》二书，绝不附和毛氏《古文尚书冤词》及《郊社禘祫问》之说，是则冰寒青胜，派同而学不同。至所著《春秋识小录》已入乾嘉考据一派，其殆学成之日乎？博野之学初不行于南方，后二百余年，江宁戴望本其先世家学，著《颜氏学记》一书表扬之。望晚年又从陈奂受《毛诗》，从宋翔凤受《公羊》，所注《论语》即发明《公羊》之义，是又转入南学今文派矣。

曲阜

孔广森(《顨轩所著书》)

孔广林(《孔丛伯遗书》)

按：广森受学于戴东原震，震为江慎修永高第，是当列于婺源派之再传，然北方为汉学者，纪文达昀无传书，独孔氏一家为之，至马国翰而极盛，故特列为一派，以张汉帜云。

清经学南派

昆山

顾炎武(《亭林遗书》《音学五书》《日知录》)

徐乾学(炎武甥，《读礼通考》)

潘耒(炎武弟子，刻《亭林遗书》)

按：炎武之学，出于朱子，而实事求是，遂开东南汉学之先。论有清一代儒宗，当以炎武与元和惠周惕为不祧之祖。江藩《汉学师承记》退炎武与黄宗羲居于卷末，是诚所谓蚍蜉撼大树者矣。

元和

惠周惕(《诗说》)

士奇(周惕子,《易说》《礼说》《春秋说》)

栋(士奇子,《易例》《周易述》《易汉学》《易大义》《易微言》《周易本义辨证》《古文尚书考》《明堂大道录》《禘说》《左传补注》《九经古义》)

按:惠氏三世治经,至栋而益盛。吴中汉学,实惠氏一家开之,故周惕与顾炎武不独化被三吴,泽及桑梓,即天下后世亦当推为有清两巨师。栋之弟子,一为江藩,著《周易述补》《尔雅小笺》,一为余萧客,著《古经解钩沈》,皆于汉学一派有功后学者也。

婺源

江永(《周礼疑义举要》《仪礼释例》《仪礼释宫增注》《礼记训义择言》《深衣考误》《礼书纲目》《律吕新(义)[论]》《律吕阐微》《春秋地理考实》《乡党图考》《群经补义》)

戴震(永弟子 《戴氏遗书》)

段玉裁(震弟子 《经韵楼全书》《说文解字注》)

龚自珍(玉裁外孙 《尚书泰誓答问》《春秋决事比》)

龚橙(自珍子 《诗本谊》)

按:江氏之学,出于朱子。戴震乃操入室之戈。再传而为段玉裁,犹是古文学一派。三传而为龚自珍,又转入今文学一派。此无他,师承之严重不如汉京,故学者但随风气为转移,遂不惜背师而驰,自乱统系。南北朝以后,不得有儒林。今之修史者,乃犹袭用其名称,可谓大缪也已。

常州(一曰阳湖派)

庄存与(《周官记》《周官说》《周官说补》《春秋证辞》)

述祖(存与从子,《尚书校逸》《尚书说》《毛诗考证》《周颂口义》《夏小正考释》《五经小学述》《说文古籀疏证》)

刘逢禄(述祖弟子,《尚书今古文集解》《公羊何氏释例》《公羊何氏解诂笺》《发墨守评》《箴膏肓评》《[穀梁]废疾申何》)

龚自珍(逢禄弟子,婺源三传,书见前)

魏源(逢禄弟子,《书古微》《诗古微》)

孙星衍(《周易集解》《尚书今古文马郑注》《尚书今古文注疏》《明堂考》《魏三体石经考》《孔子集语》)

张惠言(《茗柯全书》《仪礼图》)

成孙(惠言子,《说文谐声谱》)

按:常州之学,本分二派:一为今文学派,庄氏一家开之,传至龚、魏,横流极矣,然其学通天人之故,接西京之传,盖得董、贾之精微,而非如龚、魏之流于狂易。江藩《汉学师承记》不列其名与书,殆有"彼哉"之意乎?一为古文学派,孙星衍卓然名师,为古学之劲旅,当时与洪亮吉齐名乡里,洪所著《左传诂》远不如孙之精深,盖洪后以史学地理名家,精神别有专用也。张惠言精研《易》《礼》,实惠氏之旁支。昆山、元和以外,其学派未有过于阳湖者也。

仪征

阮元(《皇清经解》《诗书古训》《车制图解》《仪礼石经校勘记》《曾子注释》《十三经注疏校勘记》《经籍纂诂》)

仪征主持汉学，全在《经解》一书。节钺所至之处，于广州则创学海堂，于浙江则建诂经书院，两省承学之士，百年以来，犹沿其余风。湘省汉学兴起最迟，然创湘水校经堂者，则仪征弟子巡抚吴荣光也。瞽宗之祀，仪征其为先河乎？长沙王先谦续编《经解》一书，推衍宗风，网罗散佚，仪征嫡派，终在湖湘。新学既兴，南风不竞矣。

高邮

王念孙(《读书杂志》《广雅疏证》)

引之(念孙子，《经义述闻》《经传释词》)

按：高邮自创一派，专以形声训诂校勘古书，于是千古沉晦不可解之文词，循其例，无不涣然冰释。后来俞樾踵其后，为《群经平议》，为《诸子平议》，为《古书疑义举例》，而后四部书之讹文脱简，重门洞开，可谓周、孔之扫夫，刘、班之嫡子。曾文正《圣哲画像记》推为集小学之大成，盖犹等夷之见矣。

南雷

黄宗羲(《易学象数论》《深衣考》《孟子师说》)

按：南雷得蕺山之传，其理学为阳明一派，然为全祖望所私淑，又万斯大兄弟受业之师。浙中经学之风，故当以宗羲为鼻祖。

四明

万斯大(《万氏经学五书》)

斯同(斯大弟 《石经考》)

按：四明之学，为浙中汉学之先声。非毛奇龄逞其口辨，一味叫嚣之比也。少时兄弟师事南雷，得闻蕺山之绪论。平日持论，以为非通诸经，不能通一经；非悟传注之失，则不能通经；非以经释经，则亦一无由悟传注之失。至理名言，诚实事求是之义。当时并无汉学名帜，而治经之一法，遂为一代宗风，不可谓非豪杰之士矣。

桐城

方苞(《望溪全集》)

刘大櫆(苞弟子，不传经)

姚鼐(大櫆弟子，《左传补注》《公羊补注》《穀梁补注》《国语补注》《九经说》)

按：桐城方氏说经诸书，源出北宋；再传为姚鼐，以参合义理、考据、词章为宗。桐城之学，至此一变，曾文正全师之矣。

东塾

陈澧(《东塾读书记》《汉儒通义》)

按：澧为仪征再传弟子，然近世所谓汉宋兼采一派者，至澧而始定其名，故别为派，殿于后云。

今按：《经学通诰》的上述文字，被《经学常识》改为图表。

又按：《清稗类钞》会党类“经学有北南二派”条曰：

长沙有校经堂，创自湘抚吴荣光。光绪初，学使余姚朱肯夫、少詹逌然筹款扩之，人才号为极盛。湘潭叶奂彬主政德辉其魁硕也。有论经之言，今节录之。其论经学北派也，则曰：博野有颜元，蠡县有李塨，塨所著曰《周易传注》《诗经传注》《李氏乐学录》。元之学一传而为李塨。塨又受学于毛奇龄，此南学合北学之始，再传而为程廷祚，则又以南人而为北学。然如所著《晚书订疑》《禘祫辨误》二书，绝不附和毛氏《古文尚书冤词》及郊社禘祫问之说，是则冰寒青胜，派同而学不同。至所著《春秋识小录》，已入乾嘉考据一派，其殆学成之日乎？元之学初不行于南方，厥后二百余年德清戴望本其先世家学，著《颜氏学记》一书表扬之。望晚年又从陈奂受《毛诗》，从宋翔凤受《公羊》，所注《论语》即发明《公羊》之义，是又转入南学今文派矣。曲阜有孔广森，所著曰《顨轩所著书》，孔广林所著曰《孔丛伯遗书》。广森受学于戴震，震为江永高弟，是当列于婺源派之再传，然北方为汉学者纪文达公昀无传书，独孔氏一家为之。至马国翰而极盛，故特列为一派，以张汉帜。其论经学南派也，则曰：昆山派有顾炎武，所著曰《亭林遗书》《音学五书》《日知录》。徐乾学为炎武甥，所著为《读礼通考》。潘耒为炎武弟子，刻《亭林遗书》。炎武之学出于朱子，而实事求是，遂开东南汉学之先。论一代儒宗，当以炎武与元和惠周惕为不祧之祖。江藩《汉学师承记》退炎武与黄宗羲居于卷末，是诚所谓蚍蜉撼大树者矣。元和派有惠周惕，所著曰《诗说》。士奇为周惕子，所著为《易说》《礼说》《春秋说》。栋为士奇子，所著为《易例》《周易述》《易汉学》《易大义》《易微言》《周易本义辨证》《古文尚书考》《明堂大道录》《禘说》《左传补注》《九经古义》。惠氏三世治经，至栋而益盛。吴中汉学实惠氏一家开之，故周惕与炎武不独化被三吴，泽及桑梓，即天下后世亦当推为两巨师焉。栋之弟子，一为江藩(今按：此处有误)，著《周易述补》《尔雅小笺》，一为余萧客，著《古经解钩沈》，皆于汉学一派有功后学者也。婺源派有江永，所著曰《周礼疑义举要》《仪礼释例》《仪礼释宫增注》《礼记训义择言》《深衣考误》《礼书纲目》《律吕新义》《律吕阐微》《春秋地理考实》《乡党图考》《群经补义》。戴震为永弟子，所著曰《戴氏遗书》。段玉裁为震弟子，所著曰《经韵楼全书》《说文解字注》。龚自珍为玉裁外孙，所著曰《尚书泰誓答问》《春秋决事比》。龚橙为自珍子，所著曰《诗本谊》。永之学出于朱子，震乃操入室之戈，再传而为玉裁，犹是古文学一派，三传而为自珍，又转入今文学一派。此无他，师承之严重不如汉京，故学者但随风气为转移，遂不惜背师而驰，自乱统系。常州派一曰阳湖派，有庄存与……常州之学本分二派，一为今文学派，庄氏一家开之，传至龚、魏，横流极矣。然其学通天人之故，接西京之传，盖得董、贾之精微，而非如龚、魏之流于狂易。江藩《汉学师承记》不列其名与书，殆有彼哉之意乎？一为古文学派，孙星衍卓然名师，为古学之劲旅。当时与洪亮吉齐名乡里，亮吉所著《左传诂》远不如孙之精深，盖洪后以史学地理名家，精神别有专用也。惠言精研《易》《礼》，实惠氏之旁支。昆山、元和以外，其学派未有过于常州者也。仪征派有阮元，所著曰《皇清经解》《诗书古训》《车制图解》《仪礼石经校勘记》《曾子注释》《十三经注疏校勘记》《经籍籑诂》。元主持汉学，全在《经解》一书。节钺所至之处，于广州则创学海堂，于浙江则建诂经书院，两省承学之士百年以来犹沿其余风。湘省汉学兴起最迟，然创湘水校经堂者，则其弟子巡抚吴荣光也。瞽宗之祀，其为先河乎？长沙王先谦续编经解一书，推衍宗风，网罗散佚，其嫡派终在湖湘。新学既兴，南风不竞矣。

高邮派有王念孙，所著曰《读书杂志》《广雅疏证》。引之为念孙子，所著曰《经义述闻》《经传释词》。高邮自创一派，专以形声训诂校勘古书，于是千古沈晦不可解之文词循其例，无不涣然冰释。俞樾踵其后，为《群经平议》，为《诸子平议》，为《古书疑义举例》，而后四部书之讹文脱简，重门洞开，可谓周、孔之扫夫、刘班之嫡子。曾文正《圣哲画像记》推为集小学之大成，盖犹等夷之见矣。

南雷派有黄宗羲，所著曰《易学象数论》《深衣考》《孟子师说》。南雷得蕺山之传，其理学为阳明一派。然为全祖望所私淑，又为万斯大兄弟受业之师，浙中经学之风故当以宗羲为鼻祖。四明派有万斯大，所著曰《万氏经学五书》。斯同为斯大弟，有《石经考》。四明之学为浙中汉学之先声，非毛奇龄逞其口辩，一味叫嚣之比也。少时兄弟师事南雷，得闻蕺山之绪论，平日持论，以为非通诸经不能通一经，非悟传注之失，则不能通经，非以经释经，则亦无由悟传注之失，至理名言，诚实事求是之义，当时并无汉学名帜，而治经之法遂为一代宗风，不可谓非豪杰之士也。

桐城派有方苞，所著曰《望溪全集》。刘大櫆为苞弟子，不传经。姚鼐为大櫆弟子，有《左传补注》《公羊补注》《穀梁补注》《国语补注》《九经说》。桐城方氏说经诸书，源出北宋，再传为鼐，以参合义理、考据、词章为宗。桐城之学至此一变。曾文正师之。东塾派有陈澧，所著曰《东塾读书记》《汉儒通义》。澧为阮元再传弟子。然近世所谓汉宋兼采一派者至澧而始定其名，故别为派以殿于后。

《清稗类钞》转述叶氏之说，大体不差，足证叶氏之说甫一问世，即引起学人重视。而《经学常识》作者居然乘人之危，公然剽窃，掩耳盗铃，未免欺人太甚矣！

三、结　　论

综上可知，《经学常识》大量抄袭了《经学通诰》的有关内容。叶德辉其人殊不足道，且死于非命，但其学甚正，不可因人而废言。尽管《经学常识》的作伪手法非常拙劣，但还是骗过了很多人，因其书流传绝少，数十年来一直没有被人识破。数年前，笔者在查阅林庆彰先生编辑的《民国时期经学丛书》时，无意间发现《经学常识》与《经学通诰》高度相似，幸好手头有张晶萍博士点校的《经学通诰》(收入郭齐勇先生主编的《儒家文化研究》第二辑，三联书店 2008 年版)，于是逐一比对，小心求证，此案遂定。

还要说明的是，《经学常识》只是《国学常识》之一种，其他各种是否存在抄袭问题，有待逐一求证。近年随着国学热持续升温，《国学常识》也被大量翻印，且网上反应甚佳，可见其欺骗力之强大。今不惮烦琐，为之一一辨明，望学人勿再为此等伪书所欺骗耳。

章太炎黄侃与文献辨伪

章太炎、黄侃虽不以辨伪名家，但也绝非一味信古。章太炎将辨伪作为“研究国学的第一步”，公开反对疑古派，与王国维殊途同归。黄侃也非常重视文献辨伪，但其治学方法既不同于王国维，也不同于胡适。王国维的“二重证据法”是对疑古派的药石，并非是对章太炎、黄侃的否定。黄永年所谓“静安先生‘二重证据法’的历史作用，是对章太炎(炳麟)、黄季刚(侃)、柳翼谋(诒征)等先生保守面的否定”的说法，既是对王国维历史地位的错误估价，也是射向章、黄的一支暗箭。

一、黄永年之误判

陕西师范大学黄永年教授莫名其妙地将章太炎、黄侃及柳翼谋视为信古派的代表，他在《论王静安先生“二重证据法”的历史地位》一文中说：

> 我认为静安先生“二重证据法”的历史作用，是对章太炎(炳麟)、黄季刚(侃)、柳翼谋(诒征)等先生保守面的否定。这保守面就是他们不用甚至不相信地下材料甲骨文和金文，而一味信古，相信古书和传统的古史。①

此论与事实相去甚远，对王国维“二重证据法”的历史地位下了一个完全错误的判断。复旦大学中文系傅杰教授在《柳诒征与甲骨文》一文中对其说法予以驳斥：

> 关于柳氏，黄先生所举的例证是柳文《论以说文证史必先知说文之谊例》中所说的“研究古代文字虽亦考史之一途术，不可专信文字，转举古今共信之史籍一概抹

① 黄永年：《论王静安先生“二重证据法”的历史地位》，《王国维学术研究论集》第三辑，华东师范大学出版社1990年版，第253页。

杀”诸语。按“不可专信”与“不用甚至不相信”之间显然还是有距离的。事实上柳氏对甲骨文的史料价值，不仅未尝否认，而且屡有阐发。①

傅杰先生又举五例予以驳斥，皆极中肯。黄永年教授将“不可专信”与“不用甚至不相信”划上等号，未免自欺欺人。

王国维所提出的“二重证据法”，是针对以胡适、顾颉刚、钱玄同为代表的疑古派而发。在疑古思潮甚嚣尘上之时，王国维有感于疑古过勇，欲挽狂澜于既倒，理智地提出了“二重证据法”。裘锡圭先生认为：

就在顾颉刚等掀起疑古思潮的时候，以研究殷墟甲骨卜辞和敦煌汉简等新出土的古代文字资料而驰名的王国维，在清华研究院1925年的“古史新证”课上，针对疑古派过分怀疑古史的偏向，提出了以“地下之新材料”“补正纸上之材料”的“二重证据法”。疑古派认为周以后人所述古史多不可信。王氏根据甲骨卜辞中所见殷王世系，指出《史记·殷本纪》所记殷王世系“虽不免小有舛驳而大致不误”。②

李学勤先生也认为：

在古史辨派最盛行的时候，王国维先生就有批评。这一点因为过去大家不太清楚的原因，就是由于王国维先生在清华大学国学研究院的那个讲义《古史新证》流传太少了……人们可以看到他对古史辨的批评，我们也可以印证他的几位学生是怎样转述他对古史辨的批评。以我个人的妄断，揣测王国维先生所以取名叫《古史新证》，也跟《古史辨》之名有关。这是我个人的揣测。因为你叫《古史辨》，我就叫《新证》，正好是一个补充。③

裘、李二位的说法几乎不谋而合，可谓“所见略同”。

二、章太炎与文献辨伪

顾颉刚先生本人也承认：“章太炎也是一个敢于批评古人和古书的人，但胆量却不如郑、姚、崔三大家。章是古文学家，谈到古史问题时，总想回护古文学家的说法。”④章太炎的胆量自然不如郑、姚、崔三大家，因此在疑古方面也就没有什么“权威”可言，相反，还被黄永年教授委派为“信古派”的元首，作为“疑古派”的对立面而存在。难道真是如此吗？

---

① 傅杰：《聆嘉声而响和》，华东师范大学出版社2001年版，第9页。

② 裘锡圭：《中国古典学重建中应该注意的问题》，《北京大学中国古文献研究中心集刊》第2辑，燕山出版社2001年版，第2页。

③ 李学勤：《疑古思潮与重构古史》，《中国文化研究》1999年春之卷。

④ 顾颉刚：《我与古史辨》，上海文艺出版社2001年版，第197页。

章太炎在谈到治国学之方法时特地将“辨书籍的真伪”作为第一条方法，接着才是“通小学”“明地理”等，他说：

对于古书没有明白哪一部是真，哪一部是伪，容易使我们走入迷途，所以研究国学第一步要辨书籍的真伪。

四部的中间，除了集部很少假的，其余经、史、子三部都包含着很多的伪书，而以子部为尤多。清代姚际恒《古今伪书考》，很指示我们一些途径。先就经部讲：《尚书》现代通行本共有五十八篇，其中只有三十二篇是汉代的“今文”所有，另二十五篇都是晋代梅赜所假造。这假造的《尚书》，宋代朱熹已经怀疑他，但没曾寻出确证，直到清代，才明白地考出，却已雾迷了一千多年……不过《伪古文尚书》和《伪孔传》，比较的有些价值，所以还引起一部分人一时间的信仰。

以史而论，正史没人敢假造，别史中就有伪书。《越绝书》，汉代袁康所造，而托名子贡。宋人假造《飞燕外传》《汉武内传》，而列入《汉魏丛书》。《竹书纪年》本是晋人所得，原已难辨真伪，而近代通行本，更非晋人原本，乃是明人伪造的了。

子部中伪书很多，现在举其最著者六种，前三种尚有价值，后三种则全不足信。

（一）《吴子》　此书中所载器具，多非当时所有，想是六朝产品。但从前科举时代把他当作《武经》，可见受骗已久。

（二）《文子》　《淮南子》为西汉知名作品，而《文子》里面大部分抄自《淮南子》，可见本书系属伪托，已有人证明他是两晋六朝人做的。

（三）《列子》　信《列子》的人很多，这也因本书做得不坏，很可动人的原故。须知列子这个人虽见于《史记·老庄列传》中，但书中所讲，多取材于佛经，“佛教”在东汉时始入中国，那能在前说到？我们用时代证他，已可水落石出。并且列子这书，汉人从未有引用一句，这也是一个明证。造《列子》的也是晋人。

（四）《关尹子》　这书无足论。

（五）《孔丛子》　这部书是三国时王肃所造。《孔子家语》一书也是他所造。

（六）《黄石公三略》　唐人所造。又《太公阴符经》一书，出现在《黄石公三略》之后，系唐人李筌所造。

经、史、子，三部中的伪书很多，以上不过举个大略……总之，以假为真，我们就要陷入迷途，所以不可不辨别清楚。但反过来看，因为极少部分的假，就怀疑全部分，也是要使我们彷徨无所归宿的。如康有为以为汉以前的书都是伪的，都被王莽、刘歆改窜过，这话也只有他一个人这样说。我们如果相信他，便没有可读的古书了。①

从上可知，太炎先生对于文献辨伪是极为重视的，他把辨书籍的真伪作为“研究国学第一步”。“四部的中间，除了集部很少假的，其余经、史、子三部都包含着很多的伪书，而以子部为尤多。”这种判断也大体符合实际情况。他区分“极少部分的假”（即附益）与“全部伪”，也比疑古派来得高明。

---

① 章太炎：《国学概论》，巴蜀书社1987年版，第14~17页。

值得注意的是，太炎先生晚年曾对疑古派大加鞭笞。1933年3月15日，章太炎在无锡师范学校演讲《历史之重要》，认为“讲西洋科学，尚有一定之规范，决不能故为荒谬之说。其足以乱中国者，乃在讲哲学讲史学，而恣为新奇之议论”。并斥疑古派为“魔道”：

夫讲学而入于魔道，不如不讲。昔之讲阴阳五行，今乃有空谈之哲学、疑古之史学，皆魔道也。必须扫除此种魔道，而后可与言学。①

太炎先生所言不免情绪激昂。“二重证据法”的历史作用正是在于扫除疑古之道。也正是在此学术立场上，章太炎与王国维不谋而合，殊途同归，又怎么能够说静安先生“二重证据法”的历史作用是对章太炎等先生保守面的否定呢？

三、黄侃的学术旨趣与辨伪要点

黄侃与太炎先生共同开创了“章黄学派”，但与新学两派——以王国维为代表的实证派和以胡适为代表的疑古派均大异其趣，仍然坚守乾嘉以来正统派的治学方法，成为乾嘉学术之殿军。

首先，黄侃与王国维治学路径不同。

虽同为国学大师，但黄侃对王国维颇有微词，他在日记中有如下记载：

昨闻伯弢先生言：“王国维说《顾命》庙非殡宫路寝，而为大庙。曾面纠其失。国维曰：‘虽失而不欲改。’”其专己遂非有如此者。今阅刘盼遂所记国维说《尚书》语，果如伯弢言。国维少不好读注疏，中年乃治经，仓皇立说，挟其辩给，以炫耀后生，非独一事之误而已。始西域出汉晋简纸，鸣沙石室发得藏书，洹上掊获龟甲有文字，清亡而内阁档案散落于外，诸言小学、校勘、地理、近世史事者，以为忽得异境，可陵前人，辐凑于斯，而国维幸得先见。罗振玉且著书且行贾，兼收浮誉利实，国维之助为多焉。要之，经史正文忽焉不讲，而希冀发现新知以掩前古儒先，自矜曰：我不为古人奴，六经注我。此近日风气所趋，世或以整理国故之名予之，悬牛头，卖马脯，举秀才，不知书，信在于今矣。②

黄侃与王国维治学取向不同：黄氏力主发明之学，主张用传统方法处理新、旧材料，善于从常见书中发掘出新的东西，对经史正文等旧材料的重视胜过新材料；王氏主发现之学，提倡“二重证据法”，主张用新方法处理新材料，不仅材料新，观点更新，无疑对新材料的重视胜过旧材料。

黄侃认为：“发现之学行，而发明之学亡。”其说深得日本汉学巨子吉川幸次郎的赏识，他到中国求学时曾两次拜访黄侃，从黄侃那里学到了治学方法，他说：

---

① 姚奠中、董国炎：《章太炎学术年谱》，山西古籍出版社1996年版，第439页。

② 黄侃：《黄侃日记》，江苏教育出版社2001年版，第302页。

我现在正作着的杜甫注，就是想移用从清朝那里学来的方法……所谓考证学，在日本时，总认为在文献对证之外，一定要有实物的证据，否则，不能叫考证学。但到中国去一看，并非一定要如此。发掘文献内存的证据，比什么都强。这种态度在日本对考证学的理解时，是不明显的。我懂得了这一点。

但是，真的具有能力去实践这种考证学的人，我所接触到的无疑都是了不起的学者。与黄侃见面时，我就想：只有这样的人才能做这样的考证学。我对黄侃佩服的理由也正是在这一点上。这并非是与他交谈了什么具体的问题，从气象来看，他就是一位会思考、会读书的人，不是注重于书之外的资料，而是在书本之内认真用功的人。这不正是真正的学问吗？黄侃说过的话中有一句是："中国学问的方法：不在于发现，而在于发明。"以这句来看，当时在日本作为权威看待的罗振玉、王国维两人的学问，从哪个方面看都是发现，换句话说是倾向资料主义的。而发明则是对重要的书踏踏实实地用功细读，去发掘出其中的某种东西。我对这话有很深的印象。

……限于考证学来说，人们认为考证学是只用归纳法的，在日本事实上也是这样的。但我知道实际上并不完全是这样。不只是归纳，也用演绎。演绎是非常有难度的，必须对全体有通观的把握。绝不是谁都有能力这样做的，于是，就认识到中国学问确实是需要功底的。①

吉川幸次郎对黄侃治学方法的引申发挥比较符合黄氏的学术理念，也正好用来诠释黄侃与王国维的学术分野。

其次，黄侃与胡适派治学路径不同。

1925年，胡适在《申报》上发表《五十年来中国之文学（七）——章炳麟》，其中批评黄侃说："有一个黄侃学得他的一点形式，但没有他那'先豫之以学'的内容，故终究只成了一种假古董。"②黄侃在著名的《与郑际旦书》中说：

昨示仆以胡适之在《申报》论近日文学涉及于仆之辞，怪仆何以遂默默……少违严父之教，幸为慈母、因母、嫡兄、寡姊所哀，得至成立。性气浮躁，不能潜心学问，徒恃灵明，弄笔骋辞，恭承师说，无所裨益。授书横序，尟有发明。斯不学之征，胡君论仆，自为知之不谬耳。人固有晚命，而仆自失供养以来，心事凄苦，无意问学。偶欲究声音训诂之条例，求汉世经师之家法，而闻见苦于未广，窃恐此生遂终废弃，上负在三之恩，胡君虽欲刻厉仆，其如驽蹇之乘，无志千里何哉。仆闻衒鬻叫呼，悬旌自表者，非随和之宝。仆之为文，诚不豫之以学，何可讳言；抑胡君以文变天下之俗，其自视学问果居何等耶？猥以假古董为诮，盖伪古伪新，其事均等，仆与胡君分据两涂，各事百年，不亦可乎？仆非不能以恶声反诸胡君，窃见今之学者，为学穷乎诟骂，博物止于斗争，故耻之不为也。③

① 吉川幸次郎：《我的留学记》，光明日报出版社1999年版，第94~95页。

② 胡适：《五十年来中国之文学（七）——章炳麟》，《申报》1925年12月2日。

③ 陈子展：《中国近代文学之变迁·最近三十年中国文学史》，上海古籍出版社2000年版，第204页。

黄侃与胡适之“伪古伪新”之争，实为新旧之争、雅俗之争。“究声音训诂之条例，求汉世经师之家法”，正是黄侃昌明中华固有之学术的具体体现。他始终坚守这一治学立场，与新派分庭抗礼。他认为学术有始变与独殊之分：

学术有始变，有独殊。一世之所习，见其违而矫之，虽道未大亨，而发露端题，以诒学者，令尽心力，始变之功如次。一时之所尚，见其违而去之，虽物不我贵，而抱残守缺，以报先民，不愆矩矱，独殊者之功也。然非心有真知，则二者皆无以为。其为始变，或隳决藩维，以误群类。其为独殊，又不过剿袭腐旧，而无从善服义之心。是故真能为始变者，必其真能为独殊者也。不慕往，不闵来，虚心以求是，强力以持久，诲人无倦心，用世无矜心，见非无闷，俟圣不惑。吾师乎！吾师乎！古之人哉！①

始变者暗指胡适等新派学人，而以独殊者为已任。量力守故辙，黄侃与新派早已分道扬镳。写于1931年的《金声题辞》一文，再次申述其治学方略：

近顷从事于国学者亦多途矣，总之不离舍旧谋新者近是。以言乎小学，则六书之例，三百之韵，不足以穷文字声音之变，而古器物文之学代兴焉。以言乎经史，则《易》非性通之书，《书》《春秋》非征信之史，而《山经》《穆传》，视若秘典焉。以言乎文辞，则杨、马不足扶毂，韩、柳不足骖乘，而野语童谣，反若有真宰之存焉。予谓所谓恶夫旧者，恶其执一而不变也。汉一乎经，晋、魏、梁、隋一乎玄，唐一乎正义，宋一乎道学，明一乎制举文，清一乎考证。其一也，其盛也；其盛也，其衰也。新之一，果愈于旧之一乎，是未可知也。②

黄侃对新派“知新而不温故”的做法大不以为然，但他是不是就一定是“温故而不知新”呢？难道黄侃真如黄永年教授所说“不用甚至不相信地下材料甲骨文和金文，而一味信古，相信古书和传统的古史”吗？回答是否定的。

其一，黄侃“不用甚至不相信地下材料甲骨文和金文”不能成立。

黄侃在与徐行可书信中说：

夫洨长之书，岂非要籍？枣木传刻，盖已失真。是用勤探金石之书，冀获壤流之助。近世洹上发得古龟，断缺之余，亦有瑰宝。惜搜寻未遍，难以详言。倘于此追索变易之情，以正谬悠之说，实所愿也。

近日闲居，深念平生虽好许书，而于数百年所出之古文字，所见未宏。夫山川鼎彝，洨长所信；今不信其所信，徒执木版传刻之篆书，以为足以羽翼《说文》，抑何隘耶！然处今日而为此学，有较古为易，亦有较古为难者。石印法行，一日顿见无数

① 黄侃：《黄侃日记》，江苏教育出版社2001年版，第51页。

② 黄侃：《黄季刚诗文钞》，湖北人民出版社1985年版，第43页。

真迹，此易之说也……侃居此每月差有所余，尽以购书，数月以来，乃非有篆文之书不购。①

黄侃发愿以甲骨文来正《说文解字》谬悠之说，这与王国维已经完全同调，怎么可以说他“不用甚至不相信地下材料甲骨文和金文”呢？《黄侃日记》中也有大量搜求、研究甲骨文、金文等的原始记录：

夜看孙氏《古籀拾遗》《契文举例》《名原》。②

早起，致书富晋及颖民，托求罗振玉《殷虚书契前编》《殷虚书契精华》《铁云藏龟之余》《秦汉瓦当文字》《秦金石刻辞》《古镜图录》《雪堂所藏吉金文字》精拓本、王绪祖《殷虚书契萃菁》、刘鹗《铁云藏龟》《藏匋》。③

与黄离明书，令求中央研究院印董作宾《新获卜辞写本》。④

在中央大学借得《殷虚书契前编》四册，拟与石禅抄此，并抄刘鹗《藏龟》，则龟甲之书于是乎全。⑤

以敦煌出书及龟甲文字置之屋中架上，近世之所谓古学也。⑥

《黄侃日记》中诸如此类的材料还有不少，不胜胪列。黄侃始终关注地下材料甲骨文和金文以及敦煌文献，到处写信购买、借阅，“两年来辛苦所得奉金，自日用外，悉用以购金石甲骨文字书籍”。

其二，黄侃“一味信古，相信古书和传统的古史”不能成立。

黄侃论《尚书孔传参正》时说：“王书不唯强分今古，史公一人之说，忽今之、忽古之。此一蔽也。《孔传》虽似王子雍所为，而经文训故必不敢为大傀异，以启世之疑，故今日考此经于古今文俱无征、无说者，毋宁即用《孔传》。乃不悟此，而用后人之说(如月正、元日、食哉、惟时、惠畴，皆别采清人之说)，岂王肃反不如后世无师之流乎？此二蔽也。又执单文而讥《孔传》。以《说文》引“时惟懋哉”，而云孔用今文(《史记》亦非今文，王说殊固)……不知书籍流传，自多岐互，何浅人之不惮烦而屡改古籍耶？此清世校勘家之大忌也，王亦同之，三蔽也。若夫校勘不精，其责不在著者……要之，此种书徒以繁称博引吓俭陋之夫，以荣今虐古，闭朴学之喙，则亦毋庸深赞矣。”⑦黄侃所不信者乃今文经学，绝非“一味信古”。

黄侃不但不“一味信古”，他对辨伪还颇具心得：

书籍有真伪，学术但论是非。今之检核伪书者，往往并其中藏而一概末杀之，甚

① 黄侃：《黄季刚诗文钞》，湖北人民出版社1985年版，第76~77页。
② 黄侃：《黄侃日记》，江苏教育出版社2001年版，第577页。
③ 黄侃：《黄侃日记》，江苏教育出版社2001年版，第580页。
④ 黄侃：《黄侃日记》，江苏教育出版社2001年版，第582页。
⑤ 黄侃：《黄侃日记》，江苏教育出版社2001年版，第583页。
⑥ 黄侃：《黄侃日记》，江苏教育出版社2001年版，第667页。
⑦ 黄侃：《黄侃日记》，江苏教育出版社2001年版，第61页。

无谓也。论吾士中世玄学之书，以三伪书为最懿。其思想突驾前人，而启辟后来之途径者，不可忽也。魏、晋间，著作最大者，无如《列子》、伪《古文尚书》《孔丛子》三书。《列子》之言，从不见汉人称道，而忽见于金行之世；虽未必即为处度所造，然其言皇子不信火浣布，乃依约魏文帝故事；知成书必在正始后矣。其书建理立论，乃以融通佛、老之为，陈义极其闳远。然亦言大易，言神仙，与王、何之伦又异。相其论旨，可称为中国之婆罗门。而依托重言，真名不显，惜夫！伪《古文尚书》，行之垂二千年，直至清儒惠、阎二君，始确断为伪作。然其中精理名言，纷纭挥霍，未可度置而不谈也。作者迄不定其为何人；或言王肃，而伪传与肃龃龉者甚众；师说以为郑冲为之，亦难质言也。"人心惟危"四语，出伪书《大禹谟》；宋世儒者，则以为尧、舜相传之心法；近人则以为不过剽袭荀卿。要之，谓心法者，推之过隆；谓剽袭者，伤于太直；若以为伪作者思想敏锐，直凑单微，亦非溢量之誉也……《孔丛子》者，或疑为子雍所造，较之《尚书》出自肃手者，略为的当。其中最精一言云："心之精神是谓圣。"盖本之伏生《书传》。宋世杨慈湖最重之，以此下开心学一派；其关系亦奇矣！借如论者之言，伪《书》《孔丛子》皆出肃手，则子雍非廑经儒，又为玄学巨子；此足以对抗康成，平其宿忿者也。①

这是黄侃对于辨伪比较全面的论述，与太炎先生大体相近，但也不无微词："师说以为郑冲为之，亦难质言也。"他坚持认为《古文尚书》孔传非王肃作伪：

前儒有谓古文《尚书》孔传出王肃，实有不尽然者。如《益稷》篇之"日月星辰"孔义及"粉米黼黻"孔义，皆不同王肃……疑皇甫谧辈又间有窜乱，或肃间为参差。侃以为疑事毋质，孔传虽伪，毋为蔽罪子雍。②

所论甚谛。黄侃又云："点《魏文》二十三、四卷(王肃文，不似伪造《尚书》手笔)。"③从文笔判断《尚书》不是王肃伪造，这是前人忽视的新观点。

黄侃在致潘重规、黄念容信中指示辨伪门径：

长夏一心读史，遂无余暇……昨得甥书询孔氏尚书源序，此书作伪，迄不能定其为谁，似言出于郑冲者近之。近览《武成篇》题下疏，知昔儒非不疑古文之伪，特不敢讼言耳……④

他在《讲尚书条例》一文中指出：

---

① 黄侃：《汉唐玄学论》，《中国现代学术经典·黄侃刘师培卷》，河北教育出版社1996年版，第386~387页。

② 黄侃：《黄侃日记》，江苏教育出版社2001年版，第76页。

③ 黄侃：《黄侃日记》，江苏教育出版社2001年版，第364页。

④ 黄侃：《量守庐遗墨》(非卖品)。

今《尚书》，除二十八篇外，皆伪书，已无待论。然亦出自魏人；故就文、义而论，仍有可取。且其采摭丰富，语有根依，精理雅言，在在皆是。故今之讲授，仍兼伪书。

《尚书》师说，至今皆残阙不完，惟有孔《传》独在。孔《传》伪托之人，或云王肃；假使真出于肃，肃善贾、马之学，其说必本于贾、马者多。且作伪必有据。无据而作伪者，其书定伪，如明人之《子贡诗传》《古三坟》《天禄阁外史》之流是也。有所傍而作伪者，其伪中势必杂真；以非此不足以欺世故也。今谓伪《书》自不可据，而伪《传》则过半可从；与其信后人臆说，何如伪《传》尚为近古乎？①

黄侃不仅将上述观点传授给弟子，还将辨伪心得教给外国留学生。日本学者仓石武四郎曾访问过黄侃，他在《仓石武四郎中国留学记》一书中有如下记载：

早赴中央大学……访黄季刚先生于大石桥四号。先生引见，所说侃侃，真国才也。小学一门特其专门。云：《古文尚书》作伪无疑矣，而其所用之字则真……又云：读书不必自出新义，能解古人之意，于余足矣。叩其所业，则云黄以周氏之学也。②

仓石武四郎所记相当可信。黄侃对于黄以周的“凡学问文章皆宜以章句为始基”一语极为推重。小学一门虽为黄氏专门之学，但他也念念不忘辨伪，可见他决非那种真伪不分、一味信古的冬烘先生。

四、章黄为民国学术之开山祖师

钱穆《太炎论学述》云：

太炎最先著作有《齐物论释》，又有重定本，乌目山僧为之序，有曰：

近人或言，自《世说》出，人心为一变。自《华严》出，人心又为一变。今太炎之书现世，将为二千年来儒、墨九流破封执之扃，引未来之的，新震旦众生知见，必有一变以至道者。

此序，实可发挥太炎此书之宗旨。否则太炎傲视伦侪，决不许他人之序其书也。然则太炎意，中土惟庄生道家陈义，同于印度之佛教，其他如儒、墨九流，则皆等而下之。此书出，乃可使国人开其知见变而至道者也。

《齐物论释》重定本成于辛亥，继是乃有《国故论衡》，其及门弟子黄侃季刚为之赞，有曰：

方今华夏凋瘁，国闻沦失。西来殊学，荡灭旧贯。怀古君子，徒用尽伤。寻其痛残，岂诚无故？老聃有言，物壮则老，是谓不道。不道早已。然则持老不衰者，必复

① 黄侃：《讲尚书条例》，《中国现代学术经典·黄侃刘师培卷》，河北教育出版社1996年版，第354页。

② 仓石武四郎：《仓石武四郎中国留学记》，中华书局2002年版，第195页。

丁乎壮矣。于穆不已者，必自除其道矣。

黄侃乃太炎得意弟子，其赞《论衡》，犹乌目之序《释》义，皆可谓得太炎著书宗旨者。太炎深不喜西学，然亦不满于中学，故其时有《国粹学报》，而太炎此书特称《国故》，此“国故”两字，乃为此下提倡新文化运动者所激赏。季刚之赞，亦仅曰“国闻”，则其于中国文化传统之评价可知。“论衡”者，乃慕效王充之书。太炎对中国已往二千年学术思想文化传统，一以批评为务。所谓“国故论衡”，犹云批评这些老东西而已。故太炎此书，实即是一种新文化运动，惟与此下新文化运动之一意西化有不同而已。

太炎既主批评中国二千年来一些老东西，自不免首及于孔子与儒家。太炎最先有《訄书》，其批评孔子，殆有甚于后起新文化运动及更后之所谓批孔运动。盖后二者，皆不学，徒恣空论，而太炎则具甚深之学术立场。惟不久即自悔其书，不再刊布。继《国故论衡》而成书者有《检论》，其中亦仍有《订孔》上下篇，较之《訄书》，远为平实。①

钱穆此论旨在考察清末民初学术思想，知人论世，颇具参考价值。世人皆知主持新文化运动者以“死老虎”“昨日黄花”目章太炎，实则太炎为新文化运动之先导。新文化运动的主将胡适本人即深受太炎之影响，不过胡适主张一意西化、全盘西化而已。

新文化运动的另一位主将傅斯年早年就读北京大学时也深受黄侃的影响。据罗家伦《北京大学与五四运动》称：

黄季刚则天天诗酒谩骂，在课堂里面不教书，只是骂人，尤其是对于钱玄同，开口便说玄同是什么东西，他那种讲义不是抄着我的吗？他对于胡适之文学革命的主张，见人便提出来骂，他有时在课堂中大声地说：“胡适之说做白话文痛快，世界上哪里有痛快的事，金圣叹说过世界上最痛的事，莫过于砍头，最快的事，莫过于饮酒。胡适之如果要痛快，可以去喝了酒再仰起颈子来给人砍掉。”这种村夫骂座的话，其中尖酸刻薄的地方很多，而一部分学生从而和之，以后遂成为国故派……从新青年出来以后，学生方面，也有不少受到影响的，像傅斯年、顾颉刚等一流人，本来中国诗做得很好的，黄季刚等当年也很器重他们，但是后来都变了，所以黄季刚等因为他们倒旧派的戈，恨之入骨(最近朱家骅要请傅斯年做中央大学文学院长，黄季刚马上要辞职)……傅孟真是抛弃了黄季刚要传他章太炎的道统给他的资格，叛了他的老师来谈文学革命。他的中国文学，很有根柢，尤其是六朝时代的文学，他从前最喜欢读李义山的诗，后来骂李义山是妖，我说：当时你自己也高兴着李义山的时候呢？他回答说：那个时候我自己也是妖。②

罗家伦只看到了傅斯年与黄侃冲突的一面，其实，傅斯年骂文言文也受黄侃的启发。陆宗达先生口述沈尹默与黄侃交往始末时谈道：

---

① 钱穆：《中国学术思想史论丛》卷八，安徽教育出版社2004年版，第341~342页。

② 王世儒、闻笛编：《我与北大》，北京大学出版社1998年版，第301~307页。

在北大时，桐城派占上风，林琴南、姚运甫都是桐城派。沈尹默是北大的秘书长，就请黄季刚先生讲《文选》，来骂桐城派。黄骂林琴南"知交遍天下内外"不通，说："天下外在哪？"又说"出意表之外"也不通，"意表"已是"外"，还要又"表"又"外"……黄季刚先生来骂桐城派，是"桐城谬种"，桐城派骂黄季刚先生是"选学妖孽"，两边都骂对方的文章不通。便宜了《新青年》的傅斯年，他取两家的材料合起来骂文言文。①

程千帆先生早在1989年5月与笔者的一次访谈中谈到，章、黄既是清代学术的殿军，也是现代学术的开山，他们承上启下，继往开来。此说确为卓见，惜乏解人。

五、结　论

综上所述，所谓"静安先生'二重证据法'的历史作用，是对章太炎（炳麟）、黄季刚（侃）、柳翼谋（诒征）等先生保守面的否定"的说法，既是对王国维历史地位的错误估价，也是射向章、黄、柳的一支暗箭。是对历史的无知？还是有意混淆视听？黄永年教授的用心究竟何在？口口声声以顾颉刚先生弟子自居的黄永年教授想必颇有难言之隐吧？既想论述王静安先生"二重证据法"的历史地位，又投鼠忌器，只好转移视线，把目标引向章太炎、黄侃、柳翼谋等先生，真是用心良苦！可是，我们已经清楚地看到，章太炎、黄侃都非常重视文献辨伪工作，既非疑古派，也绝非信古派！

① 王宁主编：《陆宗达先生百年诞辰纪念文集》，中国广播电视出版社2005年版，第16页。